国家示范性高职建设教材·电子商务专业

三维商城实施

主　编　李晓峰　李福兴
副主编　戴　云

南京大学出版社

图书在版编目(CIP)数据

三维商城实施/李晓峰,李福兴主编. —南京:南京大学
出版社,2015.8
 ISBN 978-7-305-14593-3

Ⅰ.①三… Ⅱ.①李… ②李… Ⅲ.①电子商务—网站
—应用程序—程序设计 Ⅳ.①F713.36 ②TP393.092

中国版本图书馆 CIP 数据核字(2015)第 004422 号

出版发行 南京大学出版社
社 址 南京市汉口路 22 号   邮编 210093
出 版 人 金鑫荣

书 名 **三维商城实施**
主 编 李晓峰 李福兴
责任编辑 王抗战 徐佳乐   编辑热线 025-83596997

照 排 南京理工大学资产经营有限公司
印 刷 南京人文印务有限公司
开 本 787×1092 1/16 印张 19.5 字数 460 千
版 次 2015 年 8 月第 1 版 2015 年 8 月第 1 次印刷
ISBN 978-7-305-14593-3
定 价 40.00 元

网   址:http://www.njupco.com
官方微博:http://weibo.com/njupco
官方微信号:njupress
销售咨询热线:(025)83594756

前　言

本教材从策划到编写,经历两年的磨合。一线任课教学老师和校企合作企业的相关人员都倾注了大量的时间与心血,几易其稿,终于面世。

目前,关于三维商城实施方面的教材并不多,但三维商城应用已是电子商务中不可或缺的组成部分,随着计算机互联网技术、移动互联网技术的不断发展,三维商城在电子商务领域的应用将蓬勃发展。三维商城实施涉及的知识面较多,目前市面上还没有一本完整的三维商城实施方面的教材。有鉴于此,编者们致力于编写一本基于 CDIO 工程教育理念的、适合于实际应用的三维商城实施方面的教材,因此在大家的共同努力下,这本三维商城实施的教材正式与读者见面了。

本教材运用了 CDIO 工程教育理念进行结构设计,让读者通过一个个项目实际操作来掌握三维商城实施方面的相关知识。教材整体结构设计与详细结构设计如下:

(1) 本教材以建设一个实际"三维商城"项目为纲,始终围绕着这个主题展开。全书共分为五个项目:

项目一:三维商城场景设计。主要介绍了三维商城实施中应用的基础知识、设计原则、实施原则及三维商城功能描述,共三个学习任务

项目二:三维商城建筑建模实施。重点介绍了专业建模工具 3ds Max,并通过构三维商城的基础设施墙、门窗、家具、电器及楼梯扶手等物体的三维模型建模,共六个学习任务。

项目三:三维商品建模。从三维商城中外形简单商品建模开始、分别介绍了外形简单商品、外形复杂商品和外形特殊材质商品的三维建模,共三个学习任务。

项目四:灯光、材质、贴图和渲染应用。介绍了应用 3ds Max 建模中灯光、材质、贴图和渲染功能对商城中有关商品进行处理的过程,共四个学习任务。

项目五:三维商城交互功能的实现。介绍三维商城实施中场景合并发布以及三维商城中如何实现由静态图形转变为动态人机交互图形的方法及应用技术,共四个学习任务。

(2) 教材中每个项目的设计构思是:针对某一个或某一方面的知识技能,先给出项目学习任务,并给出学习要点、重点、难点。先让读者考虑用何种技能实现,再引导读者逐步完成学习任务。

综上所述,本教材运用 CDIO 理念,以实施和建立一个三维商城为主线,应用建模技

术、多场景合并技术及人机交互技术完成三维商城实施。

本教材适合作为高等院校及培训机构的电子商务专业、计算机应用技术专业以及相关专业教材，也适合从事电脑美工设计等开发人员阅读。

本书由江苏经贸职业技术学院李晓峰老师和校企合作企业南京金砖智能科技有限公司李福兴总经理任主编，戴云老师任副主编，崔斌老师参与编写。

本教材在编写过程中得到多方面的帮助、指导和支持。感谢评审老师给本教材提出了宝贵意见；感谢编辑老师对本教材的认真编校。由于编者水平有限，书中不乏疏漏之处，恳请读者批评指正。

编者
2014 年 11 月

目　录

项目一　三维商城场景设计 ·· 1

任务一　三维商城概述 ·· 1

任务二　三维商城实施设计原则 ······································· 5

任务三　三维商城实施原则 ·· 10

项目二　三维商城建筑建模实施 ·· 22

任务一　三维商城实施技术 ·· 23

任务二　3ds Max 快速上手 ·· 39

任务三　简单墙体的构建 ·· 55

任务四　三维商城中家具的构建 ······································· 69

任务五　电器的构建 ·· 83

任务六　用克隆技术构建楼梯、扶手 ··································· 90

项目三　三维商品建模 ·· 105

任务一　外形规则商品建模 ··· 106

任务二　不规则商品的建模 ··· 116

任务三　特殊材质商品的建模 ··· 129

项目四　灯光、材质、贴图和渲染的运用 ······························ 140

任务一　灯光的应用 ·· 141

任务二　材质的应用 ·· 154

任务三　贴图的应用 ·· 180

任务四　三维商城场景的渲染 ··· 202

项目五　三维商城交互功能的实现 ····································· 215

任务一　场景合并与发布 ·· 216

任务二　三维商城人机交互技术 ······································· 242

任务三　简单人机交互制作 ··· 245

任务四　复杂功能交互的实现 ··· 251

参考文献 ·· 306

目录

项目一 三维商城场景设计

一、单元概述

本单元主要讲述电子商务及由此产生的三维商城的发展历史；3D互联网技术的发展等。同时讲述了三维商城设计原则、实施原则和三维商城在目前技术条件下应具备的主要功能。

二、知识要点及掌握程度

任务一：三维商城概述（理解）

任务二：三维商城实施设计原则（理解）

任务三：三维商城实施原则（理解）

三、能力要点及重要程度

(1) 项目工程知识：了解电子商城、三维商城（重要）。

(2) 行业发展趋势：了解电子商城设计及实施原则，要求（重要）。

(3) 基本信息处理能力：培养学生对项目的初步分析能力（重要）。

四、教学的重点与难点

重点：

(1) 三维商城的概念。

(2) 三维商城设计与实施原则。

(3) 三维商城基本功能。

难点：

(1) 三维商城设计与实施原则。

五、教学设计与实施方法

本单元主要采用讲授教学法，讲授教学法通过教师课堂讲授实施。

任务一 三维商城概述

1.1.1 电子商务平台

网络技术与计算机技术的不断发展，使网络成为当今全球社会生活中的重要组成部分。互联网不仅为网民提供方便、快捷、准确的跨地域性通信，也为互联网上的异地交易电子商务提供了基础。目前,我国电子商务已取得长足发展,各种电子商务应用也得到全面发展,中国互联网信息中心CNNIC于2013年7月17日下午发布第32次《中国互联网络发展状况统计报告》,报告显示,截至2013年6月底,我国网民规模达5.91亿,互联网普及率为44.1%,其中手机网民规模达4.64亿,较2012年底增加4 379万人,网民中使用手机上网的人群占比提升至78.5%。其中,开办网店户数仅淘宝平台上就有960万之巨。各种电子商务业态迅速扩展,主要由原来的B2C、B2B、C2C向C2B、O2O发展,主要形式为各种提供网上交易的电子商务网站(如图1-1所示)。

图1-1 淘宝网站

由此可见,电子商务平台(网购商城)就是两方或多方借助于互联网进行推销和购物的虚拟场所;网上商城是个人或企业搭建在互联网上进行商品或服务交易的网站,商品的卖方将商品的介绍信息(包括文字和少量图片)发布到网站上,买方则通过浏览网站,选取感兴趣的商品。

电子商务平台的优点:

(1)永不关门打烊,每天24小时、每周七天,任何时间都在为客户服务。

(2)顾客无限,全球的任何人都可以通过互联网访问。

(3)服务优质,网上商城不但能完成普通商店可以进行的交易,同时还可以通过多媒体技术为用户提供更加全面的商品信息。

虽然电子商务交易方式与传统的交易方式相比,具有高效性、方便性等优点,但在以下几方面还存在明显差距。

第一,商品信息表现形式匮乏。现阶段,大部分电子商务网站只能提供平面图片和简单的文字介绍,这种依托二维平面图以及文字介绍的方式,使顾客很难全面、详细、切身感受地了解商品。

第二,购物环境不理想,缺少购物乐趣。与在商场中购买商品相比,现阶段电子商务网站的风格与其他类型的网站(如软件下载网站)风格类似。这种风格并没有营造出以售货为主体的购物环境,用户在这里体会不到在商场中购买商品的感觉。

第三,购物过程中,无法体验购物过程的愉悦之心。尤其是不能试穿、试用商品。虽然国家明文规定电商应向顾客承诺购物七天无条件退货,但退货流程还是件麻烦的事。

第四,电商平台中部分商家对商品的介绍和描述存在不实之处。

1.1.2　三维商城

目前普遍应用的电子商务平台存在如上所述的问题,是与技术和应用环境密切相关联的,如今互联网的飞速发展使 IT 行业的各个领域发生了深刻的变化,它必然引发一些新技术的出现。3D 图形技术并不是一个新话题,在图形工作站以至于 PC 上早已日臻成熟,并已应用到各个领域。然而互联网的出现,却使 3D 图形技术发生了和正在发生着微妙而深刻的变化。Wed 3D 协会(前身是 VRML 协会)最先使用 Wed 3D 术语,这一术语的出现反映了这种变化的全貌,没有人能严格定义 Wed 3D,在这里我们将 Wed 3D 理解为:互联网上的 3D 图形技术,互联网代表了未来的新技术,很明显,3D 图形和动画将在互联网上占有重要的地位。那么,什么是 Wed 3D? 它是如何发展起来的? 它的最新发展怎样? 有哪些应用? 还存在哪些问题?

互联网 3D 图形的开放标准:VRML 是 3D 图形和多媒体技术通用交换的文件格式,它基于建模技术,描述交互式的 3D 对象和场景,不仅应用在互联网上,也可以用在本地客户系统中,应用范围极广。由于网络传输的是模型文件,故其传输量大大小于视频图像。VRML97 使任何一位 3D 图形爱好者都能制作可在互联网实时渲染的 3D 场景模型。

市场上有形形色色的互联网 3D 图形软件,制作互联网 3D 图形的软件却没有完全遵循 VRML97 标准,许多公司推出了他们自己的制作工具,使用专用的文件格式和浏览器插件,类似的软件大约有三十几种之多。这些软件各有特色,都比 VRML 有所进步,在渲染速度、图像质量、造型技术、交互性以及数据的压缩与优化上,都胜过 VRML 之处。

新一代互联网 3D 图形的标准——X3D,X3D 标准的发布,为互联网 3D 图形的发展提供了广阔的前景,无论是小型的具有 3D 功能的 Web 客户端应用,还是高性能的广播级应用,X3D 都应该是大家共同遵守的标准,从而结束当前互联网 3D 图形的混乱局面。在统一的 X3D 基本框架下,保证不同软件厂家开发软件具有互操作性。

互联网 3D 图形的关键技术——实时渲染引擎:实时渲染引擎的作用是:解释并翻译实施场景模型文件的语法,实时渲染从服务器端传来的场景模型文件,在网页访问者的客户端逐帧、实时地显示 3D 图形。互联网 3D 图形软件厂商目前通常将实时渲染引擎做成一个插件,在观看前需要先下载并安装在 IE 浏览器上。显然,实时渲染引擎是实施互联网 3D 图形的关键技术,它的文件大小、图形渲染质量、渲染速度以及它能提供的交互性,都直接反映其解决方案的优劣。

三维建模与 Wed 3D 图形的制作工具:手工编写 VRML 的场景模型文件,wrl 文件是非常繁琐复杂的工作,对于大型场景模型几乎是不可能的。近几年,许多软件厂商都使用

3ds Max 建立场景模型,安装相应的输出插件,再直接建立场景模型文件。目前最有名的 Wed 3D 图形软件公司,如 cult3D 和 viwepoint,都可以在 3ds Max 中直接输出它们的专用文件格式的场景模型文件。

Java 在互联网上的 3D 图形获得成功:Java 在互联网上几乎随处可见,而它在 3D 图形上正在显示出更大的威力。使用 Java 的重要理由之一是它的平台无关性,因此,只要支持 JVM,就能运行 Java 小程序。两种最有名的浏览器 Netscape 和 IE 3 都支持 JVM(Java 1.0.2)。因此,用 Java 制作的 3D 图形几乎都可以在互联网的浏览器上显示。

互联网 3D 图形技术的应用:当前互联网上的图形仍以 2D 图像为主流,例如淘宝、京东、当当等,绝大多数电子商务网站基本上都是由此类技术构成,但是 3D 图形必将在互联网上占有重要地位。互联网上的交互式 3D 图形技术 Wed 3D 正在取得新的进展,正在脱离本地主机的 3D 图形,形成自己独立的框架。最具魅力的 Wed 3D 图形将在互联网上有广泛应用,如电子商务、联机娱乐休闲与游戏、科技与工程的可视化、教育、医学、地理信息、虚拟社区等。在中国,最典型的应用是网上世博会,它使得世界各地的人,只要能连接上互联网,便可足不出户,轻松浏览世博园的风光。3D 技术的发展,为电子商务采用 3D 技术、建立三维商城奠定技术基础。

三维商城是一种基于 Web 平台的虚拟购物环境,一般采用 C2C、B2C、B2B 和 O2O 的电子商务模式比较多,商家可快速搭建立体店铺,通过商品的上传、摆放等,即可实现网上立体开店;用户可以在三维虚拟环境中漫游,能进行互动性聊天,全面虚拟了购物的浏览、挑选、支付等过程,使用户有身临其境的感觉(如图 1-2 所示)。

图 1-2 虚似商城

三维商城是随着 3D 虚拟现实技术在互联网上的发展,而衍生出的电子商务实现手段。它区别于传统的电子商务,其最大的特征在于提供了全新的网络购物体验,模拟逛街购物环境,让用户在购物过程中,不仅能感受到丰富的商品信息,同时,也能感受到充实的购物氛围。

对三维商城电子商务的探索,早在 3D 虚拟现实进入应用领域就已经开始了,在 2003 年,国内的图形学专家针对 3D 电子商务进行了深入分析和探讨。自 second life 红极一时后,国外掀起了广泛的 3D 电子商务浪潮,先后产生了数个具广泛影响力的三维商城。

国外已有很多 3D 虚拟电子商城,从 2008 年开始,受国内网络环境的大幅改善,国内 3D 电子商务也进入了飞速发展期,2009 年,已有不少企业推出 3D 虚拟电子商城。

三维商城的场景一般是利用虚拟现实技术实现的,但目前也有很多 3D 商城采用 flash 形式呈现,视觉上产生了立体效果,但其实并不是真正的 3D 商城,通常叫做"伪 3D"。随着互联网的发展,以及宽带技术的提高,3D 技术越来越被互联网所广泛采用,3D 商城也许会成为未来电子商务平台不可缺少的部分。

虽然有了 3D 效果的购物场景,但大部分的 3D 商城中的商品还是以图片、文字形式展现,显得有些不自然,效果也不是很好,最近出现了"全立体 3D 商城",指不仅场景是 3D 形态,商品也是 3D 形态,真正做到了 3D 商城的效果。

电子商务平台中商品的三维展示,一般是利用三维重建技术实现的,目前这种技术可通过三种方式实现:

第一,通过人工建模软件构建而成。通过手工绘制的商品 3D 模型,与实际的商品有着很大的差别,并且受人为因素的影响,商品的真实性相对较差,此方法比较适用于虚拟仿真、形象设计等现实中尚不存在的物体的模型构建,对于电子商务并不适用。

第二,通过三维扫描仪实现。商品通过三维扫描仪扫描,辅助计算机可得到商品的模型结构,然后通过贴膜的形式合成而来。这种方式得到的模型,模型的形状结构比人工制作的精确多了,但是贴图的质量看上去不像是原来的商品,并且很多发光、透明的商品无法完成立体合成。三维扫描仪一般仅在大型博物馆中应用于对藏品三维重建,但随着其性价比的不断提高,已经被很多领域所接受,也已经越来越被电商们所接受。

第三,用图片或视频技术合成立体商品。这种技术在国内,甚至国际都很少见,还在研究试验阶段,并没有被市场应用,图片合成技术,只需要提供几张商品照片,即可合成 3D 商品,如果该技术被应用,成本低,且实现简单,电子商务将会带来新的局面。

第四,目前,已有国内外知名企业推出 3D 照相机,用 3D 照相机机可以比较方便地实现商品的三维建模。

第五,利用专业的商品三维建模系统,实现快速建模,该产品已在一些 B2C 的专业电商平台上使用,效果还是比较理想的。

任务二　三维商城实施设计原则

三维商城是区别于传统平面二维电子商务网站的一种特殊形态,它是一种基于 Web 3D 互联网技术的电子商务网站。它首先需满足电子商务网站设计的基本原则,同时考虑三维技术的特殊性。

电子商务(E-commerce)且无论是三维商城还是二维商城中,最为常见的是在互联网上建立虚拟商场交易,由于互联网这种媒体的特殊性,网上购物与传统购物的方式有很大差别。网上购物的过程基本分为两个阶段:

1. 观察比较阶段

网店购物即在此阶段，客户搜寻、分析和处理与所要选购商品有关的各种信息，具有很强的客户驱动性，是一种视觉体验，更是一种体验经济。这和在商场购物不同，商场有服务员、商品实物，客户除了通过商品实物体验外，还可以与服务人员现场交流，以获得这次交易是否成交的足够的判断依据，从而做出决定。然而，网上虚拟商店不具备这样的特点，各家网店只能以精心制作的、可用性强的网页来展示商品，吸引客户、使客户能方便地找到并了解他们想要的商品信息，从而增加成交概率。

2. 付款结账阶段

此阶段是电子商务行为的最重要环节，此时，消费者由客户驱动转变为系统驱动，网站系统会引导客户输入一定的个人信息，如家庭住址、信用卡号码等，同时提供付款方式和送货方式。在这一阶段，应着重消除客户对电商进行的各种操作所产生结果的不安感。

因此，只有在电子商务网页设计中充分考虑了人们的使用要求，才能促成一次成功的交易。网站设计的实用性对电子商务网站的正常经营和发展是至关重要的。

1.2.1 三维商城设计中的实用原则

实现三维商城功能最大化的目标，给目标客户提供方便、实用的信息服务，是三维商城设计的基本实用原则，它包含以下几个方面：

1. 先进性

以最先进的观点和设计思路，为客户设计高先进性的网站系统。设计方案将立足先进技术，使项目具备国内乃至国际领先的水平。服务器和网络方面则以优化通讯流量、提高系统的管理性和安全性为重点。

2. 可靠性

该平台正常运作后，由于面对的是广泛的全球互联网客户，因此，系统应能够提供每天 24 小时、每周 7 天的不间断运作能力。为客户提供高度可靠的稳定运行保障。

3. 安全性

互联网是一个标准开放的网络，在网上可以进行各种商务活动，但随时面临着黑客的攻击，病毒的侵袭等威胁。因此，确保网上信息流通的系统安全十分重要。安全不仅仅是一个技术性的问题，还涉及系统的管理、法律法规的保障等，要充分保障系统数据和信息的安全性，为业务及商务活动提供安全环境。

4. 可扩展性

互联网具有巨大的商务潜能，没有人可以精确预计系统的最终访问量和最佳的商务运行模式。因此，系统设计的原则之一是可扩展性。随着企业网站平台业务量的扩展和平台访问量的增长,系统应该能够具有很强的扩展能力,以适应新业务的发展。

5. 标准性和开放性

所有程序及接口具有统一的标准,使程序和系统具备优异的可移植性。企业网上平台的设计应当严格遵守国际标准,在还没有形成标准的新领域内也积极倡导标准的形成,为促进地区国际贸易打下坚实的基础。

6. 美观性

良好的视觉效果与强大的功能同等重要。它可以突出企业文化特色和定位。尤其是三维商城,其特色就是让客户有着良好的购物体验,让其有在实体店购物的感觉。同时三维商城在美观性上还应考虑商城图形不能过于花俏,以免影响客户购买商品或服务。

7. 服务性

时刻体现着以客户为中心的服务理念,为客户提供最好的服务和网站的设计思路。体验购物环境是顾客在三维商城购物的过程,但客户的最终目的是购买到自己所中意的商品或服务,以得到自己的核心利益。因此,三维商城在实施时应更多地考虑如何为客户提供更好的服务。

8. 实用性

网站所提供的各项信息、服务等内容要做到实用,真正能够使网站为用户带来方便。

9. 便捷性

网站使用起来简单方便,尽可能适应不同年龄、知识层次的客户需求。

10. 定制性

为企业的不同业务定制相应的业务流程。

11. 交互性

各项在线服务的提供,以及友好的对话关系,能极大改善企业的办事效率和形象。

12. 宣传性

提供良好、实用的宣传功能,使之成为企业自身宣传的重要载体。

13. 引擎的选择

Web 3D 技术,国际上有数十家企业从事引擎开发工作,但各有所长,选择时应引起注意。

14. 兼容性

3D 建模软件的选择要注意其所建物品模型是否与引擎平台兼容,所建模型对网络带宽要求是否符合当下的网络条件。

15. 真实性

三维商城实施与其他网站有所不同,在网站上展示的商品信息必须真实、完整。尤其是关于商品参数、性能等方面的描述必须与实际商品一致。

16. 保密性

三维商城对用户信息必须加以保密,不能轻易泄露或被他人所得。

17. 避免同质化、提供用户最佳体验

相互竞争的网站通常会提供相似的功能,我们经常能感受到视频网站同质化,团购网站同质化,社交网站同质化,门户网站同质化,它们之间信息内容重复、服务项目雷同,但只有提供了最佳用户体验的那一个网站才会胜出。

同时,还应注意以下几点:

1. 人性化的交互界面

客户访问三维商城是为了获取所需的商品或服务,所以,网页图形的内容必须突出重点,避免夸张,装饰部分不宜太多,以免喧宾夺主;在内容编排上必须简洁明了,便于浏览;信息数量比较大时应将其拆分成多个网页图形。在技术和资金条件允许的情况下,三维商城网页图形设计中还应当考虑残疾人、病人等特殊人群的需要。

2. 方便快捷的更新维护

三维商城网站要根据市场行情的波动随时更新网页上的价格信息,要经常提供新的商品或服务,并举办促销活动以刺激客户的购买欲。设计时要考虑到内容更新的快捷简便,在内容更新的同时,还要注意保持网页在结构上的相对一致性,以使老客户能方便快速地找到所需要的各种信息。三维商城网站上商品图形更新需要及时、便捷,且能兼容各种主流图形格式文件。

3. 最佳优化的网页内容

一般情况下,客户对当前网页上的内容能持续保持注意的时间长度约为10秒钟;若系统响应时间超过10秒,客户会在等待计算机完成当前操作时,转向其他的任务。因此,为缩短系统响应时间,比较简单的一种解决办法是尽量减少网页上的图片与多媒体文件(如动画、录像、闪烁等)的使用。但是作为电子商务站点,很多场合需要采用图示或多媒体演示,从而不得不适当降低系统响应速度。因此,为了提高三维商品图形的展示速度,在设计商品三维图形时,一定要注意图形的尺寸和大小。

4. 准确无误的链接

整个Web实际上就是一个的巨大的信息空间。由于空间过大,并且各节点之间的链

接关系错综复杂,用户上网浏览时有可能发生"迷路"现象。Elm 和 Woods(1985)研究发现,用户在网上"迷路"的程度与不熟悉文档结构有直接关系。他们总结出有三种不同形式的"迷路":第一,不知道下一步该去哪里;第二,知道该去哪里,但不知道该如何去;第三,不知道当前处于整个文档结构中的哪一个位置。为减少和避免出现"迷路"现象,通常可采用两种策略:一是改变用户界面,如采用导航地图、多窗口显示等技术;二是对文本进行分析,改换超文本的结构及链接设计。提高超文本设计质量能有效减少用户"迷路"现象。将电子商城由二维转变成三维的目的是为了客户更好地体验购物乐趣,因此,在设计三维商城时,一定要注意商城内购物引导的设计,避免客户"迷路"。

5. 界面的一致性

在三维商城设计中,界面的一致性也是必须仔细考虑的一个重要因素。一般认为,界面的一致性主要体现在三个方面:指向性效果、系统的输入与输出之间的关系、界面的外观或视觉效果。一些研究表明,增强界面的一致性有利于提高用户的操作绩效和满意度,同时还可减少操作错误。

6. 美观、比例、结构、布局

良好的视觉效果与强大的使用功能是同等重要的。界面美观水平与使用者对界面可用性的主观评价呈正相关,与操作绩效也呈正相关。Schenkman(2000)总结出衡量网页外观设计质量的四个主要指标,即美观、图文比例、结构和总体布局。其中,美观这一指标最为重要。

7. 终端与载体的协调统一

三维商城设计应适应客户使用的各种类型的显示器,应使用可用空间的百分比来规定布局。现在常用的网页浏览器一般为 Netscape 和 Internet Explorer,这些浏览器都有新旧版本,有时同一个网页在不同浏览器或同一浏览器的不同版本上会产生不相同的显示效果,甚至有些网页功能无法正常实现。作为三维商城网站,应注意网页图形在这方面的兼容性,避免客户访问时需要下载观看插件等操作过程。

8. 可扩展设计定位

互联网具有巨大的商务潜能,没有人可以精确预计系统的最终访问量和最佳的商务运行模式。因此,三维商城设计的原则之一就是可扩展性。随着三维商城平台业务量的扩展和平台访问量的增长,系统应该能够具有强大的扩展能力和抗压力,以适应新业务的发展。

与传统的购物方式相比,网上购物具有方便、快捷等优点。但是,虚拟商场和客户在空间上只能通过网络才能传递信息。因此,三维商城网页图形在设计上必须符合客户的使用要求,最大限度地提高客户在网上搜索信息和进行其他各种操作的绩效,并增强他们对网上购物的满意度和安全感,这样才能营造出和谐愉快、美观便捷的交易空间。

9. 要考虑网站运行环境，尤其是网站运行所需的网络带宽

设计时，一定要考虑图片压缩、传输及显示时的图片质量和文件格式大小。

10. 真实性原则

三维商城展示商品时，必须注意保证对商品描述的真实性，虽然三维商城是虚拟实现技术实现商品展示的一种手段，但它不同与一般三维现实平台，必须对商品呈现真实的信息。

任务三　三维商城实施原则

打造友好的交互体验，设计一个可用性强的网站，对任何一个设计者来说都不失为一个雄心勃勃的目标。如何让客户方便、快速地找到自己需要的商品或服务，并用最简单的操作方法来完成操作，这需要更加注重细节，细节就是网站用户会反复留意的东西，例如友好的界面、清晰的导航、完善的帮助系统、合理的信息架构、出色的视觉设计、优良的网站性能等。

正如设计原则中所述，三维商城是电子商务网站的一种基于 Web 3D 技术的电商平台。在实施过程中既有一般电子商务平台应注意的实施原则，又有三维技术方面必须注意的要点。

1.3.1　三维商城实施原则

三维商城是由一系列场景组成，因此，建设三维商城时，必须注意：三维商城场景模型的优化对其运行速度影响很大，前期如果不对场景的模型进行很好的优化，到了制作后期再对模型进行优化时，就需要重新修改模型，并进行重新烘焙后，再导入到当前的三维商城的场景里，这样就出现了重复工作情况，大大降低了工作效率。因此，场景模型的优化需要在创建场景时就必须注意，并遵循其建模方式创建简模。

三维商城的建模和做效果图、动画的建模方法有很大的区别，主要体现在模型的精简程度上。三维商城的建模方式和游戏的建模是相通的，做三维商城最好先做简模，不然可能导致场景的运行速度会很慢、很卡或无法运行。因此，三维商城实施原则如下：

1. 做简模

尽量模仿游戏场景的建模方法，将效果图的模型拿过来直接用的方法是不推荐的。三维商城中运行画面的每一帧都是靠显卡和 CPU 实时计算出来的，如果模型面数太多，会导致运行速度急剧降低，甚至无法运行；模型面数过多，还会导致文件容量增大，在网络上发布也会导致下载时间增加。

2. 模型的三角网格面尽量是等边三角形，不要出现长条形

在调用模型或创建模型时，尽量保证模型的三角面为等边三角形，不要出现长条形。这是因为长条形的面不利于实时渲染，还会出现锯齿、纹理模糊等现象。

3. 在表现细长条的物体时,尽量不用模型而用贴图的方式表现

在为三维商城的场景建立模型时,最好不要将细长条的物体做成模型,如窗框、栏杆、栅栏等。因为这些细长条形的物体只会增加当前场景文件的模型数量,并且在实时渲染时还会出现锯齿与闪烁现象。对于细长条形的物体,可以像游戏场景一样,利用贴图方式来表现,其效果非常细腻、真实感也很强。

4. 重新创建简模比改精模的效率更高

实际工作中,重新创建一个简模一般比在一个精模的基础上修改的速度快,因此,推荐尽可能新建模型。如从模型库调用的一个沙发模型,其扶手模型的面数为"1310",而重新建立一个相同尺寸规格的模型的面数为"204",制作方法相当简单、速度也很快。

5. 模型的数量不要太多

如果场景中的模型数量太多,会给后面的工序带来很多麻烦,如增加烘焙物体的数量和时间、降低运行速度等,因此,一般一个完整场景中的模型数量控制在 2 000 个以内(根据个人机器配置)。用户可以通过系统导出工具查看当前场景中的模型数量。

6. 合理分布模型的密度

模型的密度分布得不合理,对其后面的运行速度也是有影响的,如果模型密度不均匀,会导致运行速度时快时慢,因此,要合理分布场景的模型密度。

7. 相同材质的模型,尽量合并;远距离模型面数多的物体,不要进行合并

在三维商城场景中,尽量合并材质类型相同的模型以减少物体个数,加快场景的加载时间和运行速度;如果该模型的面数过多且相隔距离很远,就不要将其进行合并,否则也会影响其场景的运行速度。

8. 保持模型面与面之间的距离

在三维商城中,所有模型的面与面之间的距离不要太近。一般最小间距为当前场景最大尺度的二千分之一。例如,在制作室内场景时,物体的面与面之间距离不要小于2 mm;在制作场景长(或宽)为 1 km 的室外场景时,物体的面与面之间距离不要小于20 cm。如果物体的面与面之间贴得太近,在运行该场景时,会出现两个面交替出现的闪烁现象。

9. 删除看不见的面

三维商城的场景类似于动画场景,在建立模型时,看不见的地方不用建模,对于看不见的面也可以删除,主要是为了提高贴图的利用率,降低整个场景的面数,以提高交互场景的运行速度,如 Box 底面、贴着墙壁物体的背面等。

10. 对于复杂的造型,可以用贴图或实景照片来表现

为了得到更好的效果与更高效的运行速度,在 VR 场景中,可以用 Plant 替代复杂的模型,然后靠贴图来表现复杂的结构,如植物、装饰物及模型上的浮雕效果等。

1.3.2　商品三维图形设计实施时应遵循原则

三维商城的实施主要是利用三维图形技术实施交互式互动电子商务网站,尤其是以图形技术处理更为重要。因此,实施时应当遵循以下图形处理技术原则:

1. 视知觉的格式塔原则

这些原则是人机交互设计心理方面的基本原则。

(1) 接近法则认为,当我们知觉物体归类时,易于把相近的物体归于一组(如图 1-3 所示)。

图 1-3　图例

(2) 相似法则指,当内容元素彼此相似的时候,我们会感知它们为一组。

(3) Prägnanz 法则(图像-背景)指,在知觉某个视野时,一些物体(图像)看起来突显了出来,视野中的其他东西则消退到背景中。

苹果机的标志可以被看作是一个正规笑脸和一个侧面欢喜的脸庞(如图 1-4 所示)。

图 1-4　苹果机图标　　　　　图 1-5　IBM 图标

(4) 对称性法则指,我们在知觉物体时,倾向于把物体知觉为一个中心周边对称的形状。

(5) 连贯性法则指,我们倾向于知觉连贯或连续流动的形式,而不是断裂或都不连续

的形式,事实上它们并不连贯。

我们知觉到字母"I","B"和"M",虽然我们事实上看到的形状,只有几行不同长度的白色空格彼此空悬(如图1-5所示)。

2. 三维商城商品及布局设计原则

(1) 场景化导购,围绕话题打包推荐

创建导购性质的专题,告诉用户为什么买?怎么挑?这样能给用户留下专业的导购印象,从而促进用户购买;例如根据不同的事件场景推荐不同的商品,前提是这些场景是热议的或者是贴近当下用户生活的,或者是解决实际问题的。

(2) 首屏强调对于品类关注的共性,寻找亮点

用户能不能被吸引,往往取决于首屏设计的好不好。所以,我们想让用户浏览的内容应该保留在大部分用户能看到的首屏范围内。另外一个设计要点就是要尽量涵盖访问该页面的大多数用户的需求,越往下走越细分流量,基于这一点,在内容的组织上应该以该品类大多数用户关心的内容为主,且通过交互或设计将这个重要的内容凸显出来(如图1-6所示)。

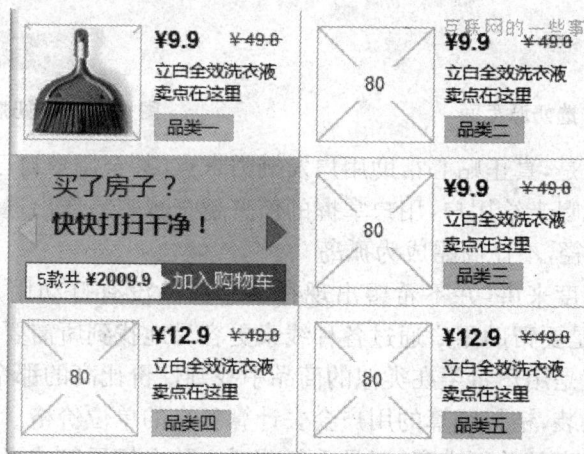

图1-6 首屏

(3) 营造琳琅满目逛的感觉

在真实生活中购买商品的情景,多数是身处在货架当中,满当当的商品等着去挑。把这种现实体验映射到网上,需要让用户感受到这里的商品丰富多样。要达到这样的效果可以有几种做法:

第一,提高商品密度,在保证品质感的情况下缩小商品图片,相同的空间展示更多的坑位,活动坑位和商品坑位的排版和间距要更加细致。

第二,提高图片质量和显示效果,加强氛围的烘托。例如食类商品,通过一些背景或者真实材料提升用户的购买欲。可能大家会说我们的技术比不上韩国的网站,没那么多资源修图,但可以在页面的重点内容上,学习他们表达商品的方式。

(4) 重商品维度细分,给特色挑选机制

对于商品来说,其属性维度是难以穷尽的。常规的品类划分维度简单,已经不能很好

帮助用户做决策,用户看不到更多从需求出发的维度,而将各个品类中用户关心的核心维度挑选出来,再反推运营去组织属性,更好的方式是基于用户关心的维度,运营甚至商家去创建和维护最底层的商品属性。例如,葡萄酒的选择不一定很多人都懂,细分维度可以为那些不懂的用户建立决策机制,这些机制可以曝光在大类页中。

例如,奶制品的质量问题爆发,大家更加关心国外的奶源,对于这样的维度,也应该更早地曝光给用户。另外,奶瓶的材质的对于新手妈妈来说并不懂,直白地说出利弊更利于用户做决定(如图1-7、图1-8所示)。

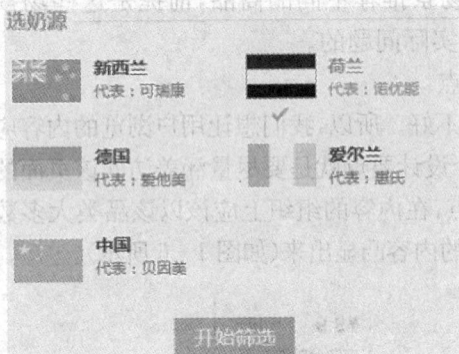

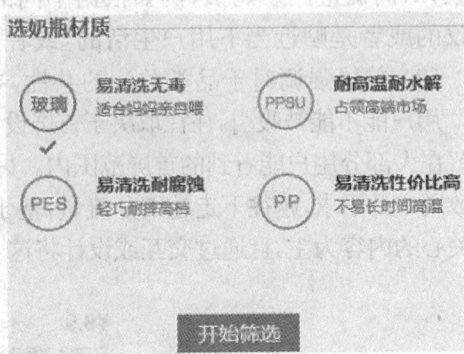

图1-7　选奶源页面　　　　　　　　图1-8　选奶瓶材质页面

细分维度的好处是,真正贴心帮助用户发掘需求点(甚至用户自己都没有想到的),以及将这些信息尽早地曝光给用户,用户掌握的信息越全越容易作出选择。

(5)激发关联路径,不让商品成为孤岛

首先从运营的角度来讲,并不希望出现在某个商品没有打动用户的情况下,该用户"逛"的行为终止,而是要帮助用户通过各种线索更容易地找到所需要的商品。

最常见的情况就是用户希望在类似的商品中找到性价比高的那个,同样的商品,一个是超值装一个是经典装,精打细算的用户会去计算各自的单位价格。例如需要某类商品,但是对于其中看到的商品并不满意,于是重新花时间从左侧导航或者从搜索走,甚至跳转到其他页面,用户的选择成本在增加。因此,在合适的位置给出相似商品的链接,让用户的路径不被打断,这一点是很有必要的(如图1-9、1-10所示)。

图1-9　关联路径　　　　　　　　　图1-10　关联路径

例如,用户往往会根据过往的一些经验和逻辑作出购买决策,如曾经购买过的品牌觉得还不错,再次购买的时候会更倾向用过的品牌,或者曾经用过某个系列觉得好,再买的时候因为有了解会更想买。例如,有时候买书会碰到这样一个情况,如用户 A 曾经看过一本历史题材的书还不错,可能还想看看跟它类似的书,但是发现周围没有人读过类似的题材给他推荐,那如果能够根据书名拉取出一些相似类型的书籍以及类似风格的作者等,相比较其他书来说,这些书 A 就更容易购买。此外,A 在买书上是从众型的人,没什么想法,还可以看看其他人在搜索什么(如图 1-11 所示)。

图 1-11　搜索图书页面

(6) 进入用户的时间线,提供阶段性解决方案

例如,用户在一天中有好几个可能进食的时间点,可以抓住不同时间点的特征,推荐不同的商品,如工作时间忙碌,下午饿了可以买些零食充饥(如图 1-12 所示)。

图 1-12　零食推荐页面

例如,帮助用户挑选个人护理商品时,可以通过用户使用这些物品的时间段来划分,如早晨起床用清爽型洁面乳醒肤,晚上回家用清洁力强的洗面奶和含有薰衣草味道的沐浴露帮助睡眠。跟用户站在同样的时间点上,才更能体会到用户当时的需求所在(如图 1-13 所示)。

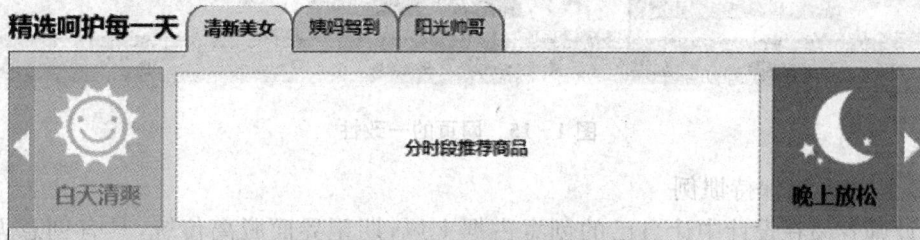

图 1-13　个人护理商品推荐页面

3. 可用性

用户如何思考？理论上,用户上网的习惯和逛超市基本类似,大量网页他们几乎不看一眼,而是扫视页面并寻找感兴趣的内容,但用户愿意为高质量的内容而忍受广告和糟糕的设计。网站设计者不应对用户的耐心抱有较高的期待,多数用户都是扫视页面而非阅读,靠自己的直觉摸索,如果页面没有达到用户预期,使得学习成本负荷越高、直观性越差,用户就会很轻易地离开,寻找替代的页面。

(1) 一致性的视觉设计

当一个网站的视觉设计整洁连贯,高度一致时,用户很容易不费脑力去理解如何使用网站;不一致的视觉设计,有可能会让用户感觉到欺骗,当界面设计得过于跳跃和创新,用户可能在第一眼难以理解,不得不重新学习如何使用那些他们本已经熟悉的东西。视觉一致性可以提高产品所塑造的品牌形象,一定程度上减少用户的认知成本。

达到"一致"的界面,并非指界面元素需要"统一",视觉上可以有很多不同的表现手段,世界上没有两个相同的鸡蛋,为了一致,网站信息架构很重要。具体体现在形状、色彩、界面质感、图标、画风、文字描述、提示信息呈现方式等,使得网站在不同的栏目下,设计一致,而不是不同的栏目下页面视觉差异大,一眼看上去,不像一个爹妈生出来的(如图1-14、图1-15所示)。

LouisVuitton 同一个系列的包,气质一致。

图 1-14　商品的一致性

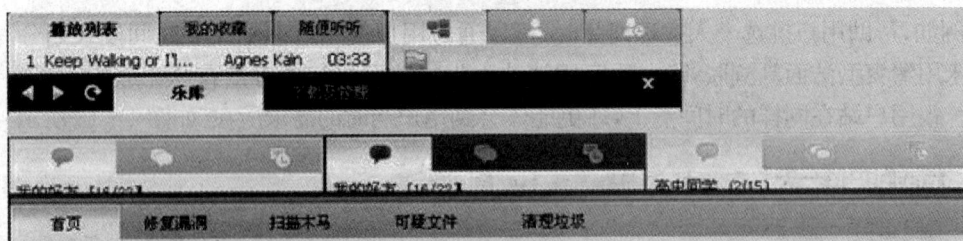

图 1-15　网页的一致性

(2) 固定元素保持惯例

设计师容易在设计中让自己的创意占据上风,期望界面脱离传统,具有创意无可厚非,但人们已经根深蒂固的元素,保持惯例会更为稳妥。例如:

- 网站标题(header)往往会在网站左上方显示。
- LOGO 通常可以点击,以便回到首页。
- 退出登录的标志一般会在网站右上方显示。
- 版权信息总是位于最下方 footer。
- 网站搜索框经常会出现在网站右上方或中部上方。
- 切换网站语言版本的功能经常出现在网站 header 右端,并配有国旗显示。
- 搜索框必需是一个框。
- 注册通常在页面的右上角。

(3) 让搜索更容易

为了精确搜索或在特定范围内搜索,网站往往提供各种不同的搜索参数。但多数用户更加青睐不需要思考就知道该如何搜索的界面。针对搜索功能最常见的设计,就是一个相对显得宽大的输入框,加上"搜索"按钮组成,以提供最为方便的快捷搜索。

这里需要注重的一个原则是,虽然我们有时必须提供高级搜索功能,但较好的用户体验是,即使在用户没有提供额外信息的情况下,搜索功能也应该是正常能够工作的(如图1-16 所示)。

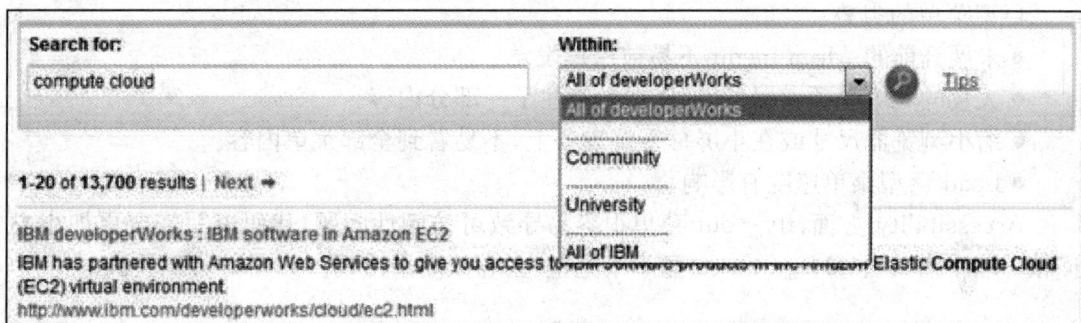

图 1-16 搜索页面

当用户未选择任意一个 within 下拉列表内容时,搜索照常工作。

(4) 巨型菜单(Mega menu)的优劣势

提倡仅在必要时使用下拉菜单,虽然下拉菜单占较少的屏幕空间,但其缺点也是明显的,例如选项可见性较低,下拉菜单所包含的内容项太多时将造成困扰。然而根据 Jacob Nielsen 对下拉菜单的研究,他认为下拉菜单并不一定要很小,"巨型"导航下拉菜单效果也不错。近年来,Mega menu 在网页设计中成为一种趋势,尤其是在电子商务网站,如果运用得当,它确实能有效帮助到用户快速获取信息,大的二维下拉面板可以对导航选项进行清晰、组织良好的导航分组,将用户从不得不进行的滚动操作中解脱出来。运用是否得当成了设计的关键。

巨型菜单的优势:所有选项一目了然。可通过分隔线、文本、图标、图片修饰等视觉手段更加清晰地组织菜单结构。充分利用图标,分隔线,文字加粗等手段使 Mega menu 更易读(如图1-17 所示)。

图 1-17　巨型菜单

巨型菜单的劣势：
- 未展开前的 Mega menu 不易被用户发觉。
- 大量的菜单选项占据了屏幕空间，遮住了一部分内容。
- 缩小浏览器尺寸或在小屏幕手持设备上，不易看到全部菜单内容。
- Load 巨型菜单速度有影响。

Accessibility 方面，fly-out 菜单很容易导致可访问性问题，代码书写需要更加小心谨慎。缩小窗口后，Mega menu 显示不完整，会有滚动条出现。如图 1-18 所示

图 1-18　缩小窗口

窗口高度缩小后，Mega menu 显示不完整。如图 1-19 所示

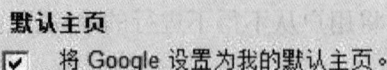

图 1-19　窗口高度缩小

需要注意的是：
- 不能无节制堆放过量菜单选项，降低友好度。

● 激活 Mega menu 较好的方法是加一个倒三角小图标，提示用户鼠标经过可展开更多内容。因为 Mega menu 本身不像一个按钮能更直观能告诉用户此处可点击。

● 避免菜单太难使用，鼠标指针轻微失去焦点，就得从头开始。

● 避免使用多个下拉级别，多个层级的导航必须进行水平滚动，不够友好。

● 避免在 Mega menu 内加"搜索"功能。

● 避免在 Mega menu 区域内右上角加"关闭"按钮，这本身并不是必需的，关闭菜单较好的设计方案是将鼠标移开一定的距离才能关闭，Jacob Nielsen 的另一个建议是鼠标移开 0.5 秒后，菜单在 0.1 秒内消失。

（5）单选框、复选框文字可点击

单选框、复选框的设计疏忽通常是未设置 id 和 label 的 for 属性，从易用性和 accessibility 角度而言，for 属性都是不能缺少的，for 属性可以关联控件元素的 id，使文本也可点击选中，扩大了选中焦点区域。HTML5 可以使用 for 属性，或是将表单控件放在 label 元素里面两种方法来实现该关联。但使用 for 和 id 找到控件元素的方法要比将控件放在 label 标签内的健壮性好很多。使用 aria-labelledby 属性跨浏览器和 accessibility 的健壮性要比使用标准的控件元素放入 label 标签下的方法强。所以建议第一种方法。

（6）链接

永远不要让用户去猜测一段文本是否可点击。最为稳妥的做法是颜色和下划线的组合使用，使超链接容易辨识；同时，不能犯的错误是，用颜色和下划线设计非链接文本，这样会给用户带来困惑。当我们无法既用颜色，又用下划线标识所有的链接时，我们也要尽量在固定的区域内，使用一样的链接风格，如不能有些链接用下划线，有些链接不用，有些链接是不同的颜色等。

其次要注意链接文本要清晰、准确描述它所指向的目的地，避免使用含糊的描述。

（7）注册表单尽量简洁

没有人喜欢填表单，设计高效的网页表单的原则是，尽量使用较少的强制性输入框，避免增加用户负担。不应在注册页面上放置广告、闪烁图片等效果，分散用户注意力。

（8）文本排版应合理

文本排版在网页设计中是相当重要的一部分。CSS3 的 @font-face 使得页面可以嵌用自定义字体，页面文字显示将更加丰富多彩，表现力更强。实现合理的文本排版，我们需要注意以下几点：

● 文本大小：太小的文字会使得长篇文章阅读起来很困难。

● 行距：保持适合的行间距，增加文字可读性。

● 留白：文字的周围提供充足的空白，使用户不会感到太压抑。

● Line-height 属性值：不应该用 px 作为单位。

（9）清晰的导航

通常有以下几种导航方法，在设计中我们可以综合考虑使用。

全局导航：类似于网站地图，突出整体网站结构，大而全。

本地导航：针对某个栏目内的导航。

上下文导航：针对具体的页面内的导航。

面包屑导航：二级导航模式，用来定位用户当前所处的位置。

Amazon 采取混合导航，树状导航，栏目内搜索，全局导航及面包屑导航（如图 1 - 20 所示）。

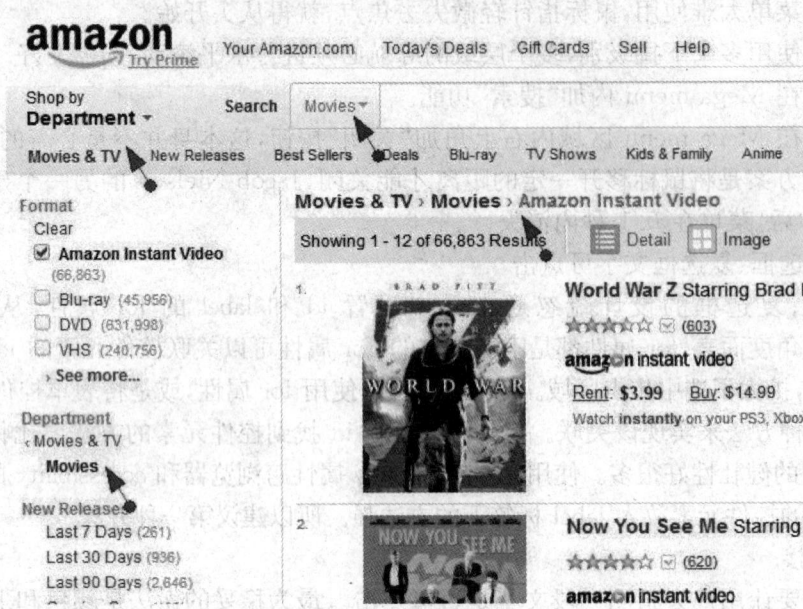

图 1 - 20　Amazon 网站

（10）注意保护性设计

考虑到用户不按常理出牌，不会按你的预期访问你的网站，或是误用，所以一定要有保护性设计，例如，当删除一个文档时，如果没有确认提示，又没有提供恢复功能，这将给用户造成难以接受的后果；再如，如果用户在输入注册信息时关闭浏览器，在没有询问之前，不要删除他们的数据；或是，当用户请求的一个页面不存在时，需提供一个有用的 404 页面（如图 1 - 21 所示）。

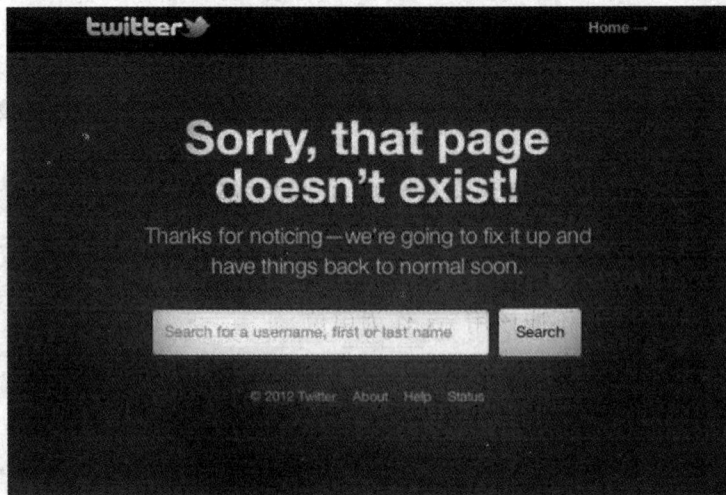

图 1 - 21　404 提示页面

（11）早期测试

"早期测试 1 个用户要比后期测试 50 个用户好"。可见，可用性测试总会产生有用的结果。基本的检查点可以包括以下几方面：

- 死链接。
- 校对文本。
- Javascript 不生效时，网站展示效果仍要友好。
- 404 页面是否缺失。
- 跨浏览器兼容性检查。
- 导航是否清晰。
- 文字表述是否亲和。

项目二 三维商城建筑建模实施

一、单元概述

本单元从三维商城实施的技术基础及几类不同建模工具开始讲述,接着重点介绍专业建模工具 3DS MAX,并通过构建三维商城的基础设施:墙、门窗、家具、电器及楼梯扶手等物体的三维模型,使学生了解建模常识,并学会应用专业建模软件中的标准基本体、扩展基本体、创建复合对象、创建二维图形的建模基础性功能操作。

二、知识要点及掌握程度

任务一:三维商城实施技术概述(了解)
任务二:3ds Max 快速上手(掌握)
任务三:简单墙体的构建(掌握)
任务四:三维商城中家具的构建(掌握)
任务五:电器的构建(掌握)
任务六:用克隆技术构建楼梯、扶手(掌握)

三、能力要点及重要程度

(1) 项目工程知识:了解三维商城实施技术(理解)。
(2) 行业发展趋势:了解实现三维商城中建模技术的发展趋势(重要)。
(3) 项目工程实施能力:掌握专业建模软件基础建模技能(重要)。
(4) 基本信息处理能力:培养学生对项目实施过程中,不断寻求新技术、新方法解决问题的思路(理解)。

四、教学的重点与难点

重点:
(1) 建筑建模的操作流程。
(2) 建模软件基本功能的应用。
(3) 建筑构件的建模方法。
难点:
(1) 建模软件的选择与使用。

五、教学设计与实施方法

本单元主要采用讲授教学法和案例教学法。讲授教学法通过教师课堂讲授实施,案例教学法通过学生对案例的实际操作来完成。

任务一 三维商城实施技术

三维商城是一个 3D 互联网网站,涉及的技术除了 Web 3D 技术外,还涉及 3D 建模、3D 图形的合并与发布、3D 商城人机交互三个步骤。每个步骤都有相应的技术支持。为了让读者更全面了解这些技术,现分别介绍如下:

网络三维又称网络 3D,该技术的出现最早可追溯到 VRML,VRML(Virtual Reality Modeling Language)即虚拟现实建模语言。VRML 开始于 20 世纪 90 年代初期,1998 年,VRML 组织将自己改名为 Web 3D 组织,同时制订了一个新的标准,Extensible 3D (X3D),到了 2000 年春天,Web 3D 组织完成了 VRML 到 X3D 的转换。X3D 整合正在发展的 XML、JAVA、流技术等先进技术,包括了更强大、更高效的 3D 计算能力、渲染质量和传输速度(如图 2-1 所示)。

1994 年 3 月,在日内瓦召开的第一届 WWW 大会上,首次正式提出了 VRML。1994 年 10 月,在芝加哥召开的第二届 WWW 大会上,公布了规范的 VRML1.0 草案。

1996 年 8 月,在新奥尔良召开的优秀 3D 图形技术会议-Siggraph'96 上公布通过了规范的 VRML2.0 第一版。它在 VRML1.0 的基础上进行了很大的补充和完善。它是以 SGI 公司的动态境界 Moving Worlds 提案为基础的。

1997 年 12 月,VRML 作为国际标准正式发布,1998 年 1 月正式获得国际标准化组织 ISO 批准简称 VRML97。VRML97 只是在 VRML2.0 基础进行上进行了少量的修正,如图 2-1 所示是 Web 3D 技术的展示。

图 2-1 Web 3D 技术的展示

VRML 规范支持纹理映射、全景背景、雾、视频、音频、对象运动和碰撞检测——一切用于建立虚拟世界的所具有的东西。但是 VRML 并没有得到预期的推广运用,不过这不是 VRML 的错,要知道当时 14.4kB 的 Modems 是普遍的,而 VRML 是几乎没有得到压缩的脚本代码,加上庞大的纹理贴图等数据,要在当时的互联网上传输简直是场噩梦。

1998 年,VRML 组织把自己改名为 Web 3D 组织,同时制订了一个新的标准,Extensible 3D (X3D),到了 2000 年春天,Web 3D 组织完成了 VRML 到 X3D 的转换。

X3D 整合正在发展的 XML、Java、流技术等先进技术,包括了更强大、更高效的 3D 计算能力、渲染质量和传输速度。

2.1.1　Web 3D 技术

在此期间,一场 Web 3D 格式的竞争正在进行着,Adobe Atmosphere 创建网络虚拟三维环境的专业开发解决方案,还有 Macromedia Director 8.5 Shockwave Studio。

最近,一些厂商瞄准了一个市场,就是从二维图像生成三维物体,一般都是通过拍摄一个物体的多个方向,再由特殊的软件转化为 3D 网格。例如 viewpoint、realVIZ、mmersion。

尽管出现了如此之多的解决方案,但这不能让我们每个人都跳上 Web 3D 的高速列车!一些困难和障碍仍然存在。

首先是没有统一的标准。每种方案都使用不同的格式和方法,因为没有标准,3D 在 Web 上的实现过程还将继续挣扎。另外,插件的问题也是一个困扰,几乎每个厂商开发的标准都需要自己插件的支持,这些插件从几百 K 到几兆不等,在带宽不理想的条件下必然限制了一部分用户的使用热情。让我们浏览一下这些在 Web 3d 中软件:Java3D 和 GL4Java(OpenGl For Java)。

Java3D 可用在三维动画、三维游戏、机械 CAD 等领域(如图 2-2 所示),Web 3D 在工程上的应用,虚拟实验室,可以用来编写三维形体,但和 VRML 不同,JAVA3D 没有基本形体,不过我们可以利用 JAVA3D 所带的 UTILITY 生成一些基本形体,如立方体、球、圆锥等,我们也可以直接调用一些软件,如 ALIAS、LIGHTWARE、3DS MAX 生成的形体,也可以直接调用 VRML2.0 生成的形体。

图 2-2　Web 3D 在工程上的应用,虚拟实验室

可以和 VRML 一样,使形体带有颜色、贴图。可以产生形体的运动、变化,动态地改变观测点的位置及视角,可以具有交互作用,如点击形体时,会使程序发出一个信号从而

产生一定的变化。可以充分利用 Java 语言的强大功能,编写出复杂的三维应用程序。Java3D 具有 VRML 所没有的形体碰撞检查功能。作为一个高级的三维图形编程 API,Java3D 给我们带来了极大的方便,它包含了 VRML2.0 所提供的所有功能。

GL4Java、VRML、JAVA3D 的比较:

由于 OPENGL 的跨平台特性,许多用户利用 OPENGL 编写三维应用程序,不过对于一个非计算机专业的人员来说,利用 OPENGL 编写出复杂的三维应用程序是比较困难的,且不说 C/C++语言和 Java 的掌握需要花费大量时间精力,当我们需要处理复杂问题的时候,我们不得不自己完成大量非常繁琐的工作。当然,对于编程高手来说,OPENGL 是他们发挥才能的非常好的工具。

VRML2.0(VRML97)自 1997 年 12 月正式成为国际标准之后,在网络上得到了广泛应用,编写 VRML 程序非常方便(VRML 语言可以说比 BASIC、Java Script 等语言还要简单),同时可以编写三维动画片、三维游戏、用于计算机辅助教学,因而其应用前景非常广阔,尤其适合在中国推广应用。不过,由于 VRML 语言功能目前还不是很强(如目前没有形体之间的碰撞检查功能),与 Java 语言等其他高级语言的连接较难掌握,因而失去了一批计算机高手的宠爱。但我们认为,我们可以让大学里的文理科学生利用 VRML 编写多媒体应用程序,让学生很快对编写程序感兴趣,从而使国内的计算机水平得到提高。DIRECT3D 是 Microsoft 公司推出的三维图形编程 API,它主要应用于三维游戏的编程,目前相关的学习资料难于获得,由于它一般需要 VC 等编程工具进行编程,需要编程人员具有较高的 C++等高级语言的编程功底,因而难以普及。

1. Java3D

Java3D 是建立在 Java2(JAVA1.2)基础之上的,Java 语言的简单性使 Java3D 的推广有了可能。OPENGL 和 Java3D 之间的比较可以看成汇编语言与 C 语言之间的比较,一个是低级的;一个是高级的(也许这样比较不太恰当)。Java3D 为编写三维应用程序提供了一个非常完善的 API,它可以实现以下功能:

① 生成简单或复杂的形体(也可以直接调用现有的三维形体)。
② 使形体具有颜色、透明效果、贴图。
③ 可以在三维环境中生成灯光、移动灯光。
④ 可以具有行为(Behavior)的处理判断能力(键盘、鼠标、定时等)。
⑤ 可以生成雾、背景、声音等。
⑥ 可以使形体变形、移动、生成三维动画。
⑦ 可以编写非常复杂的应用程序,用于各种领域,如 VR。

2. Fluid3D

由于 Fluid3D 并不是一个 Web 编写工具,因此,它着眼于强化 3D 制作平台的性能。直到最近才公诸于世的 Fluid3D 插件填补了市场 的一个空白,尽管到目前为止,它的应用范围还相当有限。它的主要功能是可以用来传输高度压缩的 3D 图像,而这种图像的下载通常是相当麻烦、耗时的,它的运用有助于使 Web 的 3D 技术更实用和切合实际,使之对桌面用户而言,更有乐趣。

3. Superscape(VRT)

Superscape VRT 是 Superscape 公司基于 Direct3D 开发的一个虚拟现实环境编程平台。它最重要的特点是引入了面向对象技术,结合了当前流行的可视化编程界面,另外,它还具有很好的扩展性,用户通过 VRT 可以创建真正的交互式的 3D 世界,并通过浏览器在本地或在 Internet 上进行浏览。

4. Vecta3D

它是 3ds Max 的一款插件,可生成输出 Flash 的文件与 Adobe Illustrator 的 ai 文件。Viewpoint(Metastream),Viewpoint Experience Technology (简称 VET)的前身是由 metacreation 和 Intel 开发的 metastream 技术。

Viewpoint 的主要运用市场是作为物品展示的产品宣传和电子商务领域,许多著名的公司与电子商务网站使用了此技术为产品作展示,虽然它不如 Cult3D 那样普及,但凭借着强大的功能,还是赢得了不少用户的青睐,如 Fuji、Dell、Sony 等公司。

6. Pulse3D

Pulse 在娱乐游戏领域发展已经有好多年的历史,现在,Pulse 凭着在游戏方面的开发经验,将 3D 带到了网上,所瞄准的目标市场也是娱乐业。Pusle 提供了一个多媒体平台,囊括 2D、3D 图形、声音、文本、动画。

Pusle 平台分为三个组件:Pusle Player、Pusle Producer 和 Pusle Creator。Pusle Player 也称播放器插件,除了为 IE 和 Netscape 提供的浏览器插件外,Pusle 还得到了 Apple 和 Real net work 的支持,在 Quicktime 和 RealPlayer 中已经包含了 Pulse 播放器。Pulse Producer 是用来在三维动画工具中输出 Pulse 所需数据的插件,目前支持的有 3D studio max 和 Maya 的插件,能够输出到 Pulse 中的数据包括:几何体网格、纹理、骨骼变形系统(支持 Character Studio)、Morph 网格变形动画、关键帧动画、音轨信息、摄像机信息,Pulse 还支持从 Vrml 和 BioVision 的输入。Pulse Creator 是 Pulse 总的组装平台,导入 Pulse Producer 生成的数据后,Pulse Creator 进行以下的功能操作:加入交互性、打光、压缩、流传输和缓存。

7. Atmosphere

Atmosphere 在图像处理和出版领域具有权威地位,Adobe 公司前不久才推出的一个可以通过互联网连接多用户的三维环境式在线聊天工具。在 Atmosphere 中浏览的感觉类似于玩 DOOM 类三维视频游戏,所不同的是 Atmosphere 场景可以通过 Internet 连接多个用户,连接到同一场景的用户可以彼此实时看到代表对方的对象(avatar)位置和运动情况,并且可以向所有用户发送聊天短讯。Atmosphere 环境提供了对自然重力和碰撞的模拟,使浏览的感受极具真实性。

值得注意的是：Atmosphere 使用了 Viewpoint 的技术，安装 Atmosphere 的浏览器插件同时也安装了 Viewpoint 插件。Atmosphere 场景中的三维对象包括由参数定义的基本几何体和 Viewpoint 对象，Viewpoint 技术提供了对三维几何体高质量的压缩和实时渲染，Adobe 直接使用 Viewpoint 技术，既得到了很好的效果，又免除了自己开发的过程。

Atmosphere 场景的开发相对来说比较容易，Adobe 提供了制作工具 Atmosphere Builder，目前此软件还处于 Beta 版本的测试阶段，可在 Adobe 的站点免费下载。

从场景的质量看：Atmosphere 还比较粗糙；从短信息聊天功能上看，它只支持一对多的方式；从扩展性上看，Atmosphere 目前只能在浏览器和它自己的播放器内运行，还不支持嵌入其他的环境中；从服务器端支持看，Adobe 还未提供用来处理多用户交互信息传送的服务器端程序，目前建立的 Atmosphere 场景只能连接到 Adobe 的服务器上使用。

8. Shockwave3D

Macromedia 的 Shockwave 技术，为网络带来了互动的多媒体世界。Shockwave 在全球拥有一亿三千七百万用户。2000 年 8 月 SIGGRAPH 大会，Intel 和 Macromedia 联合声称将把 Intel 的网上三维图形技术带给 Macromedia shockwave 播放器。现在 Macromedia Director shockwave studio8.5 已经推出，其中最重大的改变就是加入了 shockwave3D 引擎。

其实，在此之前已经有 Director 的插件产商为之开发过 3D 插件，而且有的是 shockwaveable 的（意味着可以运用于网络并且能够流式传输）。3Dgroove 主要是用于开发网上三维游戏，其作品多次在 www.shockwave.com 出现，智能和交互性已经具有很高的水准。3DDreams 也提供了完整的三维场景建造和控制功能，但在速度上感觉较吃力。

Intel 的 3D 技术具有以下特点：对骨骼变形系统的支持；支持次细分表面，可以根据客户端机器性能自动增减模型精度；支持平滑表面、照片质量的纹理、卡通渲染模式，一些特殊效果，如烟、火、水。

Director 为 Shockwave3D 加入了几百条控制 lingo，结合 Director 本身功能，无疑在交互能力上 Shockwave3D 具有强大的优势。鉴于 Intel 和 Macromedia 在业界的地位，Shockwave3D 自然得到了众多软硬件厂商的支持，Alias/Wavefront、Discreet、Softimage/Avid、Curious Labs 均在产品中加入了输出 W3D 格式的能力。Havok 为 Shockwave3D 加入了实时的模拟真实物理环境和刚体特征，ATI、NVIDIA 也发布了在其显示芯片中提供对 Shockwave3D 硬件加速的支持。

前景和运用。从画面生成质量上看，Shockwave3D 还无法和 Viewpoint、Cult3D 抗衡，因此对于需要高质量画面生成的产品展示领域，它不具备该优势；而对于需要复杂交互性控制能力的娱乐游戏教育领域，Shockwave3D 一定能够大显身手。

9. blaxxun3D 和 Shout3D

blaxxun3D 和 Shout3D 是一个基于 JAVA applet 的渲染引擎，它渲染特定的 VRML 结点而不需要插件的下载安装，它们都遵循 VRML、X3D 规范。

Shout3D 支持的特征：

① 使用插件,直接从 MAX 中输出 3D 内容和动画。

② 支持直接光、凹凸、环境、Alpha、高光贴图模式以及之间的结合。

③ 支持光滑组和多重次物体贴图。

④ 使用六张图像作为全景背景。

⑤ 骨骼变形,支持 Character Studio。

⑥ 支持多个目标对象之间的变形动画。

blaxxun3D 则是 Brilliant Digital 娱乐公司的产品,这是一个坐落在洛杉矶并涉足澳大利亚电脑游戏业的公司。Brilliant 于 Siggraph2000 大会上发布了他们给 3d studio max 提供的 B3D 技术。

Brilliant 的程序员开发了一个数据压缩和发布技术,使得在窄带下也能够实现 3D 数据流的传输。它引入了以对象为基础的数据库,将数据流和所存贮的数据连接起来,然后角色按情节指令进行动画。艺术家和动画师可以直接从 3D studio max 中直接输出动画到 B3D 授权环境下,在那里,文件被压缩并使用 Brilliant 的数字播放技术发布到 Web 上。

B3D 独特之处是可制作具宽频效果的立体动画,并通过互联网传送至窄频用户,这些档案占用空间小、下载时间短且全屏幕显示互联网立体动画内容。凭着这项崭新的立体动画技术,客户可将既具互动性、又富创意的内容传送给目标观众。Brilliant Digital 播放器提供对实时灯光及实时阴影的直接控制,并且它不依赖点的颜色来模拟这些效果,这一切都给动画师提供了将同样的角色放置于不同场景、不同灯光条件下的非常大的灵活性。

10. Plasma

从功能来看,Plasma 可以说是 3DS Max 的 Web 3D 版本,简洁的界面、直观的用法、强大的 Havoc 引擎,从各种角度来说都是一个相当不错的软件。而且,Plasma 支持 Flash、Shockwave 和 VRML 的输出,对于大部分 3D 设计师来说,这些功能已经很足够了。但是,也有不少人认为 Plasma 有点像是专门为 Shockwave 设计的建模工具,应用范围大大缩小了。而且,Plasma 的内容输出到 Shockwave 以后,固然能够表现出不错的质量,但是在 Flash 里面却并非如此,这似乎与注重写实感的 Web 3D 项目开发用途有些不符。另外,它在支持 VRML 输出方面的功能,比起 3ds max 或者其他软件来说并不占优势。

Havoc 引擎是 Plasma 最大的特征之一,但是它只能在 Shockwave 里面实现,而 Flash 仍然只是支持关键帧方式,VRML 里面则根本不能实现任何 havok 引擎的效果。所以,不少人都觉得,与其说 Plasma 是 Web 3D 软件,不如说它是专门为 Shockwave3D 而设计的 3D 建模工具。

因为 Plasma 是以 Discreet 公司的 3D 技术为基础的,所以性能相当稳定。而且它还考虑到平面用户不熟悉三维界面的问题,特别设计了十分具有亲和力的用户界面。其实大家只要看一下 Plasma 的界面,就会发现它与 Photoshop 和 Illustrator 的界面十分相似。

Plasma 可以说是世界上最早的专门为 2D 和 3D Web 用户设计的三维建模、动画和渲染软件,作为 3D 建模工具,它完全继承了 3ds Max 强大的建模功能,而且支持 Web Rendering (Flash Renderer)和 Exporting Tool,另外它还统合了 Macromedia 公司的 Flash、Shockwave 3D 等设计工具和文件格式。从这些现象来看,Discreet 推出 Plasma 的一个很大的目标就是,通过让平面设计师掌握 3D 工具,从而能够更快生成 Web 3D 内容。

11. Plasma 的主要功能和特征

可以转换为 Shockwave 3D 文件、Plasma 文件,可以输出成 Web 3D 文件——Shockwave 3D Scene Export,而且还可以导入。此外,Plasma 还可以输出为 *.AL (Illustrator 文件)、*.DXF(AutoCad 文件)和 *.VRL(VRML 文件)等三种格式。

Flash 动画制作可以说是 Plasma 最重要的功能之一。Plasma 有两种渲染方式,一种是 3ds Max 中 Bitmap 方式的 Scanline 渲染方式,另外一种是矢量方式的 Flash 渲染方式。这样,以前 Flash 用户需要经过长时间手动操作方能完成的建模过程就可以通过 Plasma 轻松完成了,而且能够节省大量的时间和费用。Flash 渲染方式不支持纹理,所以,渲染后的画面有明显的漫画风格。

3ds Max 的基本建模技法和贴图、动画功能在 Plasma 中可以执行 Bone&Skin 和 IK 动画等功能。

通过 Havok 执行 Shockwave 3D 的功能,Havok 原来是 3ds Max 的插件,Plasma 中也内置了这个插件。因为 Shockwave 中支持 Havok 的所有功能,所以在 Plasma 中可以通过 Havoc 执行 Shockwave 3D 功能。

12. Cult3d

位于瑞典的 Cycore,原是一家为 Adobe After Effect 和其他视频编辑软件开发效果插件的公司。为了开发一个运用于电子商务的软件,Cycore 动用了 50 多名工程师来开发他的流式三维技术。现在,Cycore 的 Cult3D 技术在电子商务领域已经得到了广泛的推广运用。

和 Viewpoint 相比,Cult3D 的内核是基于 Java,它可以嵌入 Java 类,利用 Java 来增强交互和扩展,但是对于 Viewpoint,它的 Xml 构架能够和浏览器与数据库达到方便通信。Cult3D 的开发环境比 Viewpoint 更人性化和条理化,开发效率也要高得多。

2.1.2 快速建模工具

一、硬件建模方式

1. 3D 数码相机

所谓 3D 数码相机,即为可以用裸眼欣赏立体画像或动画的数码相机。3D 数码相机的诞生,也就意味着人们可以不必使用专业眼镜、用肉眼就可以享受立体图像的效果。3D 数码相机一般装配有两个镜头,以便可以再现立体影像。

揭开 3D 影像原理要把它的原理简单化,也非常的简单。我们可以做一个实验:两只手同时拿上笔或者筷子,闭上一只眼睛,仅用另一只眼睛,尝试将两只手中的笔或者筷子尖对到一起。你会发现完成这个动作要比想象的难。一只眼睛看到物体是二维图像,利用物体提供的有关尺寸和重叠等视觉线索,可以判断位于背景前这些物体的前后排列次序,但却无法知道它们之间究竟距离多远。人的视觉系统是基于两只眼睛的,水平排列的两只眼睛在看同一物体时,由于所处的角度有略微不同,所以看到的图像略微差别,这就是所谓的视差,大脑将这两幅画面综合在一起,自动合成分析,就形成一种深度的视觉。同时,大脑还能够根据接收到的两幅图像中,同一物体之间位差的大小,判断出物体的深度和远近,距离眼睛越远,位差就越小,反之就越大。这就是 3D 影像的基本原理。

用双眼看物体的时候,左右分别从稍微不同的角度捕捉物体,因此,左右的影像微妙不同,这两个影像在大脑中合成后,我们便可以立体性把握住物体的轮廓。因此,理论上来讲,照相机装上左右两个镜头便可以再现立体影像,但是,原有的照相机技术不可能实现接近于人眼的功能。例如,即使让左右两个快门同时开闭,也会产生微小的时间偏差,造成左右影像的偏离。新开发的画像处理器"真实照相引擎(Real Photo Engine)3D"应用于新系统中,成功将这一偏差控制在 0.001 秒以内。这一处理器还具备将焦点、亮度、色泽等左右两个画像摄影条件调得几乎相同的功能。以往的技术很难将左右两个镜头的中心线正确的交叉在被拍照物体附近,而新系统通过使用新开发的"真实 3D 镜头系统",克服了这一难点。

2. 3D 自动成像系统

国内首款智能的 360 度产品拍摄系统,它包括 3D 自动成像软件和 3D 拍摄硬件(3D 摄影棚)。用户只需配备一台相机和电脑,软件会自动控制相机进行 360 度拍摄取样,三步即可合成出 Gif、Swf、Html5 等格式的产品 3D 展示动画。

特点:

① 制作快:不懂摄影不懂软件,通过 3D 自动成像系统,任何人也能在四分钟内制作出 3D 展示动画。

② 播放快:3D 展示动画采用图片分段加载技术,4Mbps 的网络速率,打开动画仅需三秒左右!

③ 质量高:生成的 Flash 和 Html5 格式,可通过鼠标拖拽和放大,产品 360 度高清细节一览无遗。

3. 三维立体扫描仪

(1) 三维立体扫描仪的特征

第 1 代的特点是逐点扫描,速度慢,精度高 0.001 mm,如三坐标测量机 CMM;第 2 代的特点是逐线扫描,速度仍然较慢,如激光线扫描仪,精度较差 0.05 mm;第 3 代的特点是面扫描,速度非常快,如 OKIO 三维扫描仪,精度较高 0.01 mm。

三维光学扫描仪按照其原理分为两类,一种是"照相式";一种是"激光式"。两者都是非接触式,也就是说,在扫描的时候,这两种设备均不需要与被测物体接触。

"激光式"扫描仪属于较早的产品,由扫描仪发出一束激光光带,光带照射到被测物体上并在被测物体上移动时,就可以采集出物体的实际形状。"激光式"扫描仪一般要配备关节臂。

"照相式"扫描仪是针对工业产品涉及领域的新一代扫描仪,与传统的激光扫描仪和三坐标测量系统相比,其测量速度提高了数十倍,由于有效控制了整合误差,整体测量精度也大大提高。其采用可见光将特定的光栅条纹投影到测量工作表面,借助两个高分辨率 CCD 数码相机对光栅干涉条纹进行拍照,利用光学拍照定位技术和光栅测量原理,可在极短时间内获得复杂工作表面的完整点云。其独特的流动式设计和不同视角点云的自动拼合技术使扫描不需要借助于机床的驱动,扫描范围可达 12M,使扫描大型工件变得高效、轻松和容易。其高质量的完美扫描点云可用于汽车制造业中的产品开发、逆向工程、快速成型、质量控制,甚至可实现直接加工。

（2）作为第 3 代三维扫描仪的主要特点

① 一次测量一个面,扫描速度极快,数秒内可得到 100 多万点便携,可搬到现场进行测量。

② 工件或测量头可随意调节成便于测量的姿势。

③ 测量范围大。

④ 精度高。

⑤ 测量点分布非常规则。

⑥ 大型物体分块测量、自动拼合。

（3）应用领域

① CAD/CAM/逆向工程（RE）/快速成型（RP）:扫描实物,建立 CAD 数据,或扫描模型,建立用于检测部件表面的三维数据,对于不能使用三维 CAD 数据的部件,建立数据使用由 RP 创建的真实模型,建立和完善产品设计,有限元分析的数据捕捉。

② 检测（CAT）/CAE:生产线质量控制和曲面零件的形状检测。

③ 科学研究:计算机视觉、计算几何、考古研究。

④ 其他应用:文物及艺术品的录入和电子展示、动画造型、牙齿及畸齿矫正、整容及上颌面手术。

（4）特点

① 非接触扫描:利用照相式原理,进行非接触式光学扫描获得物体表面三维数据。

② 扫描速度极快:独特的面扫描方式,速度极快（单面扫描时间小于 5 秒）。

③ 高精度:利用独特的测量技术,可获得非常高的测量精度。

④ 高密度采样点:高性能测量头可以一次获得极高密度的点云数据。

⑤ 便携式设计:所有部件灵活可靠、方便移动,可根据现场实际情况进行测量。

⑥ 扫描方式灵活:支持标志点拼接和转台拼接。通过标志点的拼接,可以合成多次测量的结果,从而实现超大面积扫描。利用转台拼接可以灵活转动物体,从而最大程度减少测量的死角。

⑦ 对环境条件不敏感:采用高性能的光学和机械部件,可以在大多数的环境下获得高性能的数据。

⑧ 操作软件界面友好：高度集成和智能化的设计，使用户不需过多的培训就可以熟练操作。

⑨ 点云噪声处理和修剪：可以对测量产生的噪音点进行修剪、剔除。

⑩ 输出数据接口广泛：测量结果输出为 asc 格式，可以与 surfacer(imageware)、UG、CATIA、Geomagic、Pro/e、MasterCAM 等软件交换数据。

⑪ 兼容性好：兼容 Windows98/NT/2000/XP 平台，简便易学。

二、软件建模

1. 2D 照片转 3D

该方法的原理其实是从二维图片数据中提取 3D 实体边缘轮廓，并附加约束条件，以构造 3D 实体空间约束方程，然后通过求，解得到实体的空间坐标参数（点云），再利用纹理提取及转换等技术来实现从照片到 3D 模型的创建。

（1）3Defy

用户只需提供一张照片，3Defy 就能抽取特征，计算景深，自动生成 3D 模型。如今，3Defy 网站就可以实现将照片在线自动转换成 3D 效果，从此 2D 照片也可以 3D 成像了。

3Defy 开发团队是由一群充满激情的工程师、设计师和 3D 爱好者组成的，旨在创建易用方便的 3D 在线使用工具和 3D 照片分享社区；提高在线制作 3D 照片的品质和内容量；为消费者提供更好的 3D 观看设备。如图 2-3 所示是已制作好的 3D 照片作品。

图 2-3　已制作好的 3D 照片作品

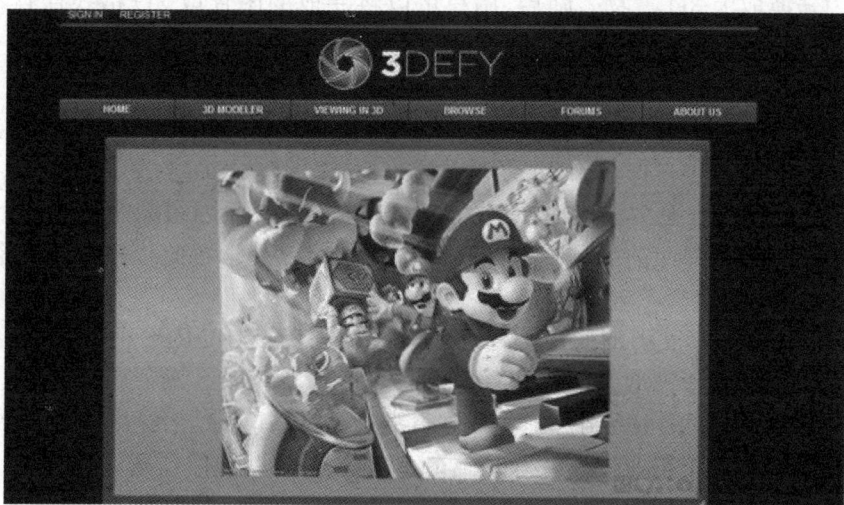

图 2-4　出神入化的 3D 照片效果

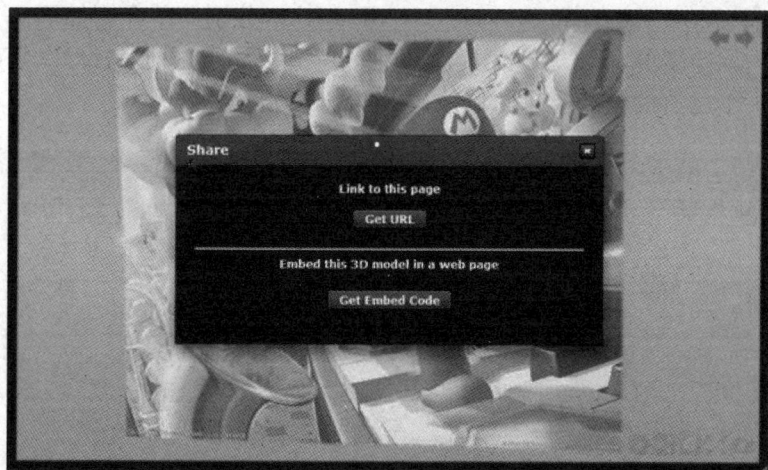

图 2-5　提供 URL、嵌入网站代码分享

　　网站操作简单方便易上手,无需任何专业知识,进入网站,注册登录后,首页上会呈现有很多网友已制作好的 3D 照片作品,如图 2-4、2-5 所示。点击 3D MODELER 开始制作 3D 照片,如果想马上上手,推荐点击教程 http://www.3defy.com。制作成功后还可以将成果URL 分享给朋友,同时还支持将 3D 照片代码嵌入博客或者网站。

　　(2) Insight3D 基于照片的建模软件(开源)

　　Insight 3D 是一款高效实用的应用工具,每一位用户都可以通过它将图片创建成为3D 物品,当然,要完成最终特效还需要符合一系列的要求。

　　一开始,照片需要从类似的角度拍摄,除此之外,照片不可以显示模糊,需要纹理清晰,摄景干净。也就是说如果用户上传模糊的照片或仅有一堵墙的照片,那么程序可能无法更好的工作。用户也可以在官网中获取教程帮助,帮助新用户在 15 分钟内熟悉基本的功能特点。一旦用户在程序中获取相关的经验之后,可以至少将四到五张照片在短短的数十分钟内转换成为 3D 事物。随后,用户可以将完成的图片以 3D 格式保存在 Insight 中,或以不同的格式导出,如 VRML。

毋庸置疑,Insight 3D 就是如此一款 3D 事物创造工具,用户可以通过它从头开始创建 3D 图片的。简单来讲,Insight 3D 可以通过几张照片,确定照片内物体在空间中点的布置,形成点云,通过点云形成面,并将相应的照片部分贴合在面上。

Rhino 是一款适合大多数用户使用的三维建模工具。原因很简单:和软件直观的操作界面一起出现在用户面前的是一套完整的使用教程以及学习此程序必备的资源,例如软件中的帮助程序。

Rhino 能够处理不同类型的虚拟模型:实体、曲面以及 NURBS 曲线(一种可以带给我们更真实结果的数学模型)。

在开发者网站,有 Rhino 用户的各种创意提供参考,其中不乏令人瞠目结舌的佳作。

这款软件也可用于工业设计,例如,汽车、轮船、艺术建筑、航空器。

(3) 123D Catch

Autodesk 123D 是一款完全免费的软件,它拥有三款工具,其中包含 Autodesk 123D、Autodesk 123D Catch 和 Autodesk 123D Make,分别简单介绍如下。

123D 是一款免费的 3D CAD 工具,可以使用一些简单的图形来设计、创建、编辑三维模型,或者在一个已有的模型上进行修改(如图 2-6 所示)。

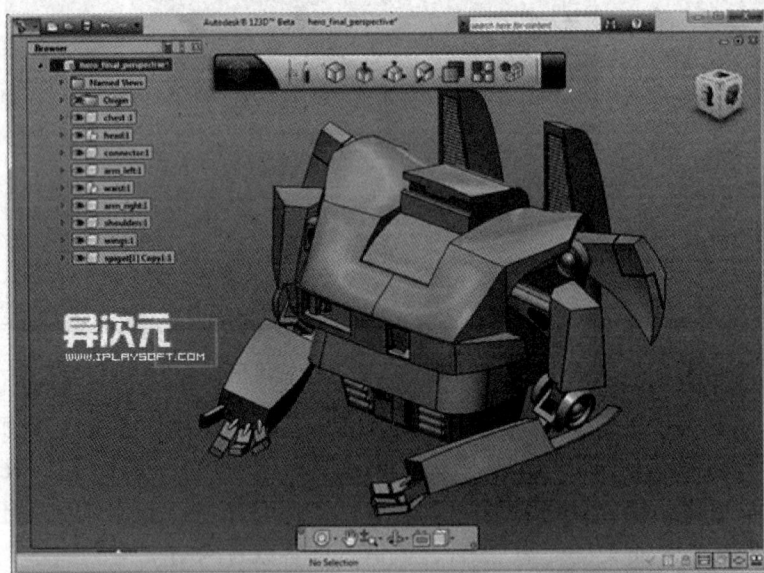

图 2-6　123D 软件

123D Catch 利用云计算的强大能力,可将数码照片迅速转换为逼真的三维模型。只要使用傻瓜相机、手机或高级数码单反相机抓拍物体、人物或场景,人人都能利用 Autodesk 123D 将照片转换成生动鲜活的三维模型。通过该应用程序,使用者还可在三维环境中轻松捕捉自身的头像或度假场景,同时,此款应用程序还带有内置共享功能,可供用户在移动设备及社交媒体上共享短片和动画,如图 2-7 所示。

图 2 - 7　123D Catch

　　在发布了与 Makerbot 合作共建一个 3D 打印的软件和硬件销售的商城后，AutoDesk 在 3 月 26 日又宣布发布一款新的 3D 应用软件：ReCap。这款软件可以使用户方便利用 3D 扫描仪和照片来建 3D 模型。

　　作为 AutoDesk 2014 版软件的重要组成部分，AutoDesk ReCap 是一款非常便利的家用软件，可以让用户方便地将物体和环境建成 3D 模型，从而应用于设计和工业生产中。

　　AutoDesk 官方宣称："AutoDesk ReCap 是第一个把激光扫描和摄影测绘学完美结合在一起的产业解决方法。此外，市场上尚无其他解决方法能提供可视化和可扩展的大规模数据集。"AutoDesk ReCap 包括 ReCap Studio 和 Recap Photo，ReCap Studio 是免费的，与 Autodesk Design and Creation 的组件结合，允许用户从现实中进行大量数据的输入、删除和可视化的编辑。如图 2 - 8、2 - 9 所示。

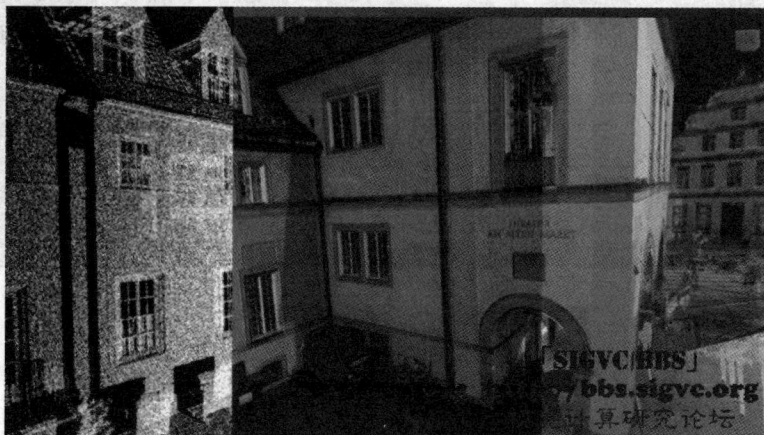

图 2 - 8　照片转化为 3D 模型

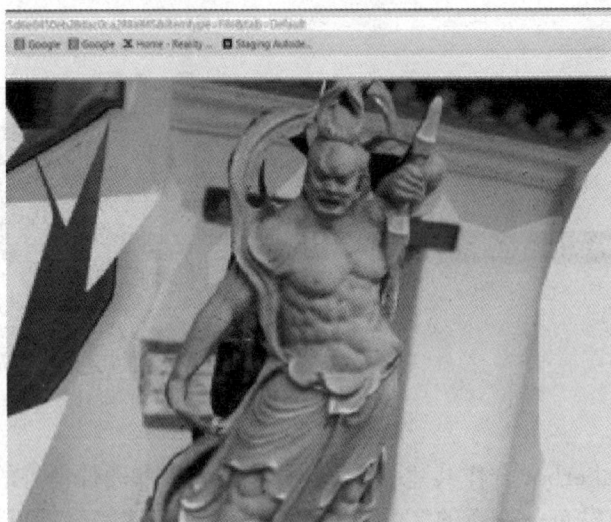

图 2 - 9　3D 模型

　　Recap Photo 尚未发布，真到今年的 4 月 12 日才会正式上线，目前尚无定价。Recap Photo 是一款 autodesk 360 服务（https：//360. autodesk. com），用户使用它可以通过上传照片到云端来进行 3D 模型的创建，从这一点看，Recap Photo 倒更像是 autodesk 123D 的正式商用版。

　　（4）my3DScanner

　　它对照片的要求很高，它形成的 3D 模型也很完美。如图 2 - 10 所示

图 2 - 10　my3DScanner

　　（5）iModeller

　　原理相同，不过软件需要购买才能够输出 3D 模型，有免费尝试版，大家可以尝试。

　　（6）3DSOM Pro

　　3DSOM Pro 是一款从高质量的照片来生成 3D 建模的软件，它可以通过一个真实物体的照片来进行 3D 建模，并且制作的模型可在网络上以交互的方式呈现。

　　（7）PhotoSynth

　　微软开发了一款产品 PhotoSynth，可将大量的照片做 3D 处理，但它不是真正创建

3D 模型,而是根据照片之间的相机参数及空间对应关系,建构一个虚拟的 3D 场景,使得用户能够在从不同角度和位置来查看该场景,而显示的场景图像则是由给定的照片所合成的。

2. 专业 3D 建模软件

(1) 3ds Max

美国 Autodesk 公司的 3D Studio Max(前身是 Discreet 公司的,后被 Autodesk 收购)是基于 PC 系统的三维建模、动画、渲染的制作软件,是用户群最为广泛的 3D 建模软件之一,常用于建筑模型、工业模型、室内设计等行业。因为被广泛使用,它的插件也很多,有些很强大,基本上都能满足一般的 3D 建模的需求,也是常用的 3D 建模工具。目前有很多这方面的教材,市场上版本众多,还有很多教程和学习视频,使用者众多。

(2) Maya

Maya 也是 Autodesk 公司出品的世界顶级的 3D 软件,它集成了早年的两个 3D 软件 Alias 和 Wavefront,相比于 3DS Max,Maya 的专业性更强,功能非常强大,渲染真实感极强,是电影级别的高端制作软件。在工业界应用 Maya 的多是从事影视广告,角色动画,电影特技等行业。

(3) Softimage

Softimage 曾经是加拿大 Avid 公司旗下的专业的 3D 动画设计软件,后被 Autodesk 收购,它在影视动画方面,特别是角色功能非常强大。

(4) LightWave

LightWave 是美国 NewTek 公司开发的一款 3D 动画制作软件,具有悠久的历史,它的功能非常强大,特别是在生物建模和角色动画方面功能异常强大,广泛应用在电影、电视、游戏、网页、广告、印刷、动画等各领域。

(5) Rhino(犀牛)

Rhino 是美国 Robert McNeel 公司开发的专业 3D 造型软件,它对机器配置要求很低,安装文件才几十兆,但"麻雀虽小,五脏俱全",其设计和创建 3D 模型的能力是非常强大的,特别是在创建 NURBS 曲线曲面方面功能强大,也得到很多建模专业人士的喜爱。

(6) Cinema 4D

Cinema 4D (C4D)是德国 Maxon 公司的 3D 创作软件,在苹果机上用得比较多,特别是在欧美日等国家最受欢迎的三维动画制作工具。

(7) Creator

MultiGen-Paradigm 公司开发的 Creator 是专门创建用于大型 3D 虚拟仿真的实时三维模型的软件。其强大之处在于管理 3D 模型数据的数据库,使得输入、结构化、修改、创建原型和优化模型数据库非常容易。

(8) SolidWorks

SolidWorks 是世界上第一个基于 Windows 开发的三维 CAD 系统,后被法国 Dassault Systems 公司(开发 Catia 的公司)所收购。相对于其他同类产品,SolidWorks 操作简单方便、易学易用,国内外的很多教育机构(大学)都把 SolidWorks 列为制造专业的必修课。

（9）UG NX

UG NX 由美国 Unigraphics Solutions（UGS）公司开发的 CAD/CAE/CAM 一体化三维软件，后被德国西门子公司收购，广泛应用于通用机械、航空航天、汽车工业、医疗器械等领域。

（10）Pro/E

Pro/Engineer 是美国 PTC 公司（Parametric Technology Corporation）旗下的 CAD/CAM/CAE 一体化三维软件。在参数化设计、基于特征的建模方法具有独特的功能，在模具设计与制造方面功能强大，机械行业用得比较多。

（11）3D 雕刻建模软件（笔刷式高精度建模软件）

3D 雕刻建模软件（Sculpturing modeling），也称为笔刷式高精度建模软件，顾名思义，就是像艺术家那样用不同的"笔刷"工具在模型表面上进行"雕刻"的自由创作。建模过程就像玩橡皮泥一样，利用拉、捏、推、扭等操作来对几何进行编辑，生成任意的高度复杂和丰富的几何细节（如怪兽的复杂表面细节）。这些工具的出现颠覆了过去传统三维设计工具的工作模式，解放了艺术家们的双手和思维，告别过去那种依靠鼠标和参数来笨拙创作的模式，完全尊重设计师的创作灵感和传统工作习惯。现介绍三款软件如下：

（1）ZBrush

美国 Pixologic 公司开发的 ZBrush 软件是世界上第一个让艺术家感到无约束自由创作的 3D 设计工具，ZBrush 能够雕刻高达 10 亿多边形的模型，所以说限制只取决于的艺术家自身的想象力。

（2）MudBox

MudBox 是 Autodesk 公司的 3D 雕刻建模软件，它和 ZBrush 相比各有千秋。在某些人看来，MudBox 的功能甚至超过了 ZBrush，可谓 ZBrush 的超级杀手。

（3）MeshMixer

最近，Autodesk 公司又开发出一款笔刷式 3D 建模工具 MeshMixer，它能让用户通过笔刷式的交互来融合现有的模型来创建 3D 模型（似乎是类似与 Poisson 融合或 Laplacian 融合的技术），如类似"牛头马面"的混合 3D 模型。

4. 其他 3D 建模软件

（1）人体建模软件

关于构建人体模型及动画，首推 Metacreations 公司的 Poser 软件（俗称"人物造型大师"）和开源的 MakeHuman 软件。这两款软件都是基于大量人类学形态特征数据，可以快速形成不同年龄段的男女脸部及肢体模型，并对局部体形进行调整。可以轻松快捷地设计人体造型、动作和动画。

（2）城市建模软件

加拿大 Esri 公司的 CityEngine 是三维城市建模的首选软件，可以利用二维数据快速创建三维场景，并能高效地进行规划设计。应用于数字城市、城市规划、轨道交通、管线、建筑、游戏开发和电影制作等领域。另外，CityEngine 对 ArcGIS 的完美支持，使很多已有的基础 GIS 数据不需转换即可迅速实现三维建模,缩短了三维 GIS 系统的建设周期。

(3) 其他小巧的 3D 建模软件

目前市场上有一些开源软件,这部软件大部分都非常小巧,而且是开源且完全免费的。有很多媒体工作者和艺术家用这些小软件来制作 3D 作品,其中 Blender、K-3D、Art of Illusion、Seamless3d、Wings3D 等软件的使用面稍微广泛些。有兴趣的读者可以到网上找到相关资料去了解和学习,这里不作详细介绍。

(4) 网页 3D(Web 3D)建模工具

最近,出现了一些基于网页(Web)开发的 3D 模型设计软件,即基于 WebGL,可以在浏览器中完成 3D 建模的工具,如 3DTin、TinkerCAD(去年被 Autodesk 收购)等,它们的界面简单直观,有 Chrome 等浏览器插件插件,可以在线生成 3D 模型,直接存在云端,并在社区分享模型。在互联网的时代,Web 3D 技术将被越来越被广泛使用。

任务二　3ds Max 快速上手

3ds Max2012 简体中文版(3d Max2012 中文版免费下载)是 Autodesk 官方开发的基于 PC 系统的三维动画渲染和制作软件。3ds Max 前身是基于 DOS 操作系统的 3D Studio 系列软件,最新版本是 3ds Max 2012。

Autodesk 3ds Max2012 为在更短的时间内制作模型和纹理、角色动画及更高品质的图像提供了令人无法抗拒的新技术。建模与纹理工具集的巨大改进,可通过新的前后关联的用户界面调用,有助于加快日常工作流程,而非破坏性的 Containers 分层编辑可促进并行协作。同时,用于制作、管理和动画角色的完全集成的高性能工具集可帮助快速呈现栩栩如生的场景。而且,借助新的基于节点的材质编辑器、高质量硬件渲染器、纹理贴图与材质的视口内显示以及全功能的 HDR 合成器,制作炫目的写实图像变得更加容易。

2.2.1　3ds Max2012 的特点和应用领域

1. 3ds Max 特点

(1) 功能强大,扩展性好。建模功能强大,由于多边形工具组件和 UV 坐标贴图强大的调节能力,在角色动画方面具备很强的优势,另外,丰富的插件也是其一大亮点;

(2) 操作简单,容易上手。与强大的功能相比,3ds Max 可以说是最容易上手的 3D 软件;

(3) 和其他相关软件配合流畅;

(4) 做出来的效果非常的逼真。

2. 3ds Max 的应用领域

应用范围方面,广泛应用于广告、影视、工业设计、建筑设计、多媒体制作、游戏、辅助教学以及工程可视化等领域。拥有强大功能的 3ds Max 被广泛应用于电视及娱乐业中,如片头动画和视频游戏的制作,深深扎根于玩家心中的劳拉的角色形象就是3ds Max 的杰作。在影视特效方面也有一定的应用。而在国内发展的相对比较成熟的建筑效果图和建筑动画制作中,3ds Max 的使用率更是占据了绝对的优势。根据不同行业的应用特点对 3ds Max 的掌握程度也有不同的要求,建筑方面的应用相对来说要局限性大一些,它只要求单帧的渲染效果和环境效果,只涉及到比较简单的动画;片头动画和视频游戏应用中动画占的比例很大,特别是视频游戏对角色动画的要求要高一些;影视特效方面的应用则把 3ds Max 的功能发挥到了极致。

(1) 应用领域

① 游戏动画,主要客户有 EA、Epic、SEGA 等,大量应用于游戏的场景、角色建模和游戏动画制作。

② 建筑动画,北京申奥宣传片等。

③ 室内设计在 3ds Max 等软件中,可以制作出 3D 模型,可用于室内设计,如沙发模型、客厅模型 餐厅模型、卧室模型等。

④ 影视动画特效"阿凡达""诸神之战"等热门电影都引进了先进的 3D 技术。

2.2.2 熟悉 3ds Max 界面及简单操作

1. 3ds Max2012 软件界面概览(如图 2 - 11 所示)

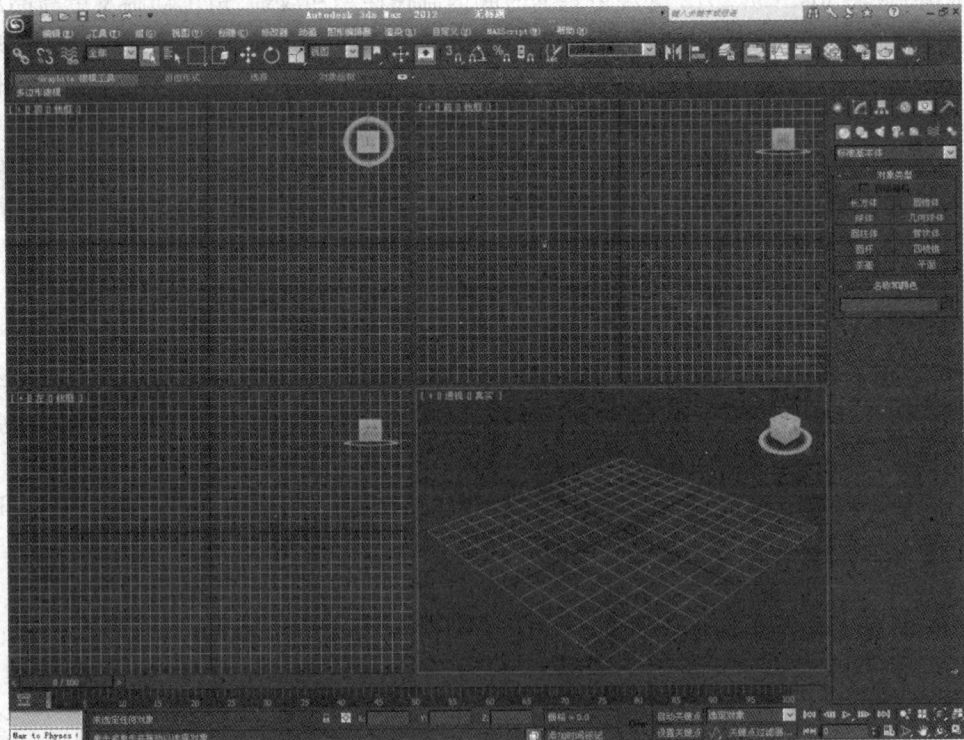

图 2 - 11　3ds Max2012 软件界面

界面功能分区(如图 2 - 12 所示)。

图2-12 软件界面功能区

第一行:快速访问工具栏、标题栏;

第二行:菜单栏;

第三行:工具栏;

第四行:建模工具栏;

第五行:视图区、命令面板;

第六行:迷你侦听器、状态栏、动画和时间控件、视图控制区。

2. 标题栏

(1) 3ds Max2012软件【文件】菜单栏(如图2-13所示)。

图2-13 [文件]菜单栏

按三角形按钮,就可下拉出图标所包含的文件菜单栏,包括新建、打开、导入、导出等,这些也可在旁边的开速工具栏中找到。

(2) 3ds Max2012 快速工具栏;

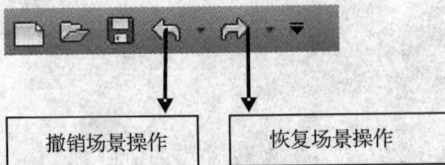

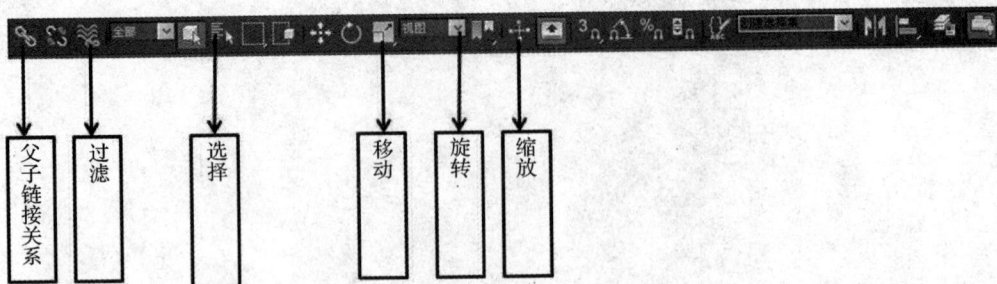

撤销场景操作　　恢复场景操作

(3) 3ds Max2012 标题栏;

Autodesk 3ds Max 2012　　无标题

(4) 3ds Max2012 网络服务;

键入关键字或短语

(5) 3ds Max2012 程序控制按钮;

3. 菜单栏

3ds Max2012 菜单栏(如图 2-14 所示);

编辑(E)　工具(T)　组(G)　视图(V)　创建(C)　修改器　动画　图形编辑器　渲染(R)　自定义(U)　MAXScript(M)　帮助(H)

图 2-14　菜单栏

4. 主工具栏

3ds Max2012 工具栏;

父子链接关系　过滤　选择　移动　旋转　缩放

备注:如果在菜单栏空白处右键,还可看到隐藏起来的其他菜单:捕捉、动画层、笔刷预设等不太常用的工具,在实际的案例操作中我们会用到,如图 2-15 所示

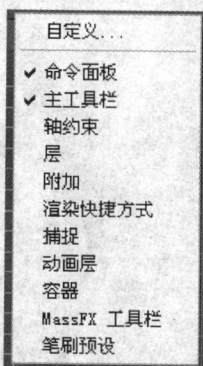

图2-15 其他工具

3ds Max2012 建模工具栏(如图 2-16 所示);

图 2-16 建模工具栏

5. 视口区域

3ds Max2012 视图区(如图 2-17 所示);

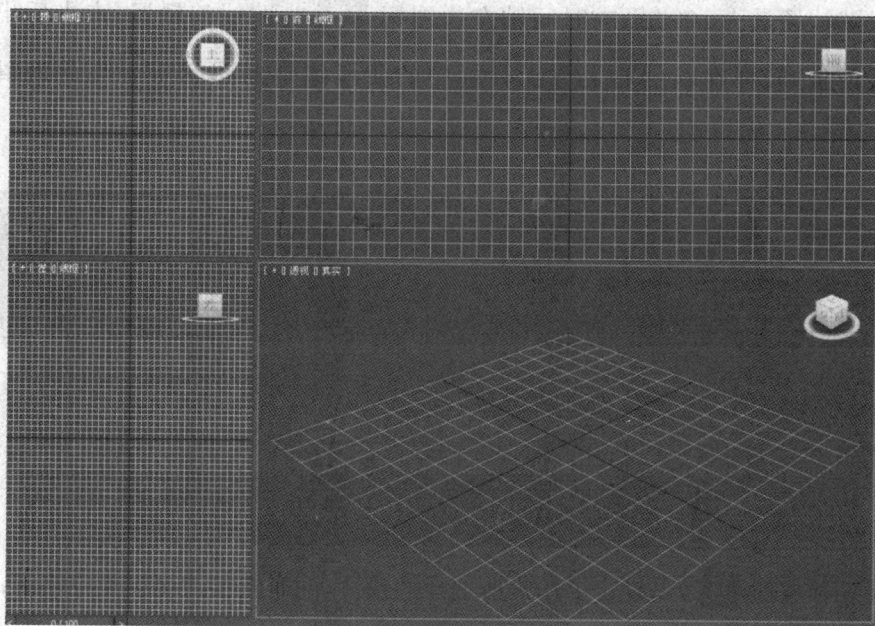

图 2-17 视图区

6. 命令面板

3ds Max2012 命令面板(如图 2-18 所示);

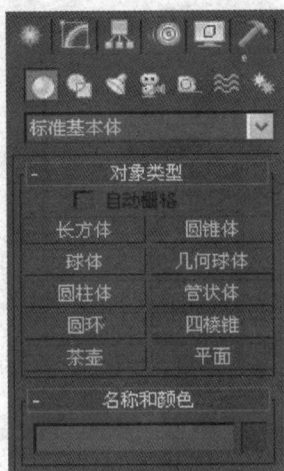

图 2-18 命令面板

7. 时间尺与状态栏

3ds Max2012 动画控制区；

一般默认场景为 100 帧，在时间轴左边图标 为曲线编辑器，点击后出现动画编辑曲线面板，同样在软件右上方工具栏中的曲线编辑器图标 与此编辑器功能相同。

8. 3ds Max2012 提示与坐标展示区

选择切换按钮 ，是锁定了用户所选择的物体，同时它的快捷键是空格键；

绝对模式变换输入区，如图：

相对模式变换输入区，如图： 可精确调节物体的位置角度等；

自动设置动画关键帧或手动设置动画关键帧 ，而按图

标 则与曲线编辑器相同，设置关键点切线方式；图标则是设置关键点切线方式。

关键点过滤器：则是用来设置可以对运动的哪些属性进行记录动画。

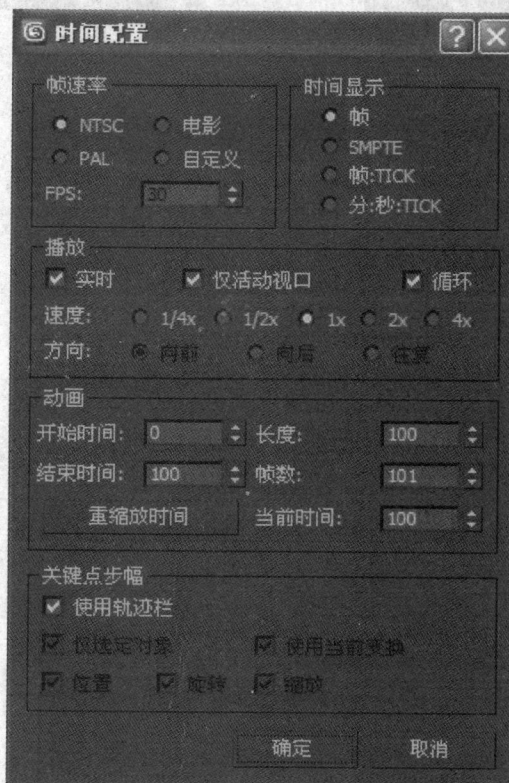

9. 3ds Max2012 动画播放区

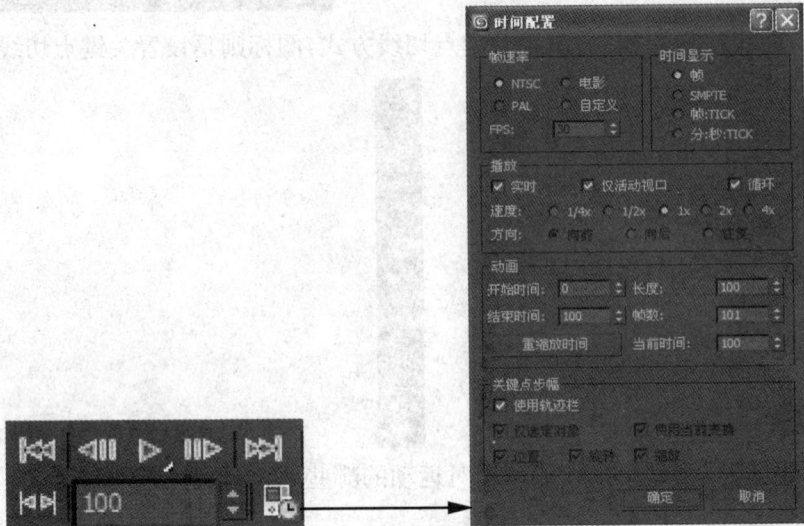

10. 3ds Max2012 视图控制区

对当前视图的控制。

2.2.3　3ds Max2012 文件操作

1. 新建场景文件

在 3ds Max2012 中有以下几种新建场景文件的方法：

(1) 启动 3ds Max2012 时，将自动新建一个场景文件。

(2) 单击快速访问工具栏中的"新建场景"按钮。

(3) 按快捷键【Ctrl+N】，从弹出的"新建场景"对话框中选择一种创建方式，单击"确定"按钮（如图 2-19 所示）。

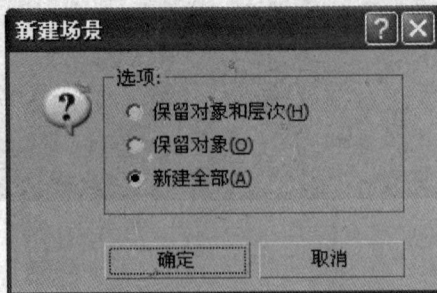

图 2-19　新建场景

(4) 单击"应用程序"按钮，从弹出的下拉菜单中选择"新建"选项，接着选择一种创建场景的方式;如果在"应用程序"下拉菜单中选择"重置"选项,将创建一个与启动 3ds Max 所建场景文件完全相同的新场景文件(如图 2 - 20 所示)。

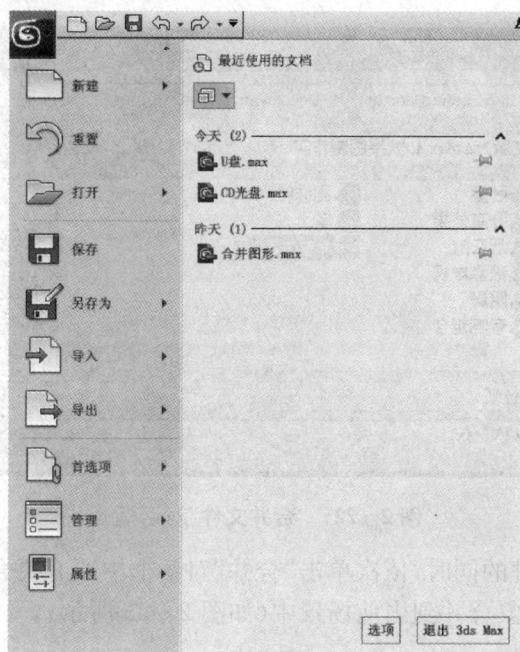

图 2 - 20   新建场景文件

2. 合并场景文件

(1) 单击"应用程序"按钮,从弹出的下拉菜单中选择"导入"/"合并"选项(如图 2 - 21 所示)。

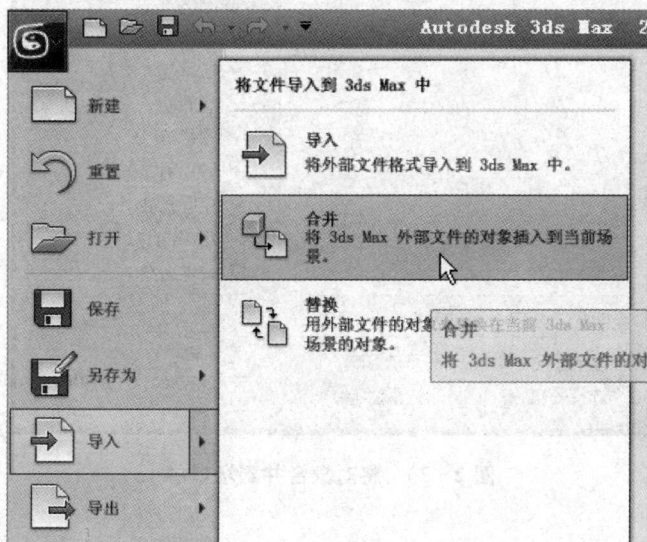

图 2 - 21   合并场景文件

（2）在打开的"合并文件"对话框中选择要合并的场景文件，再单击"打开"按钮（如图2-22 所示）。

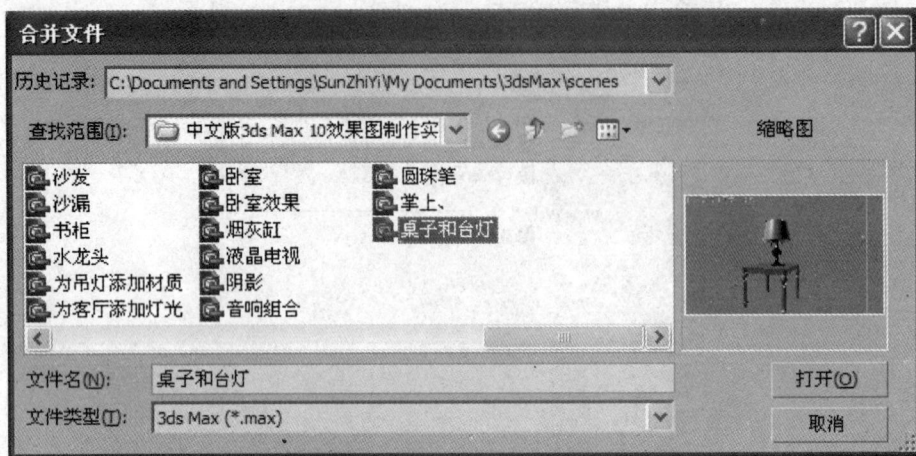

图 2-22 "合并文件"对话框

（3）在按住【Ctrl】键的同时，依次单击"合并"对话框中所有要合并的对象，再单击"确定"按钮，即可将所选对象合并到当前场景中（如图 2-23 所示）。

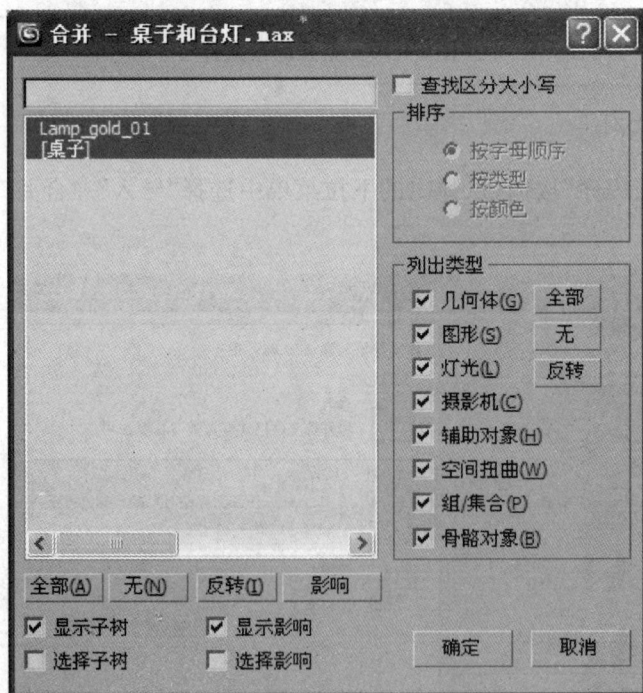

图 2-23 将对象合并到场景中

2.2.4　3ds Max2012 视图设置

（1）配置视口

启动 3ds Max2012 后，默认的界面上有四个视口，每个视口显示一个视图。如果用户对这种视口的分布不满意，可以对它们进行调整。方法是：选择"视图"/"视口配置"菜单，或者在视口左上角的"＋"标志上单击鼠标，在弹出的列表中选择"配置"选项，打开"视口配置"对话框进行设置（如图 2－24 所示）。

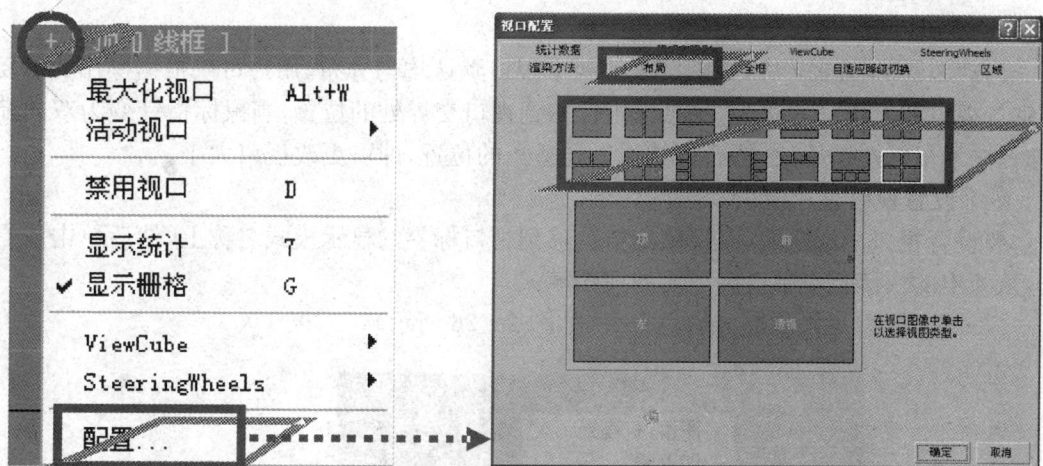

图 2－24　打开"视口配置"对话框

（2）切换视图

3ds Max 默认显示的四个视图分别是顶视图、前视图、左视图和透视图。除此之外，3ds Max 还提供了后视图、右视图、底视图、正交视图和摄像机视图等其他视图。要切换某视口中视图的类型，可用鼠标单击或右击该视口中视图的名称，从弹出的快捷菜单中选择相应的菜单项即可（如图 2－25 所示）。

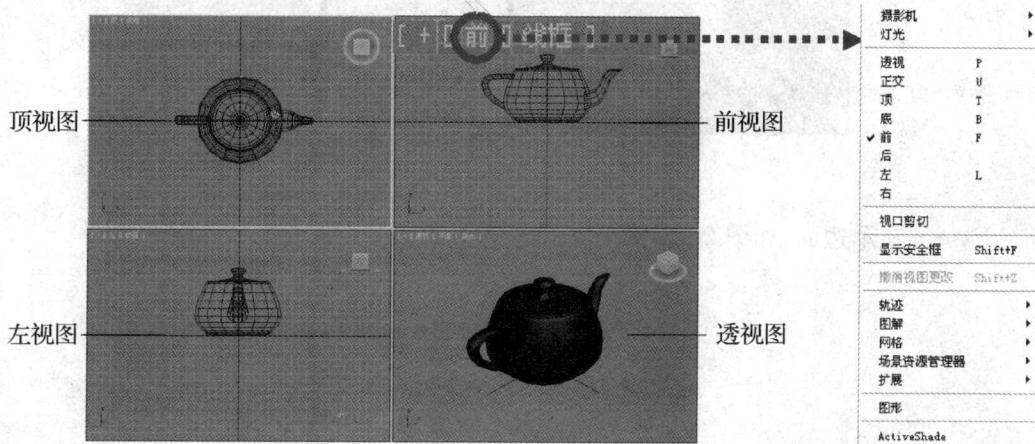

图 2－25　切换视图

切换视图的快捷键：

P——透视图

U——正交视图

F——前视图

C——摄影机视图

T——顶视图

B——低视图

L——左视图

（3）调整视口大小

启动 3ds Max2012 后，视图区中的四个视口默认均匀分布，用户可以根据操作的需要调整各视口的大小。方法为：将鼠标指针移到视口交界处的位置，当鼠标指针变为双向箭头时，按下鼠标左键不放，然后将其拖曳到适当的位置，即可更改视口大小。

（4）设置视口显示模式

要设置视口显示模式，可将鼠标指针移到视口标签的显示模式名称上，然后单击或右击，从弹出的快捷菜单中选择需要的视图模式。

F3——线框/平滑+高光着色开关（如图 2-26 所示）。

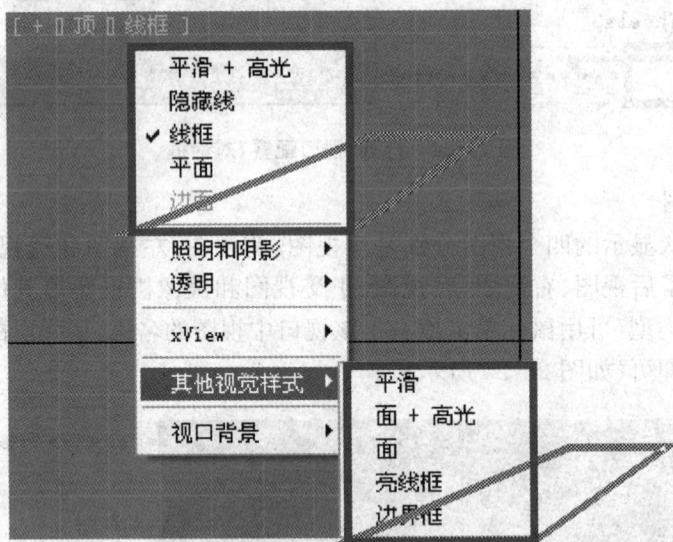

图 2-26　视图模式

F4——显示边面（如图 2-27 所示）。

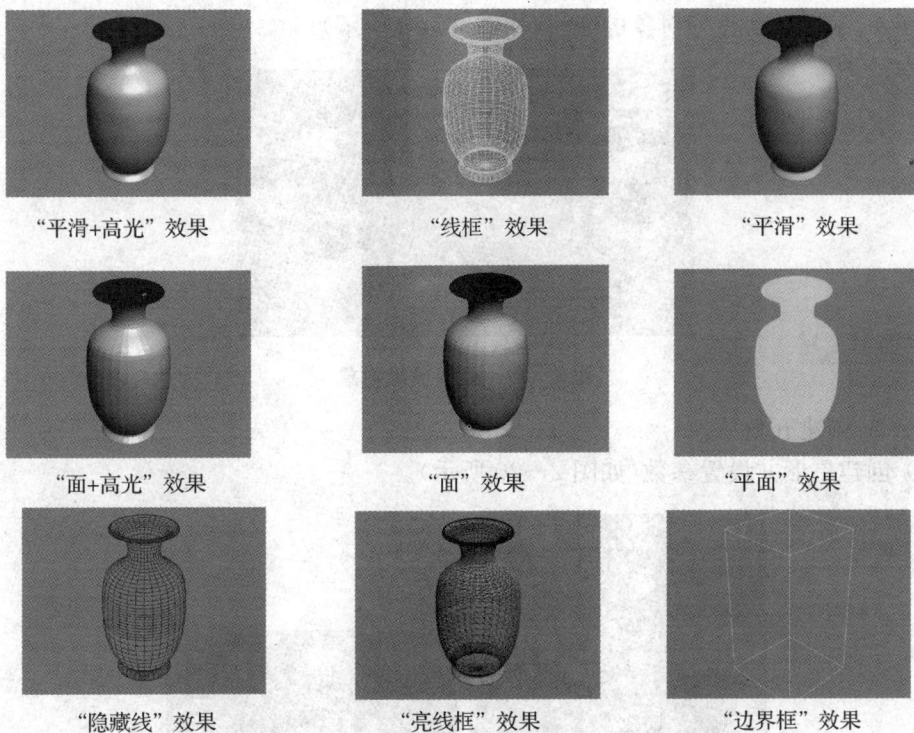

"平滑+高光"效果	"线框"效果	"平滑"效果
"面+高光"效果	"面"效果	"平面"效果
"隐藏线"效果	"亮线框"效果	"边界框"效果

图 2-27　效果图

2.2.5　课堂操作实训(任选两个任务进行操作练习)

任务 1:对视图进行缩放、平移和旋转等操作(如图 2-28 所示)。

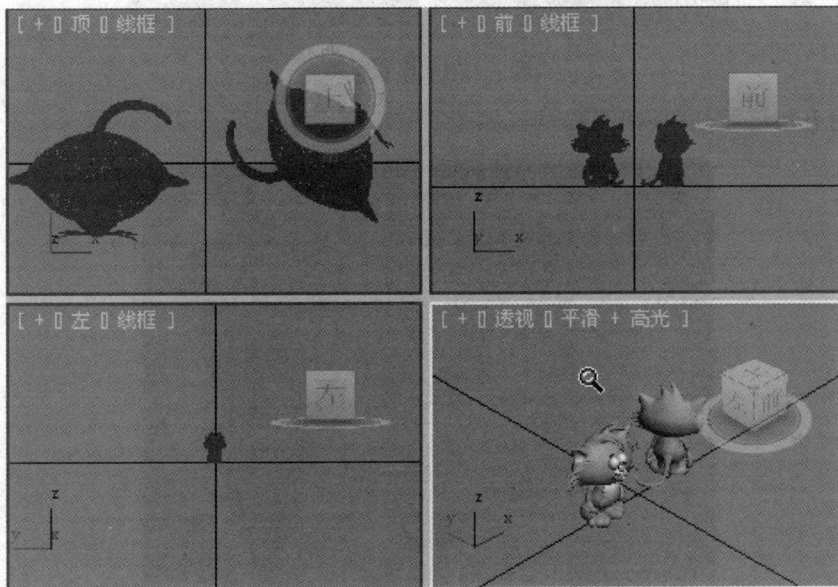

图 2-28　对视图进行缩放、平移和旋转

任务2:掌握变换克隆对象的方法(如图2-29所示);

图2-29 变换克隆对象

任务3:创建五角星。

(1)创建星形并设置参数(如图2-30所示)。

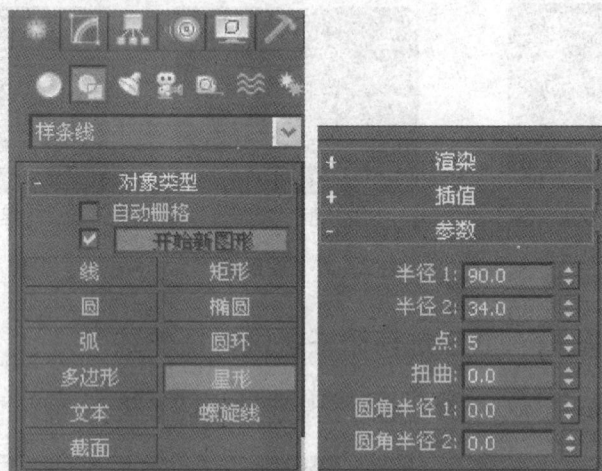

图2-30 设置参数

(2)为五角星添加"挤出"修改器(如图2-31所示)

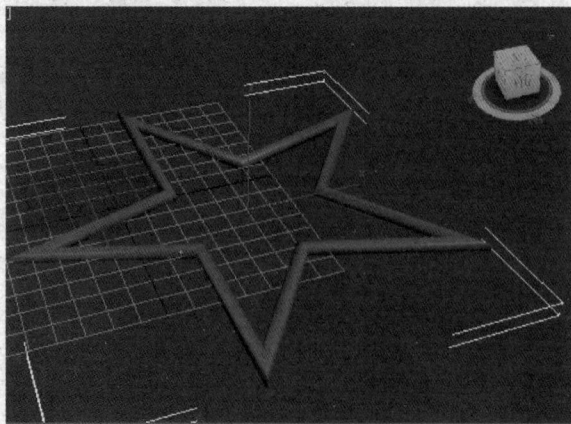

图2-31 五角星原图

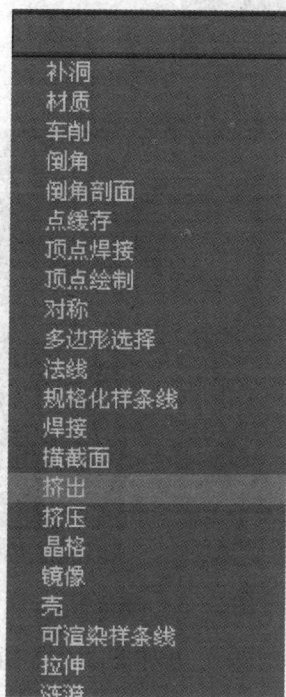

图 2-32　选择"挤出"

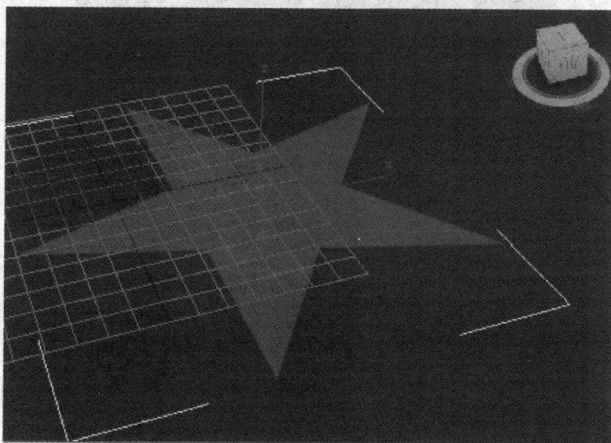

图 2-33　添加成功

（3）选择顶点（如图 2-34 所示）。

图 2-34　选择顶点

（4）选择并均匀缩放，在偏移中输入 0（如图 2-35 所示）。

图 2-35　选择偏移

（5）同样，做出五角星另一边（如图 2-36 所示）。

图 2-36　效果图

任务三 简单墙体的构建

从这一节开始,我们将首先着手构建三维商城的建筑物。建筑物有最基本的墙体、门、窗户、家具、电气等,这些是构成三维商城的基础,而这些基础都需要通过 3D 建模软件来完成。现在教大家如何利用 3ds Max 软件来建模。

2.3.1 墙体建模前导知识

1. 建模的重要性

使用 3ds Max 制作作品时,一般都遵循"建模、材质、灯光、渲染"四个基本流程,建模是一幅作品的基础,没有模型,材质和灯光就是无从谈起。

2. 建模思路

建模的过程就相当于生活中"雕刻"过程。首先要将建模对象拆分成一个个基本单元。拆分的越接近基本对象,建模就越容易。

3. 参数化对象与可编辑对象

在 3ds Max 中,所有对象都是"参数化对象"与"可编辑对象"中的一种,两者并非独立存在的,"可编辑对象"在多数情况下可以通过转换"参数化对象"来得到。参数化对象是指对象的几何形态由参数变量来控制,修改这些参数就可以修改对象的几何形态。相对于"可编辑对象"而言,"参数化对象"通常是被创建出来的。

可编辑对象通常包括:可编辑样条线、可编辑网格、可编辑多边形、可便编辑面片、和NURBS,它通常是通过转换得到的。用来转换的对象就是参数化对象。

4. 建模常用的方法

建模方法有很多种,大致可以分为内置几何体建模、复合对象建模、二维图形建模、网格建模、多边形建模、面片建模和 NURBS 建模七种,它们之间经常交互使用。

2.3.2 制作简单室内场景

以上介绍了标准基本体的创建以及修改知识,下面通过"简单室内场景"的实例制作,对所学知识进行巩固。

制作的"简单室内场景"主要包括墙体、地面、屋顶、窗户以及射灯等几部分。在制作时,首先使用长方体创建墙体、地面、屋顶以及窗户等模型;然后使用圆环和球体创建射灯,完成简单室内场景效果;最后在场景中合并简单家具、设置灯光材质,并使用 Vray 渲染器进行渲染。

操作步骤

基本设置

（1）启动 3ds Max 系统，设置系统单位为"毫米"。菜单栏里的"自定义"栏下"单位设置"如图 2-37 所示。

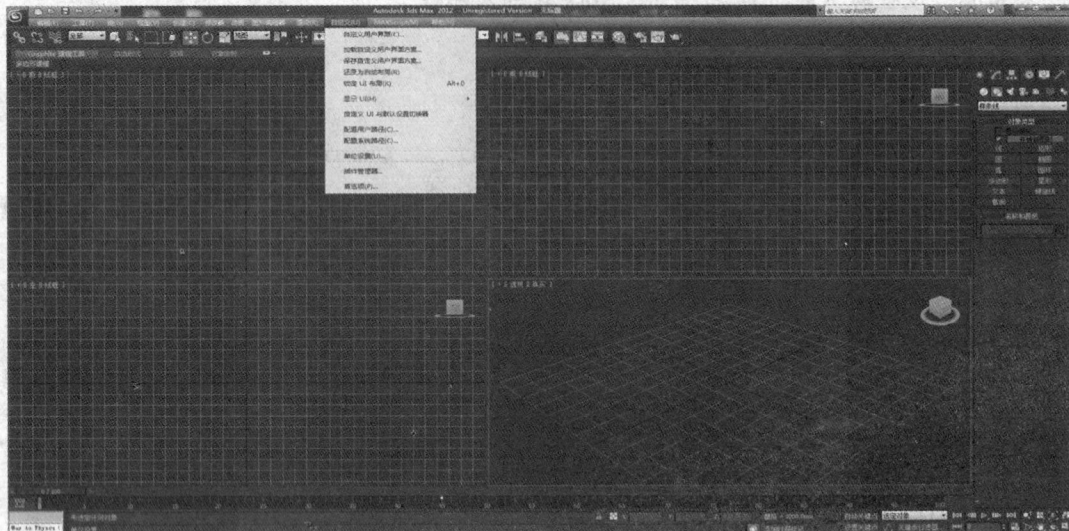

图 2-37 设置系统单位

（2）将"公制"的单位改为"毫米"（如图 2-38 所示），再单击"系统单位设置"，将"系统单位比例"改为"毫米"（如图 2-39 所示）。

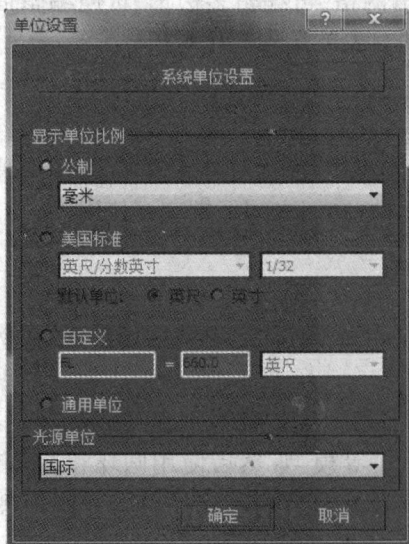

图 2-38 设置"公制"单位

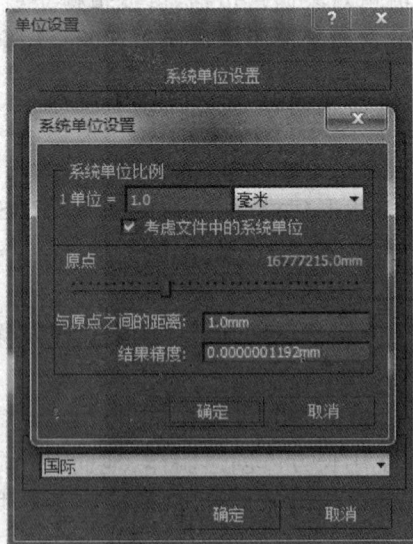

图 2-39 设置"系统单位比例"

图纸导入

（1）CAD 图纸在导入前作简单处理，只留下必要的墙体、门窗和造型，然后在 3D 中导入 CAD 图纸（如图 2－40 所示），导入方式如图 2－41、2－42 所示。

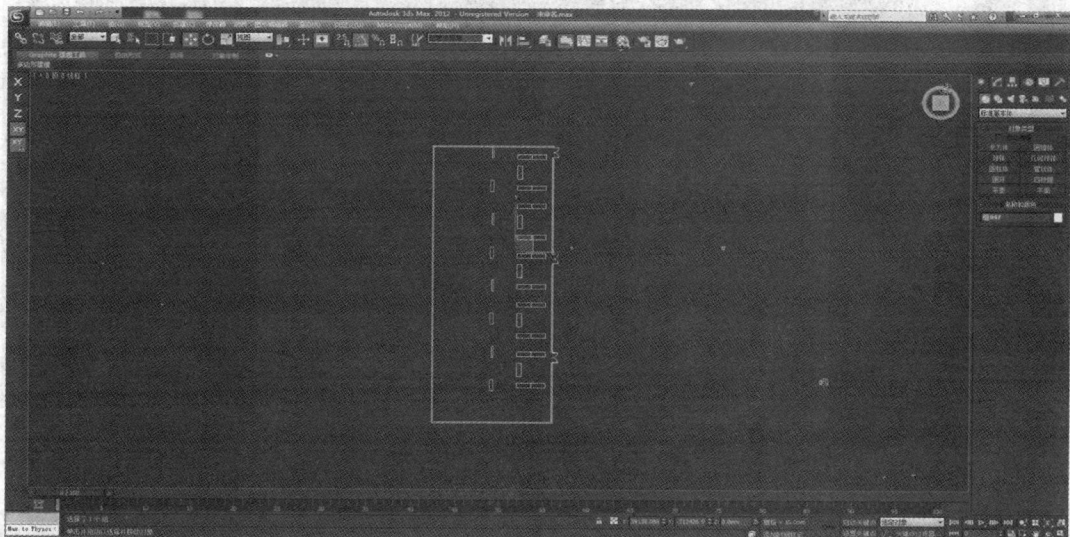

图 2－40　导入 CAD 图纸

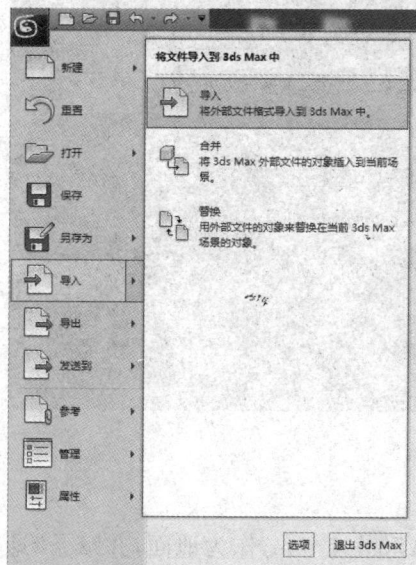

图 2－41　导入步骤 1

图 2－42　导入步骤 2

（2）全选导入的 CAD 图形，在菜单栏"组"命令里点击"成组"（如图 2－43 所示），右击选择"冻结当前选择"，将 CAD 图纸冻结（如图 2－44 所示）。

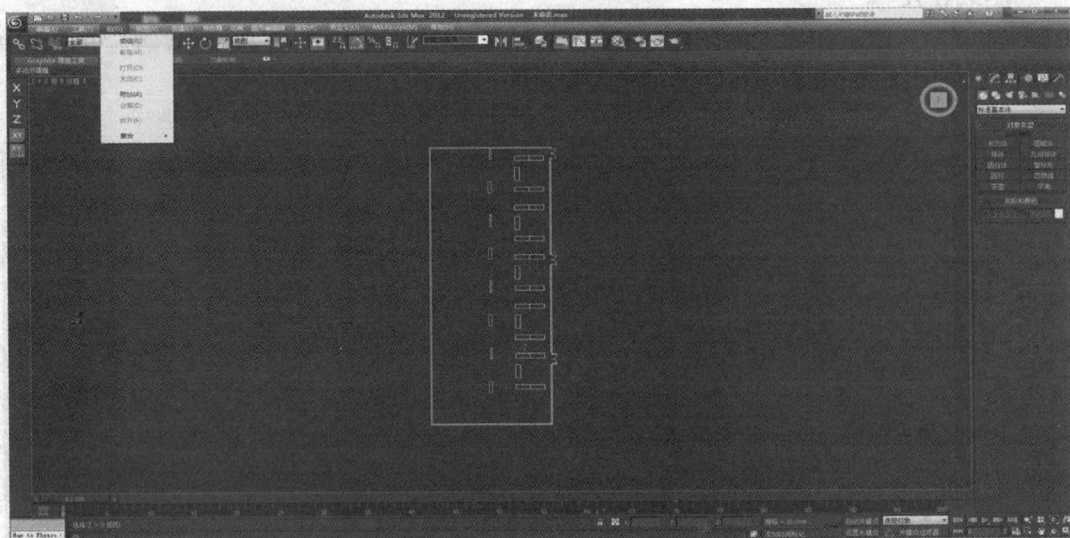

图 2-43 选择"成组"

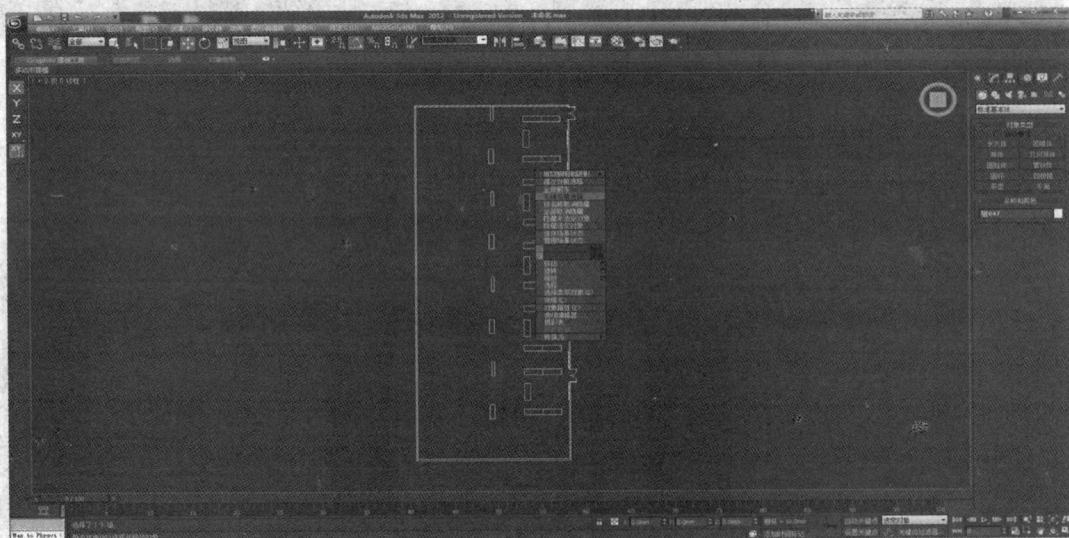

图 2-44 冻结 CAD 图纸

制作地面

（1）新建一个长方体，参数为 5 000 mm、2 000 mm 和 100 mm，作为地面，并赋予"地面"材质（如图 2-45 所示）。

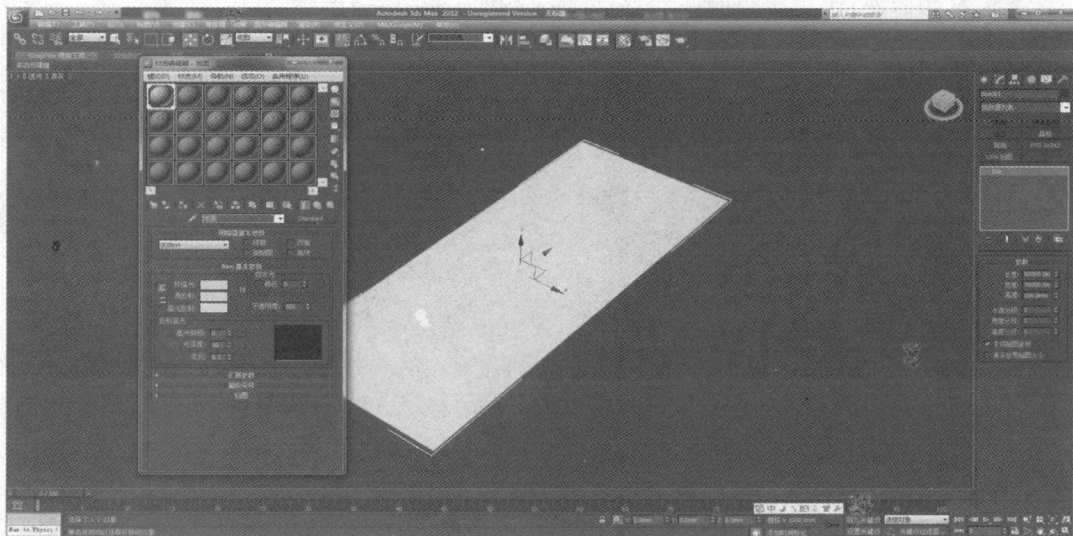

图 2‐45 制作地面

注意:在系统设置时,已经将单位改为毫米,因此,可以直接输入数值,单位可以不输入。在建模型时,随时赋予材质,但并不是要立马调好材质球,只是粗略的将材质归类,方便今后编辑材质。

制作墙体

(1) 在建立好地面的基础上,建立墙体,根据 CAD 图纸可知商场层高为 3 米(如图 2‐46 所示)。

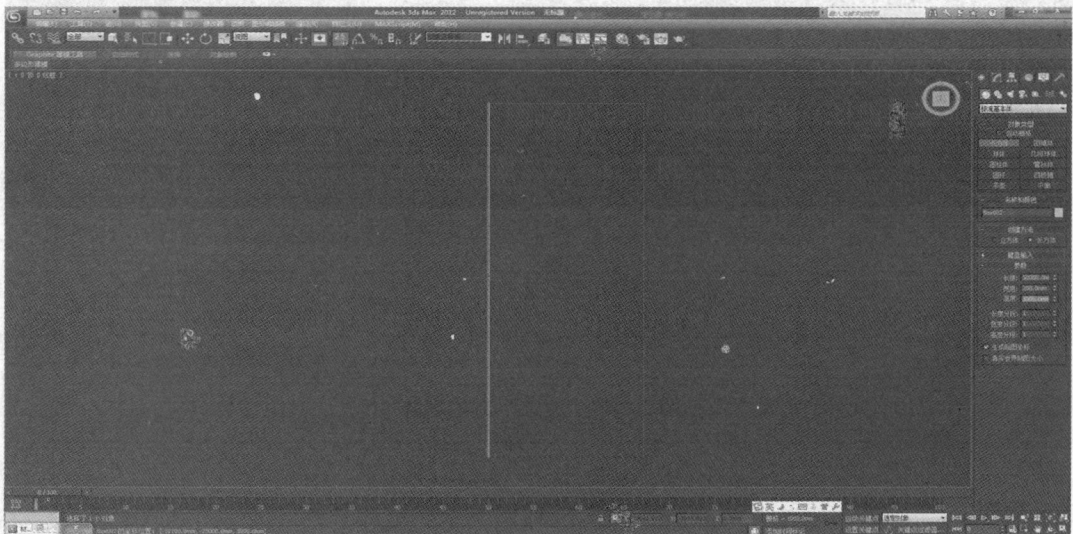

图 2‐46 建立墙体

（2）复制墙体，由于左右墙体一致，选择"实例"（如图 2-47 所示）。

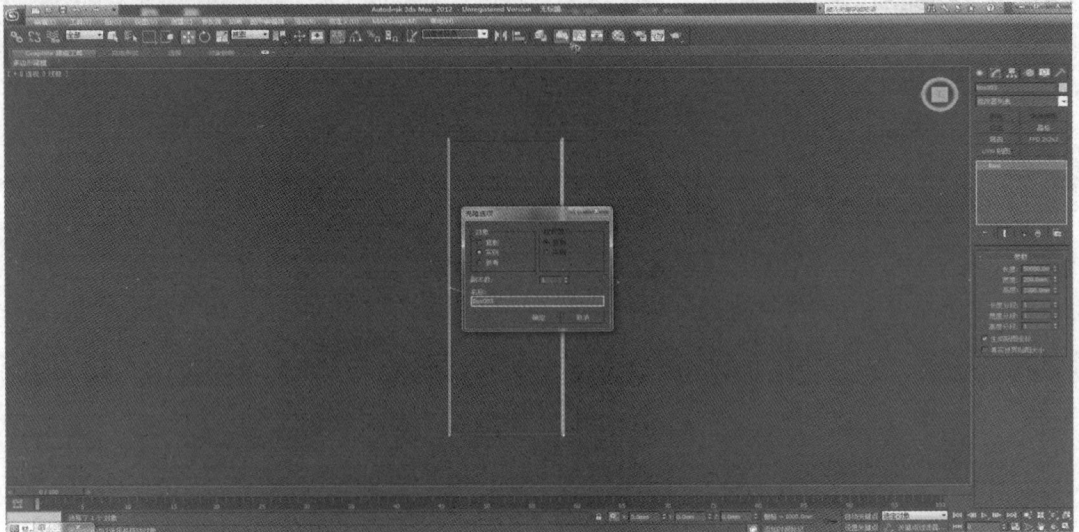

图 2-47　复制墙体

（3）用同样方法建立下方的墙体，并且赋予"墙体"材质（如图 2-48、2-49 所示）。

图 2-48　建立下方的墙体

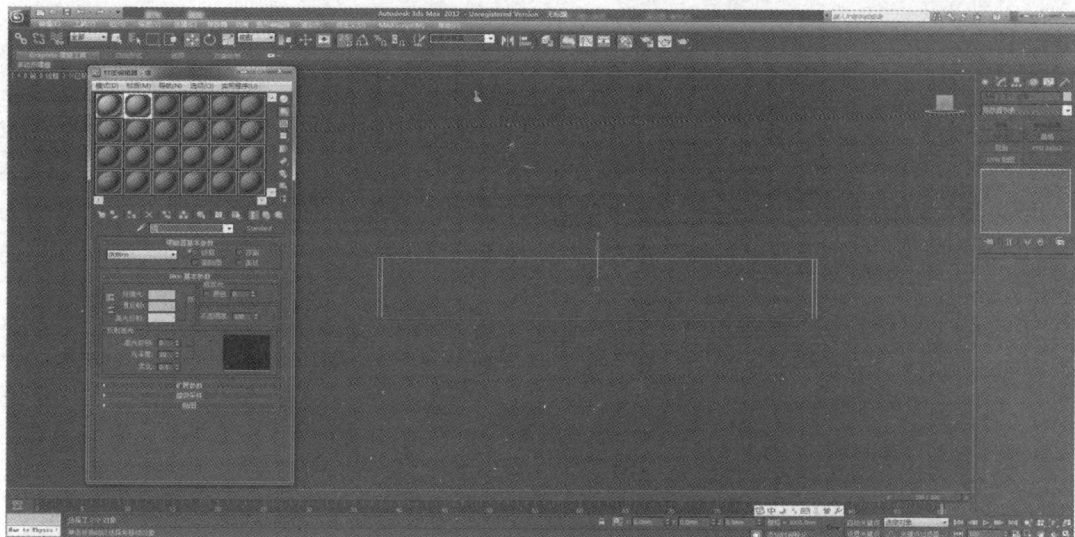

图 2 - 49　赋予"墙体"材质

注意:一般情况下,墙体厚度为 200 mm。在选择模型与模型的位置时可用"对齐"命令快速对齐,并将"捕捉开关"打开为 2.5 维,配合使用,快速调整模型位置。

2.3.3　制作门

(1) 进入俯视图,在门所在的位置用"长方体"画出一个 1 800 mm * 2 100 mm * 200 mm 的墙体,并复制(如图 2 - 50、2 - 51 所示)。

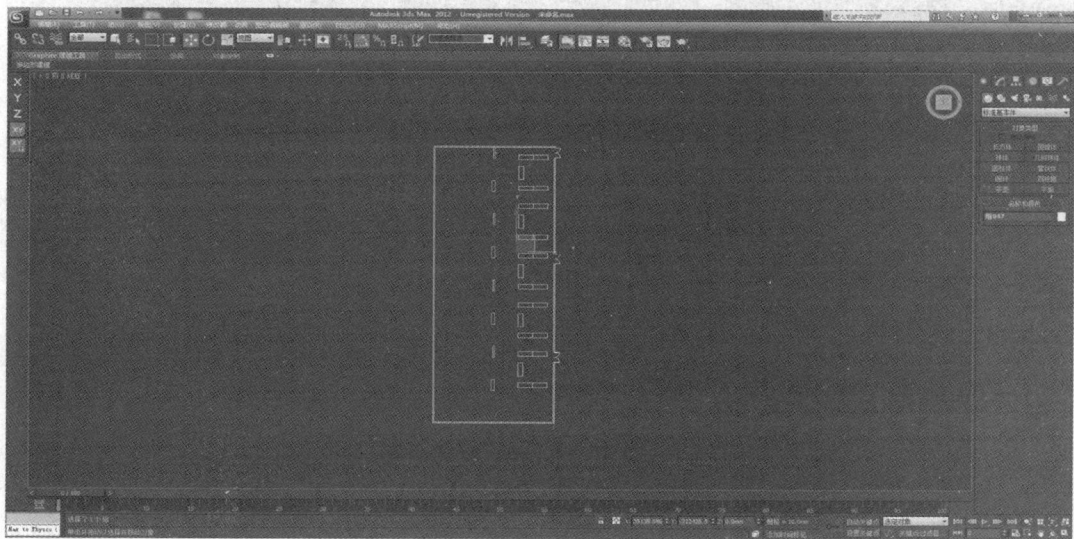

图 2 - 50　制作墙体

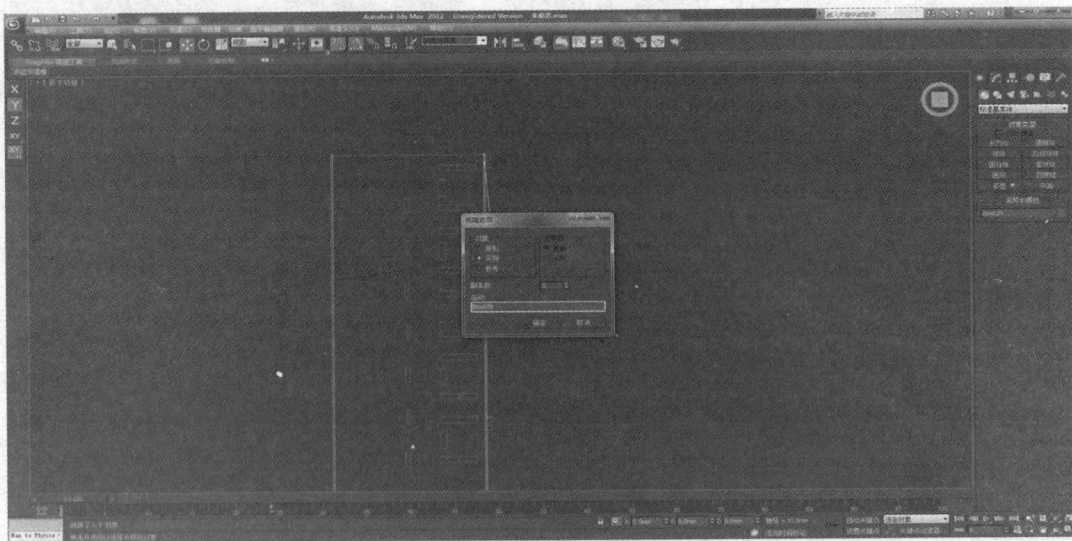

图 2-51　复制墙体

（2）将有门的墙体和上一步做的模型孤立出来，切换到左视图，用"线"命令描出刚才所做模型的立面造型，由此可将门洞位置留出，便于门的制作，然后挤出 200 mm（如图2-52所示）。

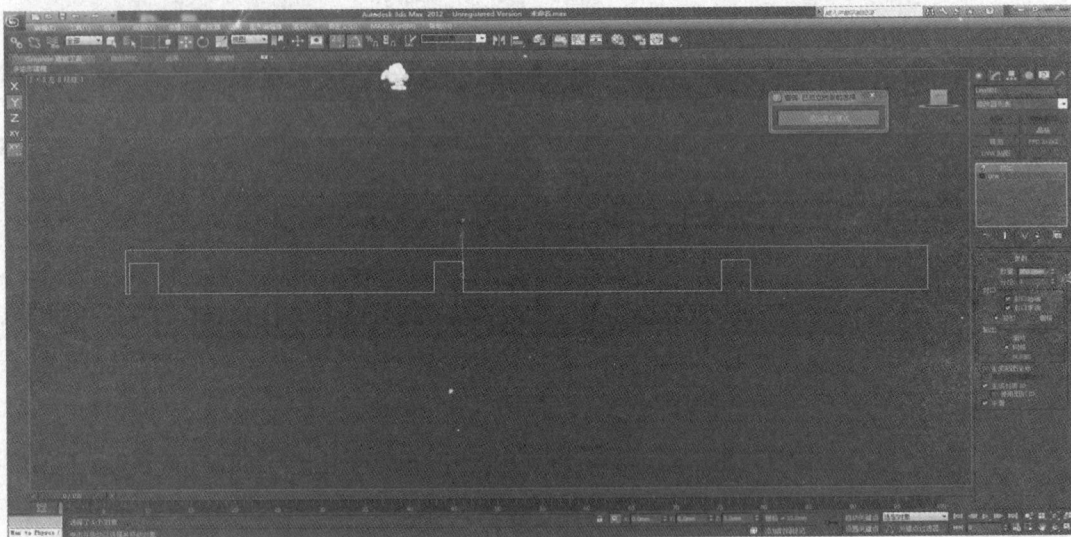

图 2-52　"线"命令

（3）选择其中一个门洞，用"线"命令描出门套的三边，进入"样条线"层级，用"轮廓"命令向内扩 50 mm，并挤出 210 mm，作为门套（如图 2-53 所示）。再画两个900 mm ＊ 2 100 mm ＊ 50 mm 的"长方体"作为门板（如图 2-54 所示）。

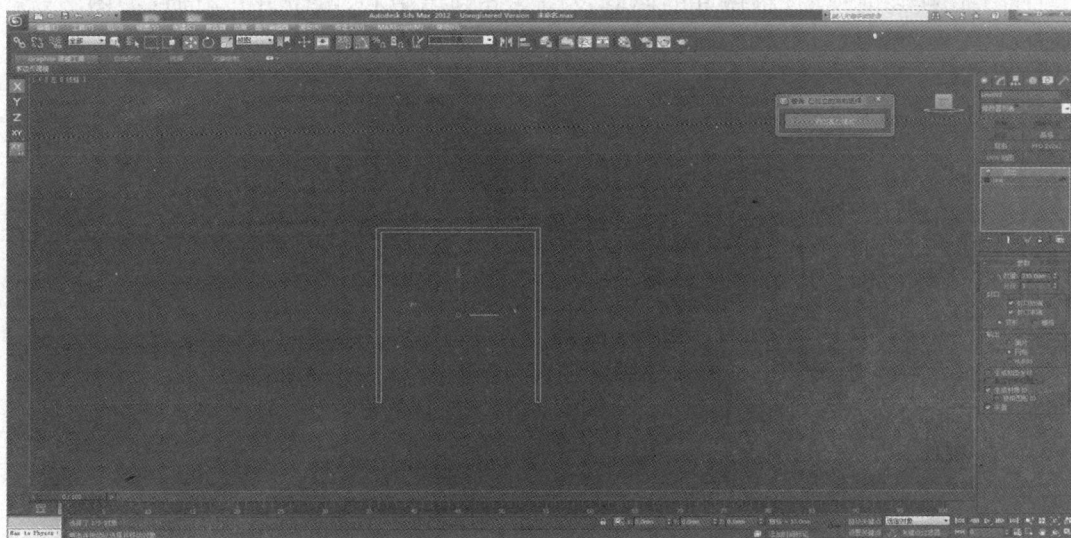

图 2-53　制作门套

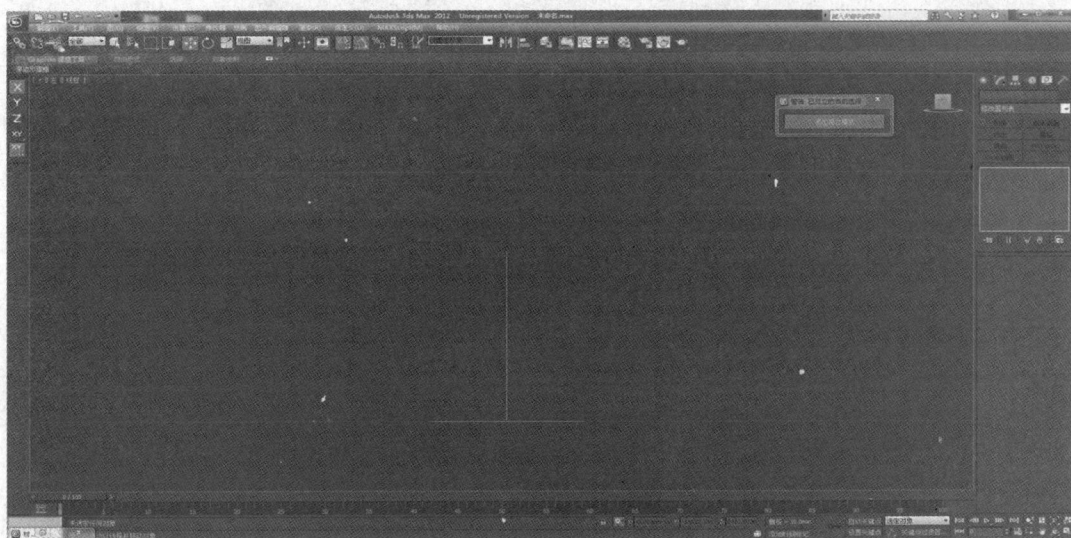

图 2-54　制作门板

（4）切换到前视图，将做好的门套及门对齐到墙中心，赋予"门"材质（如图 2 - 55 所示）。

图 2 - 55　赋予"门"材质

注意：门套做 210 mm 厚，是为了便于体现门套厚度的表现手法，与实际尺寸可能略有差异，门套的精细程度视其所在位置而定，遵守近实远虚法则即可。

（5）前视图中用"线"描出 80 mm ＊ 1200 mm 大小矩形的三边，并用"轮廓"命令向外扩 40 mm 的边，再挤出 40 mm，赋予"不锈钢"材质（如图 2 - 56 所示）。

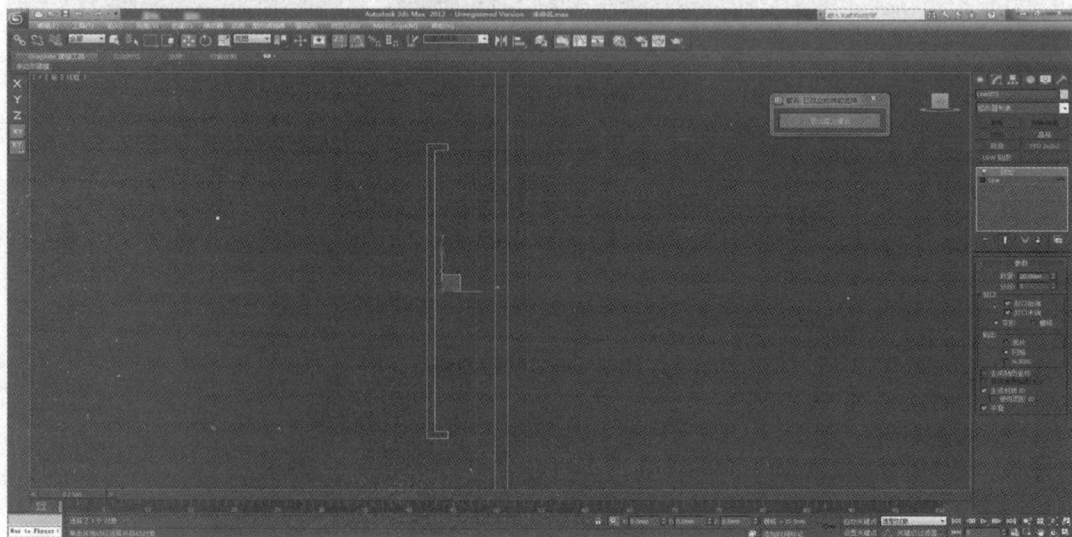

图 2 - 56　制作门把手

（6）用"对齐"命令将做好的门把手"贴"到门上，调整门把手位置（如图 2 - 57 所示）。

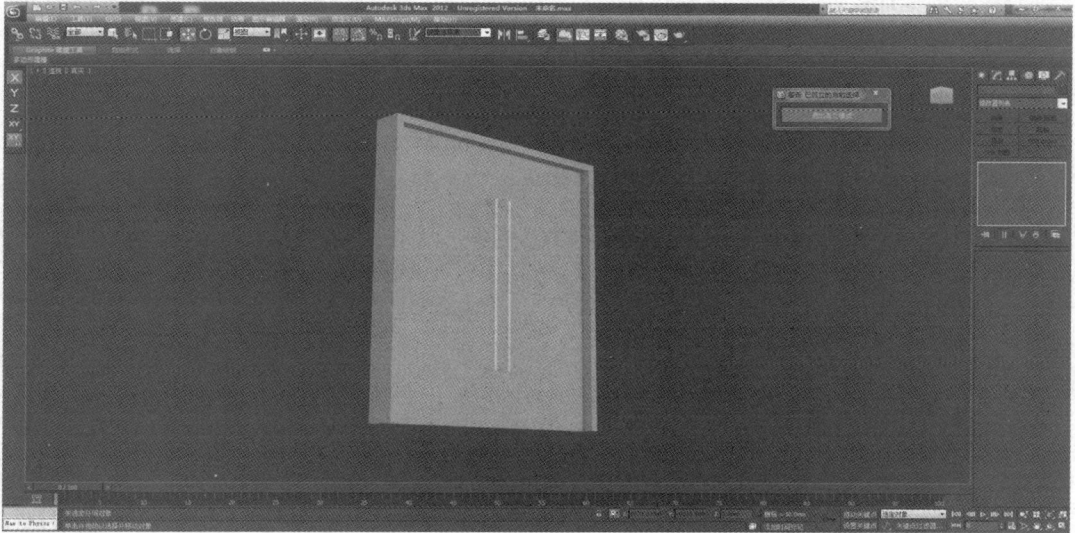

图 2－57　调整门把手

2.3.4　制作窗户

（1）进入前视图，用二维线"矩形"将窗户的位置确定（如图 2－58 所示），然后用"长方体"建立窗户的立挺，并按序排列（如图 2－59 所示）。

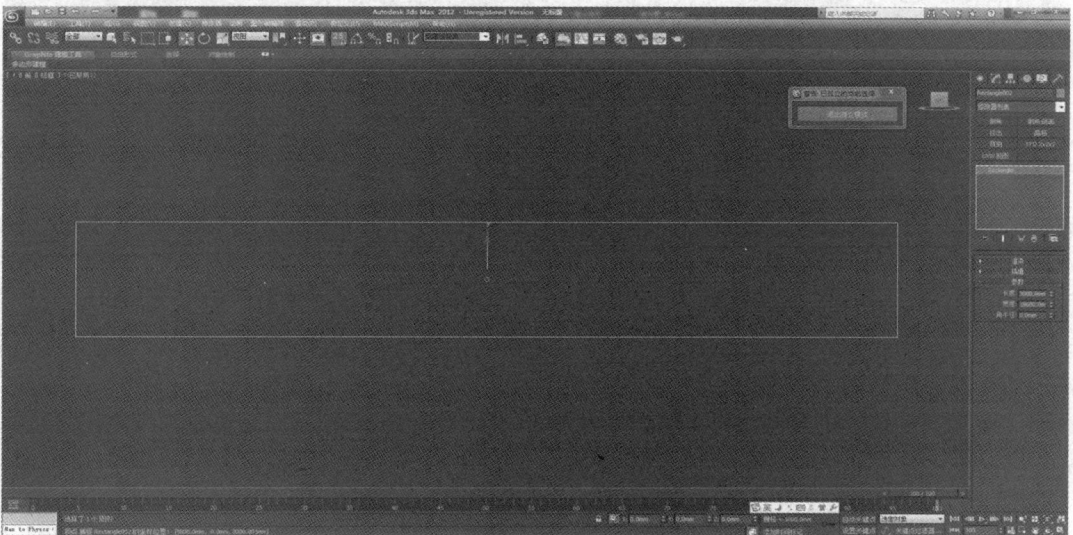

图 2－58　确定窗户位置

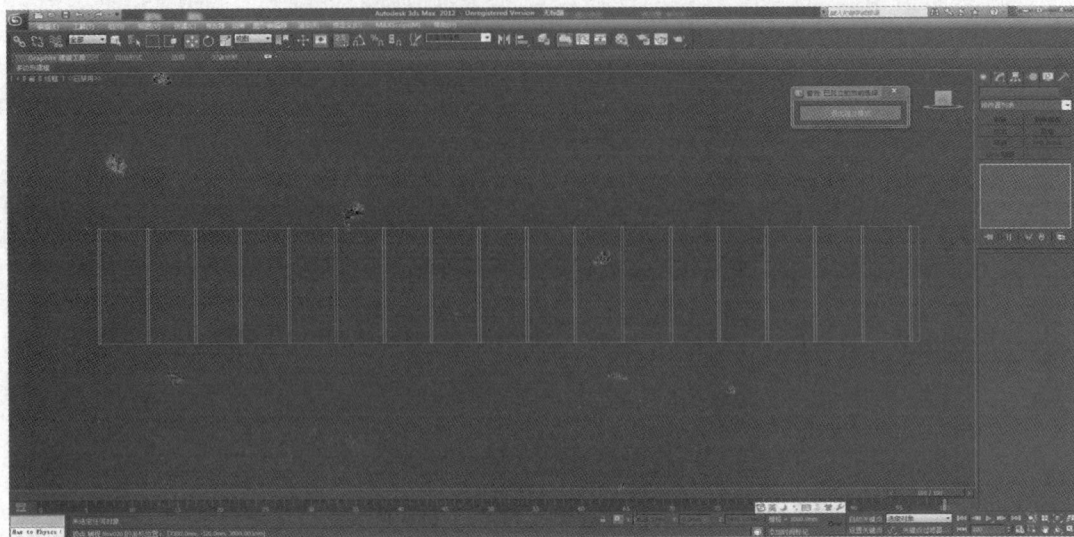

图 2-59　建立窗户的立挺

（2）继续使用长方体建立窗户的横挡（如图 2-60 所示），并将所有窗框赋予"窗框"材质（如图 2-61 所示）。

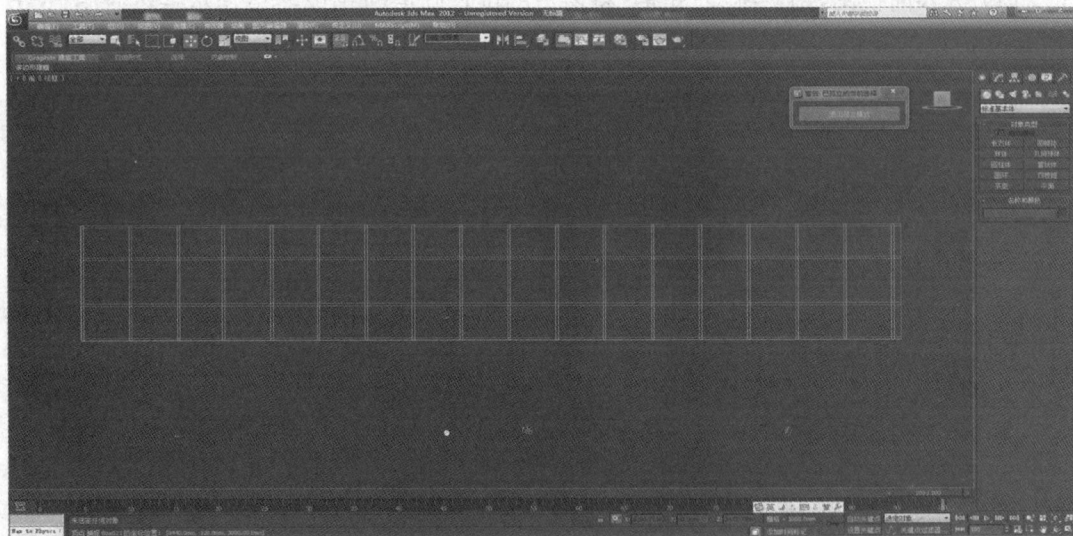

图 2-60　建立窗户的横档

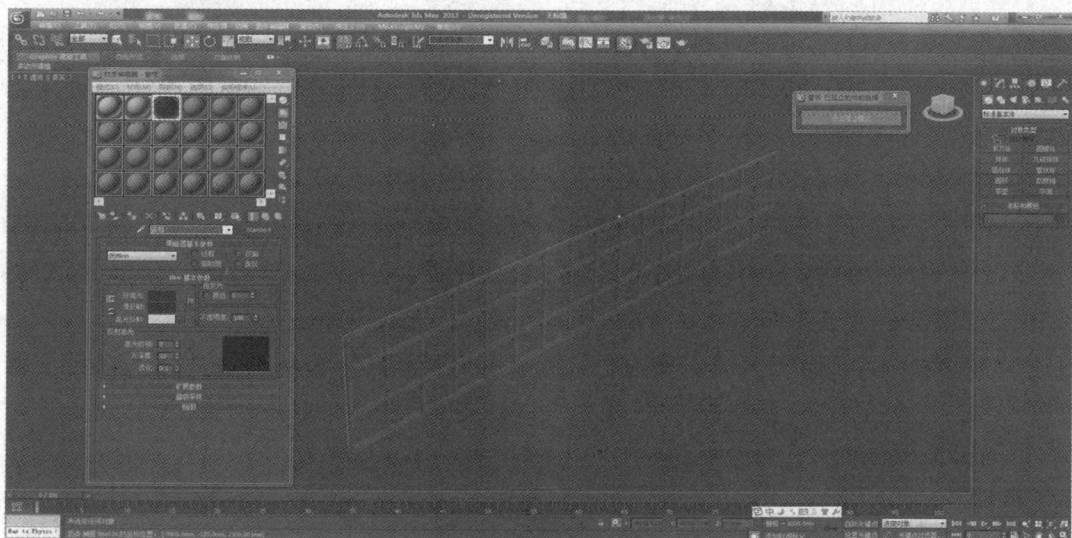

图 2 - 61 赋予"窗框"材质

注意:商场的窗户一般都位于幕墙上,形式相对统一,因此,在确定窗框截面尺寸为 60 mm * 120 mm 后,以 1 200 mm 为间距排列,窗户离地高度及窗户高度自定义。

（3）前视图中画一个 1 140 mm * 1 080 mm 的矩形,用作可开启窗户的外边框(如图 2 - 62 所示)。

图 2 - 62 建立窗户的外边框

（4）右击转换成"可编辑样条线"后,向内扩 50 mm 的边,挤出 80 mm,赋予"窗框"材质,并有序排列(如图 2 - 63 所示)。

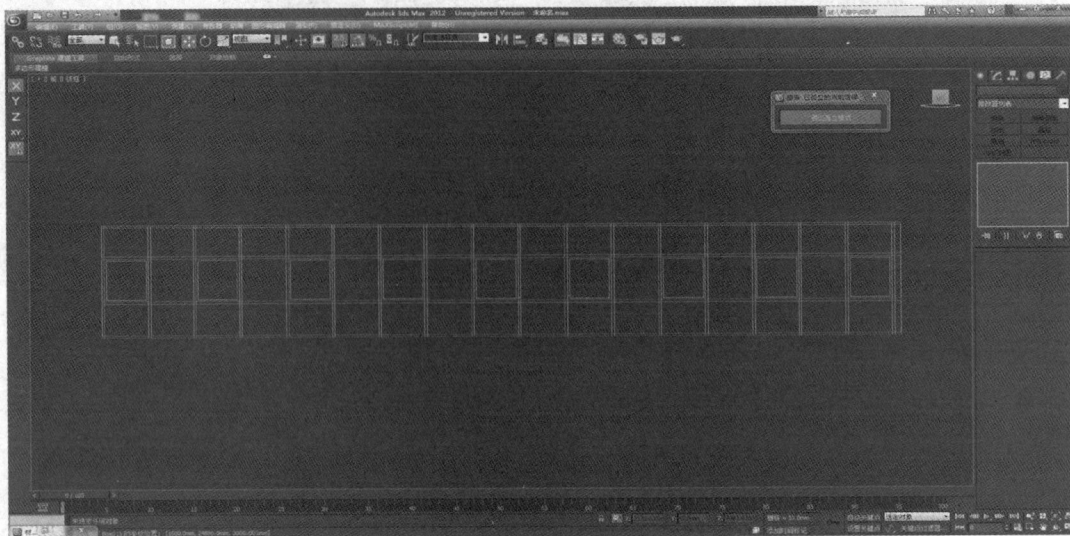

图 2-63 赋予"窗框"材质

（5）用"长方体"画出玻璃，令其厚度为 15 mm，赋予其"玻璃"材质，再到顶视图中对齐到窗框的中心（如图 2-64 所示）。

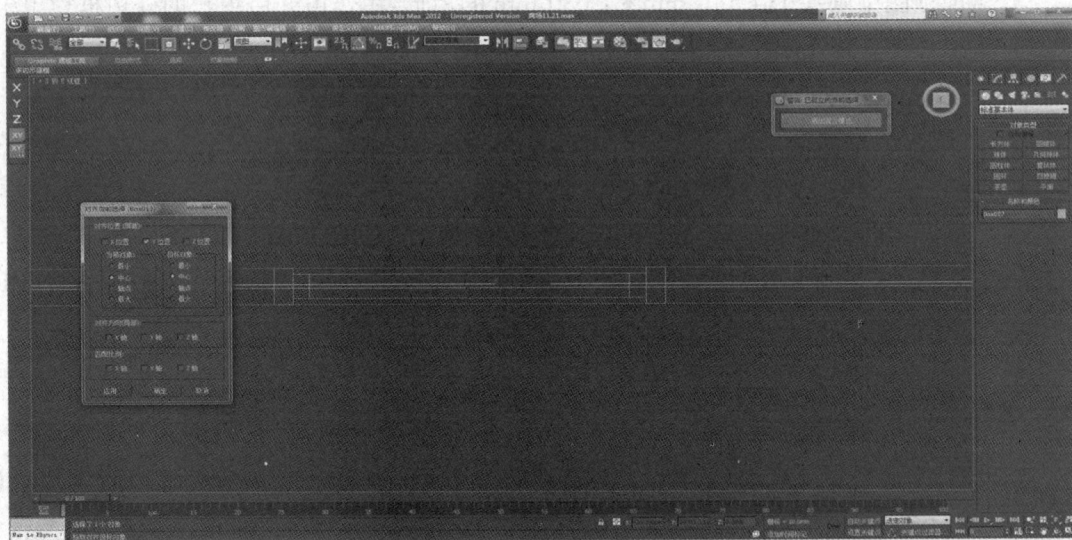

图 2-64 制作窗框的玻璃材质

（6）此时，窗户的简单制作已经完成，为了后面建立模型的方便，将窗户部分组成组（如图 2-65 所示）。

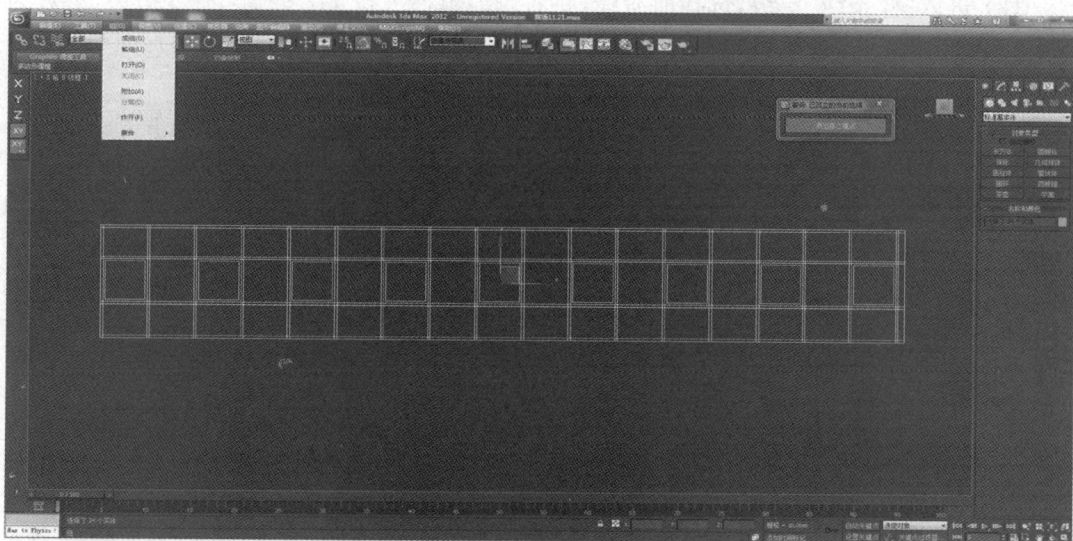

图 2 - 65 将窗户部分组成组

任务四 三维商城中家具的构建

2.4.1 制作广告灯箱

（1）进入"左视图"，用"矩形"画出一个广告位墙体的大小，长宽分别设为 3 000 mm 和2 000 mm，对齐到地面之上，右击将矩形改为"可编辑样条线"，进入可编辑样条线的点层级，选取所有点，右击改为"角点"（如图 2 - 66 所示）。

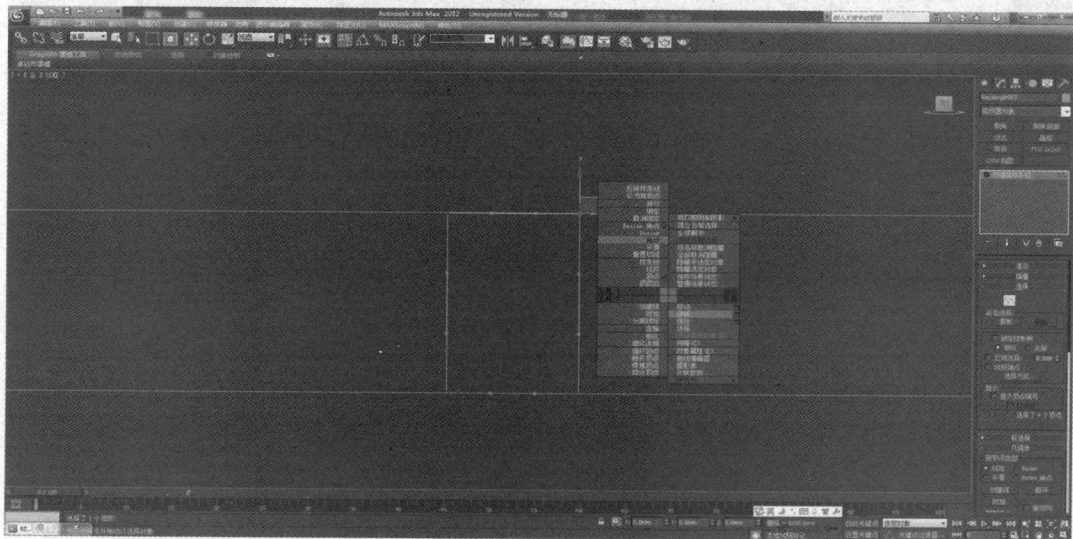

图 2 - 66 建立广告位墙体

（2）进入"样条线"层级，选择所有线，将右侧编辑栏下拉，用"轮廓"命令扩边，参数为200 mm（如图2-67所示），再"挤出"600 mm，赋予其材质（如图2-68所示）。

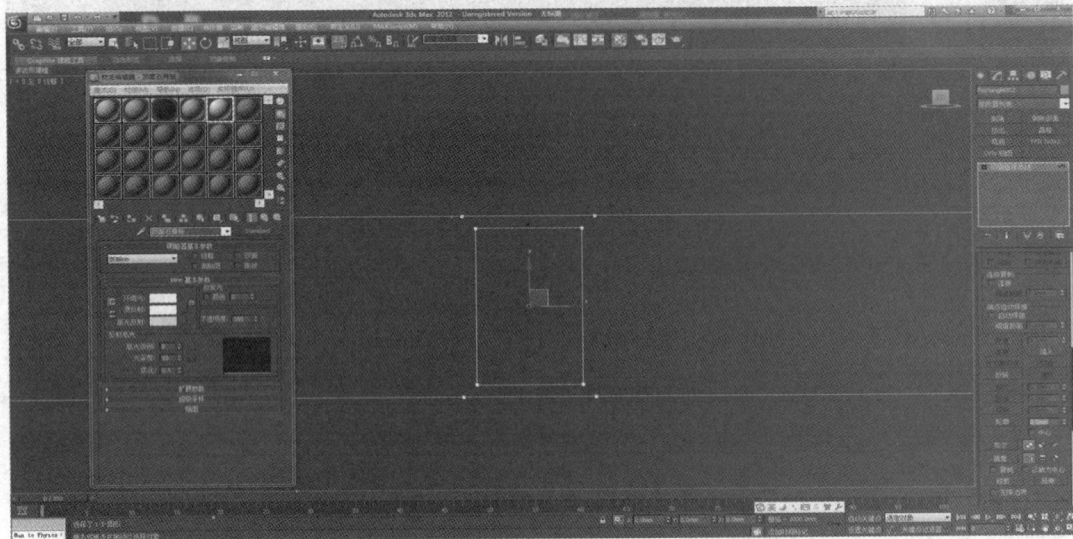

图 2-67 "轮廓"命令

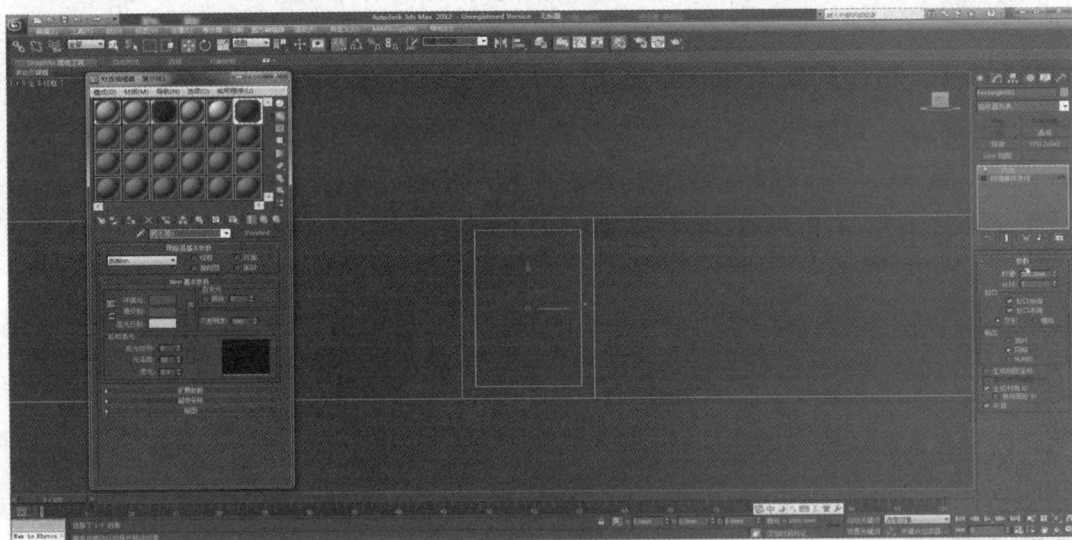

图 2-68 赋予材质

（3）在建立好展示墙体的区域内，重复上一动作，制作出广告灯位的不锈钢收边，其宽度为10 mm厚度为20 mm，进入顶视图，将其于展示墙对齐后向左移动10 mm，赋予其材质（如图2-69所示）。

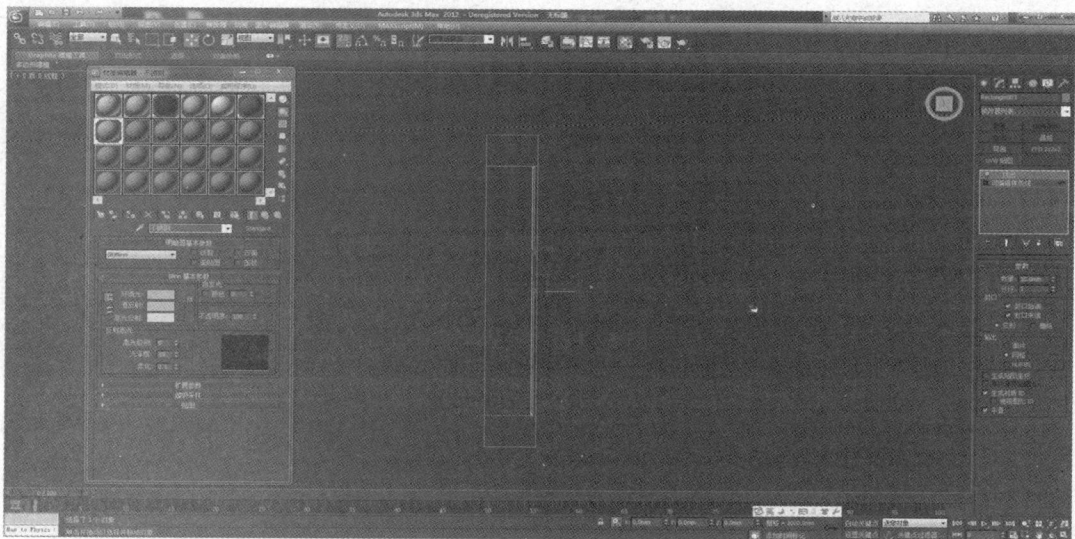

图 2 - 69　制作不锈钢收边

（4）然后用"长方体"建立灯片，灯片厚度为 10 mm 即可，与不锈钢收边左对齐后，赋予"灯片 1"材质，此时，一种形式的广告位已经完成（如图 2 - 70 所示）。

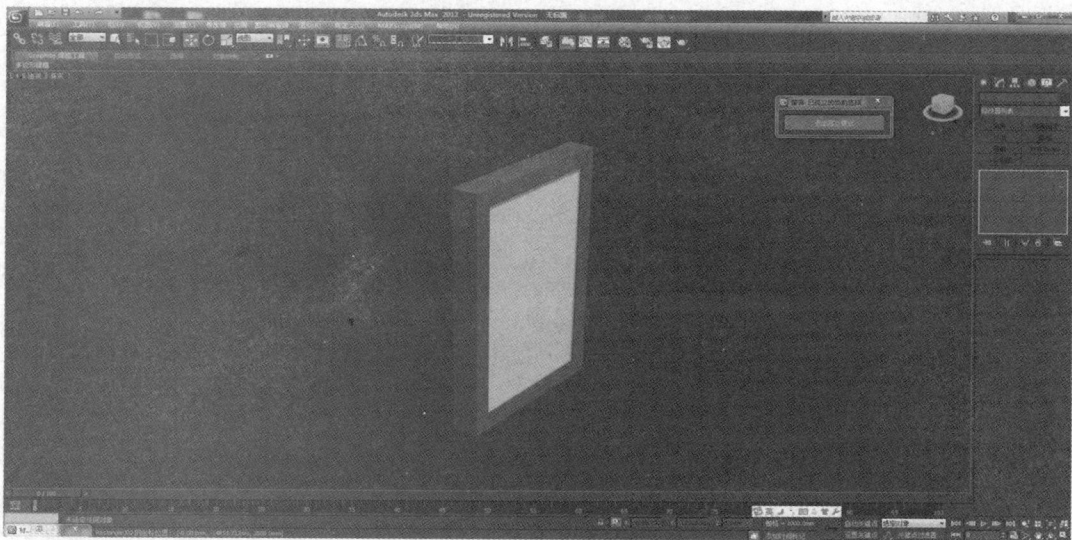

图 2 - 70　广告位效果图

注意：商场的广告位不仅是装饰，它还肩负包柱的功能，因此，在制作广告位时，我们已经将柱体算入其中。其次，在做完灯片后，要将灯片后方用长方体封起来，以防漏光。

（5）再用相同的方式制作另外一种形式的广告位，与前一种广告位不同的是，这款广告位的不锈钢收边突起于墙体之外，因此，在制作墙体时，只需要使用"长方体"命令即可（如图 2 - 71 所示）。

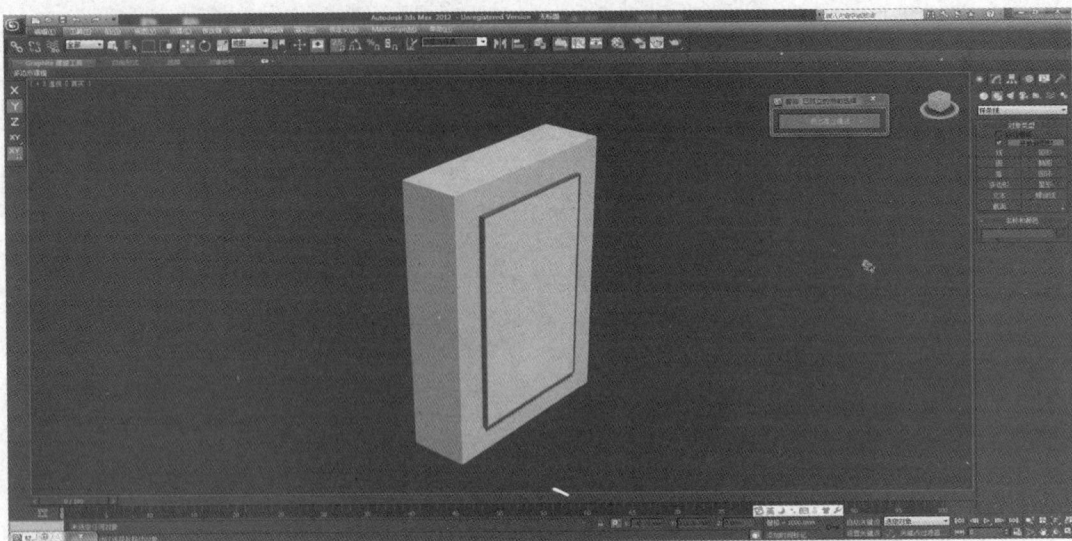

图 2-71 广告位效果图

（6）两种广告位做完后分别成组，以 4 000 mm 的间距距离交替分布，并将排列好的广告位置于整个平面的中轴线位置（如图 2-72 所示）。

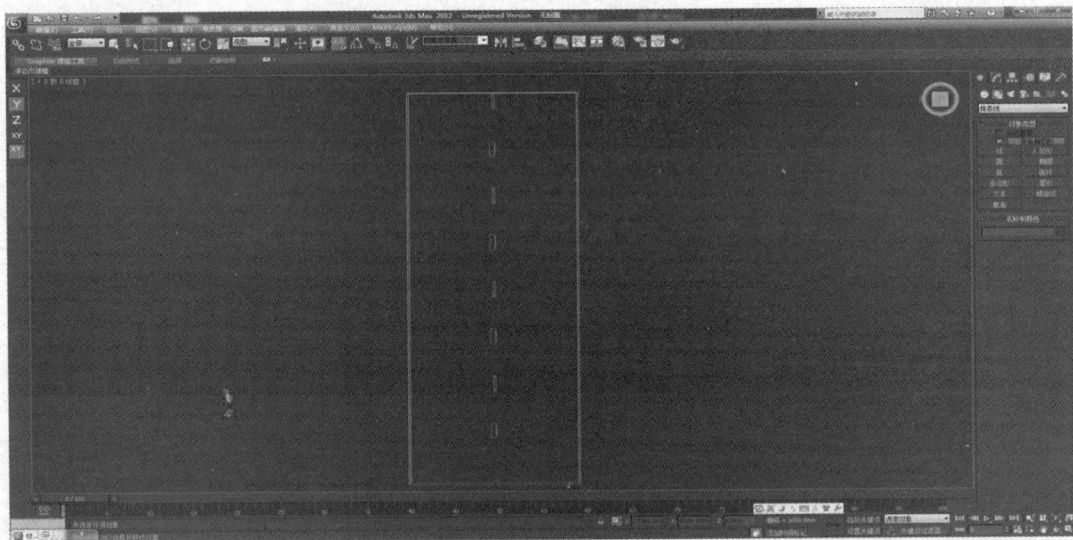

图 2-72 编辑两种广告位

2.4.2 制作柜台

（1）柜台由两部分组成，先制作柜体部分。画一个 3 000 mm 长、800 mm 宽的矩形，转换为"可编辑样条线"，将点改为"角点"模式。进入"线段"层级，将下方的线删除，进入"样条线层级"，用"轮廓"扩出 120 mm 的边并"挤出"800 mm，赋予其材质（如图 2-73 所示）。

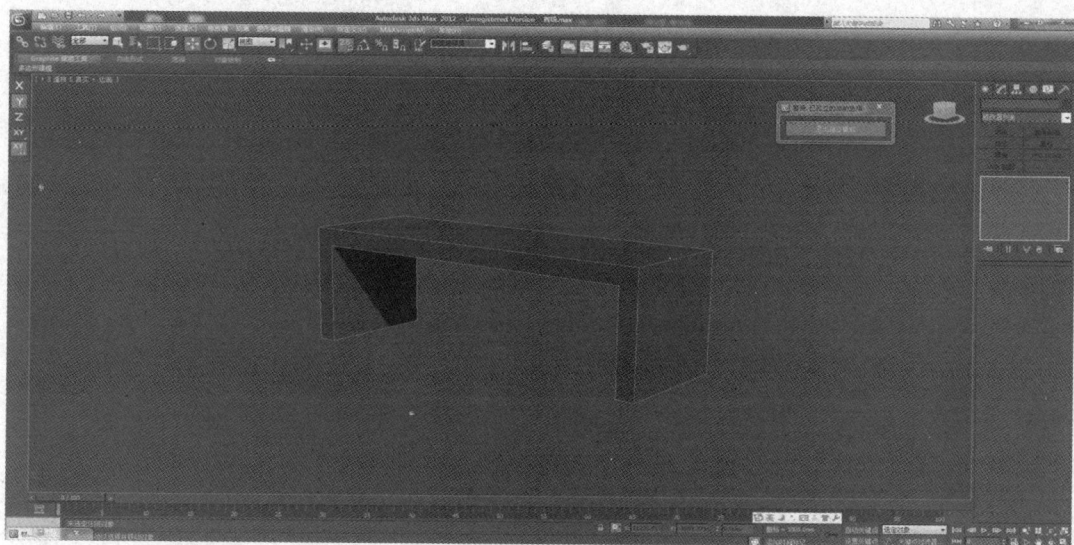

图 2-73 制作柜体部分

（2）将视图调整到主视柜体的方向，依照柜子的三边制作出三个金色的镶边条，其做法与不锈钢收边的做法相同（如图 2-74 所示）。

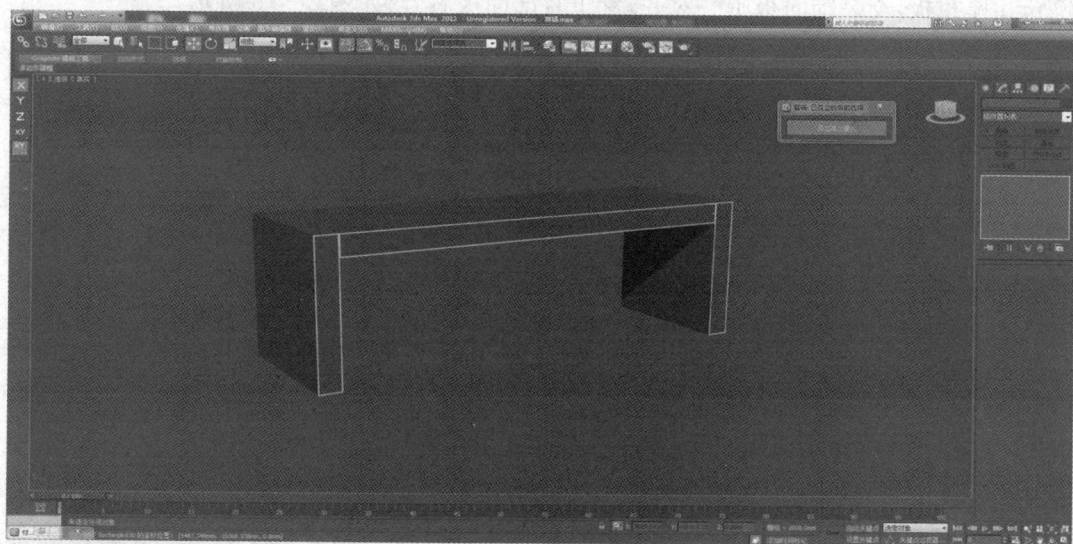

图 2-74 制作金色的镶边条

（3）用"矩形"命令做出柜子挡板，挡板距离地面 100 mm 高，距离柜子外立面150 mm深，然后制作出柜子的踢脚，踢脚距柜子外立面 170 mm 深，与柜体统一材质（如图 2-75 所示）。

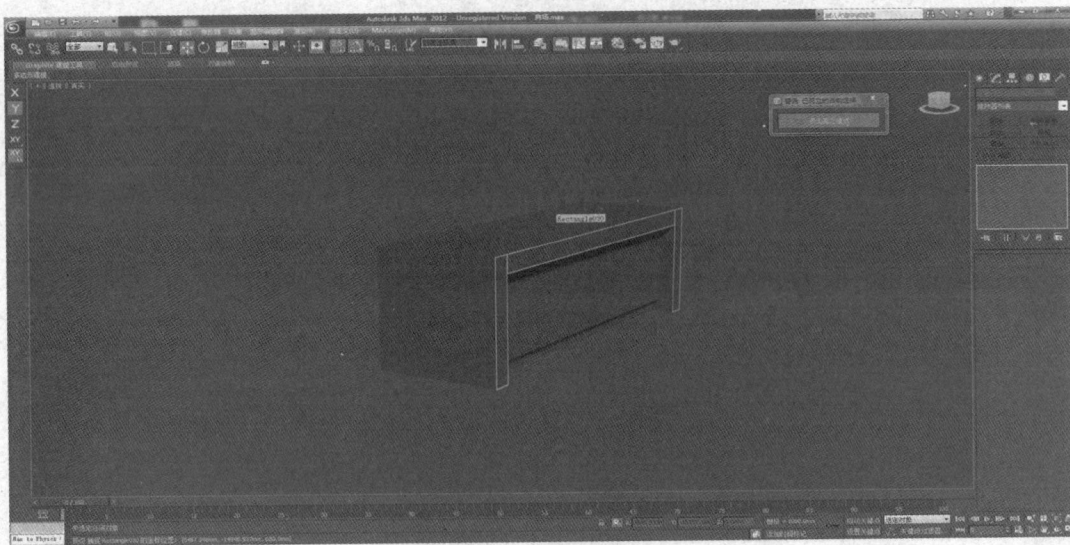

图 2-75　制作柜子档板

（4）制作柜子的装饰板，装饰板有凸起的效果，在确定装饰板尺寸为 1 000 mm ∗ 580 mm ∗ 40 mm 后，让其距离柜子外立面 50 mm 深，后衬一块 800 mm ∗ 380 mm ∗ 60 mm 厚衬板，与装饰面板中心对齐，置于装饰面板后方（如图 2-76 所示）。

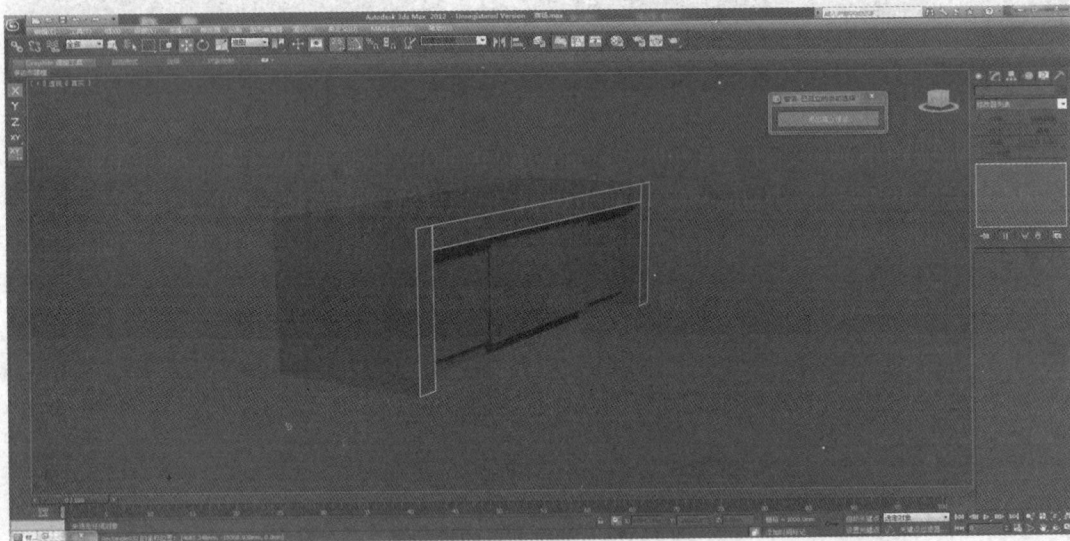

图 2-76　制作柜子的装饰板

（5）制作柜子上方的玻璃罩，一般商场的玻璃罩均为钢化玻璃，因此，玻璃厚度要设置成为 10 mm，其次，为体现玻璃的切割面，此处的玻璃按面的数量来建立，共计五块玻璃，所以用长方体即可（如图 2-77 所示）。

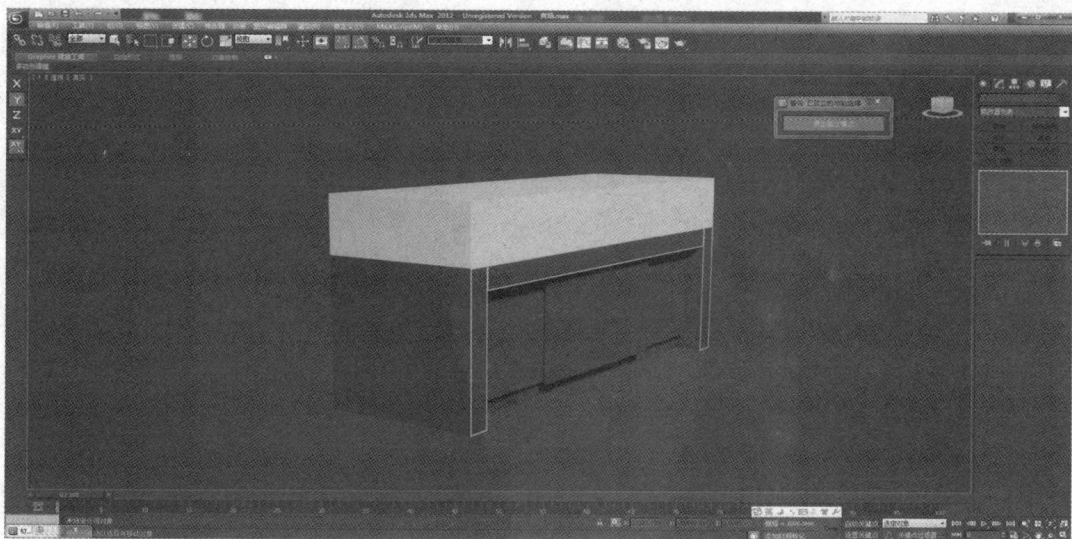

图 2-77　制作玻璃罩

注意:材质在建模阶段只起区分物体之用,此时的玻璃看上去是不透明的,在进入材质编辑阶段方能体现玻璃的通透感和光泽度。

2.4.3　制作标志

(1) 用"文本"命令做文字类标志,输入"金一号黄金"文本,字体大小 100 mm,置于柜子装饰板之上,并挤出 10 mm 厚,赋予材质(如图 2-78 所示)。

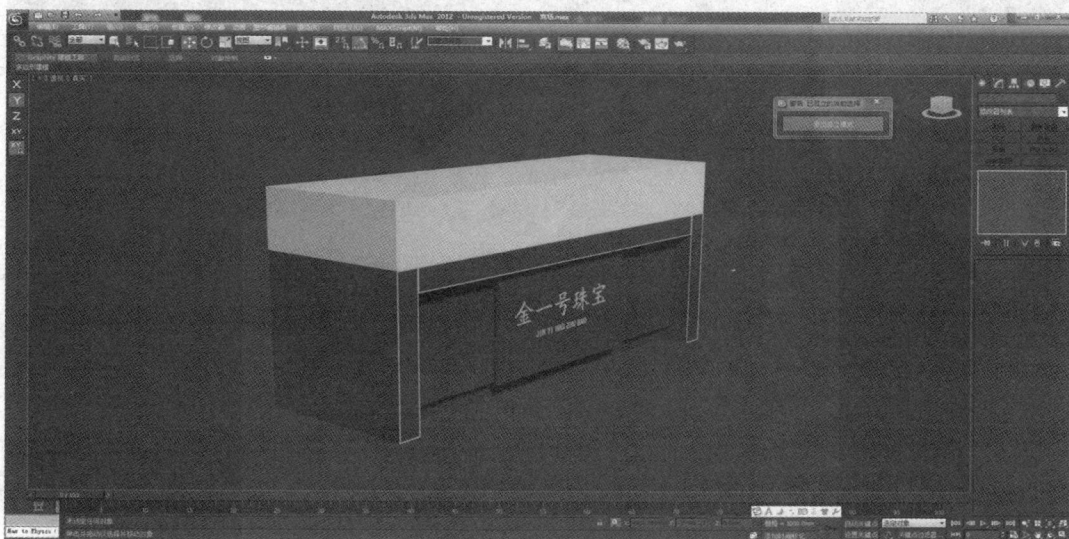

图 2-78　文字标志

(2) 重复上一动作,将标志完善,至此,单体柜台已做完(如图 2-79 所示)。

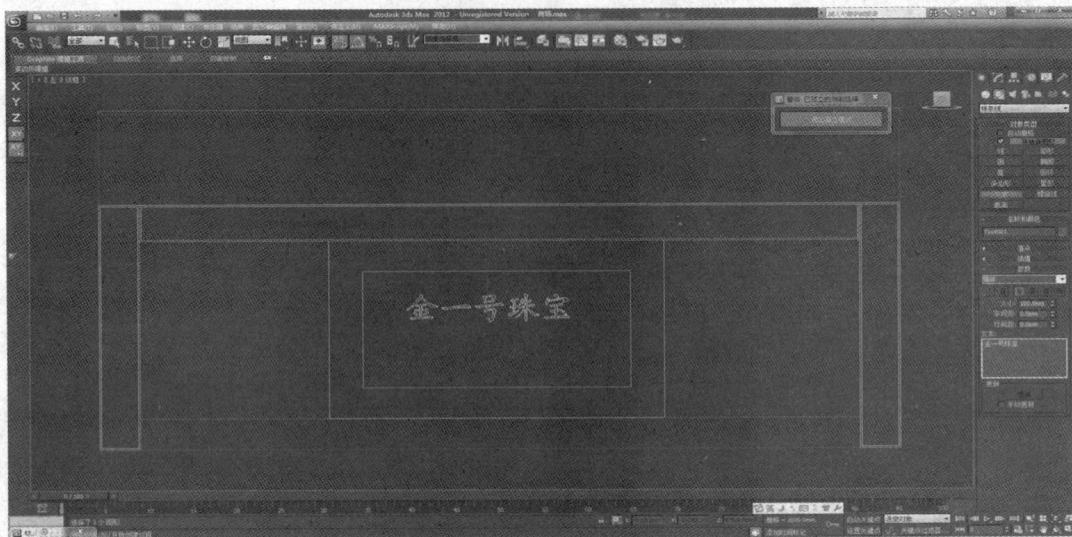

图 2-79　单体柜效果

3. 将柜子成组,五个柜台形成一个单元,按序排列,柜子之间留1 200 mm 通道,一组和一组之间留 2 000 mm 通道(如图 2-80 所示)。

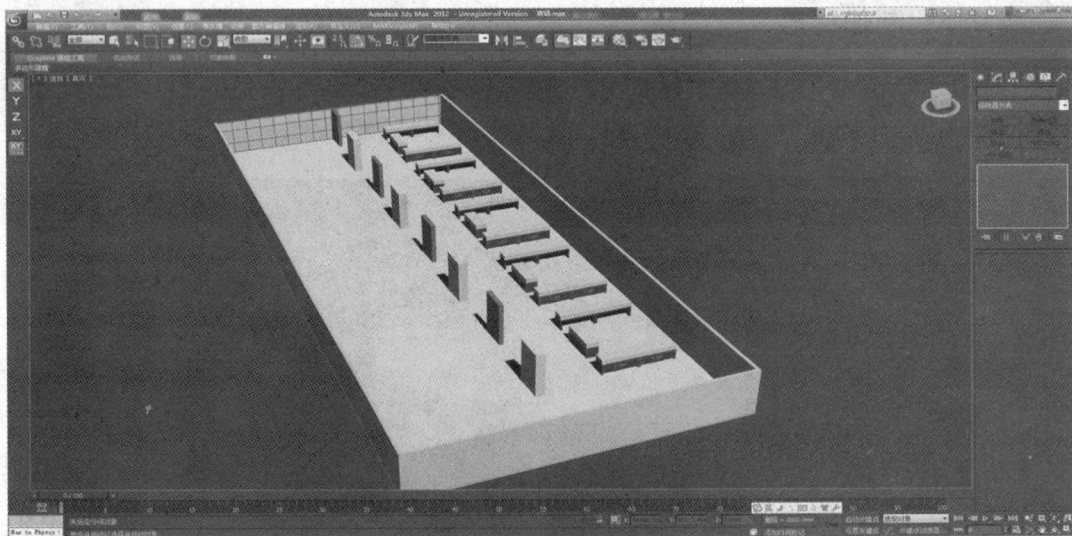

图 2-80　将柜子成组

2.4.4　制作宣传广告栏

在柜台后方和通道后方制作高 2 400 mm、宽 2 400 mm、厚 50 mm 的广告宣传画,并赋予不同材质(如图 2-81 所示)。

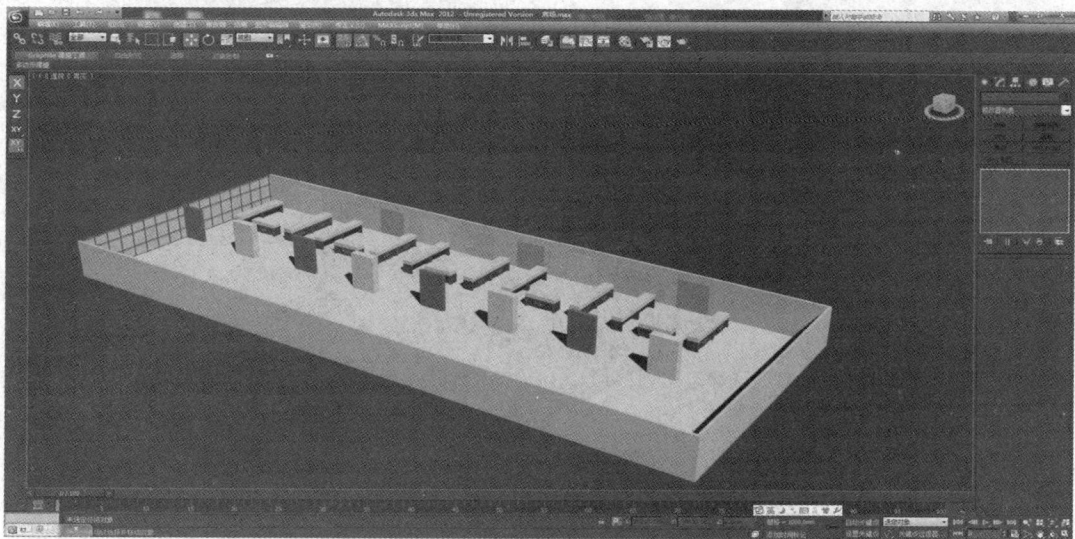

图 2-81 制作广告宣传栏

2.4.5 制作透光软膜灯箱

(1) 进入顶视图,用制作柜台主体的方法画出灯箱外轮廓,灯箱宽度为 300 mm(如图 2-82 所示)。

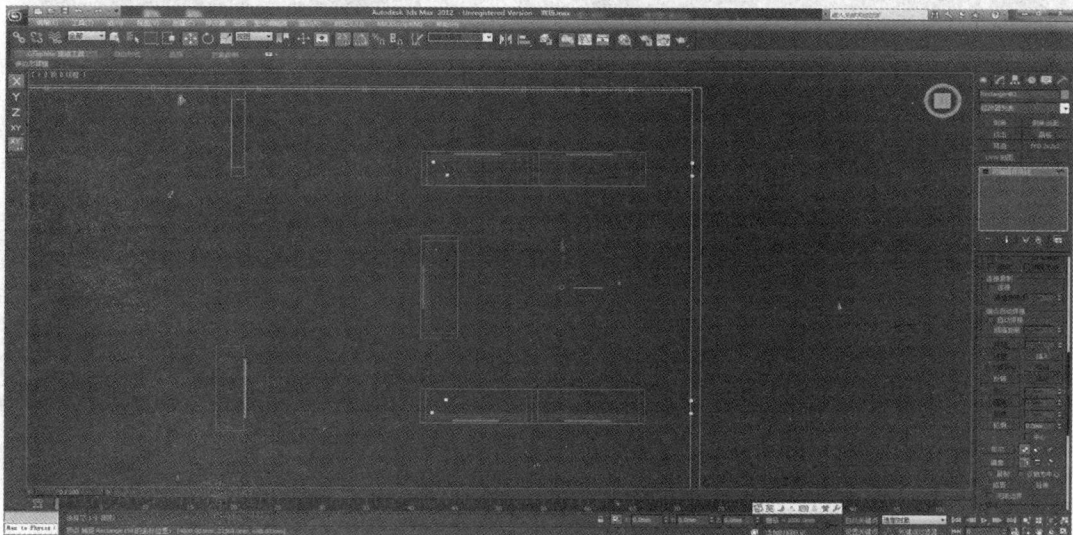

图 2-82 画灯箱外轮廓

(2) 进入"样条线"层级,"轮廓"命令扩 20 mm 的收边,"挤出"600 mm 高度,赋予白色铝板材质,并将灯片置入其中,灯片距灯箱底面 10 mm(如图 2-83 所示)。

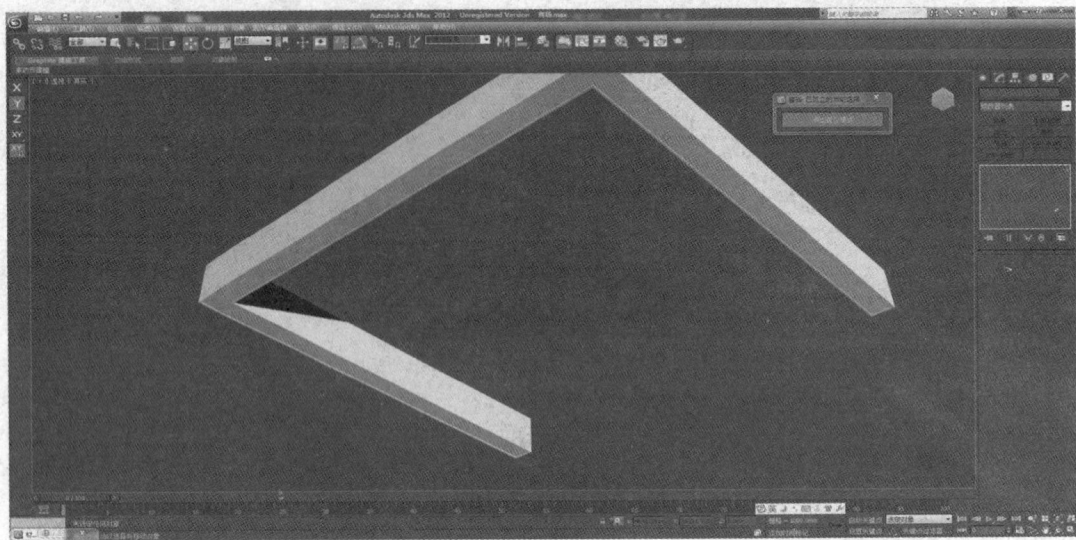

图 2 - 83　制作灯片

（3）在灯箱正面加上文字，字体大小根据灯具大小而定，协调美观即可（如图 2 - 84 所示）。

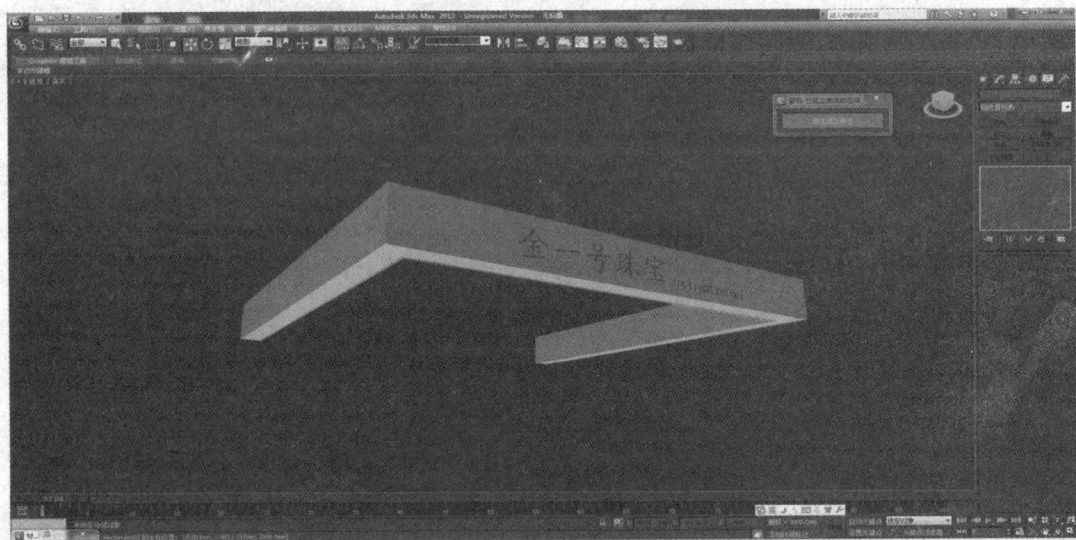

图 2 - 84　为灯箱加上文字

2.4.6　制作顶面

（1）确定在走道位置的顶面做两道暗光槽，将顶面造型分为三部分，先制作最下面一层，暗光一般留 200 mm 宽槽，挤出 80 mm（如图 2 - 85 所示）。

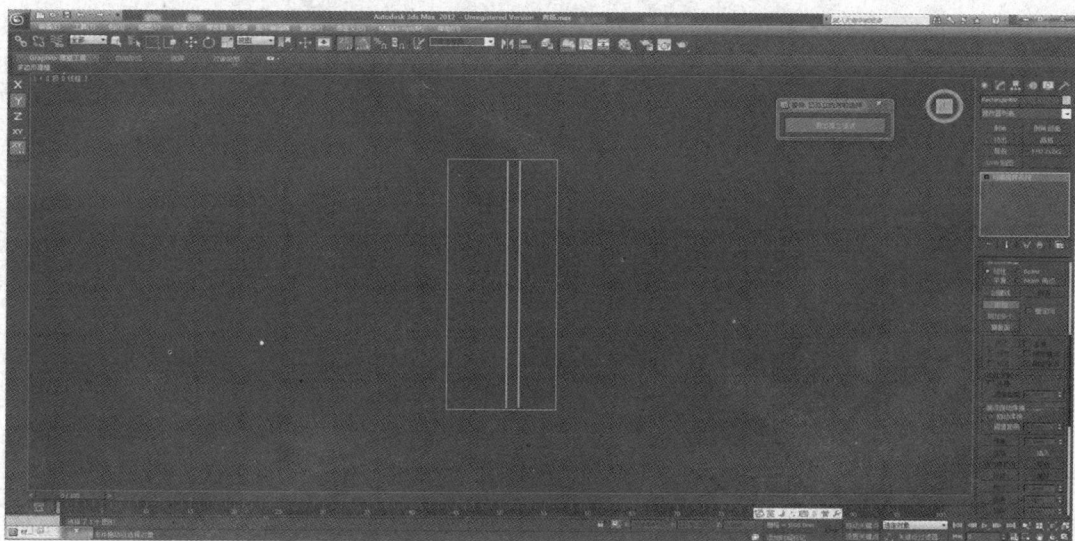

图 2-85 制作顶面

（2）再制作暗光中间一层，将最下层的造型复制一份，进入"可编辑样条线"的"样条线"层级，将暗光部分向外扩 150 mm 的边，作为暗光槽，"挤出"参数设为 120 mm，最后制作一个和地面一样大小的长方体，将顶面封盖（如图 2-86 所示）。

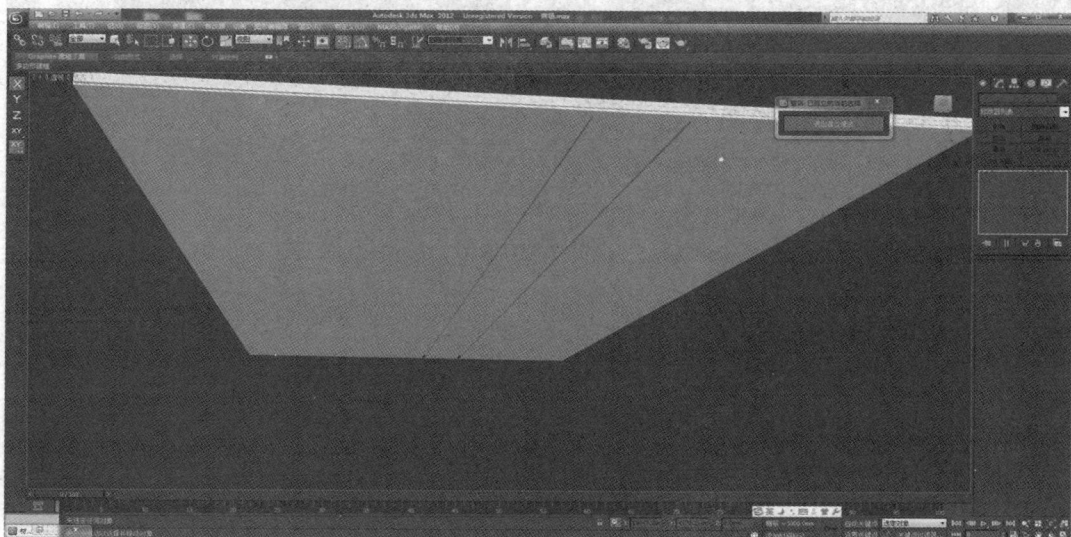

图 2-86 顶面效果图

2.4.7 制作商铺隔断

（1）在顶视图中画一个 100 mm * 40 mm * 3000 mm 的"长方体"，以 160 mm 列成一排，形成柜台与柜台之间的隔断，由于商场讲究通透性及连贯性，故隔断左右两端各留下余量（如图 2-87 所示）。

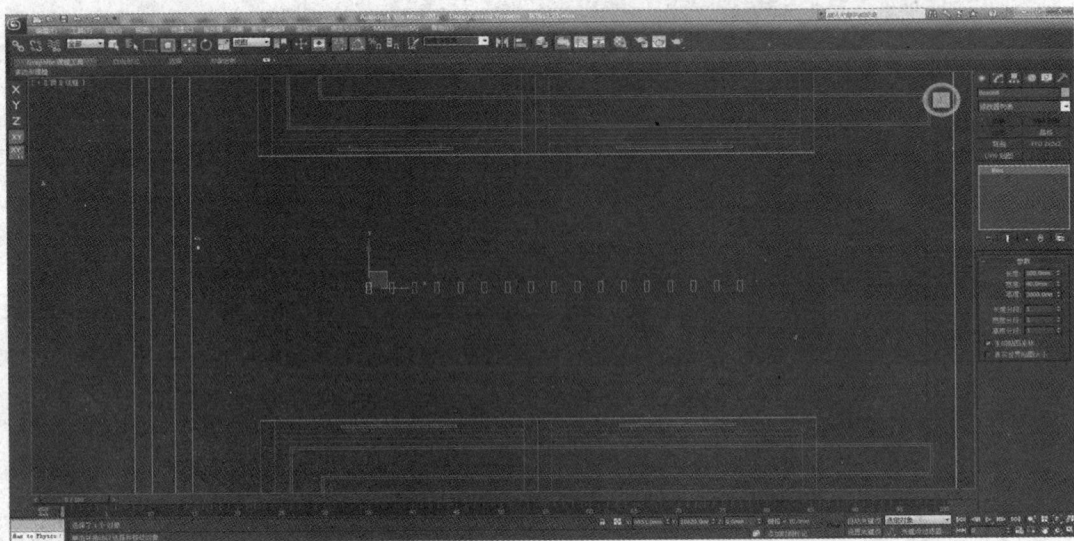

图 2-87　制作商铺隔断

（2）将一排隔断成组并赋予材质后，对齐到柜台与柜台之间，然后以"实例"复制到其余柜台之间（如图 2-88 所示）。

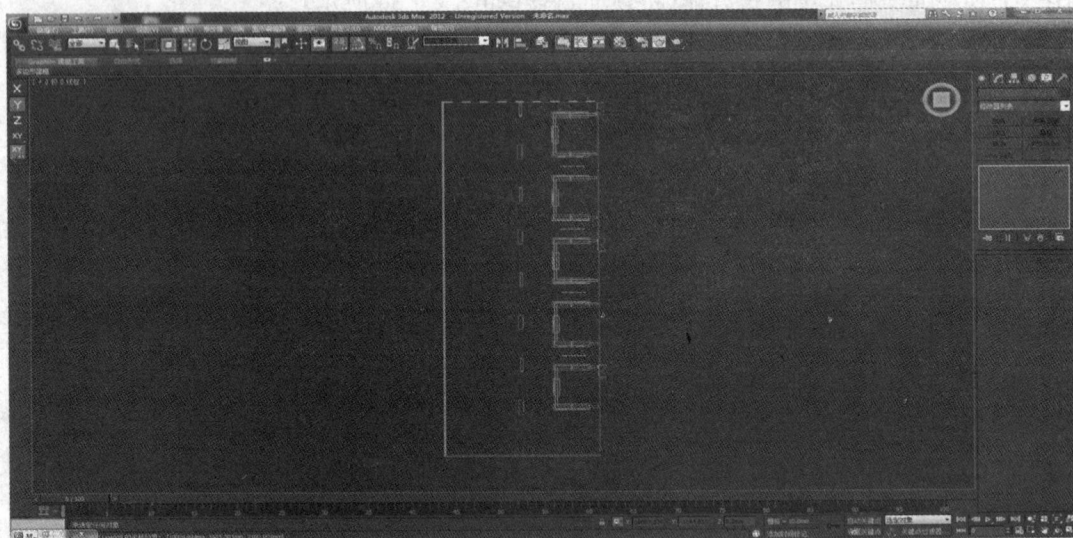

图 2-88　商铺隔断效果图

2.4.8 摄像机的定位及渲染

（1）在编辑器菜单栏下点击"摄像机"，选择"目标"，在顶视图拉出摄像机位置及摄像机的朝向（如图 2‑89 所示）。

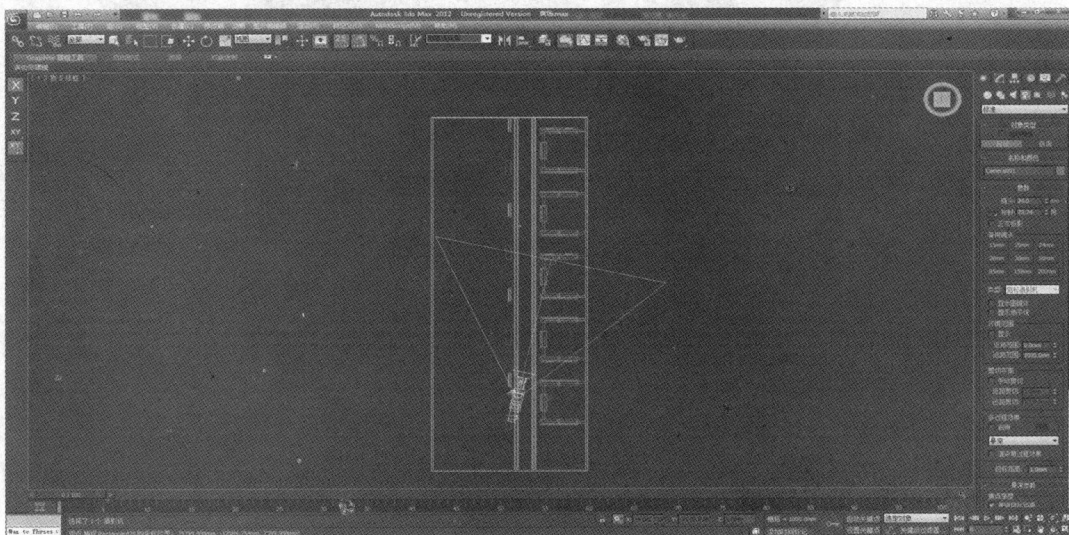

图 2‑89 定位摄像机位置

（2）选取摄像机，调整至离地 1200 mm 的高度，将视口调整为摄像机视口，显示安全框（如图 2‑90 所示）。

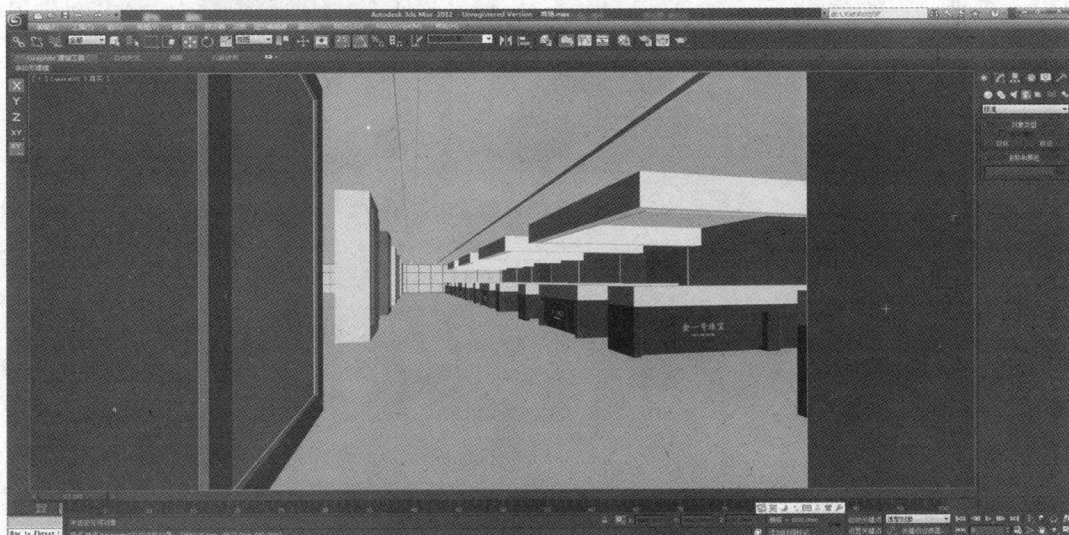

图 2‑90 调整摄像机高度

注意：摄像机的高度是以常人坐普通座椅时，视线所在高度而定，如遇特殊空间或需要以特殊手法表现，则可以选择其他高度和视角，并且"修改"列表里的"备用镜头"内可调整镜头大小,来控制视野范围。

(3) 编辑材质球及灯光,最终渲染成图,如图 2-91 所示。

图 2-91　渲染成图

【课堂操作实训 1】

(1) 用长方体制作办公桌。

(2) 用管状和圆环制作水杯。

【课堂操作实训 2】

（1）用异面体制作风铃。

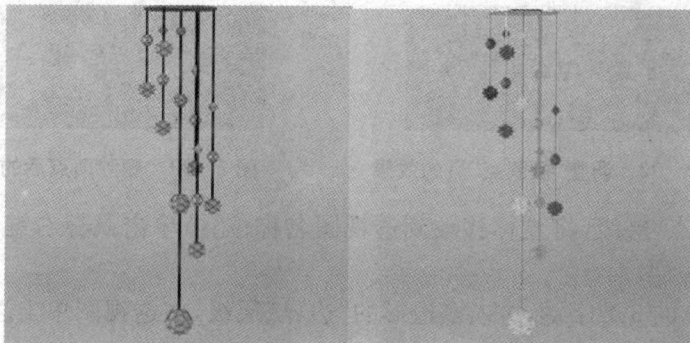

（2）用圆柱体制作圆桌。

任务五 电器的构建

本节将通过制作"无绳来电显示电话机"的实例，对"编辑多边形"修改器和"FFD 长方体"修改器进行巩固练习。

第一步 制作机身模型

（1）编辑长方体

① 启动 3ds Max 系统，设置系统单位为"毫米"，然后在左视图创建一个"长度"为 50 mm、"宽度"为 170 mm、"高度"为 50 mm、"长度分段"为 2、"宽度分段"为 10 的长方体，将其命名为"机身"。

② 为"机身"对象添加【FFD（长方体）】修改器，然后打开【设置 FFD 尺寸】对话框，设置"长度"和"高度"均为 2、"宽度"为 10。

③ 按键盘上的 1 数字键，进入"FFD 长方体"的"控制点"层级，在左视图沿 Y 轴分别调整各控制点，效果如图 2-92 所示。

④ 退出"控制点"层级，在视图单击鼠标右键，在弹出的右键菜单选择【转换为】/【转换为可编辑多边形】命令，将长方体转换为多边形。

（2）编辑顶点、边与边界

① 再次按键盘上的1数字键,进入多边形的"顶点"层级,在左视图选择下方两端两个顶点将其删除(如图2-93所示)所示。

图2-92　调整"控制点"后的效果　　　图2-93　删除顶点后的效果

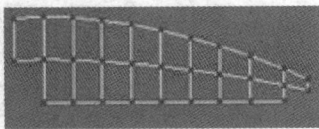

② 退出"顶点"层级,将光标移动到透视图名称位置,单击鼠标右键,选择【边面】命令,显示对象的边面。

③ 按键盘上的3数字键,进入多边形的"边界"层级,在透视图单击选择"机身"左边删除点后形成的边界,然后进入【编辑编辑】卷展栏,单击 封口 按钮,对边界进行封口(如图2-94所示)。

④ 按键盘上的1数字键,进入多边形的"顶点"层级,在【编辑几何体】卷展栏下激活 切割 按钮,对封口后形成的面进行切割(如图2-95所示)。

图2-94　封口编辑　　　　　图2-95　切割封口面

⑤ 再次进入"边界"层级,使用相同的方法对右边删除顶点产生的边界封口和切割。

⑥ 按键盘上的3数字键,进入"边"层级,选择切割后产生的边,在【编辑边】卷展栏下单击 切角 按钮旁边的□"设置"按钮,在打开的【切角边】对话框设置参数"切角量"为6mm。

⑦ 单击 应用 按钮,然后调整"切角量"为2,单击 确定 按钮进行确认(如图2-96所示)。

⑧ 选择左边切割面后产生的边,使用相同的方法,设置"切角量"分别为10和3.5,对其进行切角(如图2-97所示)。

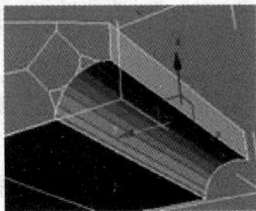

图2-96　"切角"后的效果　　　图2-97　切角后的效果

（3）编辑多边形面

① 退出"边"层级，按键盘上的数字 4 键，进入"多边形"层级，按住 Ctrl 键的同时，在透视图单击选择如图 2-98 选择多边形面所示。

② 在【编辑多边形】卷展栏下单击 插入 按钮右边的□"设置"按钮，在弹出的【插入多边形】对话框设置参数"插入量"为 3.5 mm，单击 确定 按钮进行确认。

③ 单击 挤出 按钮右边的□"设置"按钮，在打开的【挤出多边形】对话框设置"挤出高度"为 —5.5 mm，单击 确定 按钮进行确认，挤出后的效果如图 2-99 所示。

图 2-98 选择多边形面   图 2-99 挤出后的效果

④ 在前视图框选右边的多边形面（如图 2-100 所示），设置"挤出高度"为 130 mm，完成机身的制作（如图 2-101 所示）。

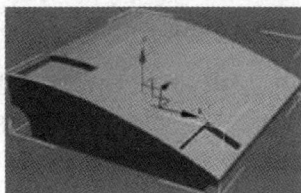

图 2-100 多边形面   图 2-101 制作完成的机身

第二步 制作来电显示屏

（1）进入"多边形"层级，选择四个多边形面（如图 2-102 所示），然后对其挤出 20 mm，效果如图 2-103 所示。

图 2-102 多边形面   图 2-103 挤出多边形面

（2）进入"顶点"层级，在左视图沿 Y 轴向下分别调整各顶点，制作出圆弧形的"来电显示屏"效果（如图 2-104 所示）。

（3）激活【编辑几何体】卷展栏下的 切割 按钮，在透视图对圆弧形"来电显示屏"的多边形面进行切割（如图 2-105 所示）。

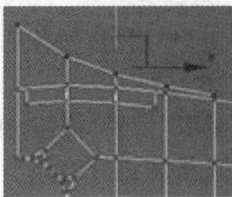

图 2 - 104 调整顶点

图 2 - 105 切割多边形面

（4）进入"多边形"层级，选择切割后生成的三个多边形面，对其挤出 3 mm，效果如图 2 - 105 所示。

（5）将挤出后的多边形面插入插入 9 mm，然后再次将其挤出－4 mm，效果如图 2 - 106、图 2 - 107 所示。

图 2 - 106 挤出面的效果

图 2 - 107 图插入并挤出面的效果

（6）进入"边"层级，按住 Ctrl 键选择机身和显示屏的各边，设置"切角量"分别为 1 和 0.35，对其进行"切角"，效果如图 2 - 108 所示。

第三步 制作数字按键及功能按键

（1）进入"边"层级，按住键盘上的 Ctrl 键选择机身中的四条水平边然后将其删除，如图 2 - 109 所示。

图 2 - 108 切角后的机身效果

图 2 - 109 选择并删除水平边

（2）进入"边界"层级，将删除边产生的边界封口，然后进入"顶点"层级，使用"切割"命令在封口后的面上切割出数字键位置（如图 2 - 110 图所示）。

提示：在透视图切割完毕后，可以在顶视图和左视图调整各个顶点的位置，使其能相互对齐且间距相等，以便于以后制作按键。

（3）进入"多边形"层级，分别选择切割后形成的 12 个多边形面，将其插入 3 mm，效果如图 2 - 111 所示。

图 2 - 110　切割按键

图 2 - 111　插入多边形

提示:在对相邻的多边形面进行插入时,要分别选择每一个面再设置插入,不能同时将多个面选择进行插入,否则,系统会将多个面看成是一个面进行插入。

(4) 进入"顶点"层级,在顶视图框选插入后产生的各顶点(如图 2 - 112 所示),设置"切角量"分别为 2 和 0.7,效果如图 2 - 113 所示。

图 2 - 112　选中各顶点

图 2 - 113　设置"切角量"

(5) 进入"多边形"层级,选择切角后产生的 12 个圆角多边形面,对其挤出 -1.5 mm,然后将其插入 0.5 mm,并设置其材质 ID 号为 1,效果如图 2 - 114 所示。

提示:在此为选择的多边形面设置材质 ID 号至关重要,这有利于我们后面为不同的多边形面正确分配材质。

(6) 继续将插入后的多边形面挤出 3 mm,然后确认制作出数字按键效果(如图 2 - 115 所示)。

图 2 - 114　挤出并插入的效果

图 2 - 115　挤出的数字按键效果

(7) 进入"边"层级,选择所有数字按键的边,设置"切角量"为 0.5,对其进行切角处理。

(8) 依照制作数字按键的方法,制作出其他功能按键,效果如图 2 - 116 所示。

图 2-116　制作功能键之后的渲染效果

提示：在制作功能键时，除了注意功能键的位置以及大小、形状之外，其方法与制作数字按键的方法完全相同，都是通过切割面、切角顶点、挤出面等方法来完成的，在此不再详细讲解，读者可以依照制作数字按键的方法去制作。

第四步　制作听筒

（1）进入"多边形"层级，按住 Ctrl 键在透视图选择听筒位置的两个多边形面，设置"插入量"为 1.5，对其进行插入（如图 2-117 所示），然后设置"挤出高度"为 10，将其挤出，效果如图 2-118 所示。

图 2-117　设置"插入量"

图 2-118　插入并挤出面的效果

（2）打开【倒角多边形】对话框，设置"高度"为 0 mm，设置"轮廓量"为 4 mm 并确认，然后设置"挤出高度"为 10 并确认，效果如图 2-119 所示。

（3）选择左边听筒的一个侧面，设置"挤出高度"为 15 mm，然后在左视图沿 Z 轴对挤出的面进行旋转（如图 2-120 所示）。

图 2-119　倒角与挤出多边形

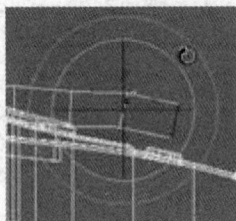

图 2-120　旋转挤出的面

（4）继续挤出该面并旋转，使其向另一个听筒进行靠近，效果如图 2-119 所示。

（5）将挤出的面删除，然后删除另一个听筒与挤出面相对的面，进入"顶点"层级，在左视图框选删除面后的顶点，将其拖到另一个侧面的顶点位置，使其两个侧面的顶点完全重叠（如图 2-121 所示）。

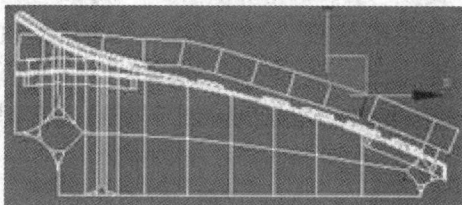

图 2-121　挤出并旋转面的效果

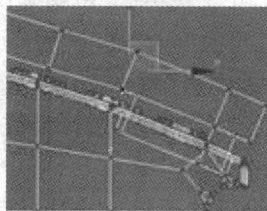

图 2-122　两个侧面顶点重叠的效果

（6）打开【焊接顶点】对话框，设置"焊接阈值"为 2.5 并确认，将两组顶点焊接在一起。

（7）在左视图调整听筒上的各顶点，从而调整听筒模型，使其有一定的弧度效果（如图 2-122 所示）。

提示：在调整顶点时，一定要使用框选的方法选择每个顶点，这样才可能将另一面的点同时选择，否则只能选择一面的点。

（8）进入"边"层级，选择听筒上的各边，分别设置"切角量"为 0.5 和 0.18，对听筒的边进行切角，最后效果如图 2-123 所示。

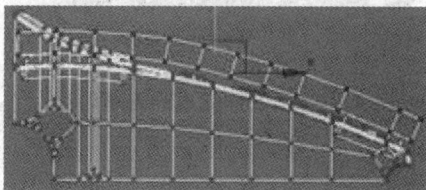

图 2-123　调整听筒的弧度效果

图 2-124　切角边后的效果

第五步　制作天线

（1）进入"顶点"层级，使用"切割"命令在功能按钮右上角位置切割出四条切割线如图 2-124 所示。

（2）进入"顶点"层级，框选切割线的四个顶点，设置"切角量"分别为 3.5 和 1.2，对其进行切角，效果如图 2-125 所示。

图 2-125　切割四条边线

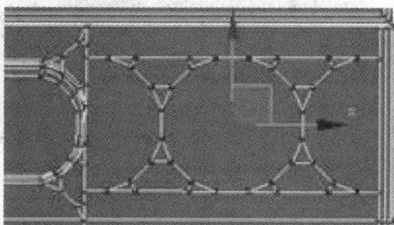

图 2-126　切角顶点后的效果

（3）进入"多边形"层级，选择切角后产生的多边形面，设置材质 ID 号为 2，然后打开【倒角多边形】对话框，设置"高度"为 2.3、"轮廓量"为-1.8，单击 应用 按钮确认，然后修改"高度"为 6、"轮廓量"为-1.2，单击 应用 按钮确认；并再次修改"高度"为 0、"轮廓量"为—0.5,单击 应用 按钮确认;并再次修改"高度"为15、"轮廓量"为—1,单击 应用 按钮确认;并再次修改"高度"为0、"轮廓量"为0.3,单击 应用 按钮确认;并再次修改"高度"为3.5、"轮廓量"为—0.5,单击 应用 按钮确认,制作出天线效果(如图2-126所示)。

(4)进入"边"层级,选择天线上的三圈水平边,设置"切角量"为0.25,对边进行切角,完成天线的制作。

(5)依照制作天线的方法,继续在听筒尾部再制作一个接收天线,然后执行【文件】/【合并】命令,调整文字到各合适位置,快速渲染透视图,效果如图2-127图所示。

提示:数字按键上的数字被放在了按键下面,因此现在看不见,只有为按键制作透明材质并渲染后才能看见。

(6)为制作好的无绳电话制作材质、设置灯光,然后使用Vray渲染器进行渲染,无绳电话最后效果如图2-128所示。

图2-127 制作的天线效果

图2-128 制作完成的无绳电话

【课堂操作实训】

(1)通过制作如下所示的花朵吊灯实例,掌握挤出修改器的使用,同时掌握星型工具、线工具、园工具等。

任务六 用克隆技术构建楼梯、扶手

2.6.1 复制对象技术

本节通过为楼梯、扶手建模掌握克隆技术,复制对象的通用术语为"克隆"。在三维效果表现中,往往通过复制来获得多个形状、大小、属性等相同的对象。3ds Max 中,在移动、旋转或缩放对象时,按下 Shift 键,可以完成此操作。这一节将讲解可用于克隆对象的常用方法,主要包括:克隆共有功能与注意事项、关于"Shift＋克隆"、使用"Shift＋移动"克隆对象、使用"Shift＋旋转"从不同的方向创建克隆、镜像克隆。

一、克隆共有功能与注意事项

虽然每个方法在克隆对象时都有独特的用处和优点,但是在大多数情况下,这些克隆方法在工作方式上有很多相似点,主要表现在以下三点:

(1) 移动、旋转或缩放对象时,都可以克隆对象。

(2) 变换和克隆都是相对于当前坐标系统、坐标轴约束和变换中心进行的。

(3) 克隆创建新对象时,可以选择"复制""实例"或"参考"三种方式。

在使用变换进行克隆对象时,会弹出【克隆选项】对话框(如图 2－129 所示)。

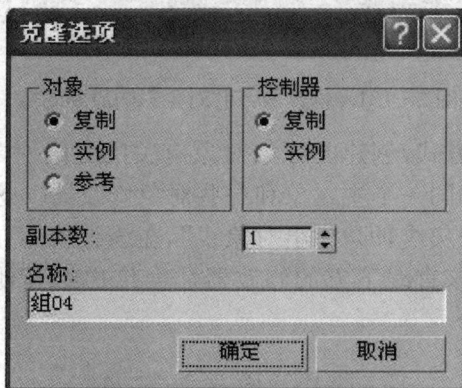

图 2－129 【克隆选项】对话框

该对话框主要包括:"对象"、"控制器"、"副本数"以及"名称"四部分内容。"对象"组用于选择所克隆的对象的方式;"控制器"组用于选择复制和实例化原始对象的子对象的变换控制器,仅当克隆的选定对象包含两个或多个层次链接的对象时,该选项才可用;"副本数"用于指定要创建对象的副本数,仅当使用 Shift＋ 克隆对象时,该选项才可用;而"名称"则显示克隆对象的名称。

在克隆对象时,可以根据具体情况需要,在"对象"和"控制器"选项选择克隆的对象,使其成为"复制"、"实例"或"参考"。

对于采用这三种方式中的任何一种克隆的对象,其原始对象和克隆对象在几何体层级是相同的,这些方法的区别在于处理修改器(例如,为对象添加一种修改器)时,所采用的方式。

"复制":选择"复制"方式,将会创建新的独立主对象,该对象具有原始对象的所有数据,但它与原始对象之间没有关系,修改一个对象时,不会对另外一个对象产生影响(如图 2－130 所示)。

图2-130　修改"复制"对象不影响原始对象

　　"实例":选择"实例"方式,将会创建新的独立主对象,该对象与原始对象之间具有关联关系,它们共享对象修改器和主对象,也就是说,修改"实例"对象时将会影响原始对象。例如,通过应用或调整修改器更改一个实例之后,所有其他的实例也会随之改变(如图2-131所示)。

图2-131　修改"实例"对象影响原始对象

　　"参考":选择"参考"方式,创建与原始对象有关的克隆对象。同"实例"对象一样,"参考"对象至少可以共享同一个主对象和一些对象修改器。这体现在所有克隆对象修改器堆栈的顶部显示一条灰线,即"导出对象线",在该直线上方添加的修改器不会传递到其他参考对象,只有在该直线下方的修改器才会传递给其他参考对象(如图2-132所示)。

图2-132　"参考"对象的"导出对象线"

　　提示:原始对象没有"导出对象直线",其创建参数和修改器都会进行共享,且对该对象所做的全部更改都会影响所有参考对象。如果在修改器堆栈的顶部应用修改器,则只会影响选定的对象;如果在灰线下方应用修改器,将会影响该直线上方的所有参考对象;如果在修改器堆栈的底部应用修改器,将会影响从主对象生成的所有参考对象。

二、关于"Shift+克隆"

　　"Shift+克隆"是在3ds Max中复制对象的主要方式,用户可以在移动、旋转或缩放这三种标准变换操作过程中按住Shift键,同时移动、旋转或缩放对象进行克隆。

三、使用"Shift＋移动"进行克隆

"Shift＋移动"克隆,是指通过移动对象进行对象克隆的操作。下面通过制作一个海边栏杆的小实例操作,学习"Shift＋移动"克隆对象的方法。

(1) 效果如图 2-133 所示。

图 2-133　海边场景

(2) 激活主工具栏中的 ✛ "移动并选择"按钮,在前视图选择栏杆造型,然后将光标移动到 X 轴上,按住键盘上的 Shift 键的同时,向右拖曳鼠标,将拖出的另一个克隆对象拖到如图 2-134 所示的位置,释放鼠标。

图 2-134　拖动克隆对象到该位置

(3) 释放鼠标,同时松开 Shift 键,在弹出的【克隆选项】对话框的"对象"选项下选择"实例",在"副本数"输入框输入 3(如图 2-135 所示)。

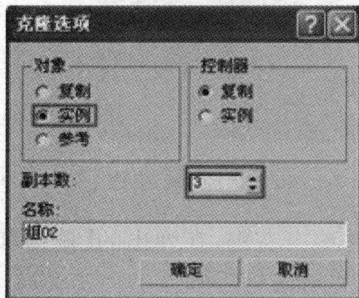

图 2-135　【克隆选项】对话框设置

图 2-136　渲染后的移动克隆效果

单击 **确定** 按钮,完成对栏杆对象的移动克隆。快速渲染场景,效果如图 2-136 所示。

提示:一般情况下,克隆对象时都采用当前的坐标系和中心轴,因此,在克隆对象时,一般可以不设置坐标系和中心轴,只有在特殊克隆时,才进行坐标系统和中心轴的指定。

四、使用"Shift+ 旋转"从不同的方向创建克隆

"Shift+ 旋转"克隆,是指通过旋转对象进行对象克隆的操作。一般情况下,旋转克隆对象时,除了设置旋转角度外,都是采用对象本身的坐标系和中心轴,但在特殊情况下,却要重新设置坐标系和中心。下面通过为一个石桌周围均匀放置六个石凳的实例操作,学习特殊旋转克隆的方法。

(1) 效果如图 2-137 所示。

(2) 激活主工具栏中的 "旋转"按钮,在顶视图选择石凳对象,然后在主工具栏中的"坐标系"列表下选择"拾取"选项(如图 2-138 所示)。

图 2-137　渲染场景效果　　　　图 2-138　选择"拾取"选项

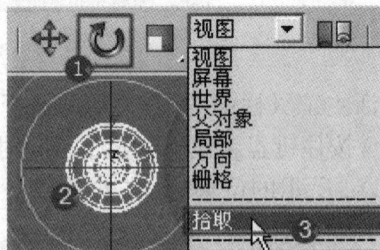

(3) 在视图单击石桌对象,此时,在"坐标系"列表显示石桌名称,表示石凳对象将采用石桌对象的坐标作为参考坐标(如图 2-139 所示)。

(4) 按住主工具栏中的 "使用轴点中心"按钮,在弹出的下拉列表中选择 "使用变换坐标中心"按钮,此时,石凳将采用石桌中心左边变换中心(如图 2-140 所示)。

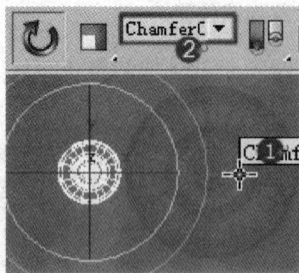

图 2-139　单击石桌对象　　　　图 2-140　选择 按钮

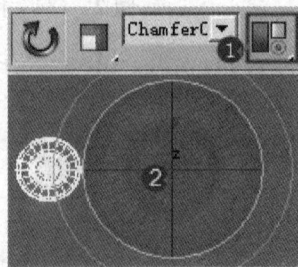

(5) 激活主工具栏中的 "角度捕捉切换"按钮并单击右键,在弹出的【栅格和捕捉设置】对话框的"选项"选项卡下设置"角度"为 60,然后关闭该对话框。

(6) 进入顶视图,按住 Shift 键,将光标移动到 Z 轴上,水平向右拖曳旋转-60 度(如图 2-141 所示)。

(7) 释放鼠标,在弹出的【克隆选项】对话框的"对象"选项组下勾选"实例"选项,并设置"副本数"为5。

(8) 单击 ![确定] 按钮确认,石凳沿石桌周围均匀克隆了五个副本石凳,快速渲染透视图,效果如图2-142所示。

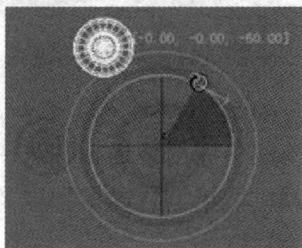

图2-141 沿Z轴旋转—60度　　图2-142 克隆后的石凳效果

五、使用"Shift十 缩放"进行克隆

"Shift十 缩放"克隆对象是指在缩放对象时,对对象进行缩放克隆。需要说明的是,在所有缩放操作中,变换中心将作为缩放中心,当克隆对象减少大小时,这些对象将朝向变换中心收缩,而当克隆对象增加大小时,这些对象将背离变换中心展开。克隆对象之间的距离像克隆本身一样进行缩放,该缩放是基于原始克隆到第一个克隆的初始距离进行的。相对于变换中心的空间按比例增加或减少。

"Shift十 缩放"进行克隆的方法与其他方法相同,激活 ![图] "缩放"按钮,选择缩放中心(一般采用原始对象的中心),然后选择要缩放克隆的对象,按住Shift键,沿某一轴向进行缩放,释放鼠标后在弹出的【克隆选项】对话框设置个参数即可,该操作比较简单,在此不再赘述,读者可以自己尝试操作,其效果如图2-143所示。

图2-143 "Shift十缩放"克隆效果

镜像克隆:

"镜像克隆"围绕一个或多个轴产生"反射"克隆。如果不使用镜像克隆对象,其结果就是将对象进行一个"翻转",重新变换一个新位置,如图2-145所示是原始对象的位置,如图2-144所示是镜像但不克隆,只变换了原始对象的位置。

图 2-144　镜像克隆

图 2-145　镜像不克隆

下面通过一个简单的实例操作,学习"镜像克隆"对象的方法。

(1) 在前视图选择餐椅对象,在主工具栏选择镜像坐标以及轴中心点(一般采用默认设置即可),然后单击 "镜像"按钮,在打开的【镜像】对话框设置镜像轴以及镜像方式,并在视图预览镜像效果(如图 2-146 所示)。

(2) 单击 确定 按钮确认,然后选择 "移动并选择"工具,在前视图沿 X 轴向左将克隆的餐椅移动到餐桌左边位置,如图 2-147 所示,效果图 2-148 所示。

图 2-146　渲染后的场景效果

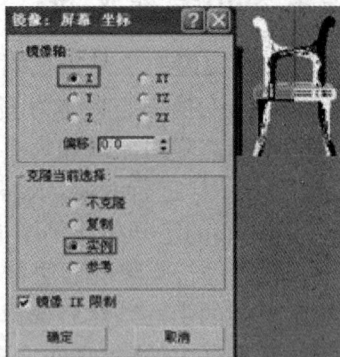

图 2-147　镜像操作

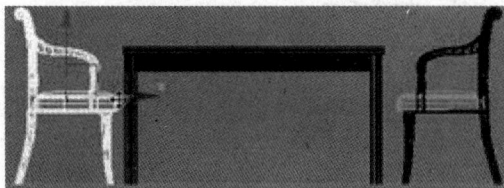

图 2-148　移动餐椅到餐桌左边位置

提示:一般情况下,"偏移"值可以不用设置,镜像克隆完毕后,直接使用移动工具将其移动到合适的位置即可。

(3) 激活顶视图,依照"Shift+旋转"克隆对象的方法,将左边的餐椅旋转 90 度并克隆一个,并将其移动到餐桌的左上方位置,然后再使用"Shift+移动"克隆的方法将旋转克隆后的对象沿 X 轴向右移动克隆一个,效果如图 2-149 所示。

(4) 继续在顶视图选择餐桌上方的两个餐椅对象,打开【镜像】对话框,在"镜像轴"选项下勾选"Y"选项,在"克隆当前选择"选项下勾选"实例"选项,单击 确定 按钮确认。

（5）激活 "移动并选择"工具，将其沿 Y 轴向下移动到餐桌下方位置，快速渲染透视图，场景效果如图 2-150 所示。

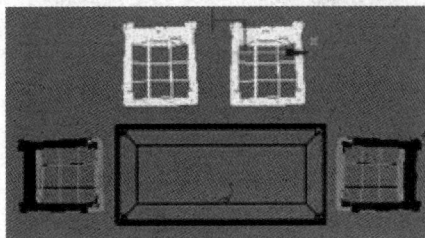

图 2-149　"Shift＋移动"克隆餐椅

图 2-150　镜像克隆后的场景效果

2.6.2　"阵列"克隆技术

"阵列"克隆是专门用于克隆，精确变换和定位很多组对象的一个或多个空间维度的工具，对于三种变换（移动、旋转和缩放）的每一种，可以为每个阵列中的对象指定参数或将该阵列作为整体为其指定参数。使用"阵列"获得的很多效果是使用其他技术无法获得的。

"阵列"效果包括：一维阵列、二维阵列和三维阵列，通过设置 1D、2D 和 3D 的参数。获得不同的阵列效果（如图 2-151 所示），左图是"1D"计数为 6 的一维阵列，中间的图是"1D"计数为 7、"2D"计数为 4 的二维阵列效果，右图是"1D"计数为 10、"2D"计数为 6、"3D"计数为 3 的三维阵列效果。

图 2-151　"阵列"对象效果

这一节将学习以下内容：

- 关于【阵列】对话框。
- 创建线性阵列。
- 创建圆形和螺旋形阵列。

一、关于【阵列】对话框

"阵列"弹出按钮位于"附加"工具栏上，该按钮默认情况下处于禁用状态，通过右键单击主工具栏的空白区域并选择"附加"命令，即可打开"附加"工具栏；单击"阵列"弹出按钮即可打开【阵列】对话框（如图 2-152 所示）。

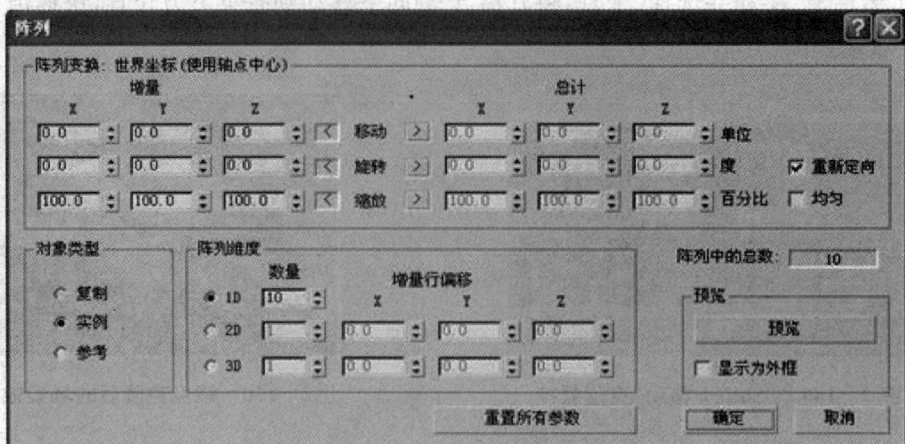

图 2-152 【阵列】对话框

【阵列】对话框提供了两个主要控制区域，即："阵列变换"区域和"阵列维度"区域，通过设置这两个区域的参数，完成阵列克隆。

1. "阵列变换"区域

该区域列出了活动坐标系和变换中心，它是定义第一行阵列的变换所在的位置，在此可以确定各个元素的距离、旋转或缩放以及所沿的轴。然后，以其他维数重复该行阵列，以便完成阵列。

对于每种变换，都可以选择是否对阵列中每个新建的元素或整个阵列连续应用变换。例如，如果将"增量"选项组中的"X＜移动"设置为 120.0 和"阵列维度"组中的"1D"计数设置为 3，则结果是三个对象的阵列，其中每个对象的变换中心相距 120.0 个单位。但是，如果设置"总计"组中的"X＞移动"设置为 120.0，则对于总长为 120.0 个单位的阵列，三个元素的间隔是 40.0 个单位。

单击变换标签任意一侧的箭头，以便从"增量"或"总计"中做以选择，对于每种变换，可以在"增量"和"总计"之间切换，对一边设置值时，另一边将不可用，但是，不可用的值将会更新，以显示等价的设置。

(1)"增量"设置

"增量"用于设置"移动"、"旋转"和"缩放"的参数。

"移动"：设置对象沿 X、Y、Z 轴的移动距离，可以用当前单位设置。使用负值时，可以在该轴的负方向移动创建阵列。

"旋转"：设置对象沿 X、Y、Z 轴的旋转角度以创建阵列。

"缩放"：用百分比设置对象沿 X、Y、Z 轴缩放，100% 是实际大小，小于 100 时，将减小对象；高于 100 时，将会增大对象。

(2)"总计"设置

该设置可以应用于阵列中的总距、总度数或总百分比缩放。例如，如果"总计移动 X"设置为 25，则表示沿着 X 轴第一个和最后一个阵列对象中心之间的总距离是 25 个单位；如果"总计旋转 Z"设置为 30，则表示阵列中均匀分布的所有对象沿着 Z 轴总共旋转了 30 度角。

2."对象类型"设置

该设置用于阵列对象时使用的方式。

"复制"：创建新阵列成员，以其作为原始阵列的副本。

"实例"：创建新阵列成员，以其作为原始阵列的实例。

"参考"：创建新阵列成员，以其作为原始阵列的参考。

提示：有关"复制"、"实例"和"参考"之间的关系，请参阅本章 2.3.1 节相关内容的详细讲解，在此不再赘述。

3."阵列维度"设置

使用"阵列维度"控件，可以确定阵列中使用的维数和维数之间的间隔。

(1)"数量"参数

在"数量"选项设置每一维度的对象数、行数或层数。

"1D"：一维阵列可以形成 3D 空间中的一行对象，"1D" 计数是一行中的对象数。这些对象的间隔是在"阵列变换"区域中定义的。

"2D"：两维阵列可以按照两维方式形成对象的层，如棋盘上的方框行，2D 计数是阵列中的行数。

3D：三维阵列可以在 3D 空间中形成多层对象，如整齐堆放的长方体，3D 计数是阵列中的层数。

(2)"增量行偏移"参数

选择 2D 或 3D 阵列时，这些参数才可用，这些参数是当前坐标系中任意三个轴方向的距离。如果对 2D 或 3D 设置"计数"值，但未设置行偏移，将会使用重叠对象创建阵列，因此，必须至少指定一个偏移距离，以防这种情况的发生。

二、创建线性阵列

线性阵列是沿着一个或多个轴的一系列克隆，线性阵列可以是任意对象，从一排树或车到一个楼梯、一列支柱式围栏或一段长链，任何场景所需要的重复对象或图形都可以看作线性阵列。

1. 1D 线性阵列

1D 线性阵列比较简单，类似于"Shift＋移动"的克隆效果。

(1)创建 1D 移动阵列

激活左视图，选择场景中的玩具，打开【阵列】对话框，设置"增量"的"X 移动"值为 250，构选"阵列维度"的"1D"选项，并设置"数量"为 5，其他选项默认，然后单击 确定 按钮确认，阵列效果如图 2－153 所示。

图 2－153　1D 移动阵列效果

（2）创建 1D 旋转阵列

① 继续上面的操作，再次选择玩具对象，然后激活透视图并打开【阵列】对话框。

② 在【阵列】对话框设置"增量"的"X 移动"值为 250，"增量"的"Z 旋转"值为 30，勾选"阵列维度"的"1D"选项，并设置"数量"为 5，其他选项默认，然后单击 确定 按钮确认，阵列效果如图 2－154 所示。

图 2－154　1D 移动、旋转阵列效果

（3）创建 1D 移动、旋转、缩放阵列

① 继续上面的操作，再次选择玩具对象，然后激活透视图并打开【阵列】对话框。

② 在【阵列】对话框设置"增量"的"X 移动"值为 200，"增量"的"Z 旋转"值为 30，"增量"的"缩放"X、Y、Z 值均为 80。

③ 勾选"阵列维度"的"1D"选项，并设置"数量"为 5，其他选项默认，然后单击 确定 按钮确认，阵列效果如图 2－155 所示。

图 2－155　1D 移动、旋转和缩放阵列效果

2．2D 线性阵列

最简单的 2D 线性阵列是基于沿着单个轴移动单个对象实现的，2D 移动、旋转和缩放阵列与 1D 相同，在此不再介绍，下面继续完成一个简单的实例操作，主要学习 2D 移动阵列。

（1）继续上面的操作，再次选择玩具对象，然后激活透视图并打开【阵列】对话框。

（2）在【阵列】对话框设置"增量"的"X 移动"值为 200，"增量"的"旋转"X、Y、Z 值均为 0,"增量"的"缩放"X、Y、Z 值均为 100。

(3) 在"阵列维度"下设置"1D"的"数量"为 5,勾选"2D"选项,并设置"数量"为 5。

(4) 设置"增量行偏移"的 Y 值为 250,其他选项默认,然后单击 确定 按钮确认,阵列效果如图 2－156 所示。

3. 3D 线性阵列

3D 线性阵列与 2D 线性阵列基本相同,在 2D 线性阵列的基础上只要勾选"阵列维度"下"3D"选项,并设置"数量"值即可。

(1) 继续上面的操作,再次选择玩具对象,然后激活透视图并打开【阵列】对话框。

(2) 在【阵列】对话框设置"增量"的"X 移动"值为 200,"增量"的"旋转"X、Y、Z 值均为 0,"增量"的"缩放"X、Y、Z 值均为 100。

在"阵列维度"下设置"1D"的"数量"为 5,设置"2D"的"数量"为 5,设置"增量行偏移"的"Y"值为 250,其他选项默认。

(3) 勾选"3D"选项并设置"数量"为 3,然后设置"增量行偏移"的"Z"为 250,单击 确定 按钮确认,阵列效果如图 2－157 所示。

图 2－156　2D 线性阵列效果　　　　图 2－157　3D 线性阵列效果

三、创建圆形和螺旋形阵列

创建圆形和螺旋形阵列通常涉及沿着一到两个轴,并围绕着公共中心移动、缩放和旋转副本的操作组合,产生的效果会有很大差别,包括从车轮门轴上螺栓的均匀放射性排列直到螺旋形楼梯的复杂几何体。可以使用这些技术建造许多圆形图案的模型。

1. 关于公共中心

圆形和螺旋形阵列都需要阵列对象的公共中心。公共中心可以是世界中心、自定义栅格对象的中心或是对象组本身的中心,也可以移动单个对象的轴点并将它们作为公共中心使用。

2. 圆形阵列

圆形阵列类似于"Shift＋旋转"克隆和线性阵列,圆形阵列和线性阵列的区别在于,圆形阵列是基于围绕着公共中心旋转,而不是沿着某条轴移动。

下面,继续通过一个实例操作,学习圆形阵列的操作方法。

（1）继续上面的操作,再次选择玩具对象,然后激活顶视图。

（2）在主工具栏中的"坐标系"列表选择"栅格",并选择轴中心为 "使用变换坐标中心",此时玩具将以栅格坐标作为变换坐标,并采用"变换坐标中心"。

（3）打开【阵列】对话框,设置"总计"下的"旋转＞Z"为360。

（4）在"阵列维度"下勾选"1D",并设置"数量"为15,其他参数默认,单击 按钮确认,旋转阵列效果如图2－158所示。

如果想进行 2D 或 3D 圆形阵列,只要在"阵列维度"下勾选"2D"或"3D"选项,并设置"2D"或"3D"的数目,然后在"增量行偏移"选项设置"Z"的数值即可,进行"2D"或"3D"阵列时,"1D"的参数同样有效,其效果如图2－159所示。

图 2－158　1D 圆形阵列效果　　　图 2－159　2D 圆形阵列效果

3. 螺旋形阵列

螺旋形阵列是旋转圆形阵列的同时,将其沿着中心轴移动,这会形成同样的圆形,但是现在圆形不断上升。

如果 Z 轴是中心轴,那么输入"增量移动 Z"的值,然后在形成圆的同时,每个克隆以该量向上移动。需要注意的是,在螺旋形阵列中,旋转的方向由螺旋形的方向决定,对于逆时针螺旋输入正向旋转;对于顺时针螺旋输入负向旋转。

下面继续通过制作一个旋转楼梯的实例操作,学习螺旋形阵列的操作方法。

（1）素材效果如图2－160所示。

图 2－160　渲染场景效果

（2）在顶视图选择楼梯台阶和栏杆，在主工具栏中的"坐标系"列表选择"拾取"，并在视图单击楼梯立柱，此时，在"坐标系"列表显示楼梯立柱对象名称，表示台阶对象将采用立柱对象的坐标作为参考坐标。

（3）继续在"轴中心"选项下选择 ▉ "使用变换坐标中心"，此时，台阶将以立柱坐标作为变换坐标，如图 2-161 所示。

（4）打开【阵列】对话框，设置"增量"的"移动 Z"值为 8.5，设置"总计"的"旋转 Z"为 360。

（5）在"阵列维度"下勾选"1D"并设置"数量"为 12，其他选项默认。

（6）单击 ▁确定▁ 按钮确认，阵列旋转后的楼梯渲染效果如图 2-162 所示。

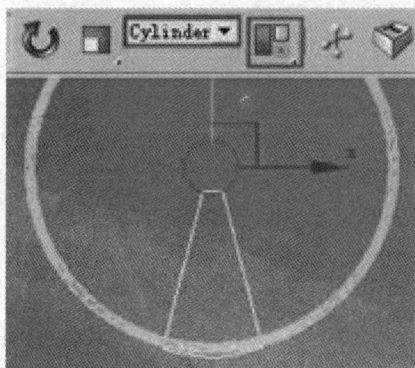

图 2-161 设置坐标以及轴中心

图 2-162 制作完成的旋转楼梯

【本章小结】

本章主要讲述了基于 3ds Max 建模技术构建三维商城的墙面、门、窗、家具、楼梯扶手等。主要是想通过这些技术的讲解，使学生掌握专业建模软件中利用软件内置几何体建模的建模基础技能。

【课堂操作实训】

（1）用选择并移动工具制作酒杯塔。

（2）用选择并缩放工具调整花瓶形状。

项目三 三维商品建模

一、单元概述

本单元从三维商城中有关外形简单商品的建模开始讲述,接着介绍构建复杂、外形复合商品及外形特殊材质的商品如何建模。通过上述这些物品的建模,使学生掌握高级建模技术中的修改器建模、网格建模、NURBS 建模及多边形建模技能。

二、知识要点及掌握程度

任务一:外形规则商品建模(要求掌握)
任务二:不规则商品的建模(要求掌握)
任务三:特殊材质商品的建模(要求理解)

三、能力要点及重要程度

(1)修改器的基础知识、种类、使用方法(重要)。
(2)网格对象的转换方法,建模的相关流程和技巧(重要)。
(3)NURBSD 对象的类型与转换方法,曲面和曲线的创建方法(重要)。
(4)多边形对象的转换法,重要建模工具的用法、思路和技巧,Graphite 建模工具用法(重要)。

四、教学的重点与难点

重点:
(1)修改器的基础知识、种类、使用方法。
(2)网格对象的转换方法,建模的相关流程和技巧。
(3)NURBSD 对象的类型与转换方法,曲面和曲线的创建方法。
(4)多边形对象的转换法,重要建模工具的用法、思路和技巧,Graphite 建模工具用法。

难点:
(1)NURBSD 对象的类型与转换方法,曲面和曲线的创建方法。
(2)多边形对象的转换法,重要建模工具的用法、思路和技巧,Graphite 建模工具用法。

五、教学设计与实施方法

本单元主要采用讲授教学法和案例教学法。讲授教学法通过教师课堂讲授实施,案例教学法通过学生对案例的实际操作来完成。

任务一 外形规则商品建模

利用 3ds Max 建成一个三维商场空间后,接下要做的工作是如何在这个空间布置商品。为了更好地处理不同商品的三维建模。本教材按商品的外形从简单类、复杂类及外形材质特殊三类分别讲述。

在项目二第一节介绍了如何利用一些硬件和软件设备,实现快速商品建模手段和方法。这些手段和方法的操作各不相同,但均比 3ds Max 建模要简单,当然效果也不尽相同,也无法更细、更全面展示商品,为了实现这一目标,三维商城中商品三维建模还需用专业建模软件,目前国内外建模软件拥有用户数最多的是 3ds Max。下面,本书还是着重介绍如何应用 3ds Max 为三维商城中的商品设计 3D 图形。

3.1.1 3ds Max 手工建模

下面学习 3ds Max 有关知识,实现外形规则商品手工建模。

大家知道,3ds Max 建模方式有很多种,大致可以分为内置模型、复合对象建模、二维图形建模、网格建模、多边形建模、面片建模和 NURBS 建模七种。这些建模种类虽有分类,但可以相互组合、交互使用。在前面商城建筑物建模时,已经学过了应用内置建模、复合对象建模、二维图形建模实施三维商城建筑物的建模。下面将通过制作一个"抱枕"的建模实例,学习【编辑网格】修改器常用参数的设置,其他参数设置与操作。

一、【编辑网格】修改器

与【编辑多边形】修改器的大多功能相同,【编辑网格】修改器可以选定对象不同子对象层级进行编辑,即"顶点"、"边"、"面"、"多边形"以及"元素"。【编辑网格】修改器与基础可编辑网格对象的所有功能也相匹配,只是不能在【编辑网格】设置子对象动画。

(1) 设置系统单位为"毫米",在视图创建"长度"为 300 mm、"长度"为 400 mm、"高度"为 100 mm、"长度分段"为 2、"宽度分段"为 2、"宽度分段"为 1 的长方体。

(2) 进入修改面板,在"修改器列表"下选择【编辑网格】命令,为该模型添加【编辑网格】修改器(如图 3-1 所示)。

(3) 展开【选择】卷展栏,激活 [图] "顶点"按钮进入【编辑网格】的顶点层级,在顶视图按住 Ctrl 键,框选长方体的四个顶点,如图 3-1 添加【编辑网格】修改器所示。

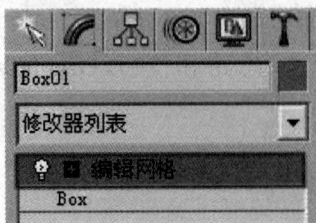

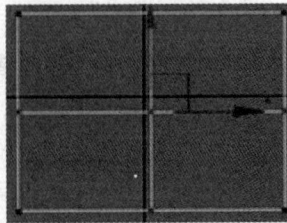

图 3-1 添加【编辑网格】修改器　　　　图 3-2 进入"顶点"层级选择顶点

提示:在选择顶点时,请取消【选择】卷展栏下的"忽略背面"选项,然后在顶视图按住Ctrl 键,拖拽选取四个顶点,这样就可以将长方体两个面上的八个顶点全部选择。如图3-2 所示进入"顶点"层级选择顶点。

（4）进入前视图,使用"均匀缩放"工具,沿 Y 轴向下拖曳,对顶点进行缩放,如图3-3缩放选择的顶点所示。

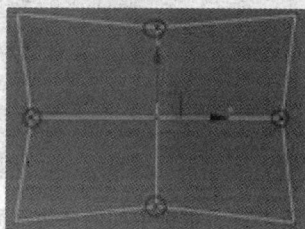

（5）在顶视图分别框选长方体四条边上的顶点,将其沿 X 轴正、负方向和 Y 轴正、负方向移动,结果如图3-4调整顶点的位置所示。

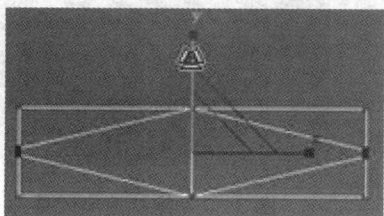

图3-3　缩放选择的顶点　　　　图3-4　调整顶点的位置

（6）再次单击 [∵] "顶点"按钮,退出顶点层级,然后在"修改器列表"下选择【网格平滑】命令,为该对象添加一个【网格平滑】修改器,然后在【细分量】卷展栏下设置"迭代次数"为2,设置"平滑度"为1,对模型进行平滑处理,如图3-5设置平滑效果所示。

图3-5　设置平滑效果

（7）在视图选择对象,单击鼠标右键,选择【转换为】/【转换为可编辑网格】命令,将该对象转换为可编辑的网格对象。

提示:将对象转换为"可编辑的网格"物体后,原来的所有设置参数将不可再更改,因此,在转换之前,一定要确保前面的修改参数设置已经完全满足对象的编辑要求。

（8）展开【选择】卷展栏,激活 [■] "多边形"按钮,进入多边形层级,取消"忽略背面"选项的勾选。

（9）在主工具栏中将选择按钮切换到 [⊡] "窗口/交叉"按钮,使用 [ ] "选择对象"工具,在顶视图拖曳鼠标框选对象中间的面,如图3-6所示。

提示:在选择多边形面时,取消【选择】卷展栏下的"忽略背面"选项的勾选,可以将对象背面的多边形面同时选择。

（10）在【曲面属性】卷展栏下,为选择的多边形面设置材质 ID 号为1,然后执行【编辑】/【反选】命令,反选其他未选择的面,继续在【曲面属性】卷展栏下设置材质 ID 号为2。

提示：为选择的面设置材质 ID 号，这样方便以后为对象的这些面正确分配不同的材质。

（11）退出"多边形"层级，为对象制作一个"多维/子对象"材质，并设置照明系统，最后使用 Vray 渲染器进行渲染，如图 3-6 框选中间的多边形面所示，效果如图 3-7 抱枕渲染效果所示。

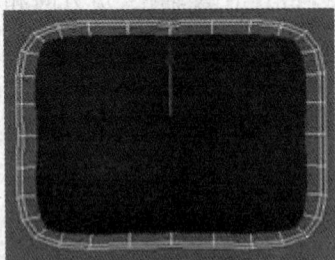

图 3-6　框选中间的多边形面　　　　图 3-7　抱枕渲染效果

二、FFD 修改器

FFD 修改器主要用于三维几何体的变形修改，FFD 修改器使用晶格框包围选中几何体，通过调整晶格的控制点，可以改变封闭几何体的形状。

"FFD"表示"自由形式变形"。它的变形效果常用于运动的计算机动画中，同时也应用于构建类似椅子、床、雕塑等复杂模型。

使用 FFD 修改器时，可以根据晶格解决方案，应用【FFD 2×2×2】、【FFD 3×3×3】、【FFD 4×4×4】、【FFD 长方体】和【FFD 圆柱体】。

下面主要讲解【FFD 长方体】修改器的常用设置，其他的 FFD 修改器与其大致相同，此处不再讲解。

当为模型添加【FFD 长方体】修改器后，进入修改面板，展开【FFD 参数】卷展栏进行各参数设置，如图 3-8【FFD 参数】卷展栏所示。

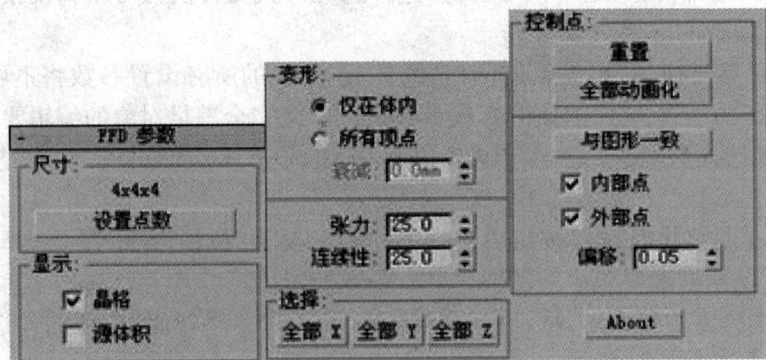

图 3-8　【FFD 参数】卷展栏

"设置点数"按钮：单击该按钮，显示【设置 FFD 尺寸】对话框，其中包含三个标为"长度"、"宽度"和"高度"的微调器以及"确定/取消"按钮。指定晶格中所需控制点数目,然后单击"确定"进行更改,如图 3-9【设置 FFD 尺寸】对话框所示。

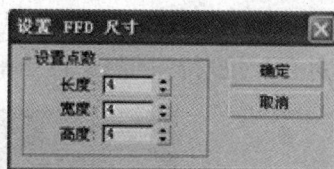

"晶格":勾选该选项,将绘制连接控制点的线条以形成栅格,虽然绘制这些额外的线条有时会使视口显得混乱,但它们可以使晶格形象化。

"源体积":控制点和晶格会以未修改的状态显示,当调整源体积以影响位于其内或其外的特定顶点时,该显示很重要。

"仅在体内":勾选该选项,只有位于源体积内的顶点会变形。

"所有顶点":勾选该选项,所有顶点都会变形,不管它们位于源体积的内部还是外部,具体情况取决于"衰减"微调器中的数值。体积外的变形是对体积内变形的延续。

"衰减":该设置仅用于选择"所有顶点"时才可用,它决定着 FFD 效果减为零时离晶格的距离。当设置为 0 时,它实际处于关闭状态,不存在衰减。所有顶点无论到晶格的距离远近都会受到影响。"衰减"参数的单位是实际相对于晶格的大小指定的:衰减值 1 表示那些到晶格的距离为晶格的宽度/长度/高度的点(具体情况取决于点位于晶格的哪一侧)所受的影响降为 0。

"张力"、"连续性":该设置用于调整变形样条线的张力和连续性。虽然无法看到 FFD 中的样条线,但晶格和控制点代表着控制样条线的结构。在调整控制点时,会改变样条线(通过各个点),样条线使对象的几何结构变形,通过改变样条线的张力和连续性,可以改变它们在对象上的效果。

全部 X 、 **全部 Y** 、 **全部 Z** :选中沿着由该按钮指定的局部维度的所有控制点,通过打开两个按钮,可以选择两个维度中的所有控制点。

重置 :单击该按钮,将所有控制点返回到它们的原始位置、具有撤销变形操作的功能。

全部动画化 :默认情况下,FFD 晶格控制点将不在【轨迹视图】中显示出来,因为没有给它们指定控制器。但是在设置控制点动画时,给它指定了控制器,则它在"轨迹视图"中可见。也可以添加和删除关键点和执行其他关键点操作。单击 **全部动画化** 按钮将"点 3"控制器指定给所有控制点,这样它们在【轨迹视图】中立即可见。

与图形一致 :单击该按钮,在对象中心控制点位置之间沿直线延长线,将每一个 FFD 控制点移到修改对象的交叉点上,这将增加一个由"偏移"微调器指定的偏移距离。

内部点:仅控制受"与图形一致"影响的对象内部点。

外部点:仅控制受"与图形一致"影响的对象外部点。

偏移:设置受"与图形一致"影响的控制点偏移对象曲面的距离。

总之,如果商品的外形比较规则,如长方体、圆柱体、立方体等,可以应用基本建模功能实现商品 3D 建模工作,但然后也要对此模型进行配置灯光技术、材质、贴图技术渲染该模型图形。

实例:钻戒 3D 建模

(1) 点击"创建"命令面板,点击"几何体"按钮,在下拉列表中选择"标准基本体"项。单击"管状体"工具按钮,在顶部视图中绘制圆管 tube01,通过"修改"命令面板,调整其尺寸参数,并在下拉列表中选择"网络平滑"项,在其细分量栏中,修改其平滑度(如图 3-10 所示)。

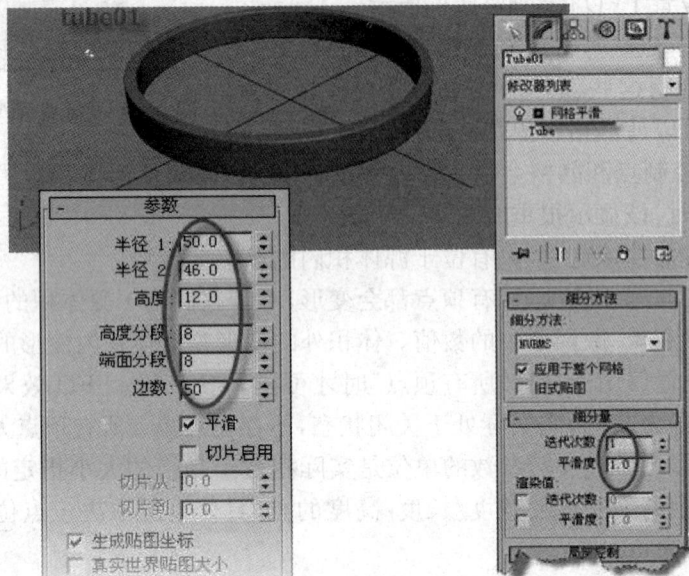

图 3-10 绘制圆管

(2) 点击"几何体"按钮,在下拉列表中选择"扩展基本体"项,单击其中的"异面体"工具按钮,在前面视图中创建异面体 hedra01,可修改其系列、顶点参数(如图 3-11 所示)。

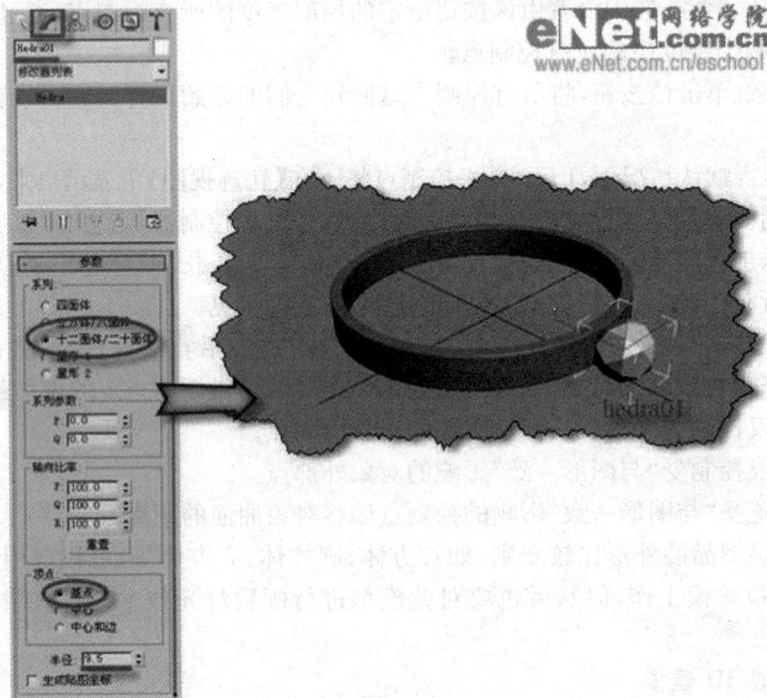

图 3-11 创建异面体

（3）材质设置：点击工具栏上的"材质编辑器"按钮，打开其属性，选择第一个样球，打开"贴图"卷展栏，点击"反射"后面的"none"按钮，打开"材质/贴图浏览器"，选择"新建"单选框，然后在右边列表中双击"位图"贴图，指定具有反射效果的图片。点击"凹凸"的"数量"值改为15，然后点击"none"按钮，打开"材质/贴图浏览器"，选择"新建"单选框，在右边列表中双击"位图"贴图，选择事先准备好用于钻戒上的背景图片（如图3-12所示）。

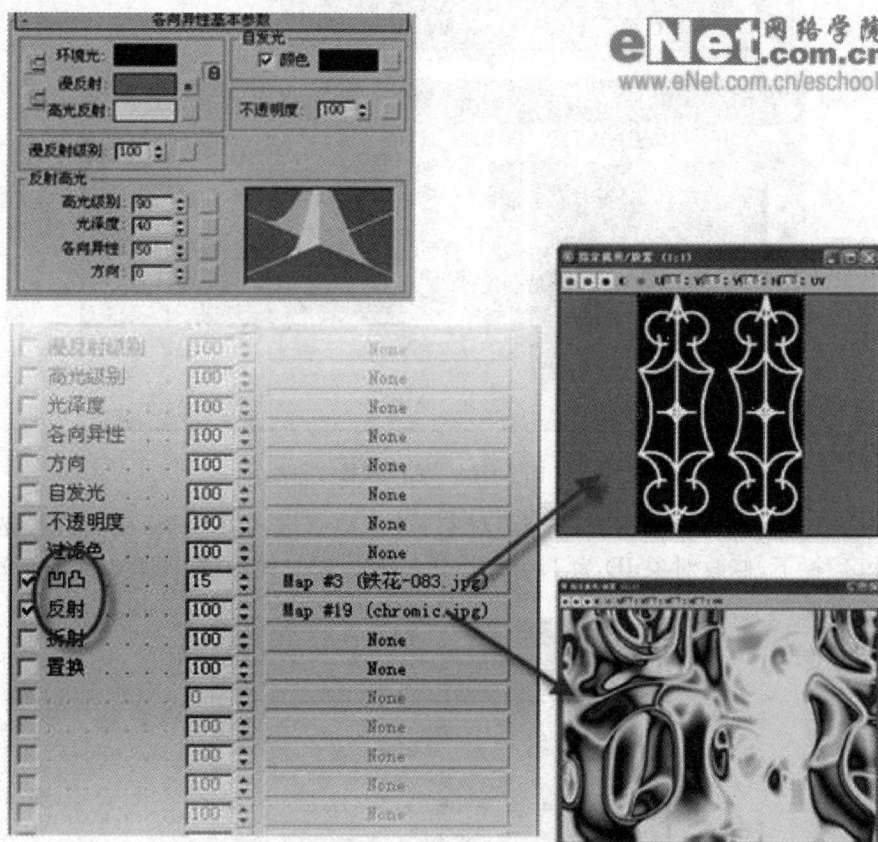

图3-12　赋予钻戒背景图片

（4）在"材质编辑器"中选择第二个样球，修改"漫反射"的颜色设置，定义红：214、绿：221、蓝：226（如图3-13所示）。

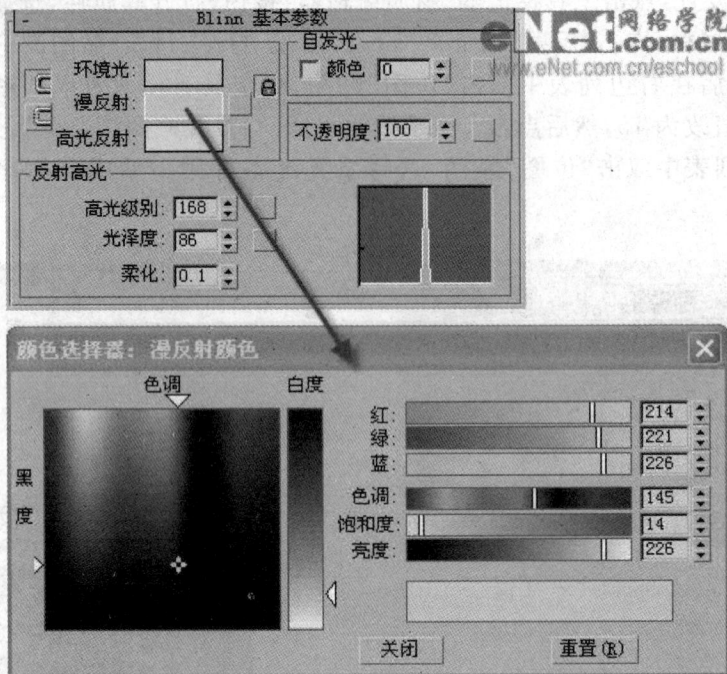

图 3-13　选择颜色

(5) 选中 hedra01,单击右键,选择"对象属性"命令进入其面板,在"常规"选项夹的"G-缓冲区"栏下,修改对象 ID 为 1,方便以后特效处理时使用(如图 3-14 所示)。

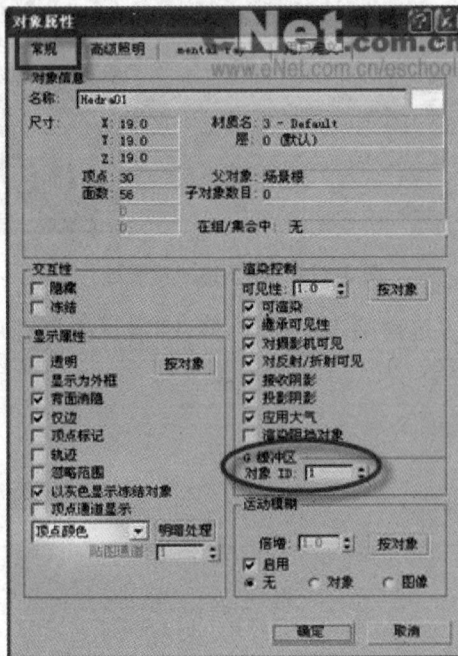

图 3-14　G-缓冲区

（6）点击"渲染"菜单中的"video post"命令，打开其视频合成器窗口（如图 3 - 15 所示）。

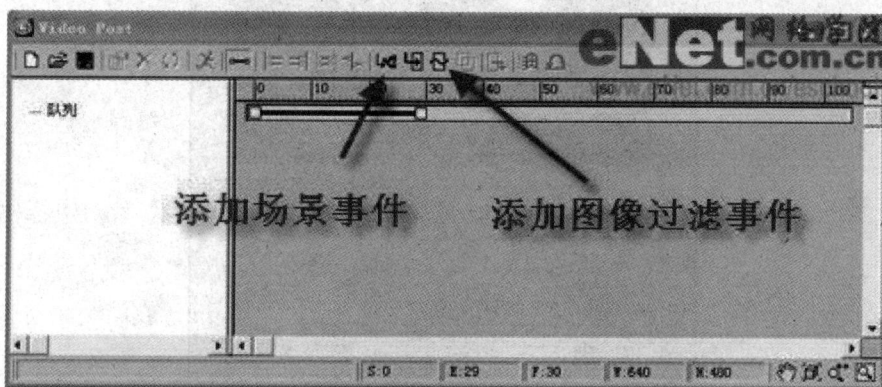

图 3 - 15　视频合成器窗口

（7）点击"添加场景事件"按钮，打开其属性面板，在"视图"的下拉列表中选择"透视"项后按"确定"选项。点击"添加图像过滤事件"按钮，在打开的窗口中"过滤器插件"下拉列表中选择"镜头效果高光"项（如图 3 - 16 所示）。

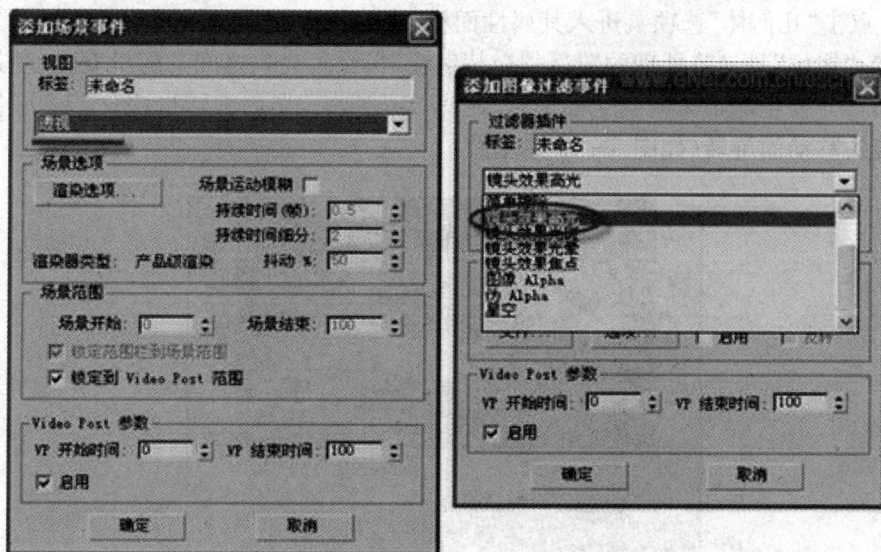

图 3 - 16　添加场景事项

（8）在视频合成面板中，双击"镜头效果高光"项打开其窗口，点击"设置"按钮，打开窗口，先点击"VP 序列"按钮，然后再点击"预览"按钮，查看其效果（如图 3 - 17 所示）。

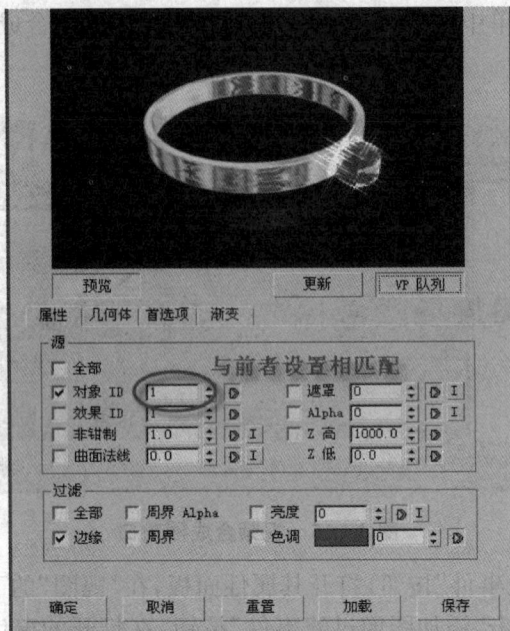

图 3 - 17 预览效果

（9）点击"几何体"选项夹进入其属性面板，修改其参数，这里的"角度"是设置星光的旋转角度；"钳位"是光芒处理的数量；"交替射线"是设置光芒之间的随机变化；当按下"距离"按钮时，光芒会随距离的变化而旋转，距离变化越快，光芒旋转也快；按下"平移"会使光芒随镜头移动而旋转（如图 3 - 18 所示）。

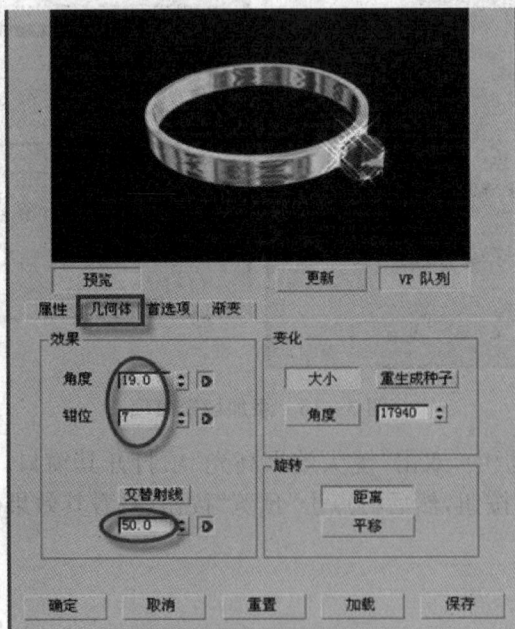

图 3 - 18 设置参数

（10）点击"首先项"选项夹，修改面板中的"效果"尺寸使得光芒更强；"点数"值用来定义光芒的射线数，取 1～500 间任意整数（如图 3-19 所示）。

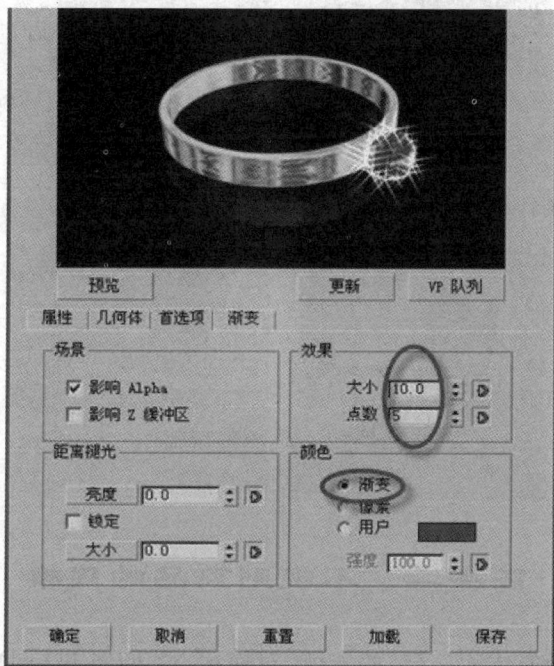

图 3-19 设置参数

（11）最后新建一个平面作为背景，为其定制材质、设置灯光。可以在"视频合成"面板中设置好输出参数，单击"执行序列"按钮，经过渲染后最终形成效果（如图 3-20 所示）。

图 3-20 钻戒效果图

【课堂操作实训】

（1）用网格建模制作沙发。

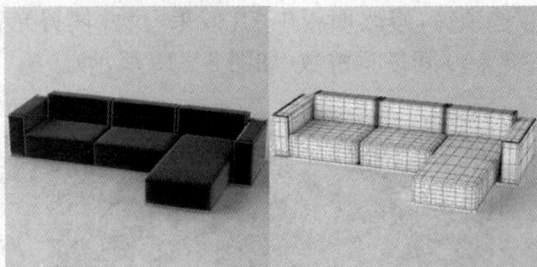

（2）用网格建模制作椅子。

任务二　不规则商品的建模

通过制作一双"轻便休闲凉鞋"的实例，对使用 NURBS 进行曲面建模的相关知识进行巩固练习。

（1）制作凉鞋底 01 模型（如图 3-21 所示）

① 启动 3ds Max 系统，并设置系统单位为"毫米"。

② 进入创建面板，在 "图形"下拉列表选择"NURBS 曲线"选项，在【对象类型】卷展栏激活 点曲线 按钮，在顶视图绘制闭合的 NURBS"点曲线"，并将其命名为"凉鞋底"。

③ 按键盘上的 1 数字键，进入 NURBS 曲线的"点"层级，调整各"点"的位置，调整出凉鞋底基本轮廓，如图 3-22 绘制凉鞋底轮廓所示。

图 3-21　"轻便休闲凉鞋"渲染效果

图 3-22　绘制凉鞋底轮廓

提示：在调整凉鞋底轮廓时，可以激活【点】卷展栏下的 优化 按钮，在 NURBS 曲线上单击添加点，以便更好调整凉鞋底轮廓。

④ 选择调整好的凉鞋底轮廓，执行【编辑】/【克隆】命令，将该轮廓线以"复制"方式克隆为"凉鞋底 01"。

⑤ 按键盘上的 1 数字键,进入曲线的"点"层级,在顶视图和左视图分别调整"凉鞋底01"的形态。如图 3-23 所示,左图是顶视图的调整效果;右图是左视图的调整效果。

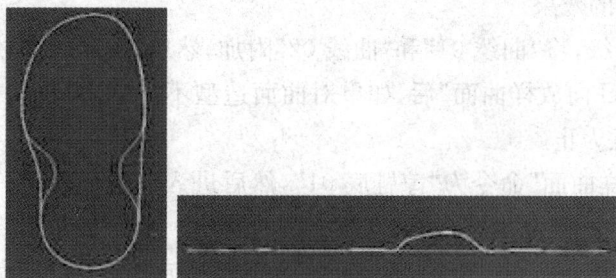

图 3-23 调整"凉鞋下底 01"的效果

⑥ 将调整后的"凉鞋底 01"与"凉鞋底"附加,使用【NURBS】工具箱中的 "创建 U 向放样曲面"工具创建曲面(如图 3-24 左图所示),然后使用 "创建封口曲面"工具对曲面的底面进行封口(如图 3-24 右图所示)。

图 3-24 创建曲面并封口

提示:在"创建 U 向放样曲面"和"创建封口曲面"的操作中,有时会因为法线翻转而导致创建的曲面也翻转,这时可以勾选"翻转法线"选项即可。

(2) 制作凉鞋底 02 模型

① 选择封口后的曲面,在修改面板进入"NURBS 曲线"层级,激活"曲线"选项,在视图单击选择曲面上方的曲线。

② 在【曲线公用】卷展栏下勾选 分离 按钮旁的"复制"选项,然后单击 按钮,将其分离为"曲线 01"。

③ 选择分离后的"曲线 01",按键盘上的 1 数字键,进入"点"层级,在左视图调整曲线右边各"点"的位置(如图 3-25 所示)。

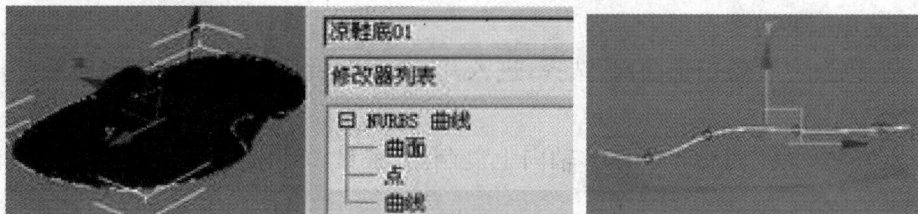

图 3-25 选择曲面上方的曲线,调整曲线右边各"点"的位置

④ 退出"点"层级,将"曲线 01"沿 Y 轴向上复制为"曲线 02",然后再次进入"点"层级,继续调整点的位置(如图 3-25 所示)。

调整"曲线 02"的效果。

⑤ 退出"点"层级,将"曲线 01"和"曲线 02"附加,然后进行"U 向放样"。

提示:创建完"U 向放样曲面"后,如果对曲面造型不满意,可以进入曲面的"点"层级继续调整,直到满意为止。

⑥ 将"U 向放样曲面"命令为"凉鞋底 01",然后进入该曲面的"曲线"层级,选择上方的曲线,将其分离并复制为"曲线 03"。

⑦ 进入创建面板,在前视图绘制闭合的 NURBS"点曲线",将其命名为"截面"(如图 3-26 所示)。

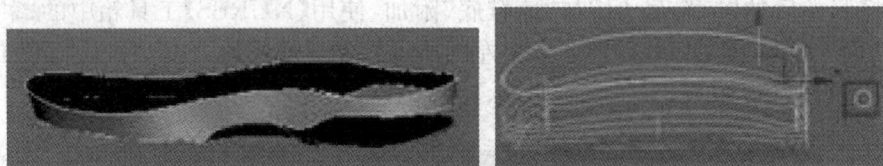

图 3-26

创建"U 向放样曲面"的效果,绘制闭合的 NURBS 曲线

(8)选择绘制的"截面"曲线,激活【NURBS】工具箱中 "创建单轨扫描"按钮,在视图单击"截面",然后单击"曲线 03",创建单轨扫描,效果如图 3-27-1 所示。

(9)将"凉鞋底"与"凉鞋底 01"附加,使用"凉鞋底"上方的曲线和"凉鞋底 01"下方的曲线,创建"U 向放样曲面"(如图 3-27-2 所示)。

 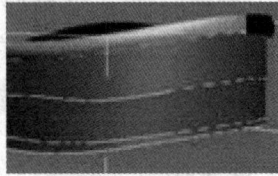

图 3-27-1　　　　　　　　　　　　　　　**图 3-27-2**

创建单轨扫描,创建 U 向放样曲面

(3)制作凉鞋鞋帮模型

① 将创建的"单轨扫描曲面"选择,进入其"曲线"层级,将该曲面上的曲线分离并复制为"曲线 04"。

② 在左视图将"曲线 04"沿 Y 轴向上复制为"曲线 05",然后调整曲线形态如图 3-28-1 所示。

③ 继续将"曲线 05"沿 Y 轴向上复制为"曲线 06",然后在顶视图调整"曲线 06",使其略小于"曲线 05"(如图 3-28-2 所示)。

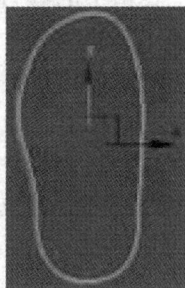

图 3-28-1   图 3-28-2

复制并调整后的"曲线 05"图,调整"曲线 06"的效果

④ 将"曲线 04"、"曲线 05"和"曲线 06"附加,然后创建 U 向放样曲面(如图 3-29 所示)。

图 3-29   创建 U 向放样曲面

⑤ 继续在左视图"凉鞋帮"左边位置绘制三个闭合的 NURBS"点曲线"(如图3-30-1 所示),然后切换到右视图,继续在凉鞋帮右边绘制四个闭合的 NURBS"点曲线"(如图3-30-2 所示)。

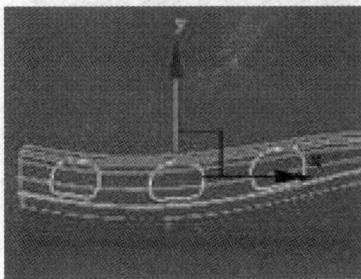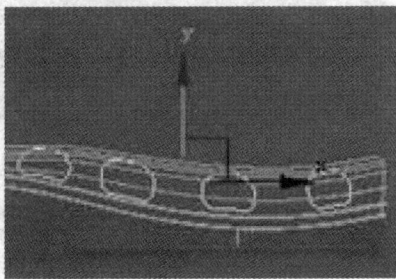

图 3-30-1   图 3-30-2

绘制的闭合曲线

⑥ 将绘制的所有曲线与"凉鞋帮"附加,激活【NURBS】工具箱中的 "创建向量投影曲线"按钮,在视图拖动曲线到凉鞋帮上释放鼠标,然后勾选"修剪"按钮,修剪一个孔洞,如图 3-31 左图所示。

提示:当修剪方向翻转时,勾选"翻转修剪"按钮可纠正修剪效果。

⑦ 使用相同的方法,使用其他曲线在凉鞋帮上修剪出其他的孔洞效果,然后激活

【NURBS】工具箱中的 "创建挤出曲面"按钮,将光标移动到孔洞的曲线上拖曳创建挤出曲面。

⑧ 在【挤出曲面】卷展栏下设置挤出"数量"为-5 mm,设置"方向"为 X 轴向,完成创建挤出曲面的创建。

提示:在进行挤出操作时,可根据具体情况设定挤出"数量"和挤出"方向",其"数量"值最终确定了凉鞋面的厚度,因此,要尽量使挤出"方向"与曲面垂直,这样才能显示出凉鞋帮的厚度。

(9) 使用相同的方法继续为其他孔洞设置挤出数量和方向,制作出凉鞋上的透气孔效果(如图 3-31 右图所示)。

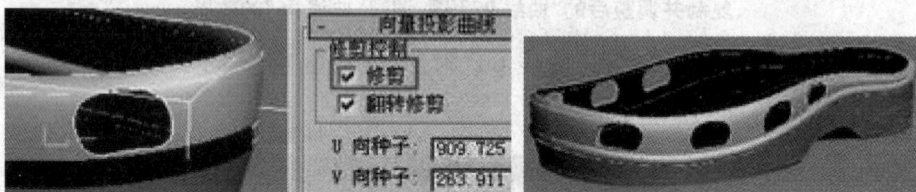

图 3-31 修剪孔洞,制作的透气孔效果

(4) 制作凉鞋面模型

① 在顶视图沿"凉鞋帮"内部边沿绘制"点曲线"(如图 3-32 左图所示),然后在左视图调整各曲线的形态,制作出"凉鞋面"的结构线(如图 3-32 右图所示)。

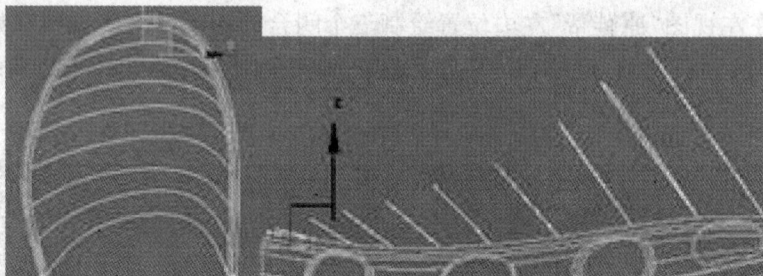

图 3-32 绘制的曲线效果

提示:在绘制"凉鞋面"的结构线时,要根据凉鞋本身的结构去绘制,需要注意的是,每一根曲线的两个端点要尽量和"凉鞋帮"的曲线对齐,否则,"凉鞋面"和"凉鞋帮"之间会出现裂缝。

② 将绘制的曲线全部附加,然后创建"U 向放样曲面"作为"凉鞋面",效果如图 3-33 所示。

提示:通过创建"U 向放样曲面"制作完成"凉鞋面"后,可以进入该 NURBS 曲面的"点"层级,继续对"凉鞋面"进行调整,直到满意为止。

③ 进入顶视图,在"凉鞋面"上方绘制多个闭合的"点曲线"(如图 3-33 中图所示),将绘制的闭合曲线与"凉鞋面"附加,然后依照制作凉鞋帮上的孔洞的方法制作出鞋面上的孔洞,效果如图 3-33 右图所示。

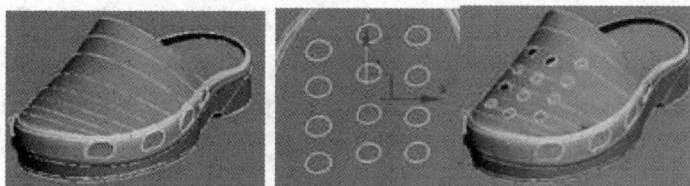

图 3 – 33   制作的"凉鞋面"效果,修剪孔洞后的效果

④ 继续依照制作凉鞋帮孔洞的挤出曲面的方法,制作出凉鞋面上的孔洞的挤出曲面,完成凉鞋面的制作。

(5)制作"凉鞋口"和"凉鞋带"模型

① 进入"凉鞋面"对象的"曲线"层级,选择靠近鞋口位置的曲线,依照前面的操作将该曲线复制并分离为"曲线 01"(如图 3 – 34 – 1 所示)。

② 将"曲线 01"复制为"曲线 02"、"曲线 03"和"曲线 04",并分别调整各曲线的形态(如图 3 – 34 – 2 所示)。

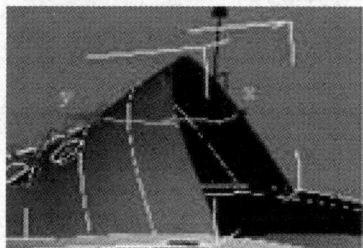   

图 3 – 34 – 1   图 3 – 34 – 2

选择曲线、曲线在左视图和顶视图中的效果

提示:复制完曲线后,要分别在各个视图进行调整,尤其是要使其各端点与凉鞋底边沿对齐,否则制作的鞋口会与鞋底不相配。

③ 将复制的曲线附加,然后进行 U 向放样制作出鞋口效果(如图3 – 35 – 1所示)。

④ 继续在顶视图沿鞋底后跟边沿绘制开放的"点曲线",在左视图将曲线沿 Y 轴向上复制一个,之后将两条曲线附加,并创建 U 向放样曲面,制作出鞋带的基本模型(如图 3 – 35 – 2 所示)。

   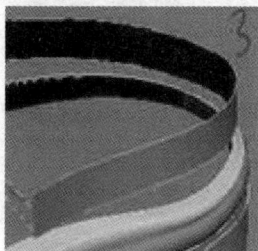

图 3 – 35 – 1   图 3 – 35 – 2

制作鞋口效果,制作鞋带基本模型

⑤ 在前视图绘制一段二维样条曲线,然后选择鞋带模型,为其添加【壳】修改器,并在其【参数】卷展栏下设置"内部量"为5,"外部量"为2。

⑥ 勾选"倒角边"选项,然后激活"倒角样条线"旁的按钮,在视图单击样条线,为鞋带制作一个倒角边,效果如图3-36-1所示。

⑦ 在左视图鞋带端点位置创建切角圆柱体,作为鞋带的纽扣,完成鞋带的制作。

⑧ 在顶视图将制作好的休闲轻便凉鞋镜像复制一个,调整其位置,至此休闲轻便凉鞋制作完毕(如图3-36-2所示)。

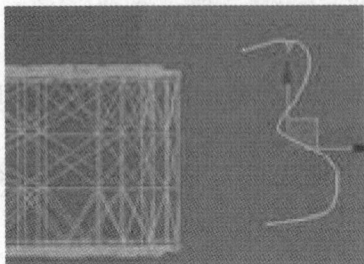 

图3-36-1   图3-36-2

制作倒角边,制作完成的休闲轻便凉鞋

实例 用 NURBS 曲线制作抱枕

下面同样以抱枕为实例,讲述应用 NURBS 曲线的应用(如图3-37所示)。

 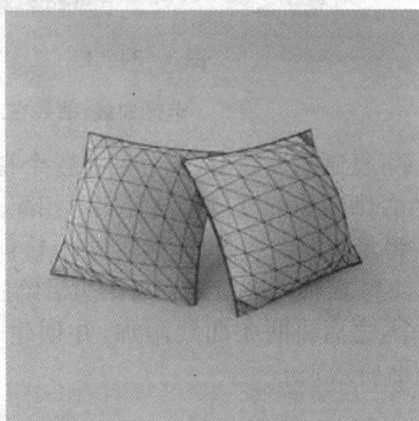

图3-37 抱枕图片

(1) 使用"CV 曲面"工具在前视图中创建一个 CV 曲面,然后再"创建参数"卷展栏下设置"长度"和"宽度"为300 mm、"长度 CV 数"为4。接着按回车键确认操作,具体参数设置如图3-38-1所示,效果如图3-38-2所示。

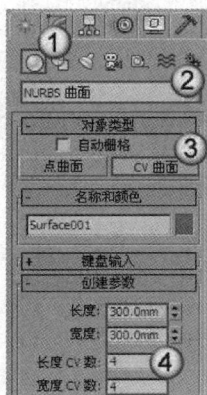

图 3-38-1 参数设置

图 3-38-2 效果图

（2）进入"修改"面版,选择 NURBS 曲面的"曲面 CV"次物体层级,然后选择中间的四个 CV 点（如图 3-39-1 所示）,接着使用"选择并均匀缩放"工具在前视图中将其向外缩放成如图 3-39-2 所示的效果

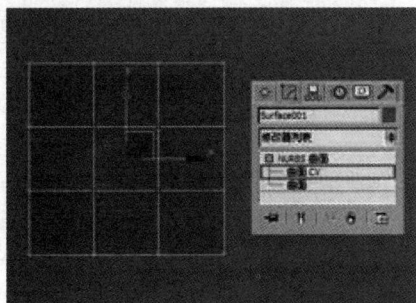

图 3-39-1 选择四个 CV 点

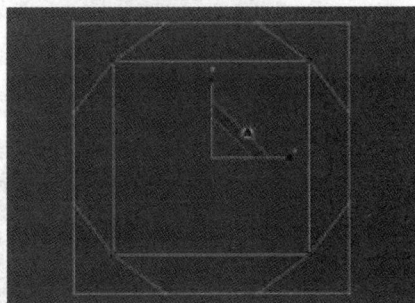

图 3-39-2 缩放效果

（3）选择如图 3-40-1 所示的 CV 点,然后使用"选择并均匀缩放"工具在前视图中将其向内缩放成如图 3-40-2 所示效果。

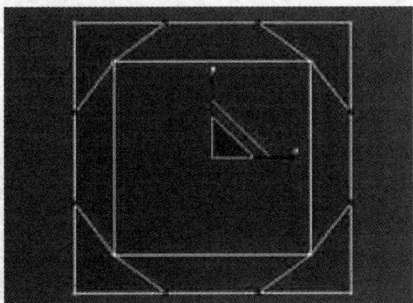

图 3-40-1 选择 CV 点

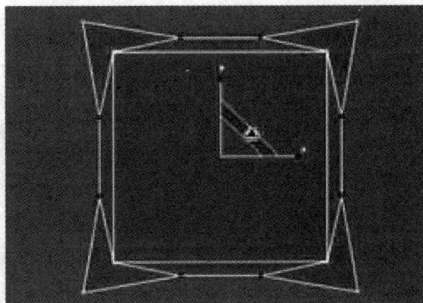

图 3-40-2 缩放效果图

（4）使用"选择并移动"工具,在左视图中将中间四个 CV 点向右拖拽一段距离（如图 3-41 所示）。

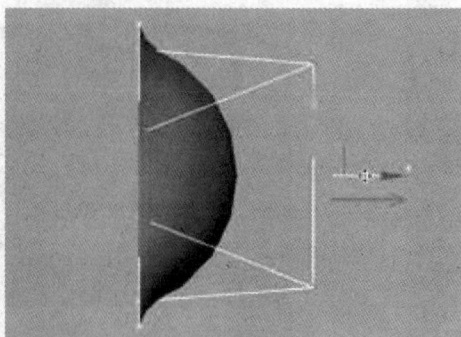

图 3-41　拖拽 CV 点

（5）为模型加载一个"对称"修改器，然后在"参数"卷展栏下设置"镜像轴"为 Z 轴，接着关闭"沿镜像轴切片"选项，最后设置"阀值"为 2.5 mm，具体参数设置如图 3-42-1 所示，最终效果如图 3-42-2 所示。

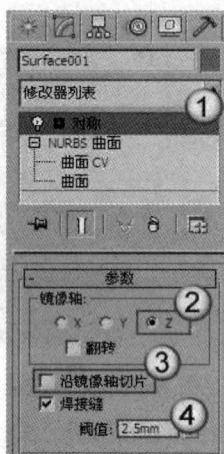

　　　图 3-42-1　设置参数　　　　　图 3-42-2　效果图

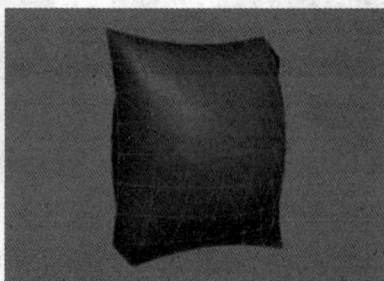

（6）选择"对称"修改器的"镜像"次物体层级，然后在左视图中将镜像轴调整好，使两个模型刚好合并在一起（如图 3-43-1 所示）。最终效果如图 3-43-2 所示。

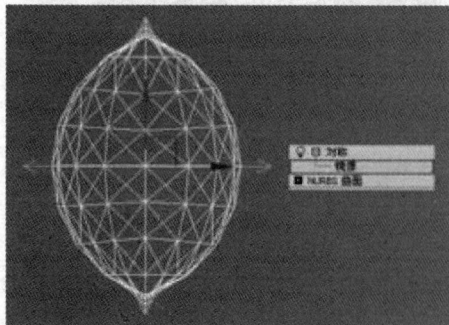

　　图 3-43-1　合并两个模型　　　　　图 3-43-2　最终效果图

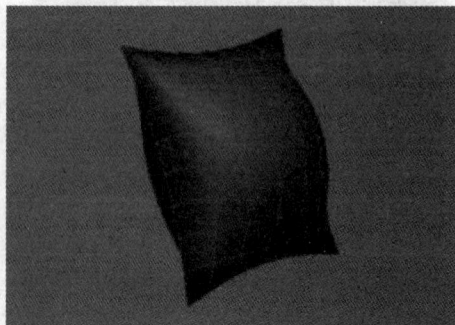

实例 制作丝绸

丝绸是举世闻名的东西,大家都很熟悉,今天我们就来制作一张丝绸的 3D 图(如图 3-44 所示)。

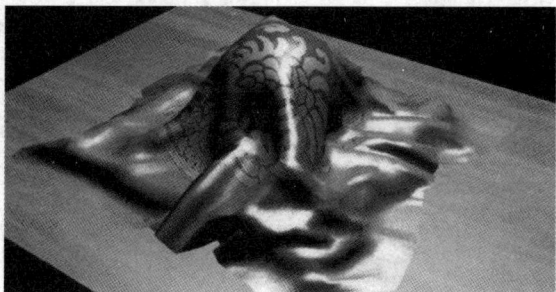

图 3-44 商品建模

绘制案板

(1) 点击进入"创建"命令面板,选择"几何体"按钮,在下拉列表框中选择"标准基本体"项,单击"长方体"按钮,在视图中绘制出两个长方体 box01、box02,一个球体 sphere01,其中球体是为了配合丝绸摆放,将来设计完成后通过灯光照明能够体现出丝绸的层次亮丽感,可通过"修改"命令面板来调整三者的参数尺寸(如图 3-45 所示)。

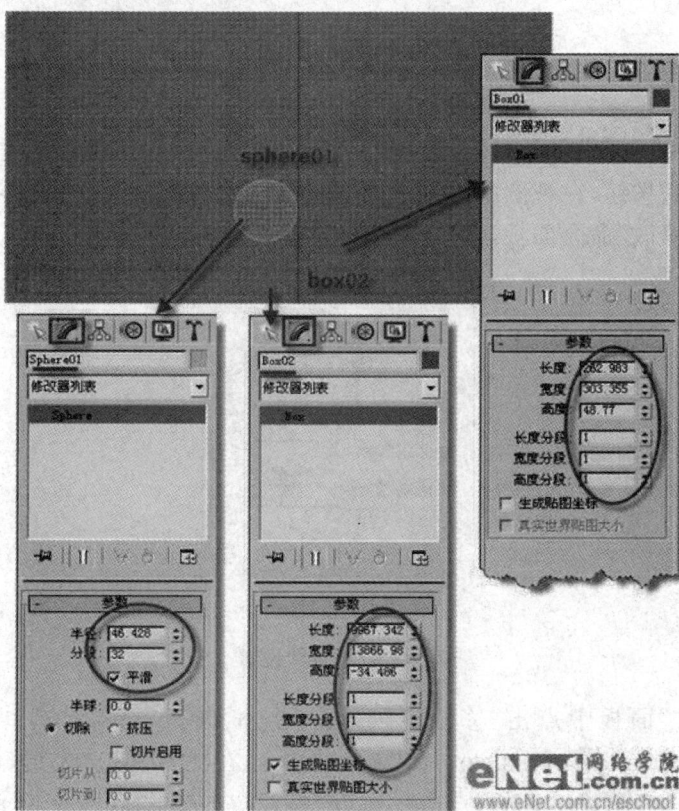

图 3-45 参数设置

（2）添加 Rigid Body Collection（刚体集合）打开"reactor"菜单，点击"create object Rigid Body Collection"命令，然后在视图中单击鼠标左键加入该集合。单击"修改"命令面板，单击"pick（拾取）"按钮，在视图中分别选择 box01、box02、sphere01（如图 3－46 所示）。

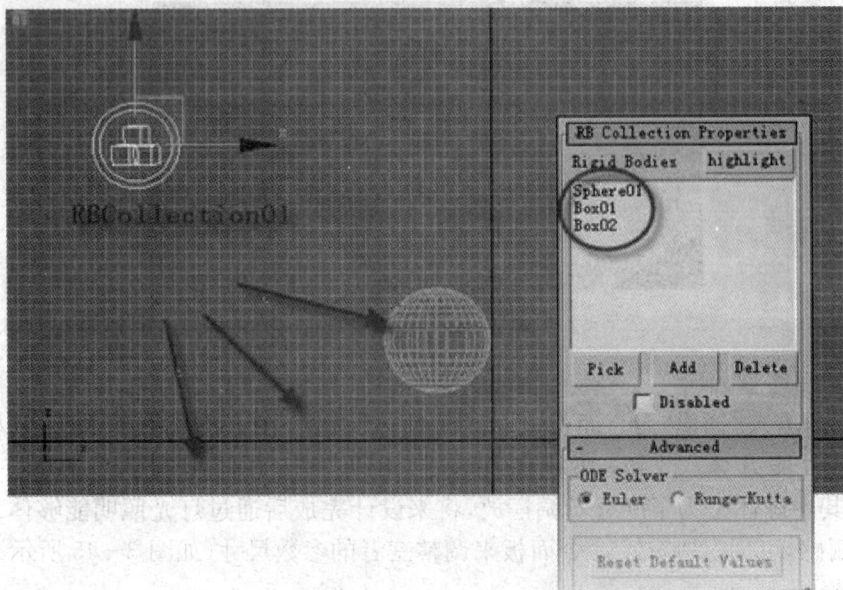

图 3－46　添加 box01、box02、sphere01

绘制丝绸

（1）点击进入"创建"命令面板，选择"几何体"按钮，在下拉列表框中选择"标准基本体"项，单击"平面"按钮，在视图中绘制平面 plane01，大小正好覆盖住 box01 面，位置在球体的上面，点击"修改"命令面板，调整相关尺寸（如图 3－47 所示）。

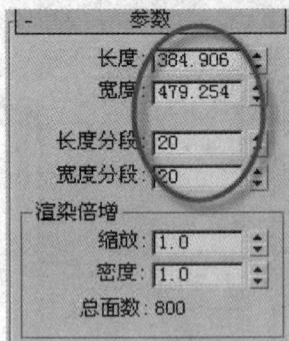

图 3－47　参数设置

（2）在"修改"面板中点击"修改器列表"下拉框选择"reactor cloth"项。然后打开"reactor"菜单，点击"create object cloth collection"命令，在视图中点击左键，加入布料集合，拾取 plane01。点击"工具"命令面板，点击"reactor"按钮，在它的"preview & animation"卷展栏中，点击"create animation"按钮，生成丝绸由上往下飘落动画（如图 3－48 所示）。

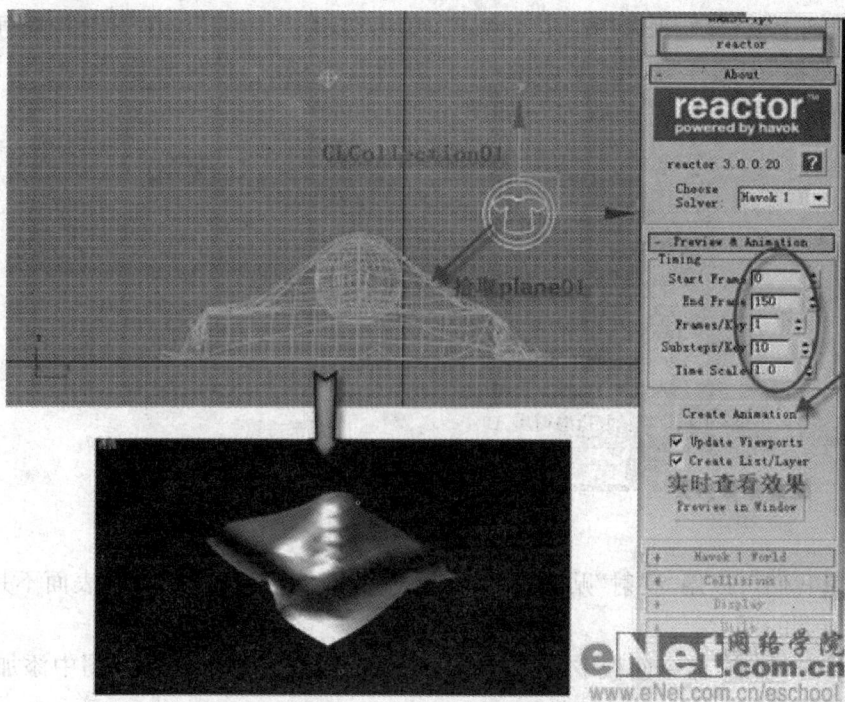

图 3-48 参数设置

渲染丝绸效果

（1）点击工具栏上的"材质编辑器"按钮，打开属性窗口选择第一个样本球，修改"高亮级别"值使其变得大一些。打开"贴图"卷展栏，单击"凹凸"后的"none"按钮，在弹出的"材质/贴图浏览器"中选择"新建"单选框，在右边列表中双击"噪波"贴图，进入其参数面板，修改相关参数（如图 3-49 所示）。

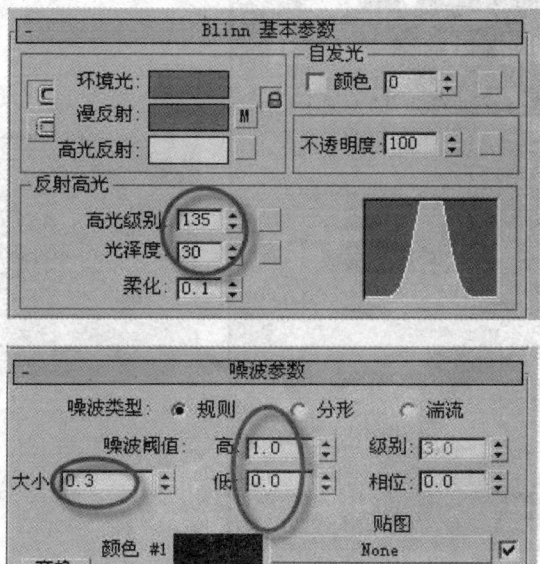

图 3-49 修改参数

（2）回到上级目录，展开"贴图"卷展栏，单击"反射"后的"none"按钮，在弹出的"材质/贴图浏览器"中选择"新建"单选框，在右边列表中双击"光线跟踪"贴图，回到上级目录，将"反射"后面的"数量"值改为5（如图3-50所示）。

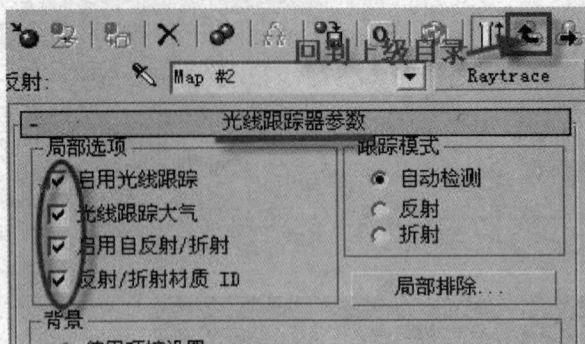

图3-50　调整参数

在这里我们可以用"反射"贴图，用"光线跟踪"来体现较好；因为其表面不是很光滑，所以数量值调的低点。

（3）单击"创建"命令面板中的"灯光"按钮，选择"泛光灯"，并在视图中添加omni01，并调节其投影参数。

（4）点击“贴图"卷展栏中的"漫反射颜色"后的"none"按钮，在弹出的"材质/贴图浏览器"中选择"新建"单选框，在右边列表中双击"位图"贴图，将预先准备好的图片加进去（如图3-51所示）。

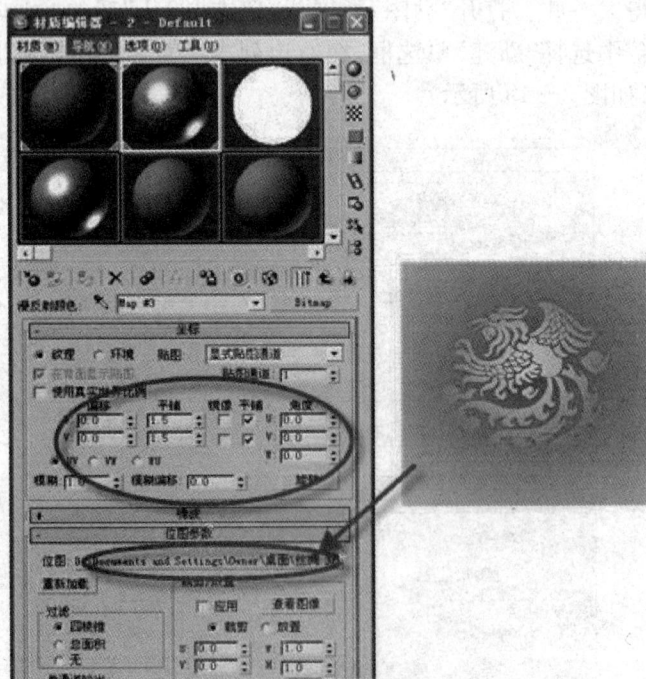

图3-51　添加图片

（5）选中 plane01，点击"材质编辑器"中的"将材质指定给选中对象"按钮，即将所设属性全部赋予了 plane01。最后，整体上将灯光、物体、背景、视角调整到恰当的位置，渲染一下，就可以最终完成（如图 3-44 所示）。

【课堂操作实训】

（1）用 NURBS 建模制作花瓶。

（2）用 NURBS 建模制作植物叶片。

任务三　特殊材质商品的建模

在 3ds Max 中，图形是一个由一条或多条曲线或直线组成的对象，大多数默认的图形都是由样条线组成。使用这些样条线图形，可以执行下列操作：

- 生成面片和薄的 3D 曲面。
- 定义放样组件，如路径和图形，并拟合曲线。
- 生成旋转曲面。
- 生成挤出对象。
- 定义运动路径。

3ds Max 提供了"样条线"、"扩展样条线"，这一节将通过"果篮"实例的制作，重点学习"样条线"和"扩展样条线"这两种类型的图形的创建方法，通过实例修改学习制作三维模型的技巧。

3.3.1 基础知识

1. 关于"样条线"

大多数二维图形都是由样条线组成的,因此,"样条线"是所有二维图形的通称,"样条线"包括"样条线"、"扩展样条线"以及"NURBS 曲线"三种类型,每一种类型的"样条线"又包括了多种不同的图形对象,用户可以使用鼠标或通过键盘输入快速创建这些图形,然后将其组合,以便形成复合图形。

2. 创建"样条线"对象

"样条线"对象包括 11 种基本样条线图形对象,分别是:"线"、"矩形"、"圆"、"椭圆"、"弧"、"圆环"、"多边形"、"星形"、"文本"、"螺旋线"和"截面"。单击命令面板上的 "创建"按钮进入创建面板,单击 "图形"按钮,在其下拉列表选择"样条线"选项(如图 3-52 左图所示),在【对象类型】卷展栏下即可显示"样条线"的所有对象(如图 3-52 右图所示)。

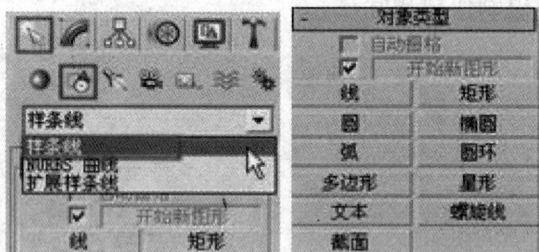

图 3-52 "样条线"对象

(1) 创建"线"

"线"是由多段自由形式的样条线组成的二维图形对象,"线"也叫"线形"样条线,是"样条线"对象中最常用的一种,常用于充当三维模型的轮廓、路径、截面等,也可以通过设置"可渲染"属性,充当三维模型。

在【对象类型】卷展栏下激活 按钮(如图 3-53 左图所示),然后展开【创建方法】卷展栏,选择一种创建方法(如图 3-53 右图所示)。

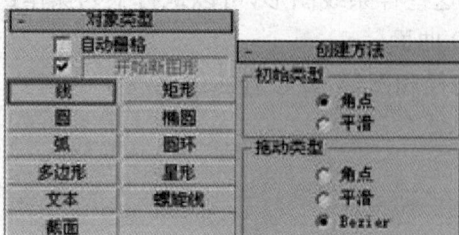

图 3-53 激活"线"按钮并选择创建方法

"初始类型":即开始绘制时线形顶点的类型,包括"角点"和"平滑"。选择"角点",将产生一个尖端;选择"平滑",将通过顶点产生一条平滑、不可调整的曲线,由顶点的间距来设置曲率的数量。

"拖动类型":即线形结束时的点的类型,包括"角点"、"平滑"和"Bezier"。选择"Bezier",通过顶点产生一条平滑、可调整的曲线,通过在每个顶点拖动鼠标来设置曲率的值和曲线的方向。

选择"初始类型"为"角点","拖动类型"为"Bezier",在视图单击鼠标确定线形起点,然后移动鼠标到合适位置单击并拖拽创建"Bezier"角点,依此方法创建一段样条线(如图3-54-1所示)。

提示:单击鼠标右键可结束线形的创建,将光标移动到起点位置单击,此时弹出【样条线】提示栏,询问是否闭合样条线,单击 是(Y) 按钮即可创建闭合样条线。

(2)创建与修改"矩形"

"矩形"是规则的方形或带有圆角效果的矩形样条线图形。与"线"一样,"矩形"也常用于充当三维模型的轮廓、路径、截面等,也可以通过设置"可渲染"属性,充当三维模型。

在【对象类型】卷展栏激活 矩形 按钮,在视图拖拽鼠标,即可创建任意大小的矩形(如图3-54-2所示)。

进入修改面板,展开【参数】卷展栏,可以修改矩形的参数(如图3-54-3所示)。

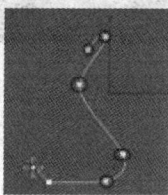

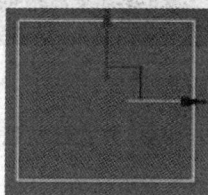

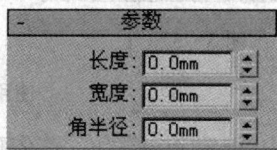

图3-54-1　创建线形的操作　　图3-54-2　创建的矩形　　图3-54-3　矩形的【参数】卷展栏

"长度":设置矩形的长度参数。

"宽度":设置矩形的宽度参数。

"角半径":设置矩形的圆角半径,使其具有圆角效果(如图3-55-1所示)。

(3)创建与修改"圆"

"圆"是由四个顶点组成的闭合圆形样条线。与"线"一样,"圆"也常用于充当三维模型的轮廓、路径、截面等,也可以通过设置"可渲染"属性,充当三维模型。

图3-55-1　具有圆角效果的矩形

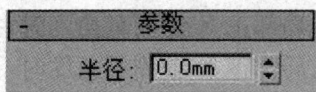

在【对象类型】卷展栏激活 圆 按钮,在视图拖拽鼠标,即可创建任意大小的圆(如图3-55-2所示)。

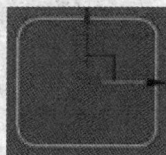

图3-55-2　创建的任意大小的圆　　图3-56-3　圆的【参数】卷展栏

进入修改面板，展开【参数】卷展栏，通过设置"半径"参数可以修改圆的大小（如图3-55-3所示）。

（4）创建与修改"弧"

"弧"是由四个顶点组成的打开或闭合的弧形样条线。与"线"一样，"弧"也常用于充当三维模型的轮廓、路径、截面等，也可以通过设置"可渲染"属性，充当三维模型。

在【对象类型】卷展栏激活 ▇▇弧▇▇ 按钮，展开【创建方法】卷展栏，选择一种创建方法（如图3-56所示）。

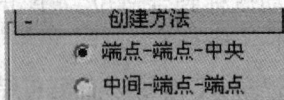

图3-56 弧的【创建方法】卷展栏

"端点-端点-中央"：首先确定弧的端点和终点，然后确定弧的半径。其操作方法是：首先在视图按下鼠标确定弧的起点，然后拖拽鼠标到合适位置单击确定弧的终点（如图3-57-1所示），释放鼠标后向上或向下移动鼠标确定弧的半径（如图3-57-2所示），单击鼠标完成弧的创建（如图3-57-3所示）。

 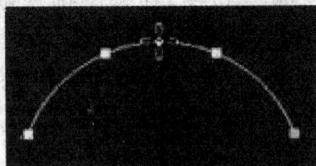 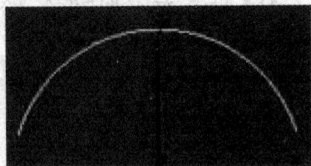

| 图3-57-1 | 图3-57-2 | 图3-57-3 |

使用"端点-端点-中央"方式绘制弧的操作

"中间-端点-端点"：首先确定弧的中心，然后确定弧的终点，最后确定弧的起点。其操作方法是：在视图按下鼠标确定弧的中心，向左或向右拖拽鼠标到合适位置单击确定弧的终点或起点（如图3-58-1所示），释放鼠标水平移动确定弧上的其他点（如图3-58-2所示），单击鼠标完成弧的创建（如图3-58-3所示）。

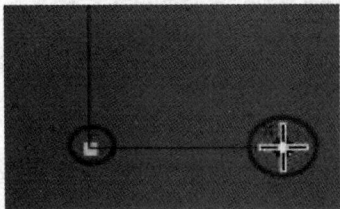 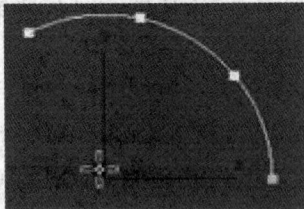 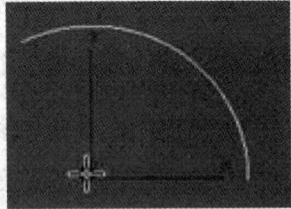

| 图3-58-1 | 图3-58-2 | 图3-58-3 |

使用"中间-端点-端点"方式绘制

绘制完成后，进入修改面板，在【参数】卷展栏更改弧的各参数（如图3-59-1所示）。

"半径"：更改弧形的半径。

"从"：在从局部正X轴测量角度时，指定弧的起点的位置。

"到"：在从局部正X轴测量角度时，指定弧的端点的位置。

"饼形切片"：启用此选项后，以扇形形式创建闭合样条线，起点和端点将中心与直分段连接起来(如图3-59-2所示)。

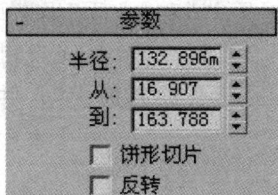

图3-59-1 弧的【参数】卷展栏

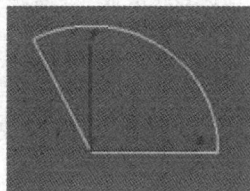

图3-59-2 饼形效果

3. 二维图形的"可渲染"属性

在3ds Max中,所有二维图形都有相同的"可渲染"属性,通过在【渲染】卷展栏设置"可渲染",在渲染时将得到和三维模型相同的外观效果,例如,在视图创建一个圆,进入修改面板展开【渲染】卷展栏(如图3-59-3所示)。

勾选"在渲染中启用"和"在视口中启用"选项,同时指定图形以"径向"或"矩形"方式进行渲染。当指定图形以"径向"方式进行渲染时,可以设置图形的"厚度"、"边数"以及"角度"等参数,不同的设置将产生不同的渲染效果,"厚度"决定图形的粗细;"边数"决定图形的平滑;"角度"可以调整图形横截面的旋转位置(如图3-60所示),不同厚度、边数以及角度设置不同的圆的效果。

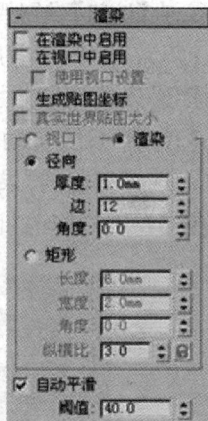

图3-59-3 【渲染】卷展栏

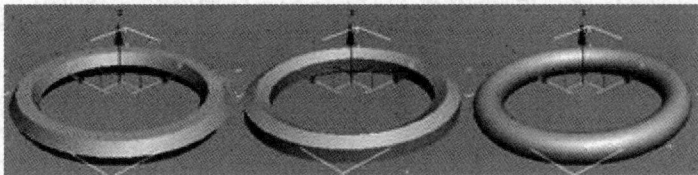

图3-60 图形的"径向"渲染效果

如果指定图形以"矩形"方式进行渲染时,可以设置图形横截面的"长度"、"宽度"、"角度"以及"纵横比"(如图3-61所示),圆的效果如图3-61所示。

图3-61 图形的"矩形"渲染效果

3.3.2 制作"果篮"

以上学习了"样条线"的创建方法以及二维图形的"可渲染"属性等知识,下面通过制作"果蓝"的实例,对以上所学知识进行巩固。

这一节制作的"果蓝"实例主要包括"不锈钢金属果蓝"和"木质"果蓝两部分,首先创建"线"和"圆",通过设置其"可渲染"属性制作"木质"果蓝,然后再创建"弧",设置"可渲染"属性并进行多重复制制作出"不锈钢金属果蓝",最后合并其他模型,并为模型制作材质、设置灯光以及使用 Vray 渲染器进行渲染。

操作步骤:

(1)制作木质果蓝顶边和底边

① 启动 3ds Max 系统,设置系统单位为"毫米"。

② 在顶视图创建一个"半径"为 125 mm 的圆,进入修改面板,将其命名为"果蓝边"。

③ 在【渲染】卷展栏勾选"在渲染中启用"和"在视口中启用",同时勾选"矩形"选项,然后设置"长度"为 15 mm、"宽度"为 15 mm、"角度"为 35、"纵横比"为 1,圆的效果如图 3-62-1 所示。

④ 进入前视图,使用"Shift+移动"复制的方法,将"果蓝边"以"复制"方式向下复制到合适位置,系统自动将其命名为"果蓝边 01"。

⑤ 选择复制的"果蓝边 01",进入修改面板,在【参数】卷展栏修改"半径"为 35 mm,然后在【渲染】卷展栏修改"长度"和"宽度"均为 10 mm,其他设置默认,效果如图 3-62-2 所示。

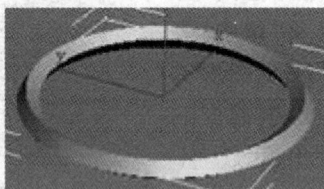

图 3-62-1　修改后的圆图形　　图 3-62-2　复制的"果蓝边 01"

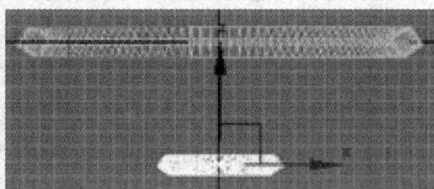

(2)制作木质果蓝侧边

① 在前视图"果蓝边"与"果蓝边 01"右边位置绘制一段圆弧,进入修改面板,将其命名为"果蓝侧边"。

② 在【渲染】卷展栏勾选"在渲染中启用"和"在视口中启用",同时勾选"矩形"选项,并设置"长度"为 10 mm、"宽度"为 10 mm、"角度"为 0、"纵横比"为 1,效果如图 3-63-1 所示。

③ 选择"果蓝侧边"并进入顶视图,激活主工具栏中的 ⟳ "选择并旋转"工具,然后在"参考坐标系"列表选择"拾取"选项(如图 3-63-2 所示)。

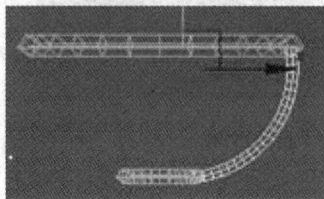

图 3-63-1　绘制的"果蓝侧边"效果　　图 3-63-2　选择"拾取"选项

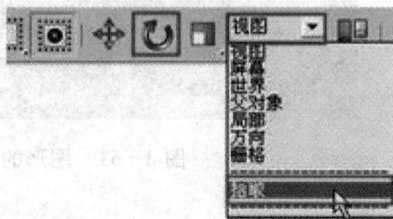

④ 在顶视图单击拾取"果蓝边 01",此时"参考坐标系"列表显示"果蓝边 01"名称（如图 3-64-1 所示）。

提示：拾取"果蓝边 01"，表示"果蓝侧边"将以"果蓝边 01"的坐标作为其自身的参考坐标，对"果蓝侧边"的任何操作都将以"果蓝边 01"的坐标进行。

⑤ 继续在主工具栏按住■"使用轴点中心"按钮不松手，在弹出的隐藏按钮下选择■"使用变换坐标中心"按钮（如图 3-64-2 所示）。

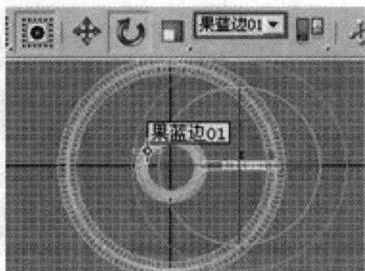

图 3-64-1　拾取"果蓝边 01"　　图 3-64-2　选择轴中心

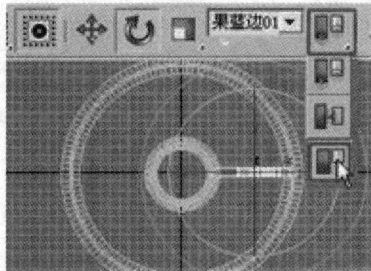

提示：确定"果蓝侧边"将以"果蓝边 01"的坐标作为其自身的参考坐标后，还需要选取"使用变换坐标中心"按钮，这样，"果蓝侧边"才能真正以"果蓝边 01"的中心作为自身的参考中心。

⑥ 激活主工具栏中的■"角度捕捉切换"按钮，并在该按钮上单击鼠标右键，在弹出的【栅格和捕捉设置】对话框"选项"选项卡下，设置"角度"为 30 度，然后关闭该对话框。

⑦ 在顶视图使用"Shift＋旋转"复制的方法，将"果蓝侧边"沿 Z 轴旋转 30 度，然后以"实例"方式复制 11 个，效果如图 3-65-1 所示。

提示：在旋转复制时一般是依照一圈 360 度来计算的，如果设置角度为 30 度，那么"副本数"应该是 11，加上源对象就刚好是 12 个，如果设置"副本数"为 12，最后就会多复制一个多余的对象。

（3）修饰木质果蓝

① 选择场景中的所有对象，将其转换为"可编辑的多边形"对象。

② 在透视图显示对象的"边面"，然后选择"果蓝边"对象，进入修改面板，按键盘上的 2 数字键，进入多边形的"边"层级，在透视图单击选择"果蓝边"的一个边，如图 3-65-2 所示。

图 3-65-1　复制侧边后的果蓝效果　　图 3-65-2　选择一个边

③ 单击【选择】卷展栏下的 循环 按钮,选择该边所在的一个循环边,然后按住 Ctrl 键,使用相同的方法,选择"果蓝边"上的其他循环边(如图 3 - 66 - 1 所示)。

④ 展开【编辑边】卷展栏,单击 循环 按钮旁边的 切角 "设置"按钮,在打开的【切角边】对话框设置"切角量"为 4mm。

⑤ 单击□按钮确认,然后修改"切角量"为 0.5 mm,单击 确定 按钮确认,"切角边"后的"果蓝边"效果如图 3 - 66 - 2 所示。

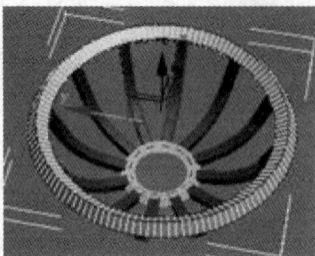

图 3 - 66 - 1　选择"果蓝边"上的其他循环边

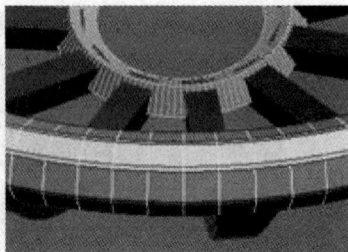

图 3 - 66 - 2　切角边后的"果蓝边"效果

⑥ 使用相同的方法,分别对"果蓝边 01"和"果蓝侧边"进行切角边处理,完成"木质果蓝"模型,快速渲染透视图,效果如图 3 - 67 所示。

(4) 制作"不锈钢金属果蓝"底边

① 将制作好的"木质果蓝"全部选中,将其群组并隐藏。

提示:有关群组对象以及隐藏对象的操作请参阅本书第二章相关内容的详细讲解,在此不再赘述。

图 3 - 67　制作完成的木质果蓝模型

② 在前视图绘制一段圆弧,进入修改面板,将其命名为"金属",然后在【渲染】卷展栏勾选"在渲染中启用"和"在视口中启用",同时勾选"径向"选项,并设置"厚度"为 5 mm、"边"为 20、"角度"为 0。

③ 展开【参数】卷展栏,设置"半径"为 400 mm、"从"为 230、"到"为 310,其他设置默认,效果如图 3 - 68 - 1 所示。

④ 进入 "几何体"创建面板,在弧的一端创建一个"半径"为 6 mm 的球体,并将该球体复制到圆弧另一端(如图 3 - 68 - 2 所示)。

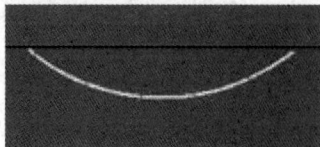

图 3 - 68 - 1　绘制的圆弧

图 3 - 68 - 2　创建并复制的球体

提示:在前视图调整圆球的位置后,一定要在其他视图观察圆球是否放在圆弧两端上,如果球体不在圆弧两端位置,可在其他视图调整,使其一定要位于圆弧两端顶点位置。

（5）制作"不锈钢金属果栏"侧边

① 选择球体和圆弧对象将其群组，然后在命令面板单击 [轴] "层次"按钮进入【层次】面板，激活 [图] 按钮进入对象轴的层级面板，在【调整轴】卷展栏下激活 [仅影响轴] 按钮（如图 3－69－1 所示），在前视图沿 X 方向将对象轴向左移动到圆弧左端位置（如图3－69－2 所示）。

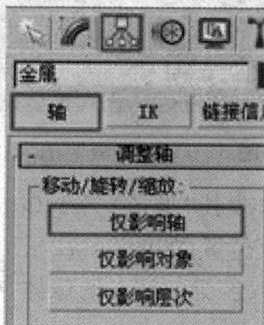

图 3－69－1 调整对象轴

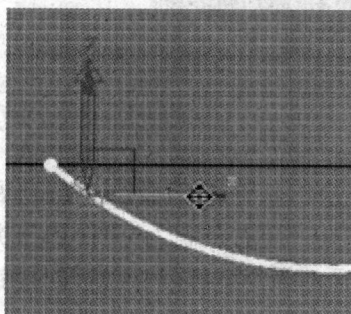

图 3－69－2 移动位置

提示：激活 [仅影响轴] 按钮后，可以移动、旋转对象的轴而不影响对象本身，以便使对象的轴心位于适合我们操作的合适位置，该操作一般在旋转复制对象时较常用。

② 再次单击 [仅影响轴] 按钮退出轴的编辑模式，然后激活主工具栏中的 [图] "角度捕捉切换"按钮，并在该按钮上单击鼠标右键，在弹出的【栅格和捕捉设置】对话框的"选项"选项卡下设置"角度"为 30 度，然后关闭该对话框。

③ 激活主工具栏中的 [图] "选择并旋转"工具，使用"Shift＋旋转"复制的方法，在左视图沿 Z 轴以"实例"方式将弧和圆球以 30 度的角度复制三个，效果如图 3－70－1 所示。

④ 按住键盘上的 Ctrl 键，选择复制的三个对象，将其以"实例"方式沿 X 轴镜像复制一组，效果如图 3－70－2 所示。

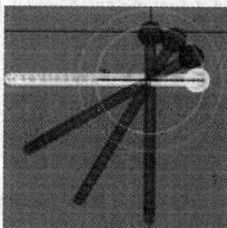

图 3－70－1 旋转复制的弧和圆球的效果

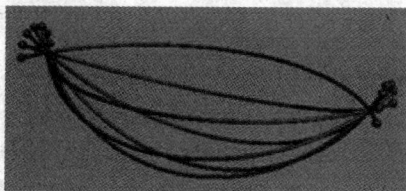

图 3－70－2 镜像复制的金属果蓝

（6）制作"不锈钢金属果蓝"横杆

① 在左视图沿金属果蓝外边绘制一个弧，进入修改面板，将其命名为"横杆"，然后在【渲染】卷展栏勾选"在渲染中启用"和"在视口中启用"，同时勾选"径向"选项，并设置"厚度"为 3 mm、"边"为 20、"角度"为 0。

② 展开【参数】卷展栏，设置"半径"为 174 mm、"从"为 180、"到"为 360，其他设置默认，效果如图 3－71－1 所示。

③ 进入顶视图,将"横杆"沿 X 轴移动到果蓝中间位置,然后使用"Shift＋移动"复制的方法,以"复制"方式将"横杆"向左复制为"横杆 01",并调整其位置如图 3－71－2 所示。

图 3－71－1 绘制的"横杆"效果

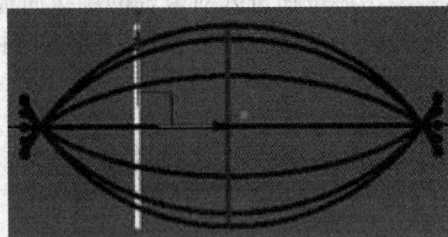

图 3－71－2 复制的"横杆 01"

④ 选择复制的"横杆 01",在【参数】卷展栏下修改其"半径"为 140 mm,其他参数默认,然后将"横杆 01"向右复制为"横杆 02",并调整其位置(如图 3－72－1 所示)。

⑤ 依照前面的操作方法,在各横杆两端创建"半径"为 6 mm 的球体,效果如图 3－72－2 所示。

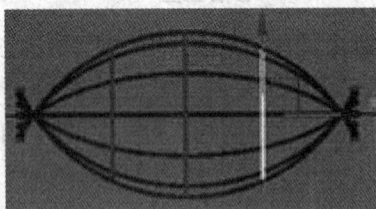

图 3－72－1 复制的"横杆 02"

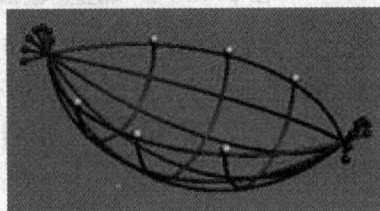

图 3－72－2 横杆顶端创建球体

至于其他外形不规则商品的 3D 建模,可以此类推,举一反三。

【本章小结】

本章通过构建外形简单商品、外形复杂商品和外形特殊材质商品的三维模型,使学生掌握利用 3ds Max 构建复杂物品的 3D 模型的方法。

【课堂操作实训】

(1) 用条样线制作桌子。

（2）用条样线制作水晶灯。

项目四　灯光、材质、贴图和渲染的运用

一、单元概述

本单元讲述应用 3ds Max 建模中灯光、材质、贴图和渲染功能。前面两个任务只完成了三维商城框架结构和商品的简单建模,一个好的商城,还必须配优美适合的灯光、无论是建筑建模还是商品建模,前面只完成了这些物品的架子,还需要给这些架子穿上相应的衣服,给这些衣服上贴上美丽的花纹、图片等修饰商品。因此,本单元主要学习三维商城中灯光、材质、贴图和渲染技术。

二、知识要点及掌握程度

任务一:灯光的应用(要求掌握)
任务二:材质的应用(要求掌握)
任务三:贴图的应用(要求掌握)
任务四:三维商城场景的渲染(要求掌握)

三、能力要点及重要程度

(1) 了解灯光的作用,掌握常用灯光的参数含义,掌握目标灯光、目标聚光灯、目标平行灯、VRay 光源和 VRay 太阳、不同场景的布光思路及相关技巧(理解/重要)。

(2) 掌握"材质编辑器"对话框的使用方法,掌握"标准"材质和 VRayMtl 材质的使用方法和技巧(重要)。

(3) 掌握不透明贴图、位图贴图和"衰减"程序贴图的使用方法和技巧(重要)。

(4) 全面掌握 VRay 重要参数的含义及渲染的设置方法和技巧。掌握不同场景下渲染思路和相关技巧(重要)。

四、教学的重点与难点

重点:

(1) 常用灯光的参数含义,掌握目标灯光、目标聚光灯、目标平行灯、VRay 光源和 VRay 太阳、不同场景的布光思路及相关技巧

(2) "标准"材质和 VRayMtl 材质的使用方法和技巧。

(3) 不透明贴图、位图贴图和"衰减"程序贴图的使用方法和技巧。

(4) VRay 重要参数的含义及渲染的设置方法和技巧。掌握不同场景下渲染思路和相关技巧。

难点:

(1) VRay 材质和渲染参数的设置方法和技巧。

（2）"衰减"程序贴图的使用方法和技巧。

（3）VRay 材质的使用方法。

（4）VRay 光源和太阳、不同场景下布光的思路和技巧。

五、教学设计与实施方法

本单元主要采用讲授教学法和案例教学法。讲授教学法通过教师课堂讲授实施，案例教学法通过学生对案例的实际操作来完成。

任务一　灯光的应用

灯光与渲染设置是三维效果表现中的重要操作环节，灯光为场景提供照明，再现场景真实的明暗阴影效果，它们可以从场景内部或采取一些其他方式照亮场景，而渲染则是使用所设置的灯光、所应用的材质及环境设置（如背景和大气）为场景的几何体着色，真实再现场景质感纹理效果。本节重点讲解标准灯光与 Vray 灯光的应用、场景渲染设置与 Vray 渲染器的应用等相关知识，将通过"厨房日景"灯光与渲染设置和"厨房餐厅夜景"灯光与渲染设置的实例更进一步掌握有关方法。

4.1.1　基本知识

在 3ds Max 系统中，灯光是照亮场景的唯一设备，通过在场景中设置灯光来模拟实际灯光的照明效果，不同种类的灯光对象用不同的方法投射灯光，用以模拟真实世界中不同种类的光源。当场景中没有设置灯光时，系统将使用默认的照明来着色或渲染场景，默认照明包含两个不可见的灯光：一个灯光位于场景的左上方；而另一个位于场景的右下方，这样即使没有设置灯光，我们同样能看到场景中的对象。一旦用户创建了一个灯光，那么默认的照明就会被禁用，场景将使用用户设置的灯光照明，如果删除场景中设置的灯光，则系统重新启用默认照明。一般情况下，默认照明并不能很好表现场景的照明以及阴影效果，因此，需要用户添加灯光使场景的外观更逼真，这就是设置灯光，设置灯光增强了场景的清晰度和三维效果。

本节重点学习"灯光的公用照明设置"、"Vray 灯光"以及"Vray 渲染器与渲染设置"等知识。

1. 灯光的公用照明设置

灯光的公用照明设置包括【常规参数】设置与【阴影参数】（"天光"、"IES 天光"以及Vray 灯光没有【阴影参数】设置）。之所以叫公用照明设置，就是说 3ds Max 照明系统所公有的设置，下面对灯光的这些公共照明设置进行详细讲解，在后面讲解灯光时，对这些设置不再讲解。

（1）公用照明的【常规参数】卷展栏设置

对于除 Vray 灯光之外的其他所有类型的灯光，都有【常规参数】卷展栏。该卷展栏中的设置用于启用和禁用灯光，并且排除或包含场景中的对象。

在【修改】面板上,这些灯光的【常规参数】卷展栏的设置相同,除了启用和禁用灯光、排除或包含场景中的对象之外,这些设置还控制灯光的目标对象,并将灯光从一种类型更改为另一种类型。下面以目标聚光灯为例,讲解【常规参数】卷展栏中的相关设置,其他灯光的【常规参数】卷展栏设置与此相同,不再讲解。

目标聚光灯的【常规参数】卷展栏(如图 4-1 所示)。

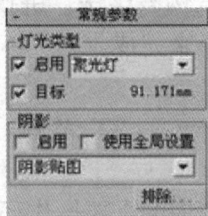

图 4-1　目标聚光灯的【常规参数】卷展栏

"启用":当该选项处于启用状态时,使用灯光着色和渲染以照亮场景;当该选项处于禁用状态时,进行着色或渲染时不使用该灯光,默认设置为启用。

"灯光类型列表":更改灯光的类型。例如将灯光更改为泛光灯、聚光灯或平行光。

"目标":启用该选项后,灯光将成为目标。灯光与其目标之间的距离显示在复选框的右侧。

"阴影"组:决定当前灯光是否投射阴影,默认设置为禁用。勾选"启用"选项,灯光将产生阴影,如图 4-2 左图所示为"启用"阴影时灯光产生阴影;如图 4-2 右图所示为禁用阴影时灯光不产生阴影。

图 4-2　阴影效果比较

提示:可以设置被照明的对象产生或不产生阴影,方法是选择被照明对象,单击右键选择【对象属性】命令,在打开的【对象属性】对话框取消"投射阴影"选项的勾选,此时,不管灯光是否产生阴影,该对象将不产生阴影。

阴影类型列表:当"启用"阴影后,可以在阴影方法下拉列表选择生成阴影的类型,有"阴影贴图"、"光线跟踪阴影"、"高级光线跟踪阴影"或"区域阴影"。另外,如果安装了Vray渲染器,还可以选择"Vray 阴影"。

提示:当想要不透明度贴图对象投射的阴影时,请使用"光线跟踪"或"高级光线跟踪阴影"。"阴影贴图"阴影不识别贴图的透明部分,因此,它们看起来并不真实可信。

下面以图标的形式,介绍不同类型的阴影方式所投射阴影的优缺点,见表 4-1 所示。

表 4 - 1　各种投射阴影的优缺点

阴影类型	优点	不足
高级光线跟踪	支持透明度和不透明度贴图。使用不少于 RAM 的标准光线跟踪阴影。建议对复杂场景使用一些灯光或面	比阴影贴图更慢。不支持柔和阴影
区域阴影	支持透明度和不透明度贴图。使用很少的 RAM。建议对复杂场景使用一些灯光或面。支持区域阴影的不同格式	比阴影贴图更慢
mentalray 阴影贴图	使用 mental ray 渲染器可能比光线跟踪阴影更快。	不如光线跟踪阴影精确
光线跟踪阴影	支持透明度和不透明度贴图。如果不存在对象动画,则只处理一次	可能比阴影贴图更慢。不支持柔和阴影
阴影贴图	产生柔和阴影。如果不存在对象动画,则只处理一次,是最快的阴影类型	使用很多 RAM。不支持使用透明度或不透明度贴图的对象

"使用全局设置":启用此选项以使用该灯光投射阴影的全局设置;禁用此选项以启用阴影的单个控件。

"排除/包含":灯光的"排除/包含"是一个无模式对话框,使用该对话框可以基于灯光包括或排除对象。当排除对象时,对象不由选定灯光照明,并且不接收阴影。单击"排除/包含"按钮,将打开【排除/包含】对话框(如图 4 - 3 所示)。

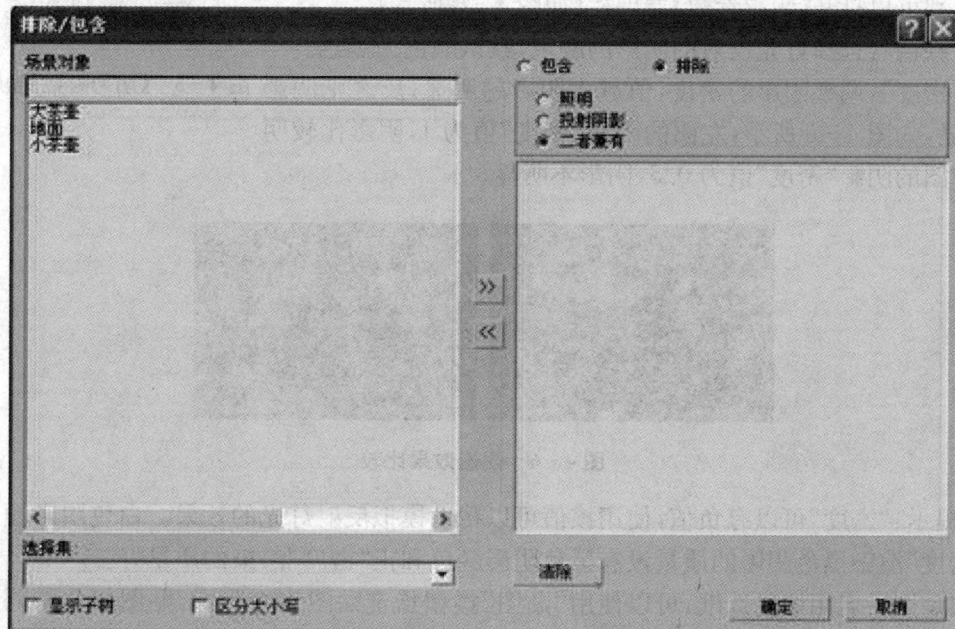

图 4 - 3　【排除/包含】对话框

在该对话框中,左边显示场景中的所有对象;右边是要"包含"或"排除"的对象,例如,要使当前灯光不照射场景中的小茶壶,则在对话框左边选择小茶壶,单击 >> 按钮将其调入右边,并勾选"排除"选项,单击 确定 按钮,此时渲染场景,小茶壶没有被照射,如图 4 - 4 所示,左图是灯光没有排除小茶壶时的渲染效果;右图是灯光排除小茶壶时的渲染效果。

图 4 - 4   灯光的"排除"效果

提示:如果要使当前灯光只照射小茶壶,则勾选"包含"选项;如果要取消某一个对象的"排除"或"包含",可以在右边选择该对象,单击 << 按钮,将其调入左边即可。

尽管灯光排除在自然情况下不会出现,但该功能在需要精确控制场景中的照明时非常有用。例如,有时专门添加灯光来照亮单个对象而不是其周围环境,或希望灯光从一个对象(而不是其他对象)投射阴影时,就可以使用"排除/包括"工具。

(2) 公用照明的【阴影参数】设置

所有灯光类型(除了"天光"、"IES 天光"以及 Vray 灯光)和所有阴影类型都具有【阴影参数】卷展栏,使用该选项可以设置阴影颜色和其他常规阴影属性。

当创建除"天光"、"IES 天光"以及 Vray 灯光之外的任何灯光后,都可以打开【阴影参数】卷展栏(如图 4 - 5 所示)。

"颜色":选择灯光投射的阴影的颜色,默认颜色为黑色。

"密度":调整阴影的密度,值越大阴影越明显;反之则阴影 图 4 - 5 【阴影参数】卷展栏
不明显,如图 4 - 6 所示,左图的阴影"密度"值为 1,阴影比较明
显,右图的阴影"密度"值为 0.5,阴影不明显。

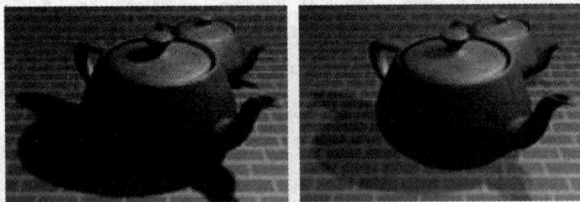

图 4 - 6   阴影效果比较

提示:"密度"可以有负值,使用该值可以帮助模拟反射灯光的效果。白色阴影颜色和负"密度"渲染黑色阴影的质量没有黑色阴影颜色和正"密度"渲染的质量好。

"贴图":启用该复选框,可以使用"贴图"按钮指定贴图作为阴影,贴图颜色与阴影颜色混合起来。

"灯光影响阴影颜色":启用此选项后,将灯光颜色与阴影颜色(如果阴影已设置贴图)

混合起来。

"大气阴影"：该组件可以让大气效果投射阴影，该设置不常用，在此不作详细讲解。

2."Vray渲染器"与渲染设置

"Vray渲染器"是3ds Max的外挂插件，它可以达到照片级的渲染效果，但是设置比较复杂，同时也有一些不支持3ds Max的功能。

(1)"Vray渲染器"不支持的3ds Max功能

光线跟踪贴图：Vray渲染器不支持此类贴图，由于此类贴图在Vray渲染器下会产生明显的人工修饰的光影痕迹，可以使用VrayMap代替此类贴图。

反射/折射贴图：Vray渲染器不支持此类贴图，可以使用VrayMap代替此类贴图。

平面镜贴图：Vray渲染器不支持此类贴图，可以使用VrayMap代替此类贴图。

光线跟踪材质：Vray渲染器不支持此类材质，由于此类材质在Vray渲染器下会产生明显的人工修饰的痕迹，可以使用VrayMvtl代替。

高级照明覆盖材质：Vray渲染器不支持此类材质，可以使用VrayMtlWrapper材质代替。

光线跟踪阴影：此类阴影在Vray渲染器下无法使用。

半透明明暗处理器：Vray渲染器不支持此类明暗处理器，可以使用VrayMtl材质中半透明选项代替。

天光：Vray渲染器不支持3ds max的天光，可以使用VrayLight中的穹顶模式或者Vray环境卷展栏中的全局光环境选项代替。

(2)Vray渲染器的设置

当指定Vray渲染器为当前渲染器后，在【渲染场景】对话框进入"渲染器"选项卡，这里包括了Vray渲染器的参数设置等16个卷展栏(如图4-7所示)。

图4-7　Vray渲染器渲染参数设置区域

3. Vray 灯光

Vray 灯光是 Vray 渲染器自带的一种灯光类型，在与 Vray 渲染器专用的材质、贴图以及阴影结合使用时，其效果很不错。

进入创建面板，激活 ◢ "灯光"按钮，在其下拉列表选择"Vray"选项，然后展开【对象类型】卷展栏，可以看到 Vray 灯光的两种类型的灯光，包括"VR 灯光"和"VR 阳光"，如图 4-8 左图所示。

激活【对象类型】卷展栏下的 VR灯光 按钮，在视图拖拽鼠标创建"VR 灯光"，默认设置下，"VR 灯光"为平面类型（如图 4-8 右图所示）。

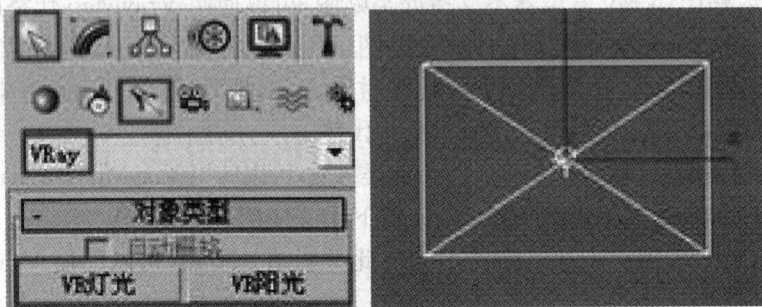

图 4-8 Vray 灯光和创建的"VR 灯光"

进入修改面板，展开"VR 灯光"的【参数】卷展栏（如图 4-9 所示）。

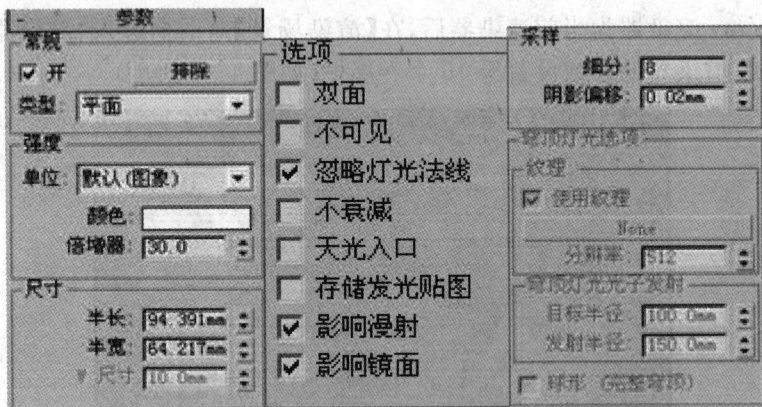

图 4-9 "VR 灯光"的【参数】卷展栏

下面对"VR 灯光"的常用设置进行详细讲解。

(1)"常规"选项组

"开"：勾选该选项，则应用"VR 灯光"。

该选项组用于启用或禁用"VR 灯光"、设置灯光排除以及选择灯光类型等。

"排除"：单击该按钮，设置灯光排除或包括对象，其功能与其他标准灯光的设置相同。

"类型"：设置"VR 灯光"的类型，包括"平面"、"球状"和"穹顶"。

"平面"：默认的类型，将"VR 灯光"设置成长方形形状。

"球状"：将"VR 灯光"设置成长方形形状。

"穹顶"：将"VR 灯光"设置成穹顶状，类似于 3ds Max 种的天光物体，光线来自光源 Z 轴的半球状圆顶（如图 4－10 所示）。

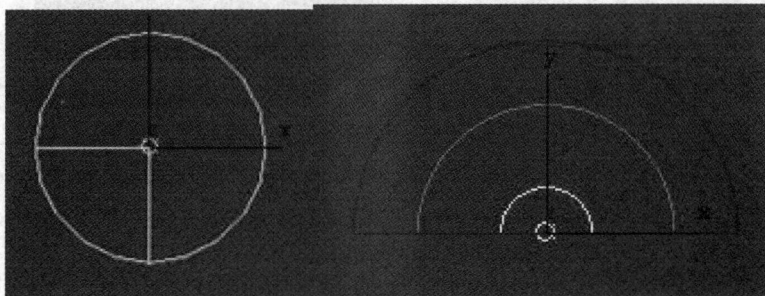

图 4－10　"VR 灯光"的球状类型 "VR 灯光"的穹顶类型

（2）"强度"选项组

该选项组用于设置"VR 灯光"的亮度半径、灯光颜色以及灯光"倍增值"。

"单位"：设置灯光亮度的单位，默认为"图像"，即使用图像默认的单位。

"颜色"：设置灯光颜色。

"倍增值"：设置灯光倍增值，值越大灯光强度越高。

（3）"尺寸"选项组

该选项组用于设置灯光的尺寸，当为"平面"类型时，可以设置灯光的"半长"和"半宽"，相当于长方形的长和宽；当为"球状"类型时，可以设置球体的"半径"；当为"穹顶"类型时，无尺寸可设置。

（4）"选项"选项组

该选项组用于设置灯光是否双面发光、是否可见以及是否衰减等。

"双面"：勾选该选项，灯光两面都发光；反之则单面发光，如图 4－11 所示，左图是单面发光，右图是双面发光。

图 4－11　单、双面发光效果

"不可见"：勾选该选项，灯光在渲染时不可见，否则灯光将使用当前灯光颜色在渲染时可见。

"忽略灯光法线"：一般情况下，光源表面在空间的任何方向上发射的光线都是均匀的,但是不勾选此选项,Vary会在光源表面的法线方向上发射更多的光线。

"不衰减":勾选该选项,灯光将不会衰减,也就是说,灯光的亮度不会因为距离变化而变化,如图4-12所示,左图是不衰减效果,右图是衰减效果。

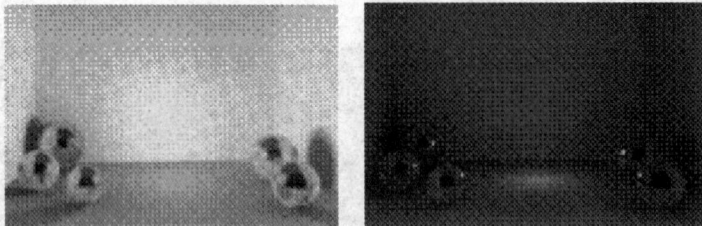

图4-12 "VR灯光"衰减与不衰减效果

"天光入口":勾选该选项,前面设置的颜色和倍增值将被忽略,代之是环境的相关设置。

"存储发光贴图":勾选此项,如果计算GI使用的是发光贴图方式,那么Vray将计算灯光的光照效果,并将计算结果保存在发光贴图中,当然,这会使发光贴图计算更慢。

(5)"采用"选项组

该选项组用于设置计算灯光的样本数以及阴影的偏移距离。

"细分":设置在计算灯光效果时,使用的样本数量,较高的值将产生平滑的效果,但会耗费更多的渲染时间。

"阴影偏移":设置产生阴影的偏移效果的距离。

4. Vray阴影

由于3ds Max标准灯光的光线跟踪阴影无法在Vray渲染器中正常表现,因此,使用Vray渲染器渲染场景时,想要使标准灯光照产生较好的光线跟踪阴影效果,就必须使用Vray渲染器提供的"Vray阴影"。"Vray阴影"常被3ds Max标准灯光以及Vray灯光用于产生光线跟踪阴影,该阴影效果除了支持模糊阴影外,还可以正确表现来自Vray置换物体以及透明物体的阴影。

在视图创建标准灯光,启用阴影,并选择阴影类型为"Vray阴影",然后进行修改面板,展开【Vray阴影参数】卷展栏(如图4-13所示)。

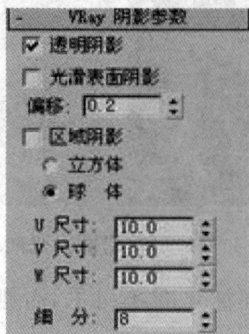

图4-13 【Vray阴影参数】卷展栏

"透明阴影"：用于确定场景中透明物体投射阴影的行为，勾选该选项，将正确渲染透明物体产生的阴影；反之则不能正确渲染透明物体产生的阴影。

"光滑表面阴影"：勾选该选项，将对曲面物体的阴影进行光滑处理，避免在粗糙物体表面产生斑驳的阴影。

"偏移"：设置阴影的偏移效果。

"区域阴影"：勾选该选项，将物体阴影作为区域阴影。

"立方体/球体"：勾选这两个选项，将物体阴影作为方体状或球体的光源进行投射。

"U 尺寸、V 尺寸、W 尺寸"：在计算面积阴影时，设置光源 U 向、V 向和 W 向的尺寸，值越大，阴影边缘越模糊，反之则阴影边缘越清晰。

"细分"：设置在某个特定点计算面积阴影时，使用的样本数，较高的值将产生平滑的阴影效果，但会消耗更多的渲染时间。

4.1.2　厨房日景灯光与渲染设置

上一节讲解了有关灯光和渲染设置等知识，这一节通过"厨房日景"效果的制作，让读者首先感受一下标准灯光的应用技巧以及 Vray 渲染器强大的渲染功能。由于 Vray 渲染器的参数设置众多，也相对复杂，在下一节将继续对其进行详细讲解。

"厨房日景"场景中已经设置好了材质、贴图以及摄像机，下面为其设置灯光。在设置灯光时，根据场景最后的出图效果，需要有一盏目标平行光模拟太阳光作为主光源，然后再设置其他辅助光源，最后设置渲染参数进行渲染输出。

1. 操作步骤

（1）设置主光源

① 启动 3ds Max 系统，打开本书配套光盘"场景文件"/"线架"目录下的"厨房日景.max"文件。该场景对象已经指定了材质并设置了摄像机，下面进行灯光的设置，首先设置主光源。

② 进入灯光创建面板，选择"标准"灯光类型，然后激活 目标平行光 按钮，在顶视图厨房窗户位置由左上方到右下方的方向，拖动创建一盏目标平行光，如图所示。

③ 在左视图选择灯光的平行光区域，沿 Y 中向上拖拽，调整灯光的照射角度，模拟太阳光倾斜向下的照射效果（如图 4-14 所示）。

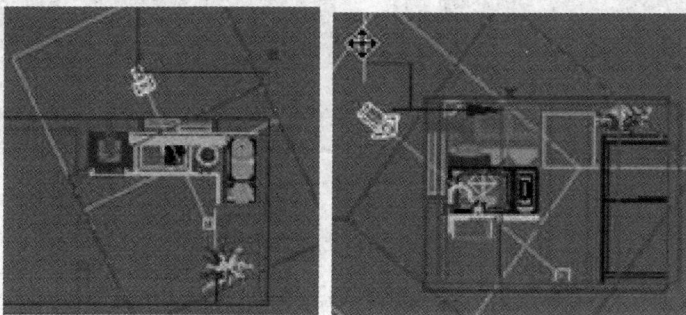

图 4-14　创建的目标平行光　　调整灯光的角度

④ 进入修改面板,在【常规参数】卷展栏"阴影"组勾选"启用"选项,并选择"Vray 阴影";在【强度/颜色/衰减】卷展栏设置"倍增"为 1.5,设置颜色为白色(R:255、G:255、B:255),其他设置默认。

⑤ 打开【渲染场景】对话框,指定当前渲染器为"Vray 渲染器",然后在【公用参数】卷展栏设置出图分辨率为 320×240,取消"渲染帧窗口"的勾选。

⑥ 进入"渲染器"选项卡,在【帧缓冲区】卷展栏勾选"启用内置帧缓冲区"选项,单击"渲染"按钮进行渲染,效果如图 4-15 所示。

图 4-15　场景渲染效果

通过渲染可以看出,目标平行光模拟太阳光的效果不错,但是整个场景太暗,下面我们继续设置一些辅助光,使整个场景亮起来。

(2) 设置窗口辅助光源

① 再次进入灯光创建面板,选择"Vray"灯光类型,激活 VR灯光 按钮,在前视图沿厨房窗户大小创建一个 Vray 灯光(如图 4-16-1 所示),然后在左视图将 Vray 灯光沿 X 轴向右移动,使其靠近窗户(如图 4-16-2 所示)。

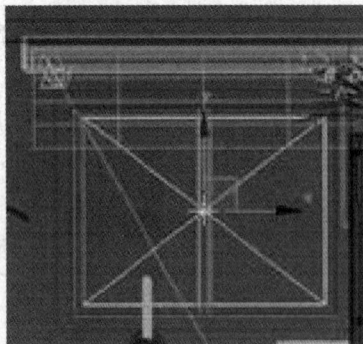 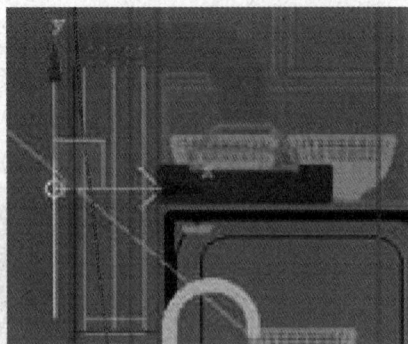

图 4-16-1　　　　　　　　　　　　　图 4-16-2

创建的 Vray 灯光的位置

② 进入修改面板,在【参数】卷展栏设置 Vray 灯光的"倍增器"值为 13,设置灯光颜色为白色(R:255、G:255、B:255),然后勾选"选项"组下的"不可见"选项,其他参数设置默认。

③ 单击主工具栏中的⊙"快速渲染"按钮快速渲染场景,观察灯光效果(如图4-17所示)。

图 4-17　设置辅助光后场景效果

通过渲染可以看出,此时的场景整体亮起来了,尤其是天花板和墙面光的反射以及过渡效果很符合太阳光的照射效果,但是,正面墙体和冰箱对象都太暗,光效不协调,下面继续设置一些辅助光,照亮这些对象。

(3) 设置墙面辅助光源和冰箱辅助光源

① 再次进入灯光创建面板,选择"标准"灯光类型,然后激活 泛光灯 按钮,在顶视图靠后摄像机的位置单击创建一盏泛光灯,在靠近窗户的位置创建一盏泛光灯(如图4-18-1所示),然后在前视图将两盏泛光灯沿 Y 轴向上调整到摄像机靠上的位置(如图4-18-2所示)。

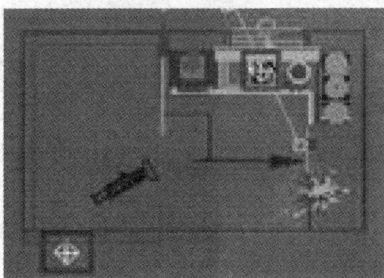 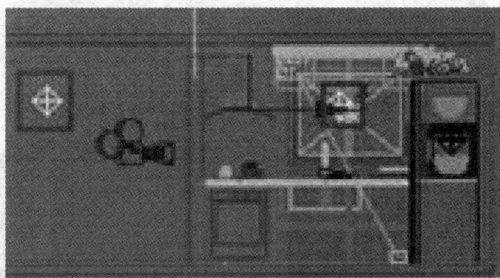

图 4-18-1 　　　　　　　　　**图 4-18-2**

创建的泛光灯

② 选择靠近摄像机的泛光灯,进入修改面板,在【强度/颜色/衰减】卷展栏下设置"倍增"值为0.5,设置灯光颜色为白色(R:255、G:255、B:255),其他设置默认。

③ 选择靠近窗户的泛光灯,进入修改面板,在【强度/颜色/衰减】卷展栏下设置"倍增"值为0.5,设置灯光颜色为白色(R:255、G:255、B:255),然后单击"排除"按钮,在打开的【排除/包含】对话框左边选择"冰箱",单击≫按钮将其调入右边,勾选"包含"选项,使该泛光灯只照射冰箱对象,然后确认。

④ 再次快速渲染摄像机视图,观察灯光效果(如图4-19-1所示)。

由此渲染可以看出,墙面以及冰箱对象都被照亮了,但是,正面墙体、地板等还是太暗,根据我们前面讲解的光的属性可以知道,这是由于太阳光的照射角度与这些对象形成一定的倾斜角度,这些对象不是直接接受光,因此比其他对象要暗,如果专门设置灯光照射这些对象,可能会出现亮度过强不真实或曝光等情况,因此,我们可以打开 Vray 渲染器的"全局光"设置,通过全局光照明以及光线的反射/折射使墙面和地板亮起来。

⑤ 打开【渲染场景】对话框,展开 Vray 渲染器的【间接照明(GI)】卷展栏,勾选"开"选项,然后选择"首次反弹"的"全局光引擎"为"发光贴图","二次反弹"的"全局光引擎"为"准蒙特卡洛算法",其他设置默认,再次快速渲染场景,效果如图 4-19-2 所示。

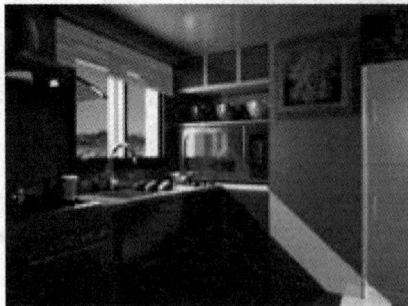

图 4-19-1 设置墙面复制光后的场景效果   图 4-19-2 全局光渲染效果

提示:【间接照明(GI)】卷展栏的相关设置将在下面章节中详细讲解,此不作介绍。

由此渲染可以看出,此时的场景光效已经很不错了,下面,我们为抽油烟机设置一盏目标聚光灯。

(5) 设置目标聚光灯

① 再次进入灯光创建面板,选择"标准"灯光类型,然后激活 目标聚光灯 按钮,在前视图抽油烟机位置创建一盏目标聚光灯,如图 4-20 左图所示,然后在顶视图调整其位置,使其与抽油烟机对齐,如图 4-20 右图所示。

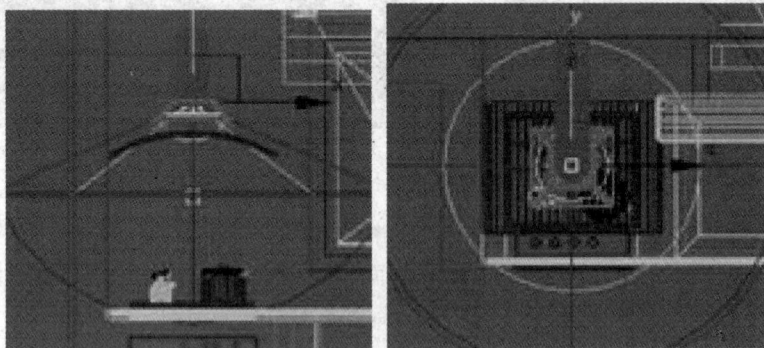

图 4-20 创建的目标聚光灯

② 进入修改面板,在【强度/颜色/衰减】卷展栏下设置"倍增"值为 2.0,设置灯光颜色为乳白色(R:255、G:255、B:242),然后在"远距衰减"组勾选"使用"选项,并设置"开始"为175.5,"结束"为 1021,对其应用衰减照明。

至此,灯光效果已经设置完毕,下面设置渲染参数进行渲染,首先渲染光子图,这样做的好处是,在最后渲染大图时,可以不用再渲染光子图,节省很多时间。

（6）渲染并保存光子图

① 打开【渲染场景】对话框，在【公用参数】卷展栏设置出图比例为 320×240，在 Vray 渲染器的【全局开关】卷展栏下勾选"不渲染最终图像"选项。

② 展开【图像采样（反锯齿）】卷展栏，设置图像采样器为"自适应细分"，打开"抗锯齿过滤器"，选择过滤方式为"Catmull-Rom"，然后展开【自适应细分图像采样器】卷展栏（该卷展栏只有在选择"自适应细分"采样器时才会出现），设置"最小比率"为 −1，"最大比率"为 3。

③ 继续在【发光贴图】卷展栏设置"当前预置"为"高"，设置"模型细分"为 50、"差补采用"为 20，在"方式"选项组的"模式"下选择"单帧"，在"渲染后"选项组勾选"自动保存"以及"切换到保存的贴图"选项，然后单击"自动保存"后的 浏览 按钮，在打开的【自动保存发光贴图】对话框中为光子图命名，并将其保存。

提示：【发光贴图】卷展栏只有在【间接照明（GI）】卷展栏的"首次反弹"选项组设置"全局光引擎"为"发光贴图"时，才会出现。

④ 设置完毕后，单击"渲染"按钮渲染光子图，光子图渲染完毕后，就可以进行最终的图像渲染了。

（7）最终渲染

① 光子图渲染完毕后，在【公用参数】卷展栏设置出图比例为 2000×1500，在 Vray 渲染器的【全局开关】卷展栏下取消"不渲染最终图像"选项的勾选。

② 在【发光贴图】卷展栏修改"模型细分"为 60、"差补采用"为 30，在【准蒙特卡洛全局光】卷展栏修改"细分"值为 15。

③ 展开【rQMC 采样器】卷展栏，修改"噪波阈值"为 0.005，修改"全局细分倍增器"为 1.5。

④ 展开【颜色映射】卷展栏，选择"类型"为"指数"，并修改"变暗倍增器"为 1.5、"变亮倍增器"为 2.0，其他设置默认。

⑤ 参数设置完毕后，单击"渲染"按钮进行最后的图像渲染。

至此，"厨房日景"灯光与渲染效果制作完毕。

【课堂操作实训】

（1）用目标平行光制作阴影场景。

（2）用 Vray 光源制作摩托车灯光。

任务二　材质的应用

材质是反映模型质感的重要元素之一，如果说模型是骨架，那么材质就是皮肤和肌肉，材质可以赋予模型生动、真实的生活气息。3ds Max 系统支持多种材质类型，包括："标准"材质、"光线跟踪材质"、"建筑"材质、"建筑与设计"材质、"mental ray"材质、"高级照明覆盖"材质以及"Vray 渲染器"材质等，这些材质类型都支持特定的渲染器，使用特定渲染器渲染，才会得到逼真的材质效果。

4.2.1　基本知识

简单地说，材质是 3ds Max 系统对真实物体视觉效果的模拟，这包括：颜色、光感、透明性、表面特性以及表面纹理结构等诸多要素。在现实生活中，任何物体都有它自身的表面特征，例如，石头表面是粗糙、坚硬的；织布表面是光滑、柔软的；金属表面具有反光效果；玻璃具有透明和反射的表面特性等。贴图通常与材质一起使用，在制作材质时，可以使用贴图来模拟真实物体的表面特征。贴图其实就是二维图像，使用贴图通常是为了改善材质的外观和真实感，贴图可以模拟纹理、反射、折射以及其他一些材质无法表现的效果。

1. 认识【材质编辑器】

在 3ds Max 中，材质是在【材质编辑器】中制作的，【材质编辑器】提供创建和编辑材质以及贴图的功能，【材质编辑器】主要包括"菜单栏"、"示例窗"、"工具行/工具列"、"材质名称"和"卷展栏"等。单击主工具栏中的 "材质编辑器"按钮（或按键盘上的 M 键），即可打开【材质编辑器】对话框。

（1）示例窗

"示例窗"显示材质和贴图的预览效果，它是【材质编辑器】界面最突出的功能。【材质编辑器】共有 24 个示例窗，一个示例窗可以编辑一种材质或贴图，系统默认下只显示六个示例窗。将光标放在示例窗上，光标显示小推手图标，此时按住鼠标拖拽，可以查看其他示例窗（如图 4-21 所示）。

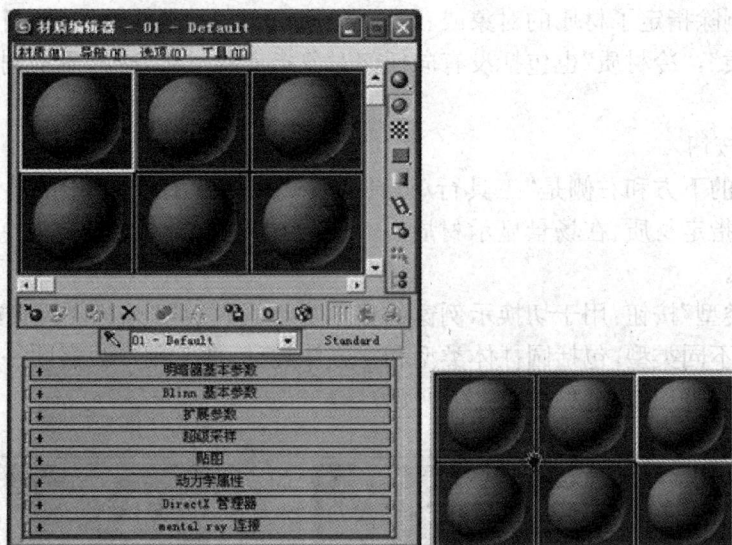

图 4 - 21　【材质编辑器】对话框　　　　　　　　　拖拽查看其他示例窗

提示：在示例窗上单击右键，选择"3×2 示例窗"、"5×3 示例窗"以及"6×4 示例窗"，可以设置示例窗的显示数目。

在制作材质或贴图时，需要先激活一个示例窗，被激活的示例窗边框显示白色(如图 4 - 22 - 1 所示)，未被激活的示例窗边框显示灰色(如图 4 - 22 - 2 所示)，然后在激活的示例窗上制作材质，制作好的材质会显示在示例窗上(如图 4 - 22 - 3 所示)。

　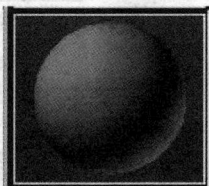　

图 4 - 22 - 1　　　　　　　图 4 - 22 - 2　　　　　　　图 4 - 22 - 3

制作材质的流程

当示例窗中的材质指定给场景中的一个或多个模型对象时，示例窗四周显示白色三角形(如图 4 - 23 - 1 所示)，则该示例窗被称为"热材质(或热示例窗)"，当调整该"热材质"时，场景中的材质也会同时更改(如图 4 - 23 - 2 所示)。

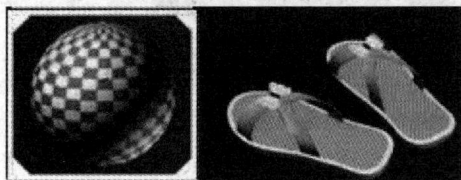　　　　　　　

图 4 - 23 - 1　　　　　　　　　　　　　　　　图 4 - 23 - 2

将材质指定给对象

提示：当删除指定了材质的对象或者为对象从新指定了其他材质后，当前"热材质"即可变为"冷材质"，"冷材质"也包括没有向任何对象指定的材质，冷材质示例窗四周不显示白色三角形。

（2）工具按钮

"示例窗"的下方和右侧是"工具行/工具列"，"工具行/工具列"中的各种工具按钮主要用于向对象指定材质、在场景显示材质以及获取材质、保存材质等，这些按钮与材质本身的设置无关。

⊙"采样类型"按钮：用于切换示例窗的显示类型，按住⊙"采样类型"按钮不松手，可显示示例窗的不同类型，包括圆柱体类型和立方体类型，便于用户观察同一种材质在不同形状的对象上的表现效果（如图 4-24 所示）。

图 4-24   示例窗的不同显示类型

⊙"背光"按钮：用于显示材质的背光效果，按下该按钮，将显示材质的背光效果，用于观察有背光时材质的表现效果，如图 4-25 所示，左图为显示背光，右图为不显示背光。

图 4-25   显示背光和不显示背光的效果

▓"背景"按钮：用于显示背景，该功能在制作玻璃、不锈钢金属等透明材质和反光较强的材质时，非常有用（如图 4-26 所示）。

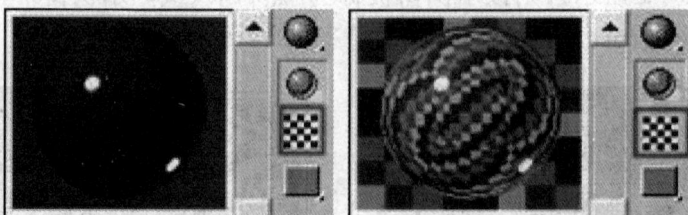

图 4-26   显示背景和不显示背景的材质效果比较

⊙"获取材质"按钮：单击该按钮，将打开【材质/贴图浏览器】对话框，可用于从"材质库"、"场景"或其他位置加载以前存储的材质到场景。

"将材质指定给选定对象"按钮:单击该按钮,将材质指定给当前选择的模型对象。

"在视口中显示贴图"按钮:激活该按钮,将在视图中可以看到贴图和材质,但是只能显示一个层级的贴图和材质。

"转到父对象"按钮:单击该按钮,回到上一级材质层级,该按钮只能在此一级的层级上才能被激活。

提示:可以将制作好的材质进行保存,方便调用,保存材质的方法比较简单,激活制作好材质的示例窗,单击"放入库"按钮打开【入库】对话框为该材质命名并确认,然后单击"获取材质"按钮,在打开的【材质/贴图浏览器】对话框中勾选"浏览自"选项下的"选定对象"选项,然后单击 另存为 按钮,在打开的【保存材质库】对话框中为材质命名,单击 保存(S) 按钮保存。材质一般被保存在系统默认的"materiallibraries"文件夹下,用户也可以重新指定保存路径进行保存,材质文件的扩展名为.mat。

2."标准"材质的"卷展栏"

"卷展栏"也是【材质编辑器】的主要组成部分,"卷展栏"提供制作材质的各种参数设置。但是,"卷展栏"会根据使用的材质的类型不同而发生变化,系统默认下使用"标准"材质,其"卷展栏"包括:【明暗器基本参数】、【Binn 基本参数】、【扩展参数】、【超级采样】、【贴图】、【动力学属性】、【DirectX 管理器】和【mental ray 连接】八个卷展栏。

下面以使用"标准"材质为例,讲解"标准"材质下的各卷展栏的参数设置,其他材质类型下的卷展栏设置,将在后面章节中通过实例进行讲解。

(1)【明暗器基本参数】卷展栏

该卷展栏用于设置物体的着色类型和着色方式,在左边的"明暗类型"下拉列表有八种着色类型,在右侧有四种着色方式(如图 4-27 所示)。

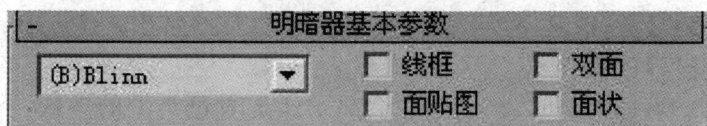

图 4-27　【明暗器基本参数】卷展栏

首先对八种着色类型进行讲解。

"Blinn":默认的着色类型,这种着色类型比较常用,一般用于较软的物体的表面着色,如布料、织物等。

"各向异性":该着色类型可以在模型表面产出椭圆高光,用于模拟具有反光异向性的材料,如头发、玻璃和有棱角的金属表面等。

"金属":专门用于模拟金属材质的表面着色效果。

"多层":可以产生椭圆高光,但其拥有两套高光控制参数,能生成更复杂的高光效果。

"Oren-Nayar-Blinn":主要用于模拟粗糙的布、陶土等物体的表面着色。

"Phong":可以很好模拟从高光到阴影区自然色彩变化的材质效果,适用于塑料质感更强的物体表面着色,也可用于大理石等较坚硬的物体的表面着色。

"Strauss":用于生成金属材质,但比"金属"类型更简单。

"半透明明暗器":同灯光配合使用可以制作出灯光的透射效果。

下面继续讲解四种着色方式。

"线框":该方式将以"线框"方式进行着色,只表现物体的线框结构,可以在【扩展参数】卷展栏下的"线框"选项下设置线框值,值越大则线框越粗,左、中、右依次为"线框"为0.5、1和3的着色效果(如图4-28所示)。

图4-28 "线框"着色方式

"双面":该方式将使用双面材质对单面物体进行着色,尤其对于改善放样生成对象(如窗帘等)时的法线翻转问题很管用,如图4-29所示,左图为不使用"双面"的着色效果,右图为使用"双面"的着色效果。

图4-29 "双面"着色方式效果比较

"面贴图"方式:该方式在物体每个多边形的边上进行贴图,一般不常用。

"面状"方式:该方式使物体每一个面出现棱角,一般不常用。

(2)【基本参数】卷展栏

当选择不同的着色类型时,该卷展栏会显示所选着色类型的参数,不同着色类型的"基本参数"设置出入较大,下面以"Blinn"着色类型为例,对【基本参数】卷展栏设置进行讲解,【Blinn基本参数】卷展栏如图4-30所示。

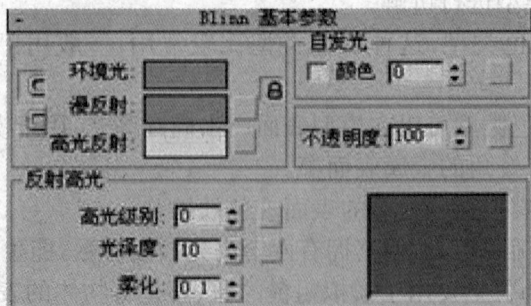

图4-30 【Blinn基本参数】卷展栏

"环境光":是物体在阴影中的颜色,单击该颜色块,打开【颜色选择器】对话框设置颜色,也可以使用一种纹理贴图来替代颜色。

"漫反射":是物体在良好的光照条件下的颜色,单击该颜色块,打开【颜色选择器】对话框设置颜色,也可以使用一种纹理贴图来替代颜色,单击颜色块右边的█"贴图通道"按钮,打开【材质/贴图浏览器】对话框选择一种贴图。

"高光反射":是物体在良好的光照条件下的高光颜色,单击该颜色块,打开【颜色选择器】对话框设置颜色,可以使用一种纹理贴图来替代颜色,单击颜色块右边的█"贴图通道"按钮,打开【材质/贴图浏览器】对话框选择一种贴图。

"环境光"、"漫反射"以及"高光反射"的表现效果如图4-31所示。

图4-31 使用颜色和贴图着色的效果

"自发光":用于设置材质自发光效果。有两种方法可以指定自发光,一是启用复选框,使用自发光颜色,如图4-32(左图)所示;二是禁用复选框,使用单色微调器调整自发光度,如图4-32(中图和右图)所示。

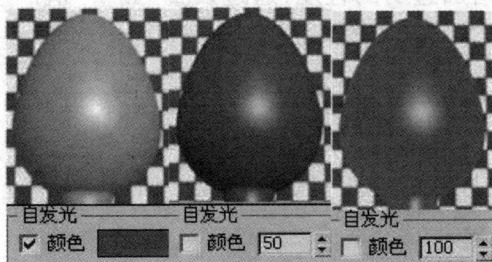

图4-32 "自发光"的应用效果

提示:勾选"颜色"选项,可以重新设置一种自发光颜色;取消"颜色"选项,则"自发光"使用漫反射颜色作为自发光颜色,可以通过调整自发光值设置发光强度。

"不透明度":设置材质的不透明度,100为完全不透明,0为完全透明,50为半透明,效果如图4-33所示。

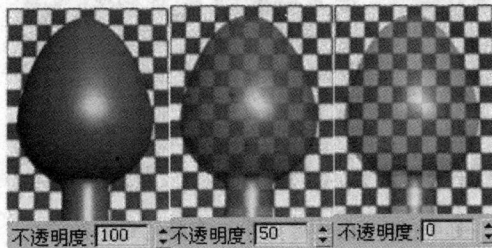

图4-33 "不透明度"的应用效果

"高光级别":设置物体高光强度,不同质感的物体具有不同的高光强度,一般情况下,木头为 20~40;大理石为 30~40;墙体为 10 左右;玻璃为 50~70;金属为 100 或者更高。

"光泽度":设置光线的扩散值,但这首先需要有高光值才行。

(3)【扩展参数】卷展栏

【扩展参数】卷展栏包括"高级透明"、"线框"以及"反射暗淡"三部分(如图 4-34 所示)。

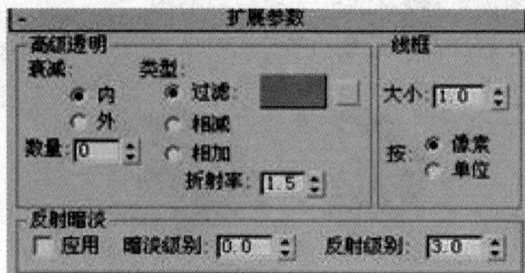

图 4-34 【扩展参数】卷展栏

"高级透明"选项组包括"衰减"和"类型",用于设置透明材质在"内部"还是"外部"衰减,衰减的程度以及如何应用不透明度等。

"内":由中心向边缘增加透明的程度,通过设置"数量"值产生不同的透光效果,"数量"值分别为 0、50 和 100 时的衰减效果如图 4-35 所示。

图 4-35 由中心向边缘衰减的透明效果

"外":与"内"相反,由边缘向中心增加透明的程度,通过设置"数量"值产生不同的透光效果,"数量"值分别为 0、50 和 100 时的衰减效果如图 4-36 所示。

图 4-36 由边缘向中心衰减的透明效果

"过滤":计算与透明物体后面的颜色相乘的过滤色。单击色样可更改过滤颜色。单击色样后的按钮,可将贴图指定给过滤颜色组件。

提示:过滤或透射颜色是通过透明或半透明材质(如玻璃)透射的颜色。用户可以将过滤颜色与体积照明一起使用,以创建像彩色灯光穿过脏玻璃窗口这样的效果。透明对象投射的光线跟踪阴影将使用过滤颜色进行染色。

"相减":从透明物体后面的颜色中减去。

"相加":与透明物体后面的颜色相加。

"过滤"、"相减"和"相加"的过滤方式产生的效果如图 4-37 所示。

图 4-37　不同过滤方式产生的效果

"折射率"设置折射贴图和光线跟踪所使用的折射率(IOR),IOR 用来控制材质对透射灯光的折射程度。1.0 是空气的折射率,这表示透明对象后的对象不会产生扭曲。折射率为 1.5,后面的对象就会发生严重扭曲,就像玻璃球一样。对于略低于 1.0 的 IOR,对象沿其边缘反射,如同从水面下看到的气泡。常见的折射率(假设摄影机在空气或真空中)如图 4-38 所示。

材质	IOR 值
真空	1.0(精确)
空气	1.0003
水	1.333
玻璃	1.5(清晰的玻璃)到 1.7
钻石	2.417

图 4-38　常见折射率

提示:在物理世界中,折射率是由光线穿过眼睛或摄影机所在的透明材质和媒介时的相对速度所产生的。通常它与对象的密度有关:折射率越高,对象的密度就越高。折射率可以使用贴图来控制,IOR 贴图始终在 1.0(空气的 IOR)和 IOR 参数中的设置之间进行插补。例如,如果折射率设置为 3.55 并且使用黑白"噪波"来控制折射率,那么在对象上渲染的折射率值将会设置在 1.0 到 3.55 之间;该对象看起来就会比空气来的稠密。另一方面,如果 IOR 设置为 0.5,则同一贴图的值将在 0.5 到 1.0 之间渲染,这种情况就像摄影机位于水下,而对象的密度小于水一样。

3."标准"材质与"位图"贴图

"标准"材质是【材质编辑器】示例窗中的默认材质。"标准"材质为表面建模提供了非常直观的方式。在现实世界中,表面的外观取决于它如何反射光线。在 3ds Max 中,"标准"材质模拟表面的反射属性。如果不使用贴图,"标准"材质会为对象提供单一的颜色。通常都会在"标准"材质上使用贴图,最简单也最常用的是"位图"贴图,下面我们通过一个实例操作主要讲解"标准"材质和"位图"贴图的应用。

① 打开茶盘. max"文件,该场景包括茶盘和茶叶罐对象(如图 4-39-1 所示)。

② 打开【材质编辑器】并选择一个空的示例窗,默认下该示例窗使用"标准"材质。

③ 在【明暗器基本参数】卷展栏下选择"Phong"明暗类型,然后在【Phong 基本参数】卷展栏下设置"环境光"和"漫反射"的颜色为任意颜色,其他设置默认。

④ 选择场景中的所有对象,单击【材质编辑器】工具行中的 ▧ "将材质指定给选定对象"按钮,将制作的"标准"材质指定给场景对象,效果如图 4-39-2 所示。

图 4-39-1　打开的场景效果　　　　　　图 4-39-2　为对象指定单一颜色

由于没有使用任何贴图,因此"标准"材质为对象提供了单一的颜色,下面在"标准"材质上使用贴图。

⑤ 继续上面的操作。在【Phong 基本参数】卷展栏下单击"漫反射"右边的贴图按钮,在打开的【材质/贴图浏览器】对话框的"浏览自"选项下勾选"新建"选项,然后双击"位图"贴图选项。

⑥ 在打开的【选择位图图像】对话框选择"场景文件"目录下的"wood_02. jpg"位图文件,将其打开。

⑦ 按键盘中的 F9 键,快速渲染场景,此时"标准"材质为对象提供了一种贴图,效果如图 4-40 所示。

图 4-40　使用"位图"贴图着色的效果

4. "位图"贴图的设置

在"标准"材质中使用了"位图"贴图后,需要对"位图"贴图进行一系列的设置,包括平铺、位置变化、角度等。

当在"标准"材质中使用了"位图"贴图之后,系统会自动切换到"位图"贴图的一系列参数设置卷展栏。下面只对常用的【坐标】卷展栏做详细讲解，其他卷展栏在后面章节中通过实例操作进行讲解。

在【坐标】卷展栏中，通过调整坐标参数，可以相对于对象表面移动贴图，以实现其他效果，【坐标】卷展栏如图4-41左图所示。

① 继续上面实例的操作。在场景选择茶叶罐，在【材质编辑器】中选择一个空白的示例窗，选择场景文件中"人物.jpg"的位图，将其指定给茶叶罐。

提示："人物"贴图的制作请参阅前面操作中06步的操作，在此不再详细讲解。

② 单击【材质编辑器】工具行中的 "在视口中显示贴图"按钮，使"人物"贴图在视图中显示（如图4-41右图所示）。

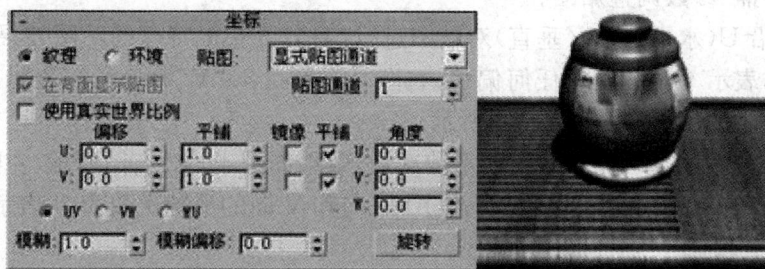

图4-41　左图为【坐标】卷展栏，右图为茶叶罐指定人物贴图

下面讲解【坐标】卷展栏中的相关设置。

"纹理"：将贴图作为纹理贴图应用到物体表面，除制作环境贴图之外，大多数情况下都使用"纹理"贴图。可以从"贴图"列表中选择坐标类型。

"环境"：使用贴图作为环境贴图。从"贴图"列表中选择坐标类型。

"贴图"列表：其选项因选择"纹理"贴图或"环境"贴图而异，当选择"纹理"贴图时，"贴图"列表包括："显示贴图通道"、"顶点颜色通道"、"对象XYZ平面"以及"世界XYZ平面"；当选择"环境"贴图时，"贴图"列表包括："屏幕"、"球形环境"、"柱形环境"及"收缩包裹环境"。

"显式贴图通道"：使用任意贴图通道。如选中该选项，"贴图通道"将处于活动状态，可选择从1到99的任意通道，这是最常用的贴图坐标类型。

"顶点颜色通道"：使用指定的顶点颜色作为通道，该坐标一般不常使用。

"对象XYZ平面"：使用基于对象的本地坐标的平面贴图（不考虑轴点位置）。用于渲染时，除非启用"在背面显示贴图"，否则平面贴图不会投影到对象背面。该坐标一般也不常使用。

"世界XYZ平面"：使用基于场景的世界坐标的平面贴图（不考虑对象边界框）。用于渲染时，除非启用"在背面显示贴图"，否则平面贴图不会投影到对象背面。该坐标一般也不常使用。

"球形环境"、"圆柱形环境"或"收缩包裹环境"：使用球形、圆柱或收缩包裹方式贴图，一般在动画场景中应用比较多。

"屏幕"：投影为场景中的平面背景，这是制作背景贴图最常用的贴图坐标类型。

　　"在背面显示贴图"：如果启用该选项，平面贴图（对象 XYZ 平面，或使用"UVW 贴图"修改器）穿透投影，渲染在对象背面上；禁用此选项后，不能在对象背面对平面贴图进行渲染。默认设置为启用。需要说明的是，只有在两个维度中都禁用"平铺"时，才能使用此选项，同时只有在渲染场景时，才能看到它产生的效果。

　　提示：场景中无论是否启用了"显示背面贴图"，平面贴图都将投影到对象的背面。为了将其覆盖，必须禁用"平铺"。

　　以上是贴图的坐标设置，下面继续讲解贴图的平铺、偏移等设置。

　　"使用真实比例"：启用此选项之后，使用位图本身真实的"宽度"和"高度"值应用于对象。禁用该选项，将使用 UV 值将贴图应用于对象。不管是否启用该选项，都可以通过设置"偏移"、"平铺"参数调整贴图。

　　"偏移"：沿 U（水平）或 V（垂直）对贴图进行偏移，以获得特殊的贴图效果，左图"U"、"V"值均为 0，表示不对贴图作任何偏移，右图"U"为 0.8、"V"为 -0.4，表示对贴图进行 U 向和 V 向的偏移（如图 4-42 左图所示）。

　　"平铺"：设置贴图 U 向或 V 向的平铺次数，效果如图 4-42 右图所示，左图 U 向和 V 向的平铺次数为 1，表示贴图平铺 1 次；右图 U 向和 V 向的平铺次数为 3，表示贴图平铺 3 次。

图 4-42　设置"偏移"的效果　　设置"平铺"的效果

　　"镜像"/"平铺"：使贴图在 U 向或 V 向，以镜像方式平铺或以平铺方式平铺，如图 4-43-1 所示，左图在 U 向镜像，在 V 向平铺，右图在 U 向和 V 向平都镜像。

　　"角度"：设置贴图沿 U（X）、V（Y）、W（Z）轴向的旋转角度。

　　"模糊"：基于贴图离视图的距离，影响贴图的锐度或模糊度。贴图距离越远，模糊就越大。模糊主要是用于消除锯齿（如图 4-43-2 所示），左图"迷糊"值为 1；右图"迷糊"值为 10。

图 4-43-1　"镜像"和"平铺"效果　　图 4-43-2　"模糊"效果比较

　　模糊偏移"：影响贴图的锐度或模糊度，与贴图离视图的距离无关，只模糊对象空间中自身的图像。如果需要贴图的细节进行软化处理或者散焦处理以达到模糊图像的效果时，使用此选项。

4.2.2 洗手间一角材质表现

在上一节学习了材质、贴图的基本知识、【材质编辑器】的操作、"标准"材质与"位图"贴图以及位图贴图的设置等知识,这一节通过制作"洗手间一角"材质的实例,对以上所学知识进行巩固。

"洗手间一角"场景已经设置好了灯光、摄像机,并已经指定了 Vray 渲染器为当前渲染器,同时设置好了渲染参数。所要制作的材质主要有"顶墙面瓷砖材质"、"底墙面瓷砖材质"、"地板放滑砖材质"、"洗手池白瓷材质"、"镜面玻璃材质"以及"梳妆架金属材质"等,这些材质将全部使用 VrayMtl 材质并设置"位图"贴图来完成,最后使用 Vray 渲染器进行渲染。

1. 操作步骤

(1) 制作顶墙材质

① 打开"洗手间一角. max"文件,该场景中已经设置了一盏目标平行光、一盏 Vray 灯光和一架摄像机,并指定了 Vray 渲染器为当前渲染器。按键盘上的 F9 键,快速渲染场景,效果如图 4-44 所示。

图 4-44 场景渲染效果

② 打开【材质编辑器】并选择一个空的实例窗,单击 Standard 按钮,在打开的【材质/贴图浏览器】对话框双击"VrayMtl"材质(如图 4-45 所示)。

图 4-45 双击"VRayMtl"材质

③ 进入【材质编辑器】对话框,展开"VrayMtl"材质的【基本参数】卷展栏,单击"漫射"贴图按钮,在打开的【材质/贴图浏览器】对话框双击"位图"选项(如图 4-46 所示)。

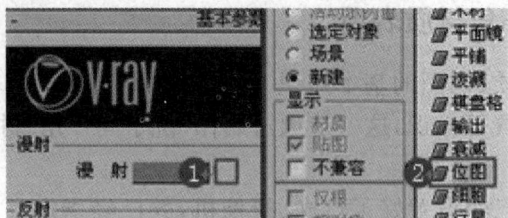

图 4 - 46 双击"位图"贴图

④ 在打开的【选择位图图像文件】对话框中选择"墙面砖 01. tif"文件。

⑤ 单击 "转到父级"按钮返回"VrayMtl"材质面板,在【基本参数】卷展栏下设置"反射"颜色为灰色(R:52、G:52、B:52)、"高光光泽度"和"光泽度"均为 0.9,其他参数默认。

⑥ 在视图选择"顶墙"对象,单击 "将材质指定给选定对象"按钮将该材质指定给"顶墙"对象。

⑦ 在修改器列表下选择"UVW 贴图"修改器,在其【参数】卷展栏的"贴图"选项组勾选"长方体"选项,并设置"U 向平铺"为 4、"V 向平铺"为 5,其他设置默认,至此,"顶墙"材质制作完毕。

(2)制作"中墙"和"底墙"材质

① 在【材质编辑器】对话框将"顶墙"实例窗拖到空白的示例窗上,释放鼠标将其复制(如图 4 - 47 所示)。

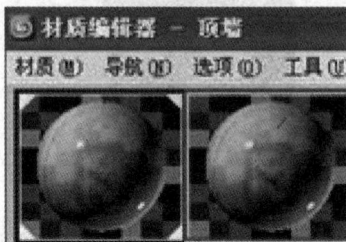

图 4 - 47 复制材质示例窗

② 将复制的材质示例窗命名为"中墙",单击"漫射"贴图按钮返回到【位图参数】卷展栏,单击"位图"贴图按钮,然后选择"腰线－1. tif"文件,替换原来的"墙面砖 01. tif"位图。

③ 选择场景中的"中墙"对象,将该材质指定给"中墙",然后为"中墙"对象添加"UVW贴图"修改器,选择"长方体"贴图方式,并设置"U 向平铺"为 10,其他默认选择对象。

提示:当将该材质指定给"中墙"时,会打开【指定材质】对话框,此时勾选"重命名材质"选项,并将其重命名为"中墙",然后确认即可。

提示:由于该材质是由其他材质复制而来的,因此需要为该材质重新命名,如果选择"将其替换"选项,则会将原来的材质替换。

④ 继续将"中墙"示例窗复制为"底墙"示例窗,依次按照第 02～03 步的操作,选择"墙面－1. tif"文件替换原来的"腰线－1. tif"位图文件。

⑤ 将制作好的材质指定给"底墙"对象，并为"底墙"对象添加"UVW 贴图"修改器，选择"长方体"贴图方式，设置"U 向平铺"为 8、"V 向平铺"为 4，至此，"中墙"和"底墙"材质制作完毕。

（3）制作"地面"和"镜子"材质

① 继续在【材质编辑器】选择一个空的实例窗，依照前面的操作选择"VrayMtl"材质，并设置"反射"的"反射"颜色为灰色（R：31、G：31、B：31）、"高光光泽度"为 0.8、"光泽度"为 1，其他设置默认。

② 为"漫射"贴图指定"地砖.jpg"文件，然后将该材质指定给"地面"对象，并为"地面"对象添加"UVW 贴图"修改器，选择"长方体"贴图方式，并设置"U 向平铺"和"V 向平铺"均为 2。

③ 再次选择一个空的示例窗，单击 Standard 按钮，在打开的【材质/贴图浏览器】对话框双击"多维/子对象"选项，展开【多维/子对象基本参数】卷展栏（如图 4-48 所示）。

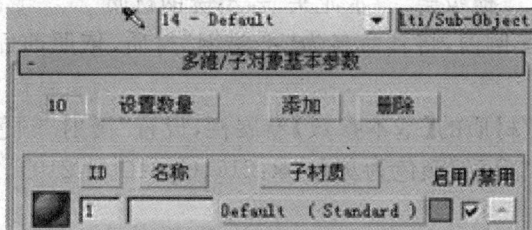

图 4-48　【多维/子对象基本参数】卷展栏

④ 单击 设置数量 按钮，在打开的【设置材质数量】对话框设置"材质数量"为 2 然后确认。

⑤ 单击"ID"为 1 的贴图按钮，返回到"标准"材质面板（如图 4-49 所示）。

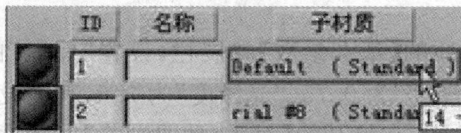

图 4-49　返回"标准"材质面板

⑥ 单击 Standard 按钮，在打开的【材质/贴图浏览器】对话框双击"VrayMtl"材质（如图 4-50 所示）。

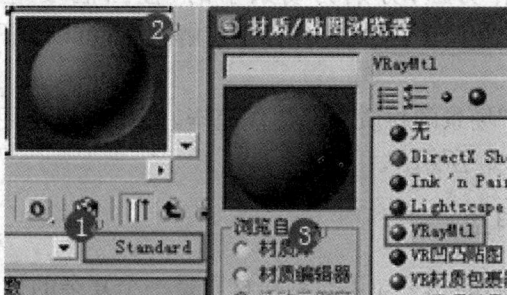

图 4-50　选择"VrayMtl"材质

⑦ 展开"VrayMtl"材质的【基本参数】卷展栏,设置"漫射"颜色为灰色(R:186、G:186、B:186)、"反射"的"反射"颜色为灰白色(R:221、G:221、B:221)、"高光光泽度"与"光泽度"均为1,其他设置默认。

⑧ 单击 🔃 "转到父对象"按钮,返回到【多维/子对象基本参数】卷展栏,单击"ID"为2的贴图按钮,返回到"标准"材质面板,依照第06步的操作为其选择"VrayMtl"材质。

⑨ 展开"VrayMtl"材质的【基本参数】卷展栏,设置"漫射"颜色为灰白色(R:235、G:238、B:237)、"反射"的"反射"颜色为灰色(R:33、G:33、B:33)、"高光光泽度"为0.9、"光泽度"为1,其他设置默认。

⑩ 将该材质指定给镜子对象,然后进入"镜子"对象的"多边形"层级,在视图单击选择镜面,之后在【多边形属性】卷展栏设置材质ID号为1。

⑪ 执行【编辑】/【反选】命令,反选镜子其他面,继续在【多边形属性】卷展栏设置材质ID号为2,然后退出"多边形"层级,至此,镜子材质制作完毕。

(4) 制作"洗手池"、"梳妆架"、"水龙头"等不锈钢材质

① 选择一个空的实例窗,将其命名为"不锈钢"材质,依照前面的操作为该示例窗选择"VrayMtl"材质。

② 展开"VrayMtl"材质的【基本参数】卷展栏,设置"漫射"颜色为灰白色(R:240、G:240、B:240)、"反射"的"反射"颜色为灰色(R:210、G:210、B:210)、"高光光泽度"与"光泽度"均为0.9,其他设置默认。

③ 在视图选择"梳妆架"、"水龙头"、"洗手池"以及"镜子"上的四颗钉子,将制作的"不锈钢"材质指定给选择的对象。

(5) 制作"洗手台"与"挂画"材质

① 继续选择一个空的实例窗,将其命名为"洗手台"材质,依照前面的操作为该示例窗选择"VrayMtl"材质。

② 展开"VrayMtl"材质的【基本参数】卷展栏,设置"反射"的"反射"颜色为灰色(R:45、G:45、B:45)、"高光光泽度"为0.75、"光泽度"为0.6,其他设置默认。

③ 单击"漫射"贴图按钮,在打开的【材质/贴图浏览】对话框双击"位图"选项,然后选择一位图文件。

④ 将该材质指定给场景中的"洗手台"对象,然后该对象添加"UVW贴图"修改器,选择"长方体"贴图方式。

⑤ 依照前面的操作方法,分别为场景中的"挂画框"、"挂画板"和"挂画"制作VrayMtl材质,该操作非常简单,在此不作详细讲解,读者可以打开"洗手间一角M.max"文件查看。

至此,"洗手间一角"场景的材质全部制作完毕,最后可以使用Vray渲染进行精细渲染,渲染效果如上图4-44所示。

4.2.3 材质应用二

这一节继续学习材质的相关知识。制作材质是一个复杂的过程,除了制作好材质,将其指定给对象之外,还要保证材质能正确指定到对象的各个面。另外,除了常用的标准材

质之外，Vray 渲染器材质也是这一节所要掌握的重要材质。这一节将继续学习以下内容。

1.【多维/子对象】材质

【VRayMtl】材质和【UVW 贴图】修改器：

除了以上材质知识之外，标准材质与 Vray 渲染器材质的其他相关知识。

【多维/子对象】材质，【多维/子对象】材质属于复合材质的一种。使用【多维/子对象】材质可以采用几何体的子对象级别分配不同的材质，也就是说，可以给一个对象指定多种不同的材质。被指定【多维/子对象】材质的对象一般属于"可编辑多边形"、"可编辑网格"或者施加了【编辑多边形】或【编辑网格】修改器的对象。下面通过一个简单操作学习【多维/子对象】材质的操作方法。

① 在场景创建一个茶壶对象，并将该对象转换为"可编辑多边形"物体。

② 进入修改面板，进入"可编辑多边形"的"元素"层级，为茶壶盖、茶壶身、茶壶把和茶壶嘴指定材质 ID 号分别为 1、2、3 和 4，最后退出子对象层级。

③ 打开【材质编辑器】对话框并选择一个示例窗，单击 Standard "标准"按钮，在打开的【材质/贴图浏览】对话框双击【多维/子对象】材质，展开【多维/子对象基本参数】卷展栏如图 4-51 所示。

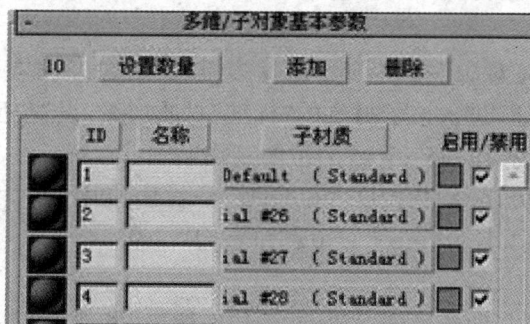

图 4-51 【多维/子对象基本参数】卷展栏

提示：该卷展栏一次最多显示 10 个子材质，如果【多维/子对象】材质包含的子材质超过 10 个，则可以通过右边的滚动栏滚动列表，以显示其他子材质。

④ 单击 设置数量 按钮，在打开的【设置材质数量】对话框设置"材质数量"为 4，单击 确定 按钮确认（如图 4-52 所示）。

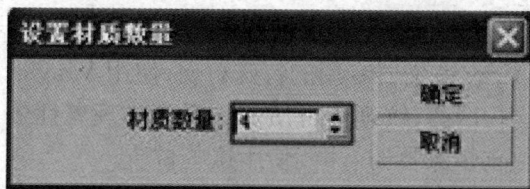

图 4-52 设置子材质数量

提示：由于茶壶对象只需要四个子材质，因此，在此我们设置"材质数量"为4，表示只制作四种材质，如果对象需要五个或更多材质时，可以单击 添加 按钮，每单击一次该按钮添加一个子材质；当要删除某个子材质时，单击 删除 按钮，每单击一次将删除一个次材质。

设置好子材质的数目之后，可以在每一个子材质上应用"标准"材质、"VrayMtl"材质或其他各种材质。

⑤ 单击"ID1"子材质贴图按钮，返回到该子材质的"标准"材质层级（如图4-53所示）。

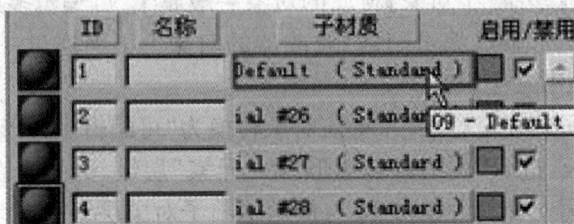

图4-53 单击1号子材质贴图按钮

⑥ 在"标准"材质层级，设置贴图的"明暗方式"以及"反射高光"参数，然后单击"漫反射"贴图按钮，在打开的【材质/贴图浏览】对话框中双击"位图"，选择一位图文件作为贴图。

⑦ 单击 "转到父对象"按钮，返回到【多维/子对象基本参数】卷展栏，继续单击"ID2"子材质的贴图按钮，进入该子材质的"标准"材质层级，设置"反射高光"参数并在"漫反射"贴图通道选择名为"黑白砖.jpg"的位图制作贴图。

⑧ 使用相同的方法，分别为"ID3"和"ID4"子材质应用"标准"贴图，并分别选择名为"me005.jpg"和名为"me005c.jpg"的位图。

⑨ 将制作好的材质指定给茶壶对象，然后快速渲染，发现茶壶对象不同部分被指定了不同的材质（如图4-54所示）。

图4-54 指定材质的茶壶效果

提示：如果要为各子材质应用"标准"材质以外的其他类型的材质，可以在进入子材质的"标准"材质层级后，单击 Standard "标准"按钮，在打开的【材质/贴图浏览】对话框中，选择所需要的其他类型的材质。

2. "VrayMtl"材质

"VrayMtl"材质是Vray渲染器专用的特殊材质，使用VrayMtl可以得到比其他渲染器更好的照明、反射/折射、凹凸、纹理等材质的一系列物理属性效果。需要说明的是，只有指定Vray渲染器为当前渲染器时，才能使用这些材质。

"VrayMtl"材质的操作与"标准"材质的操作基本相同，但其参数设置要比"标准"材质的设置复杂很多，当然，渲染效果也要比"标准"材质更精准。

打开【材质编辑器】对话框,选择一个空白的示例窗,单击 Standard "标准"材质按钮打开【材质/贴图浏览】对话框,双击"VrayMtl"将其应用到示例窗(如图 4－55 所示)。

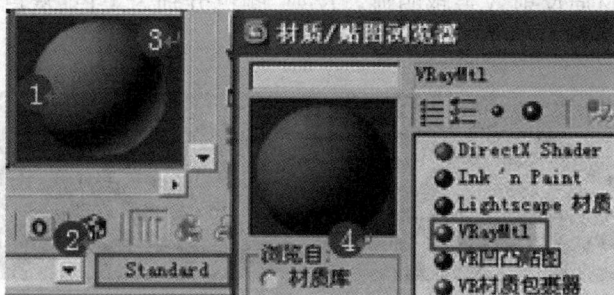

图 4－55　选择"VrayMtl"的操作

下面我们重点对 VrayMtl 的【基本参数】卷展栏做详细讲解,其他卷展栏的设置比较简单,由于篇幅所限,不再一一讲解。

VrayMtl【基本参数】卷展栏不同于"标准"材质的【基本参数】设置,它提供"漫射"、"反射"、"折射"和"半透明"四组设置(如图 4－56 所示)。

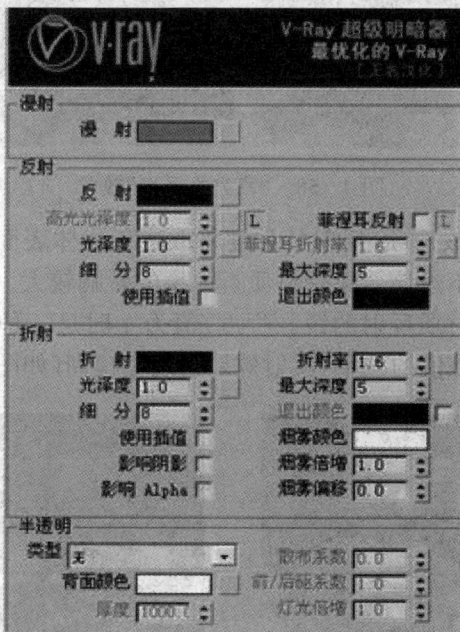

图 4－56　"VrayMtl"的【基本参数】卷展栏

下面首先讲解"漫射"和"反射"组的相关设置。

"漫射":设置材质的漫反射颜色,与"标准"材质的"漫反射"相同,但在实际渲染时,该颜色会受反射和折射颜色的影响。单击颜色快后面的■ 贴图按钮,可以使用"位图"或其他贴图代替该颜色。

"反射":设置材质的反射颜色,单击颜色快后面的■ 贴图按钮,可以使用"位图"或其他贴图代替颜色。通过设置该颜色来表现材质的反射效果，颜色一般在黑色、白色之间（特殊情况除外），例如，在制作金属或玻璃材质时，该颜色越接近黑色，材质反射效果越不明显，越接近白色，材质反射效果越明显，"反射"颜色分别为黑色、灰色和白色时的反射效果如图 4-57 所示。

图 4-57　不同"反射"颜色下的反射效果

"高光光泽度"：设置参数以控制 Vray 材质的高光效果，单击 L 按钮使其浮起即可设置参数，值越大高光越明显；反之则高光越不明显，"高光光泽度"分别为 0.8 和 0.5 时的高光效果如图 4-58 所示。

图 4-58　"高光光泽度"效果

"菲涅耳反射"：勾选该选项，反射的强度将取决于物体表面的入射角度，如玻璃等物体的反射就是这种效果，不过该效果受材质折射率的影响较大。

"光泽度"：用于设置材质反射的锐利程度，值为 1 时是一种完美的镜面反射效果（如图 4-59-1 所示），随着该值的减小，反射效果会逐渐模糊（如图 4-59-2 所示）。

图 4-59-1　　　　　　　　图 4-59-2

"光泽度"效果

"细分"：控制平滑反射的品质，默认值为 8，值越小渲染速度越快，但会出现很多噪波，一般在制作玻璃材质时，可以设置较大的"细分"值，也得到较平滑的反射效果。

"使用插值"：勾选该选项能够使用一种类似发光贴图的缓存方案来加快模糊反射的计算速度。

"最大深度":定义反射能完成的最大次数,请注意,当场景中有大量反射/折射表面时,这个参数要设置得足够大才会产生真实效果。

"退出颜色":设置反射追踪光线的颜色。

下面继续讲解"折射"组的相关设置,该组主要用于设置材质的折射效果。

"折射":设置折射颜色,一般配合"反射"颜色制作透明材质。

"光泽度":设置折射的光泽度,值为1时是一种完美的镜面反射效果,随着该值的减小,折射效果会逐渐模糊,效果如图4-60所示。

图4-60 "折射"的"光泽度"效果

"细分":控制平滑反射的品质,默认值为8,值越小渲染速度越快,但会出现很多噪波,一般在制作玻璃材质时,可以设置较大的"细分"值,会得到较平滑的折射效果。

"影响阴影":勾选该选项,使物体投射透明阴影,透明阴影的颜色取决于折射颜色和雾的颜色,一般用于表现光照穿过玻璃等透明材质时所投射的阴影,需要说明的是,该效果仅在灯光的阴影为"Vray阴影"时有效,如图4-61所示,左图为没有勾选"影响阴影"选项不产生透明阴影,右图为勾选"影响阴影"选项产生透明阴影。

图4-61 不产生透明阴影与产生透明阴影

"影响Alpha":勾选时雾效将影响Alpha通道。

"雾颜色"/"雾倍增":当光线穿透透明材质时会变的稀薄,通过设置雾颜色和雾的强度,可以模拟厚的透明物体比薄的透明物体透明度低的效果,如图4-62所示,左图是"雾倍增"为0.03时的透明效果,右图是"雾倍增"为0.5时的透明效果。

图4-62 不同雾强度的透明效果比较

下面继续讲解"半透明"组的相关设置,该组主要用于设置材质的半透明效果。在"类型"列表有三种半透明类型,分别是"无"、"硬模型"和"软模型"。

"无":不产生半透明效果。

"硬模型":产生较坚硬的半透明效果。

"软模型":产生较柔软的、类似于水的半透明效果。

"背面颜色":设置半透明物体的颜色,当使用了贴图后,会在透明对象的背面应用贴图。

如图4-63所示,左图是"硬模型"的半透明效果;中图是设置贴图的"硬模型"的半透明效果;右图是"软模型"的半透明效果。

图4-63 "半透明"效果

3.【UVW 贴图】修改器

在大多数情况下,调整【坐标】卷展栏中的设置并不能完全使贴图正确投影到对象表面,这时需要为对象应用【UVW 贴图】修改器。【UVW 贴图】修改器可以控制在对象表面如何显示贴图并将图像投影到对象上。UVW 坐标系与 XYZ 坐标系相似。位图的 U 和 V 轴对应于 X 和 Y 轴,对应于 Z 轴的 W 轴一般仅用于程序贴图。

在"修改器列表"中选择【UVW 贴图】修改器,展开【UVW 贴图】修改器的【参数】卷展栏(如图4-64所示)。

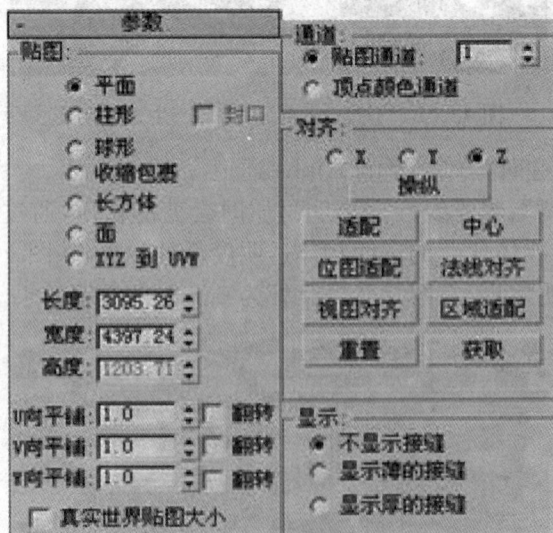

图4-64 【UVW 贴图】修改器的【参数】卷展栏

　　【UVW 贴图】修改器的【参数】卷展栏设置比较多,由于篇幅所限,下面只对常用的"贴图"组进行讲解。

　　"贴图"组一共有七组贴图方式,通过贴图投影到对象上的方式以及投影与对象表面交互的方式,来区分不同种类的贴图。

　　"平面":从对象上的一个平面投影贴图,在某种程度上类似于投影幻灯片。这种方式还用于倾斜地在多个侧面贴图,以及用于贴图对称对象的两个侧面(如图 4-65-1 所示)。

　　"柱形":从圆柱体投影贴图,使用贴图包裹对象,勾选"封口"选项可实现无缝贴图效果。圆柱形投影用于基本形状为圆柱形的对象(如图 4-65-2 所示)。

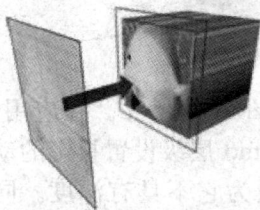

图 4-65-1　"平面"贴图方式　　　　　图 4-65-2　"柱形"贴图方式

　　"球形":通过从球体投影贴图来包围对象。在球体顶部和底部、位图边与球体两极交汇处,会看到缝和贴图奇点。球形投影用于基本形状为球形的对象(如图 4-66-1 所示)。

　　"收缩包裹":使用球形贴图,但是它会截去贴图的各个角,然后在一个单独极点将它们全部结合在一起,仅创建一个奇点。该贴图用于隐藏贴图奇点(如图 4-66-2 所示)。

图 4-66-1　"球形"贴图方式　　　图 4-66-2　"收缩包裹"贴图方式

　　"长方体":从长方体的六个侧面投影贴图。每个侧面投影为一个平面贴图,且表面上的效果取决于曲面法线(如图 4-67-1 所示)。

　　"面":对对象的每个面应用贴图副本,使用贴图的矩形部分,贴图不再隐藏边的单个面(如图 4-67-2 所示)。

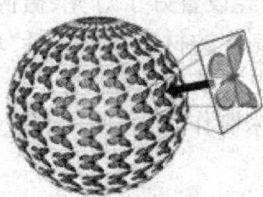

图 4-67-1　　　　　　　图 4-67-2

"长方体"贴图类型 "面"贴图类型

"XYZ 到 UVW":将 3D 程序坐标贴图到 UVW 坐标,会将程序纹理贴到表面,如果表面被拉伸,3D 程序贴图也被拉伸(如图 4-68 所示)。

图 4-68 "XYZ 到 UVW"贴图方式

"长度"、"宽度"和"高度":指定"UVW 贴图"Gizmo 的尺寸。在应用修改器时,贴图图标的默认缩放由对象的最大尺寸定义,可以在 Gizmo 层级设置投影的动画。

提示:"高度"尺寸对于"平面"Gizmo 不可用,因为它不具有深度。同样,"圆柱形"、"球形"和"收缩包裹"贴图的尺寸都显示它们的边界框而不是它们的半径。对于"面"贴图,没有可用尺寸,因为几何体上的每个面都包含整个贴图。另外,加载在 Autodesk VIZ 或 3ds Max 中创建的文件时,三个尺寸被设置为 1 或 2,这取决于贴图类型和尺寸(这保证了与早期版本中文件的兼容性,在早期版本中,Gizmo 被不均匀缩放以调整它们的尺寸)。实际上,尺寸成为缩放因数而不是测量值,通过单击"拟合"或"重置"按钮可重置尺寸的值,但这会丢失原来的非均匀缩放。

"U 向平铺"、"V 向平铺"、"W 向平铺":用于指定 UVW 贴图的尺寸以便平铺图像。

"翻转":绕给定轴反转图像。

"真实世界贴图大小":控制应用于该对象的纹理贴图材质所使用的缩放方法。缩放值由位于应用材质的【坐标】卷展栏中的"使用真实世界比例"设置控制。

以上主要讲解了【UVW 贴图】修改器的常用设置,这些设置对正确贴图至关重要。此外,还有"对齐"组与"显示"组,这两个组的设置不常用,在此不再讲解,对此感兴趣的读者可以参阅其他书籍的相关内容讲解。

4.2.4 "客厅"材质的制作

以上主要学习了"多维/子对象"材质以及"VrayMtl"材质的设置以及操作方法,下面通过制作"客厅"材质的实例,对以上所学知识进行巩固。

"客厅"场景已经设置好了灯光、摄像机,并已经指定了 Vray 渲染器,同时也设置了相关渲染参数,所要制作的材质主要包括"墙面"乳胶漆材质、"地板"、"茶几"、"矮柜"木纹材质、"沙发"材质、"电视玻璃墙"材质、"灯具"不锈钢材质以及电器材质等。这些材质将全部使用 Vray 材质来制作,最后使用 Vray 渲染器进行渲染。

1. 操作步骤

(1)制作墙面、吊顶乳胶漆材质

① 打开"场景文件"下的"客厅. max"场景文件,该场景已经设置好了灯光和摄像机,

并已指定 Vray 渲染器为当前渲染器,同时设置了渲染参数,快速渲染视图,效果如图 4－69 所示。

图 4－69　"客厅"场景

② 打开【材质编辑器】并选择一个空白的示例窗,将其命名为"墙面",然后选择 "VrayMtl"材质,设置"漫射"为灰白色(R:244、G:244、B:244)、"反射"为灰色(R:20、G:20、B:20)、"光泽度"为 0.85,其他设置默认。

③ 将制作好的"墙面"材质指定给场景中的"双厅立墙"和"双厅吊顶"对象。

(2) 制作地面、茶几、矮柜、窗帘材质

① 重新选择一个空白的示例窗,将其命名为"地面",然后选择"VrayMtl"材质,并设置 "反射"为灰色(R:34、G:34、B:34)、"高光光泽度"为 0.85、"光泽度"为 1,其他设置默认。

② 为"漫射"指定到 "地板.jpg"文件,然后将制作好的"地面"材质指定给场景中的 "地面"和"阳台地面"对象。

③ 为"地面"对象添加"UVW 贴图"修改器,选择"长方体"贴图方式,并设置"U 向平铺"为 6、"V 向平铺"为 3。

④ 重新选择一个空白的示例窗,将其命名为"茶几和矮柜",然后选择"VrayMtl"材质,并设置"反射"为灰色(R:31、G:31、B:31)、"高光光泽度"为 0.95、"光泽度"为 1,其他设置默认参数。

⑤ 为"漫射"指定到"胡桃 02.jpg"文件。

⑥ 将制作好的材质指定给场景中的"茶几"、"矮柜"、"阳台栏杆"和"电视墙立柱"对象,然后在"修改器列表"下为"茶几"和"矮柜"对象添加"UVW 贴图"修改器,选择"长方体"贴图方式。

⑦ 继续选择一个空白的示例窗,将其命名为"窗帘",然后选择"VrayMtl"材质,并为 "漫射"指定到场景文件。

⑧ 将制作好的材质指定给场景中的"窗帘"对象,然后为"窗帘"对象添加"UVW 贴图"修改器,选择"长方体"贴图方式,并设置 "U 向平铺"和"V 向平铺"均为 3。

(3) 制作沙发、地毯以及电视玻璃墙材质

① 重新选择一个空白的示例窗,将其命名为"沙发",然后选择"VrayMtl"材质,并设置"漫射"为蓝色(R:90、G:155、B:205),其他参数默认。

② 选择场景中的沙发对象,将制作的材质指定给选择的对象。

③ 重新选择空白的示例窗,将其命名为"地毯",然后选择"VrayMtl"材质,并为"漫射"指定文件。

④ 展开【贴图】卷展栏,将"漫射"贴图拖到"凹凸"贴图按钮上释放鼠标,将其以"实例"方式复制给"凹凸"贴图。

⑤ 将制作好的"地毯"材质指定给场景中的"地毯"对象,并为"地毯"对象添加"UVW贴图"修改器,选择"长方体"贴图方式。

⑥ 重新选择空白的示例窗,将其命名为"电视玻璃墙",然后选择"VrayMtl"材质,设置"漫射"为灰绿色(R:98、G:136、B:115)、"反射"为暗绿色(R:52、G:91、B:66)、"光泽度"为1,然后设置"折射"亮绿色(R:54、G:130、B:84),勾选"影响阴影"选项,其他设置默认。

⑦ 选择场景中的"电视墙板01"—"电视墙板04"对象以及"挂画01"—"挂画06"对象,将制作好的材质指定给选择的对象。

(4) 制作"不锈钢"材质和"中央空调"材质

① 重新选择一个空白的示例窗,将其命名为"不锈钢",然后选择"VrayMtl"材质,并设置"漫射"为灰白色(R:240、G:240、B:240)、"反射"为白色(R:255、G:255、B:255)、"高光光泽度"和"光泽度"均为0.9,其他设置默认。

② 选择场景中的"挂画柱01"—"挂画柱24"、"沙发脚01"—"沙发脚11"、"电视墙壁灯"、"窗帘杆"、"窗帘撑01"、"窗帘撑02"和"铁钉"对象,将制作的"不锈钢"材质指定给选择对象。

③ 重新选择一个空白的示例窗,将其命名为"中央空调",然后选择"VrayMtl"材质,并设置"漫射"为灰白色(R:246、G:246、B:246)、"反射"为灰色(R:42、G:42、B:42)、"高光光泽度"为0.9、"光泽度"均为1,其他设置默认。

④ 选择场景中的"中央空调"对象,将制作好的材质指定给选择对象。

(5) 制作音响和电视材质

① 再次选择一个空的示例窗,将其命名为"音响",单击 Standard 按钮,选择"多维/子对象"材质,并设置材质数量为2。

② 为"ID1"材质指定"VrayMtl"材质,然后设置"漫射"为黑色(R:0、G:0、B:0)、"反射"为灰色(R:74、G:74、B:74)、"高光光泽度"为0.9、"光泽度"均为0.8,其他设置默认。

③ 单击 "转到父对象"按钮,返回到"多维/子对象"材质层级,为"ID2"指定"VrayMtl"材质,然后为"漫射"指定文件。

④ 选择场景中的"主音响01"、"主音响02"、"副音响01"和"副音响02"对象,将制作的材质指定为选择的对象。

⑤ 选择"主音响01"对象,在修改面板进入"多边形"层级,在顶视图选择音响下方的多边形面(如图4-70所示)。

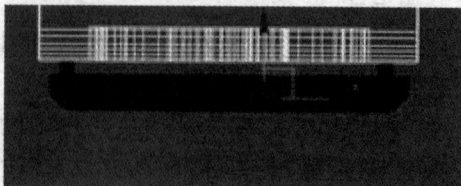

图4-70 选择"主音响01"的多边形面

⑥ 在【多边形属性】卷展栏设置选择的面的材质ID号为2,然后执行【编辑】/【反选】命令,选择"主音响01"的其他多边形面,并设

置材质 ID 号为 1。

⑦ 使用相同的方法分别为"主音响 02"、"副音响 01"和"副音响 02"对象设置材质 ID 号。

⑧ 再次选择一个空的示例窗,将其命名为"电视",单击 Standard 按钮,选择"多维/子对象"材质,并设置材质数量为 3。

⑨ 为"ID1"和"ID2"指定 VrayMtl 材质,为"ID3"指定"Vray 灯光材质",并为"Vray 灯光材质"指定贴图文件。

⑩ 设置"ID1"材质的"漫射"为灰白色(R:233、G:233、B:233)、"反射"为灰色(R:24、G:24、B:24)、"高光光泽度"和"光泽度"均为 1,其他设置默认。

⑪ 设置"ID2"材质的"漫射"为黑色(R:0、G:0、B:0)、"反射"为灰色(R:74、G:74、B:74)、"高光光泽度"为 0.9、"光泽度"为 0.8,其他设置默认。

⑫ 设置"ID3"材质的颜色值为 3,然后将制作完成的材质指定给场景中的"背投电视"对象。

⑬ 进入"背投电视"的"多边形"层级,将电视屏幕材质号指定为 3,将屏幕边缘材质 ID 号指定为 1,将电视其他部分材质指定为 2。

至此,"客厅"场景中的主要材质制作完毕,另外,还有书籍、遥控器、挂画、花瓶以及顶灯材质没有制作,这些材质都比较简单,由于篇幅所限,在此不再一一讲解。

【课堂操作实训】

(1) 用 VrayMtl 材质制作陶瓷材质。

(2) 用 VrayMtl 材质制作镜子材质。

任务三　贴图的应用

3ds Max 支持多种类型的贴图,包括:"2D"贴图、"3D"贴图、"合成器"贴图、"颜色修改器"贴图、"Vray 渲染器"贴图以及"反射/折射"贴图,不同的贴图类型包含多种贴图方式,会产生不同的贴图效果。本节重点讲解 3ds Max 和 Vray 渲染器中的位图贴图、棋盘格贴图、渐变贴图、平铺贴图、衰减贴图、噪波贴图几种常用贴图类型。

4.3.1　几种常用贴图

1."位图"贴图

"位图"贴图是最简单也最常用的 2D 贴图,"位图"贴图一般使用位图图像作为纹理贴图。位图图像很常见,例如 Photoshop 合成的图像、3ds Max 输出的图像以及使用数码相机拍摄的图像等都属于位图图像,这些图像可以保存为多种格式,例如 . tga、. bmp 、. jpg、. tif 等,另外,"位图"贴图还可以使用动画文件(动画本质上是静止图像的序列),如 . avi、. mov 或 . ifl 格式的动画。

3ds Max 支持的任何位图(或动画)文件类型都可以用作材质中的"位图"贴图,"位图"贴图可以更真实表现对象的外观,有关位图贴图的应用,在前面讲解中已经对其做了介绍,在此不再对其进行讲解。

2."棋盘格"贴图

"棋盘格"贴图是将两色的棋盘图案应用于材质,默认方格贴图是黑白方块图案。方格贴图属于 2D 程序贴图,该组件方格既可以是颜色,也可以是贴图。使用"棋盘格"贴图一般可以制作方格地板、方格桌布等材质。下面通过一个简单的实例学习"棋盘格"贴图的应用方法。

① 首先创建一个长方体对象,打开【材质编辑器】选择一个空白的实例窗,并为该示例窗应用 VrayMtl 材质,然后将该材质指定给长方体。

② 单击 VrayMtl 材质的"漫射"按钮,在打开的【材质/贴图浏览】对话框双击"棋盘格"选项,将其应用于"漫射"贴图(如图 4-71 所示)。

图 4-71　选择"棋盘格"贴图

③ 在【材质编辑器】对话框展开【棋盘格参数】卷展栏(如图 4-72-1 所示),系统默认的"棋盘格"颜色为黑色和白色,效果如图 4-72-2 所示。

图 4-72-1　　　　　　　　　图 4-72-2

棋盘格"贴图效果

④ 若单击"颜色♯1"颜色块,设置一个方格的颜色为红色(R:255、G:0、B:0);若单击"颜色♯2"颜色块,设置另一个方格的颜色为黄色(R:255、G:255、B:0),此时效果如图 4-73-1 所示。

⑤ 单击"颜色♯1"贴图按钮,在【材质/贴图浏览器】对话框双击"位图",然后选择"胡桃木 02.jpg"的位图作为贴图。使用相同的方法为"颜色♯2"选择"105.tif"的位图,效果如图 4-73-2 所示。

⑥ 展开"棋盘格"贴图的【坐标】卷展栏,设置"U 向平铺"和"V 向平铺"数均为5,效果如图 4-73-3 所示。

图 4-73-1　　　　　　图 4-73-2　　　　　　图 4-73-3

设置方格颜色后的贴图效果　使用贴图后的效果　设置"棋盘格"平铺次数后的效果

提示:设置"柔化"值,可以使两个颜色(材质)的边缘模糊。

"棋盘格"贴图的操作比较简单,需要注意的是,当为"颜色♯1"设置贴图后,系统将自动进入"颜色♯1"贴图的【坐标】卷展栏,允许对"颜色♯1"贴图继续设置。如果要对"棋盘格"贴图或"颜色♯2"进行设置,必须单击 Standard "转到父对象"按钮返回到"棋盘格"贴图的【坐标】卷展栏和【棋盘格参数】卷展栏。

3."渐变"贴图

"渐变"贴图也是 2D 贴图的一种,"渐变"贴图通过创建三种颜色的线性或径向坡度进行着色。下面继续通过一个简单操作讲解"渐变"贴图的操作方法。

① 首先创建一个茶壶对象,打开【材质编辑器】选择一个空白的实例窗,并为该示例窗应用 VrayMtl 材质,然后将该材质指定给茶壶。

② 单击 VrayMtl 材质的"漫射"贴图按钮,在打开的【材质/贴图浏览】对话框双击"渐变"选项,为"漫射"应用"渐变"贴图。

③ 在【材质编辑器】对话框展开【渐变参数】卷展栏,在系统默认情况下,"渐变"的三种颜色分别是黑、灰和白色,如图 4-74 左图所示。

④ 分别单击"颜色♯1"、"颜色♯2"、"颜色♯3"颜色块可以设置渐变的三种颜色(如图 4-74 右图所示)。

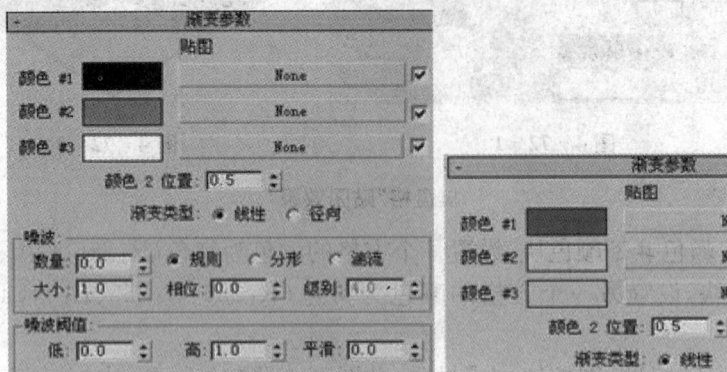

图 4-74 【渐变参数】卷展栏　　　　　　　　　设置渐变颜色

⑤ "渐变"贴图提供两种着色类型,一种是"线性"着色,另一种是"径向"着色。如图 4-75所示,左图是"线性"着色效果。右图是"径向"着色效果。

图 4-75 "线性"着色与"径向"着色

⑥ 在"颜色 2 位置"输入框输入一个数值,可以改变"颜色♯2"的着色位置,如图 4-76左图所示,左边的是"颜色 2 位置"为 0.5 的着色效果;右边的是"颜色 2 位置"为 1 的着色效果。

⑦ 在"噪波"选项组勾选"分形"或"湍流"选项,然后设置"数量"及"大小"参数,可以使渐变颜色更富于变化效果(如图 4-76 右图所示)。

图 4-76 设置"颜色 2 位置"的着色效果　　　　设置"噪波"后的贴图效果

提示:"相位"值常用于设置动画效果,打开"自动关键帧"按钮,将时间滑块拖到第 100 帧位置,然后设置"相位"值将其记录为动画,关闭"自动关键帧"按钮,拖动时间滑块即可观看动画。

4. 平铺贴图

"平铺"贴图是一种程序贴图,使用"平铺"贴图,可以创建砖、彩色瓷砖或材质贴图。

通常,有很多定义的建筑砖块图案可以使用(如图 4-77 所示)。

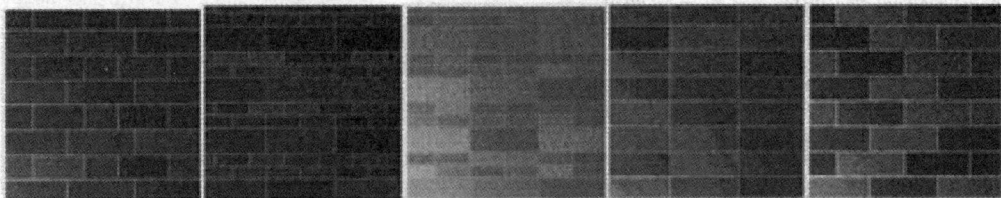

图 4-77　系统定义的砖块图案

也可以设计一些自定义的图案。在"标准"材质或 VrayMtl 中应用"平铺"贴图,此时在【材质编辑器】对话框出现一个关于"平铺"贴图的卷展栏,该贴图除了【坐标】卷展栏和【噪波】卷展栏之外,还包括【标准控制】卷展栏和【高级控制】卷展栏。在【标准控制】卷展栏下的"预设类型"列表,列出了定义的建筑平铺砌合、图案、自定义图案等(如图 4-78 所示)。

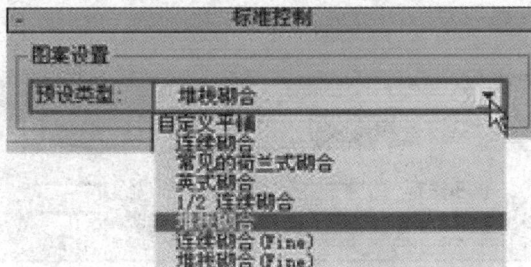

图 4-78　【标准控制】卷展栏

例如,选择"英式砌合"类型,然后展开【高级控制】卷展栏,通过"平铺设置"、"砖缝设置"、"堆垛布局"设置等来设计自定义的图案。首先来看"平铺设置"组(如图 4-79 所示)。

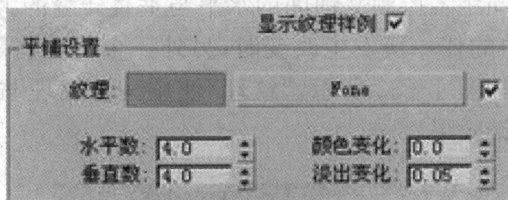

图 4-79　"平铺设置"组

"纹理":控制用于当前纹理贴图的显示。单击颜色块,设置平铺的颜色,默认为灰色;单击"None"贴图按钮,选择一种纹理贴图作为平铺图案,如图 4-80 所示,左图是使用颜色设置平铺;右图是使用纹理贴图设置平铺。

图 4-80　颜色平铺与纹理平铺

"水平数"/"垂直数":控制行与列的平铺数(默认为 4),设置"水平数"为 3、"垂直数"为 8 的平铺效果(如图 4−81−1 所示)。

"颜色变化"/"淡出变化":控制平铺的颜色变化与淡出变化,"颜色变化"为 5.6、"淡出变化"为 0.05 的平铺效果(如图 4−81−2 所示)。

图 4−81−1 设置水平数与垂直数的效果   图 4−81−2 颜色变化与淡出变化效果

下面继续看"砖缝设置"组,该选项组主要用于设置砖缝的显示效果(如图 4−82 所示)。

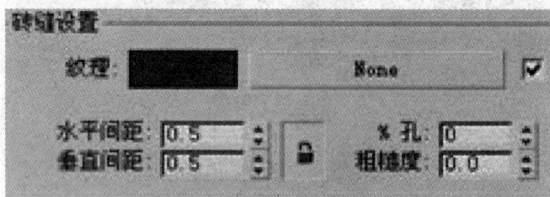

图 4−82 "砖缝设置"选项组

"纹理":控制用于平铺的当前纹理贴图的显示。单击颜色块,设置砖缝的颜色,默认为黑色;单击"None"贴图按钮,选择一种纹理贴图作为砖缝。

"水平间距"/"垂直间距":控制平铺间的水平与垂直砖缝的大小。在默认情况下,这两个值相互锁定,当其中的任一值发生改变时,另外一个值也将随之改变。单击锁定图标,可以将其解锁,效果如图 4−83 所示,"纹理"使用一种纹理贴图,设置"水平间距"与"垂直间距"均为 1 的平铺效果。

图 4−83 砖缝设置效果

"% 孔":设置平铺所形成的孔占平铺表面的百分比,砖缝穿过孔显示出来。

"粗糙度":控制砖缝边缘的粗糙度,值越大砖缝越粗糙,如图 4−84 所示,左图"粗糙度"为0、右图"粗糙度"为20时的平铺效果。

图4-84 设置"粗糙度"后的平铺效果

提示:"杂项"选项组包括"随机种子"与"交换纹理条目"两个选项,"随机种子"设置平铺应用颜色变化的随机图案,通过调整该值,可以创建完全不同的图案;单击"交换纹理条目"按钮,可以在"平铺"与"砖缝"间交换图案或纹理。

下面继续看"堆垛布局"组,该组只有在【标准控制】卷展栏的"预设类型"中选定"自定义平铺"时,此控制组才处于活动状态(如图4-85所示)。

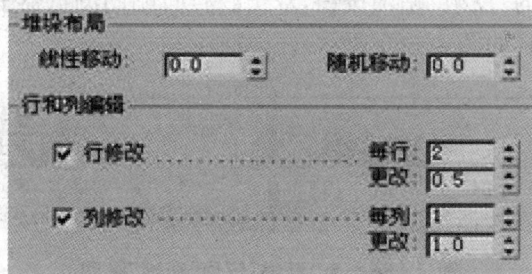

图4-85 "堆垛布局"组

"线性移动"/"随机移动":每隔两行,将平铺移动一个单位或将平铺的所有行随机移动一个单位。

"行修改":启用此选项后,将根据每行的值和改变值,为行创建一个自定义的图案。

"每行":指定需要改变的行。如果值为0,没有需要更改的行;如果值为1,所有行都需要改变;值为2时,每隔一行进行一次改变;值为3时,每隔两行进行一次改变,以此类推。

"更改":更改受到影响的行的宽度,默认的平铺宽度值为1.0,值大于1.0将增加平铺的宽度;反之则将减小平铺宽度。范围为0.0至5.0。

提示:值为0.0属于特殊情况,如果将值更改为0.0,此行中不会显示平铺,只显示主要材质。

"列修改":启用此选项后,将根据每列的值和更改值,为列创建一个自定义的图案。

"每列":指定需要改变的列。如果"每列"为0,没有需要更改的列;如果"每列"为1,所有列都需要更改;"每列"为2时,每隔一列进行一次改变;"每列"为3时,每隔两列进行一次改变,以此类推。

5. 衰减贴图

"衰减"贴图是 3D 贴图类型的一种，"衰减"贴图基于几何体曲面面法线的角度衰减来生成从白到黑的值。用于指定角度衰减的方向，会随着所选的方法而改变。然而，根据默认设置，贴图会在法线从当前视图指向外部的面上生成白色，而在法线与当前视图相平行的面上生成黑色。

与标准材质【扩展参数】卷展栏的"衰减"设置相比，"衰减"贴图提供了更多的不透明度衰减效果。可以将"衰减"贴图指定为"不透明度"贴图，例如，在 VrayMtl 上使用"衰减"贴图，可以很好表现玻璃材质、受光线影响的半透明塑料材质以及强反射效果的金属材质等。下面通过一个简单实例，讲解"衰减"贴图的操作方法。

① 解压本书配套光盘"场景文件"/"第 8 章"/"线架"目录下的"衰减.zip"压缩文件，然后打开"衰减.max"文件，这是一个设置了部分材质的简单场景文件。

② 确保当前渲染器为 Vray 渲染器，打开【材质编辑器】选择一个空白的实例窗，并为该示例窗应用 VrayMtl 材质，然后将该材质指定给场景中的茶壶对象。

③ 单击 VrayMtl 的"反射"贴图按钮，双击【材质/贴图浏览器】对话框中的"衰减"，为"反射"应用"衰减"贴图（如图 4-86 所示）。

图 4-86 为"反射"应用"衰减"贴图

④ 在【材质编辑器】展开【衰减参数】卷展栏，默认设置下，"衰减"的"前:侧"颜色分别为黑色和白色（如图 4-87 所示）。

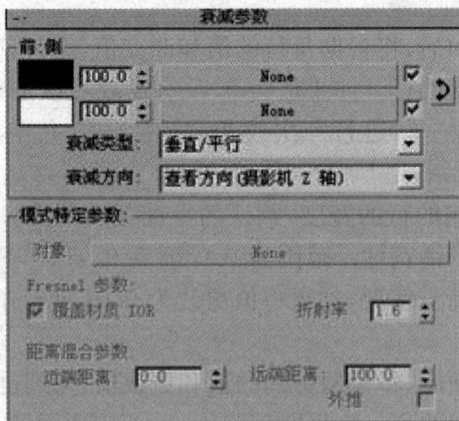

图 4-87 【衰减参数】卷展栏

提示：黑色颜色快代表"前"，白色颜色块代表"侧"，单击各颜色块可以从新设置"前:侧"颜色，通过颜色块后面的微调器可以设置颜色的强度，单击贴图按钮，可以使用纹理贴图代替颜色。

　　⑤ 单击黑色颜色块设置该颜色为深灰色(R:38、G:38、B:38);单击白色颜色块设置该颜色为浅灰色(R:179、G:179、B:179),其他参数默认。

　　⑥ 单击 "转到父对象"按钮,返回到"VrayMtl"材质层级,单击"折射"贴图按钮,为"折射"同样应用"衰减"贴图,并设置"前:侧"颜色分别浅灰色(R:170、G:170、B:170)和淡灰色(R:201、G:201、B:201)。

　　⑦ 快速渲染视图,查看玻璃茶壶的透明效果和反射、折射效果(如图4-88所示)。

图4-88　玻璃茶壶渲染效果

　　下面继续讲解"衰减"的其他设置,"衰减"有五个衰减类型:

　　"垂直/平行":在与衰减方向相垂直的面法线和与衰减方向相平行的法线之间,设置角度衰减范围。衰减范围为基于面法线方向改变90度。

　　"朝向/背离":在面向(相平行)衰减方向的面法线和背离衰减方向的法线之间,设置角度衰减范围。衰减范围为基于面法线方向改变180度。

　　"Fresnel":基于折射率(IOR)的调整。在面向视图的曲面上产生暗淡反射,在有角的面上产生较明亮的反射,创建了就像在玻璃面上一样的高光。

　　"阴影/灯光":基于落在对象上的灯光,在两个子纹理之间进行调节。

　　"距离混合":基于"近端距离"值和"远端距离"值,在两个子纹理之间进行调节。用途包括减少大地形对象上的抗锯齿和控制非照片真实级环境中的着色。

　　另外,还可以选择五种"衰减"的方向:

　　"查看方向(摄影机Z轴)":设置相对于摄影机(或屏幕)的衰减方向。更改对象的方向不会影响衰减贴图。

　　"摄影机X/Y轴":类似于摄影机Z轴。例如,对"朝向/背离"衰减类型使用"摄影机X轴"会从左(朝向)到右(背离)进行渐变。

　　"对象":使用其位置能确定衰减方向的对象。单击"模式特定参数"组中"对象"旁边的宽按钮,然后在场景中拾取对象。衰减方向就是从进行着色的那一点指向对象中心的方向。朝向对象中心的侧面上的点获取"朝向"值,而背离对象的侧面上的点则获取"背离"值。

　　"局部X/Y/Z轴":将衰减方向设置为其中一个对象的局部轴,更改对象的方向会更改衰减方向。

　　"世界X/Y/Z轴":将衰减方向设置为其中一个世界坐标系轴,更改对象的方向不会影响衰减贴图。

提示：当没有选定任何对象时，衰减方向使用正被着色的对象的局部 X、Y 或 Z 轴。

6. "噪波"贴图

"噪波"贴图基于两种颜色或材质的交互创建曲面的随机扰动，一般多用在"凹凸贴图通道"中表现材质表面凹凸的纹理效果，如制作磨砂玻璃等材质。下面继续通过一个实例操作讲解"噪波"贴图的应用方法。

① 继续上一实例的操作效果，在 VrayMtl 材质面板单击 VRayMtl 按钮，在打开的【材质/贴图浏览】对话框双击"多维/子对象"材质，然后设置其子材质数量为 2。

② 在【多维/子对象基本参数】卷展栏将 1 号材质拖到 2 号材质按钮上释放鼠标，将 1 号材质以"复制"的方式复制给 2 号材质。

③ 单击 2 号材质按钮，回到 VrayMtl 材质面板，展开【贴图】卷展栏，调整"反射"贴图通道与"折射"贴图通道的数值均为 50，然后单击"凹凸"贴图通道按钮，在打开的【材质/贴图浏览器】对话框双击"噪波"，为"凹凸"贴图通道应用"噪波"贴图（如图 4-89 所示）。

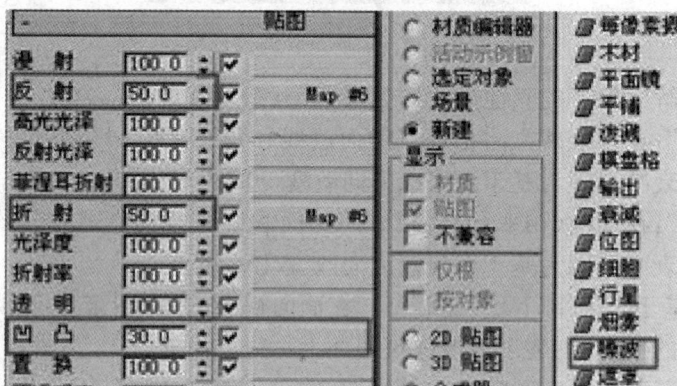

图 4-89　为"凹凸"应用"噪波"贴图

④ 进入"噪波"参数面板，展开【噪波参数】卷展栏如图 4-90 所示。

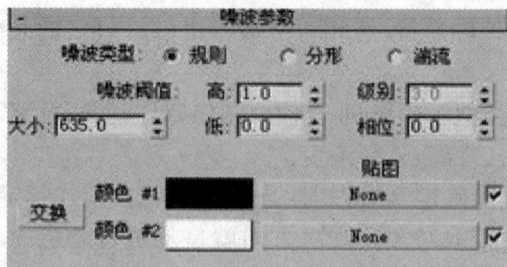

图 4-90　【噪波参数】卷展栏

提示：该卷展栏的设置与"渐变"贴图的"噪波"选项组的设置基本相同，在此不作详细讲解，读者可以参阅"渐变"贴图的相关讲解。

⑤ 在"噪波类型"选项组选择"规则"；在"大小"选项设置"噪波"的大小为 0.5，其他设

置默认。

⑥ 选择场景中的茶壶对象,进入其"多边形"层级,选择茶壶身中间部分的多边形面,设置其材质 ID 号为 2,然后退出"多边形"层级。

提示:设置模型材质 ID 号的操作,在本书第四章 4.1.4 节中做了详细讲解,在此不再赘述。

⑦ 快速渲染视图,应用"噪波"后的茶壶效果如图 4-91 所示。

图 4-91 "噪波"贴图效果

4.3.2 桌上报纸

通过"桌上报纸"材质、贴图的制作,对以上所学知识进行巩固。"桌上报纸"场景已经设置好了灯光和摄像机,所要制作的材质主要有:卷曲的报纸材质、报纸合订本材质、咖啡杯材质、咖啡材质、桌面和铅笔材质,这些材质将全部使用"VrayMtl"材质和"位图"贴图来完成,最后使用 Vray 渲染器进行渲染。

1. 操作步骤

(1) 制作"桌面"和卷曲的报纸"材质

① 启动 3ds Max 系统,打开本书配套光盘"场景文件"/"第 8 章"/"线架"目录下的"桌上报纸.max"文件。该场景模型比较简单,主要有卷曲的报纸、报纸合订本、咖啡杯、咖啡、桌面和铅笔,同时场景中已经设置了灯光和摄像机,下面使用 Vray 渲染器进行简单渲染以查看效果(如图 4-92 所示)。

图 4-92 场景渲染效果

② 打开【材质编辑器】对话框,选择一个空的示例窗,将其命名为"卷曲的报纸",然后

为该示例窗选择 VrayMtl 材质。

③ 单击 VrayMtl 材质的"漫射"贴图按钮,在打开的【材质/贴图浏览器】对话框双击"位图"贴图,然后选择本书配套光盘"场景文件"/"第8章"/"贴图"目录下的"报纸.jpg"文件并确认。

④ 展开【坐标】卷展栏,在"角度"组设置"W"为-90,然后将该材质指定给场景中的卷曲的报纸对象。

⑤ 重新选择一个空的示例窗,将其命名为"桌面",并为该示例窗选择 VrayMtl 材质,然后设置"反射"颜色为灰色(R:27、G:27、B:27)、"高光光泽度"为0.85、"光泽度"均为0.95,其他参数默认。

⑥ 单击"漫射"贴图按钮,在打开的【材质/贴图浏览器】对话框双击"位图",然后选择"场景文件"目录下的"胡桃02.jpg"文件并确认。

⑦ 将制作好的材质指定给场景中的"桌面"对象,然后为"桌面"对象添加"UVW 贴图"修改器,选择"长方体"贴图方式,并设置"U 向平铺"和"V 向平铺"均为20。

(2) 制作"报纸合订本"材质

① 继续选择一个空的示例窗,将其命名为"报纸合订本",然后为该示例窗选择"多维/子对象"材质,并设置材质数目为3。

② 为"ID1"选择 VrayMtl 材质,然后为"漫射"贴图指定本书配套光盘"场景文件"目录下的"报纸.jpg"文件。

③ 展开【坐标】卷展栏下,在"角度"组设置"W"为-90。

④ 返回到"多维/子材质"层级,为"ID2"选择 VrayMtl 材质,然后为"漫射"贴图选择"平铺"贴图类型。

⑤ 进入"平铺"贴图层级,在【坐标】卷展栏下设置"U 向平铺"为1.5,其他设置默认。

⑥ 展开【高级控制】卷展栏,在"平铺设置"组设置"纹理"颜色为灰色(R:210、G:210、B:210),设置"水平数"为100,设置"垂直数"为1。

⑦ 继续在"砖缝设置"组设置"纹理"颜色为深灰色(R:22、G:22、B:22),设置"水平间距"为0.01,设置"垂直间距"为0,其他设置默认。

⑧ 再次返回到"多维/子对象"层级,为"ID3"选择 VrayMtl 材质,并设置"漫射"颜色为灰色(R:210、G:210、B:210)。

⑨ 将制作好的材质指定给报纸合订本对象,然后进入该对象的"多边形"层级,依次指定各多边形面的材质 ID 号分别为1、2和3,如图4-93所示。

图4-93　设置材质 ID 号

(3) 制作"铅笔"材质

① 继续选择一个空的示例窗,将其命名为"铅笔",然后为该示例窗选择"多维/子对

象"材质,并设置材质数目为3。

② 为"ID1"选择 VrayMtl 材质,然后设置"漫射"颜色为红色(R:255、G:0、B:0)、"反射"颜色为灰色(R:52、G:52、B:52)、"高光光泽度"为0.85、"光泽度"为0.55,其他参数默认。

③ 返回到"多维/子材质"层级,为"ID2"选择 VrayMtl 材质,然后设置"漫射"颜色为淡黄色(R:232、G:227、B:209)、"反射"颜色为黑色(R:0、G:0、B:0)、"光泽度"为1,其他参数默认。

④ 再次返回到"多维/子材质"层级,为"ID3"选择 VrayMtl 材质,然后设置"漫射"颜色为红色(R:255、G:0、B:0)、"反射"颜色为灰色(R:13、G:13、B:13)、"高光光泽度"与"光泽度"均为0.85,其他参数默认。

⑤ 将制作好的材质指定给场景中的"铅笔"对象,然后进入该对象的"多边形"层级,分别设置铅笔杆的材质 ID 号为1,设置铅笔头的材质 ID 号为2,设置铅笔芯的材质 ID 号为3(如图4-94、图4-95所示)。

图4-94 设置笔杆的材质

图4-95 设置笔芯的材质

(4) 制作"咖啡杯"材质

① 继续选择一个空的示例窗,将其命名为"咖啡杯",然后为该示例窗选择"多维/子对象"材质,并设置材质数目为2。

② 为"ID1"和"ID2"选择 VrayMtl 材质,然后设置"ID1"的"漫射"颜色为白色(R:253、G:253、B:253)、"反射"颜色为灰色(R:42、G:42、B:42)、"高光光泽度"与"光泽度"均为0.9,"细分"值为15,其他参数默认。

③ 继续设置"ID2"的"漫射"颜色为蓝色(R:4、G:75、B:255)、"反射"颜色为灰色(R:45、G:45、B:45)、"高光光泽度"为0.85、"光泽度"均为1,"细分"值为8,其他参数默认。

④ 将制作好的材质指定给场景中的"咖啡杯"对象,然后进入该对象的"多边形"层级,咖啡杯内面的材质 ID 号为1,如图4-96左图所示,设置外面材质 ID 号为2,如图4-96右图所示。

⑤ 重新选择一个空的示例窗,为其选择 VrayMtl 材质,单击"漫射"贴图按钮,在【材质/贴图浏览器】对话框双击"位图"贴图,选择"场景文件"目录下的"咖啡.jpg"文件并确认。

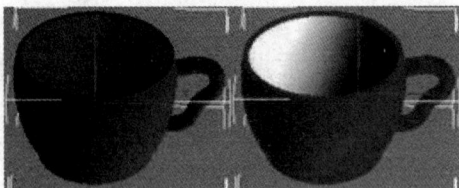

图 4-96　设置材质 ID 号

⑥ 将该材质指定给咖啡杯中的"咖啡"对象,然后为该对象添加"UVW 贴图"修改器,并选择"长方体"贴图方式。

4.3.3　VrayHDRI 贴图

VrayHDRI 贴图。

这一节继续学习常用 3ds Max 贴图和 Vray 渲染器贴图的相关知识。

【贴图】卷展栏的应用。

1. "VrayHDIR"贴图

Vray 渲染器不仅有专用的材质,同时也有专用的贴图,Vray 渲染器的贴图包括:"VR 贴图"、"VrayHDRI"、"VR 边纹理"、"VR 合成纹理"、"VR 灰尘"、"VR 天光"、"VR 位图过滤器"以及"VR 颜色"贴图。由于篇幅所限,我们仅对常用的"VrayHDIR"贴图进行详细讲解,其他贴图在后面章节通过实例操作进行讲解。

"VrayHDRI"贴图主要用于使用高动态范围图像(HDRI)作为环境贴图,它不仅能很好的表现高反射物体(如不锈钢、玻璃等)的反射效果,使这些物体的反射更加丰富,同时能提供很好的光照效果,这在标准材质中是无法实现的。目前该渲染器仅支持.hdr 和.pic格式的文件,其他格式的图像虽然可以使用,但不能提供照明效果。下面通过一个简单的实例,首先学习"VrayHDRI"贴图的应用方法,然后再对"VrayHDRI"贴图的各设置进行详细讲解。

① 在场景创建一个平面物体和一个茶壶对象,然后为这两个对象应用 VrayMtl 材质。

② 为平面物体的"漫射"指定一种纹理贴图(贴图路径:"场景文件"/"贴图"/"格子布.jpg",),其他设置默认;设置茶壶对象的"漫射"为灰色(R:240、G:240、B:240)、"反射"为白色(R:255、G:255、B:255)、"高光光泽度"为 0.9、"光泽度"为1,其他设置默认。

③ 快速渲染场景,发现不锈钢茶壶靠近地面的部分有反射效果,而其他地方一片黑(如图 4-97 所示)。

图 4-97　不锈钢茶壶的渲染效果

由渲染可以看出,因为没有光照,同时环境色为黑色,因此,不锈钢只能反射平面对象和环境色,下面制作一个"VrayHDRI"贴图作为环境,使其反射效果更丰富。

④ 打开【材质编辑器】对话框,选择一个示例窗,单击 "获取材质"按钮,在打开的【材质/贴图浏览】对话框中双击"VrayHDRI"贴图,此时在【材质编辑器】中出现

"VrayHDRI"贴图的卷展栏。

⑤ 单击"VrayHDRI"【参数】卷展栏中的 浏览 按钮，选择被操作的图像，同时设置其他参数（如图4-98所示）。

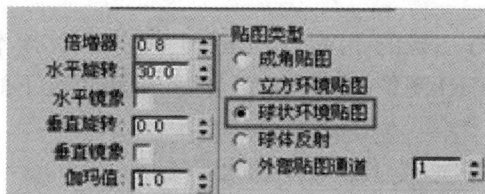

图4-98　"VrayHDRI"【参数】卷展栏设置

⑥ 执行【渲染】/【环境】命令打开【环境和效果】对话框，在【材质编辑器】将 VRayHDRI 按钮拖到【环境和效果】对话框中的"环境贴图"按钮上释放鼠标，在弹出的【实例（副本）贴图】对话框选择"实例"选项，单击 按钮，将"VrayHDRI"贴图复制给环境（如图4-99所示）。

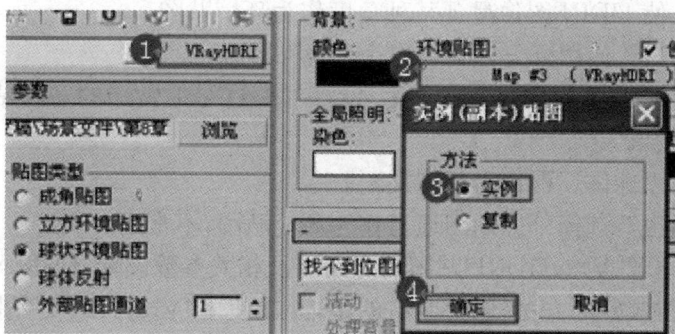

图4-99　将"VrayHDRI"贴图复制给环境

⑦ 快速渲染场景，发现不锈钢茶壶有了环境反射效果，但没有灯光效果（如图4-100左图所示）。

下面设置"VrayHDRI"贴图的光照效果。

⑧ 单击主工具栏中的 "渲染场景对话框"按钮打开【渲染场景】对话框，激活"渲染器"选项卡，在【全局开关】卷展栏下的"灯光"组取消"默认灯光"的勾选；在【间接照明（GI）】卷展栏下勾选"开"选项；在【环境】卷展栏下勾选"全局光环境（天光）覆盖"选项下的"开"选项，然后依照第6步的操作，将"VrayHDRI"贴图以"实例"方式复制给环境，再次渲染场景，发现场景不仅有环境反射效果，也有了光照效果（如图4-100右图所示）。

图4-100　"VrayHDRI"贴图的渲染效果　"VrayHDRI"贴图的光照效果

以上介绍了"VrayHDRI"贴图的应用方法,下面对"VrayHDRI"贴图的参数设置进行详细讲解。

"HDR 贴图":用于显示 HDRI 贴图的路径,单击 浏览 按钮可以选择一个 .hdr 格式的图像。

"倍增器":控制 HDRI 图像的亮度,这相当于灯光的倍增器,值越大则亮度越高。

"水平旋转":设置 HDRI 图像的水平旋转角度,旋转角度不同,环境贴图对场景的反射效果不同。

"水平镜像":勾选该选项,使 HDRI 图像水平镜像。

"垂直翻转":设置 HDRI 图像的垂直翻转角度,翻转角度不同,环境贴图对场景的反射效果不同。

"垂直镜像":勾选该选项,使 HDRI 图像垂直镜像。

"伽玛值":设置 HDRI 图像的伽玛值。

"贴图类型":设置环境贴图的类型,有五种类型。

"成角贴图":使 HDRI 图像呈现某种角度作为环境贴图。

"立方环境贴图":使用立方体环境作为环境贴图。

"球状环境贴图":选择球状环境作为环境贴图,这是最常用的一种贴图方式,能等到很好的环境反射效果。

"球体反射":以球体反射作为环境贴图。

"外部贴图通道":选择外部贴图通道作为环境贴图,不常用。

以上详细介绍了"VrayHDRI"贴图的应用以及相关参数设置,使用"VrayHDRI"贴图是表现高反射物体较好的方法,但要明白的是,并非使用"VrayHDRI"贴图就一定能得到满意的效果,这需要多次调试才行,因为任何一个参数和设置的变化,都会产生差异很大的贴图效果。

2.【贴图】卷展栏的应用

【贴图】卷展栏用于访问并为材质的各个组件指定贴图与设置贴图的分量,在使用标准材质或者 VrayMtl 材质时,都可以展开【贴图】卷展栏进行相关设置。

(1) 设置贴图的分量

在【贴图】卷展栏对贴图进行设置,以控制其贴图的分量(即完全应用或不完全应用),例如,在 VrayMtl 材质的"漫射"贴图通道应用一个位图,当在【贴图】卷展栏设置"漫射"为 100 时,表示完全应用该贴图,如果调整"漫射"值,则不完全应用贴图,如图 4-101 所示,左图是"漫射"值为 100 时的贴图效果,右图是"漫射"值为 10 时的贴图效果。

图 4-101 完全应用与不完全应用贴图的效果比较

提示:【贴图】卷展栏中的贴图的分量值与【基本参数】卷展栏中关联贴图的量的设置相一致,例如,当【基本参数】卷展栏中的"不透明度"的值设置为 0 时,【贴图】卷展栏中的"不透明度"值完全控制不透明度。也就是说,降低【基本参数】卷展栏中的"不透明度"值会增加整个表面的透明性。另一方面,当【基本参数】卷展栏中的"不透明度"值为 100 时,降低【贴图】卷展栏中的"不透明度"值会提高整个表面的不透明度,其他贴图具有相似行为。将【贴图】卷展栏中的值设置为 100 会全部应用贴图,将【贴图】卷展栏中的值设置为 0 相当于禁用贴图。

(2) 同一个贴图在多个贴图通道中的应用

在【贴图】卷展栏可以将同一个贴图指定给多个贴图通道,使其产生更丰富的贴图效果,例如,制作窗帘时,在"标准"材质的"漫反射颜色"贴图通道、"自发光"贴图通道、"不透明度"贴图通道以及"过滤色"贴图通道应用同一个"格子布.jpg"贴图文件,并设置各参数(如图 4-102-1 所示)。

将该材质指定给右边收起的窗帘,重新选择一个空白的示例窗,在"漫反射颜色"贴图上指定"格子布.jpg"贴图文件,其他贴图通道不指定任何贴图,然后将其指定给左边的窗帘,渲染场景发现右边的窗帘产生半透明的布纹效果,而左边的窗帘则完全是一种不透明的布纹效果(如图 4-102-2 所示)。

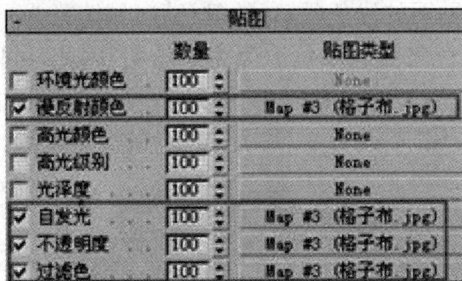

图 4-102-1 在不同贴图通道应用同一个贴图

图 4-102-2 贴图效果比较

(3) 在不同贴图通道使用不同的贴图

在不同的贴图通道应用不同的纹理贴图,可以产生某种特殊贴图效果,例如,设置"漫反射颜色"为乳白色,然后在"凹凸"贴图通道应用"地板.jpg"的贴图文件(如图 4-103-1 所示),并设置"凹凸"贴图的数值为 100,将该材质指定给墙面,渲染场景发现墙面产生和地板纹理相同的凹凸效果(如图 4-103-2 所示)。

图 4-103-1 应用"凹凸"贴图的墙面效果

图 4-103-2 效果图

下面,对常用贴图通道进行详细介绍。

"自发光"贴图:自发光意味着发光区域不受场景(其环境光颜色组件消失)中的灯光影响,并且不接收阴影,因此,可以选择位图文件或程序贴图来设置自发光值的贴图。这样将使对象的部分出现发光。贴图的颜色较亮的区域(白色区域)渲染为完全自发光,颜色较暗的区域(黑色区域)渲染为不发光,而灰色区域渲染为部分自发光,具体情况取决于贴图的灰度值,例如,将一幅较暗的位图作为"漫反射颜色"贴图与"自发光"贴图文件,此时渲染场景,贴图将产生自发光效果,如图4-104所示,左图为贴图文件,右图为渲染后的自发光效果。

图4-104 "自发光"贴图效果比较

"不透明度"贴图:"不透明度"贴图是将贴图的浅色(较亮的颜色)区域渲染为不透明;深色(较暗的颜色)区域渲染为透明;浅色与深色之间的颜色渲染为半透明,因此,可以选择位图文件或程序贴图来生成部分透明的贴图效果。如图4-105所示,左图是"漫反射"贴图效果;中间图是"不透明度"贴图文件;右图是应用"不透明度"贴图文件后的渲染效果。

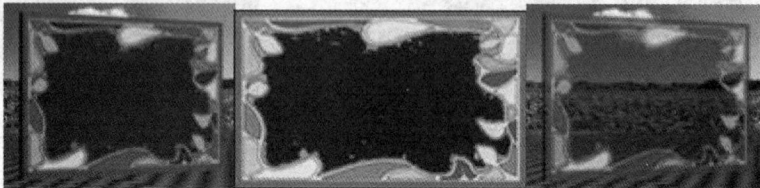

图4-105 应用"不透明度"贴图的效果比较

"过滤色"贴图:"过滤色"贴图是通过透明或半透明材质(如玻璃)透射贴图的颜色。可以选择位图文件或程序贴图来设置过滤色组件的贴图。此帖图基于贴图像素的强度应用透明颜色效果。如图4-106所示左图为玻璃材质渲染效果;中间图是"过滤色"贴图文件;右图是使用"过滤色"贴图文件后的玻璃材质的渲染效果。

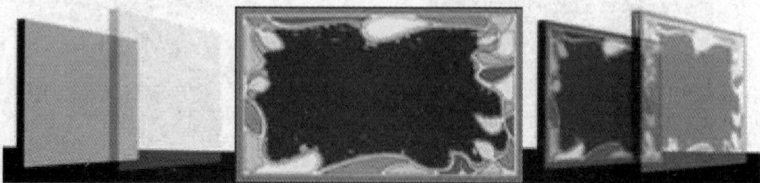

图4-106 应用"过滤色"贴图的效果比较

4.3.4　办公室一角材质与贴图表现

以上主要介绍了【贴图】卷展栏的应用以及"VrayHDRI"贴图的操作方法与技巧,下面通过制作"办公室一角"材质与贴图的实例,对以上所学知识进行巩固。

"办公室一角"场景已经设置好了灯光、摄像机,并已经指定了 Vray 渲染器,同时也设置了相关渲染参数,需要为该场景制作的材质有:"墙面"乳胶漆材质、"地板"、"办公桌"木纹材质、"显示器"、"鼠标"塑料材质、"烟灰缸"玻璃材质、"咖啡杯"瓷器材质以及书本材质等,这些材质将全部使用 Vray 材质来制作,最后使用 Vray 渲染器进行渲染。

1. 操作步骤

(1) 制作"墙面"、"百叶窗"与"桌面"材质

① 启动 3ds Max 系统,打开"办公室一角.max"文件,快速渲染视图,效果如图 4-107 所示。

② 打开【材质编辑器】对话框,选择一个空白的示例窗,将其命名为"墙面",并为该示例窗选择"VrayMtl"材质,设置"漫射"颜色为白色(R:246、G:246、B:246),其他参数默认。

③ 将制作的材质指定给场景中的"墙面"及"顶"对象。

④ 重新选择一个空白的示例窗,将其命名为"百叶窗",并为该示例窗选择"VrayMtl"材质

图 4-107　打开的"办公室一角"场景

,设置"漫射"颜色为灰色(R:105、G:121、B:131)、"反射"颜色为灰色(R:13、G:13、B:13)、"高光光泽度"为 0.65、"光泽度"均为 0.85,其他参数默认。

⑤ 将制作好的材质指定给场景中的"百叶窗"对象。

⑥ 重新选择一个空白的示例窗,将其命名为"桌面",然后为该示例窗选择"VrayMtl"材质,并设置"反射"颜色为灰色(R:22、G:22、B:22)、"高光光泽度"为 0.65、"光泽度"均为 0.7,其他参数默认。

⑦ 单击"漫射"贴图按钮,选择位图文件作为贴图文件,然后将制作好的材质指定给场景中的"桌面"对象。

⑧ 在"修改器列表"下为"桌面"对象添加"UVW 贴图"修改器,选择"长方体"贴图方式,其他设置默认。

(2) 制作"烟灰缸"玻璃材质、"咖啡勺"不锈钢材质

① 重新选择一个空白的示例窗,将其命名为"烟灰缸",然后为其选择"VrayMtl"材质。

② 单击"反射"贴图按钮,在打开的【材质/贴图浏览器】对话框双击"衰减"选项,进入【衰减参数】卷展栏,设置"前"颜色为深灰色(R:128、G:128、B:128)、设置"侧"颜色为灰色(R:183、G:183、B:183),其他设置默认。

③ 返回到"VrayMtl"材质层级,将"反射"上的"衰减"贴图以"复制"的方式复制给"折射"贴图,然后进入"折射"的"衰减"贴图按钮,修改"前"颜色为灰色(R:208、G:208、B:208)、设置"侧"颜色为灰白色(R:219、G:219、B:219),其他设置默认。

④ 将制作好的材质指定给场景中的"烟灰缸"对象。

⑤ 继续选择一个空白的示例窗,将其命名为"咖啡勺",然后为其选择"VrayMtl"材质,设置"漫射"颜色为灰色(R:37、G:37、B:37)、"反射"颜色为灰白色(R:183、G:183、B:183)、"高光光泽度"为 0.8、"光泽度"为 1,其他参数默认。

⑥ 将制作好的材质指定给场景中的"咖啡勺"对象。

(3) 制作"咖啡杯"瓷器材质

① 选择一个空的示例窗,将其命名为"咖啡杯",单击 Standard 按钮,选择"多维/子对象"材质,并设置材质数量为 2。

② 为"ID1"选择"VrayMtl"材质,然后设置"反射"颜色为灰色(R:51、G:51、B:51)、"高光光泽度"为 0.9、"光泽度"为 0.85,其他参数默认。

③ 单击"漫射"贴图按钮,在打开的【材质/贴图浏览器】对话框双击"衰减"选项,进入【衰减参数】卷展栏,设置"前"颜色为深灰色(R:212、G:212、B:212)、设置"侧"颜色为白色(R:255、G:255、B:255),其他设置默认。

④ 单击 ⚄ "转到父对象"按钮,返回到"多维/子对象"材质层级,使用相同的方法为"ID2"指定"VrayMtl"材质,然后设置"反射"颜色为灰色(R:38、G:38、B:38)、"高光光泽度"为 0.9、"光泽度"为 0.85,其他参数默认。

⑤ 单击"漫射"贴图按钮,选择"杯子.jpg"位图文件作为贴图文件。

⑥ 将制作好的材质指定给场景中的"咖啡杯"对象,然后在修改面板进入"咖啡杯"对象的"多边形"层级,框选"咖啡杯"中的多边形面,设置其材质 ID 号为 2(如图 4-108 所示)。

提示:在选择"咖啡杯"多边形面时,可以将其他对象隐藏,只保留"咖啡杯"对象,这样便于选取杯子的多边形面。

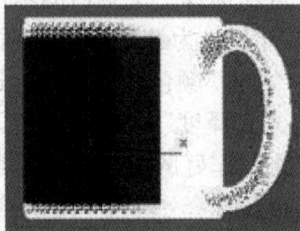

图 4-108　选择多边形面并设置材质 ID 号

⑦ 执行【编辑】/【反选】命令反选"咖啡杯"其他的面,并设置其材质 ID 号为 1,然后退出多边形层级。

(4) 制作"鼠标垫"、"鼠标线"以及"鼠标"材质

① 重新选择一个空的示例窗,将其命名为"鼠标垫",并为其选择"VrayMtl"材质。

② 为"漫射"贴图指定"鼠标垫.jpg"文件,其他设置默认。

③ 将制作好的材质指定给场景中的"鼠标垫"对象,在"修改器列表"选择"UVW 贴图"修改器,选择"长方体"贴图方式,其他设置默认。

④ 再次选择一个空的示例窗,将其命名为"鼠标线",然后为其选择"VrayMtl"材质。

⑤ 设置"漫射"颜色为蓝色(R:257、G:101、B:186)、"反射"颜色为灰色(R:18、G:18、B:18)、"高光光泽度"为 0.9、"光泽度"为 0.75,其他参数默认。

⑥ 将制作好的材质指定给场景中的"鼠标线"对象。

⑦ 重新选择一个空的示例窗,将其命名为"鼠标",单击 Standard 按钮,选择"多维/子对象"材质,并设置材质数量为2。

⑧ 为"ID1"选择"VrayMtl"材质,然后设置"反射"颜色为灰色(R:20、G:20、B:20)、"高光光泽度"为0.7、"光泽度"为0.75,其他参数默认。

⑨ 单击"漫射"贴图按钮,在打开的【材质/贴图浏览器】对话框双击"衰减"贴图,在打开的【衰减参数】卷展栏设置"前"颜色为深灰色(R:45、G:45、B:45)、设置"侧"颜色为浅灰色(R:137、G:157、B:165),其他设置默认。

⑩ 单击 "转到父对象"按钮,返回到"多维/子对象"材质层级,为"ID2"指定"VrayMtl"材质,然后设置"漫射"颜色为灰白色(R:239、G:239、B:239)、"反射"颜色为灰色(R:58、G:5、B:5)、"高光光泽度"为0.7、"光泽度"为0.75,其他参数默认。

⑪ 将制作的材质指定给场景中的"鼠标"对象,然后在修改面板进入"鼠标"的"多边形"层级,选择鼠标左右键的多边形面,并设置其材质ID号为2(如图4-109所示)。

图4-109　选择多边形面并设置材质ID号

⑫ 执行【编辑】/【反选】命令反选鼠标的其他多边形面,并设置材质ID号为1,然后退出多边形层级。

(5) 制作"显示器"材质

① 再次选择一个空的示例窗,将其命名为"电视",单击 Standard 按钮,选择"多维/子对象"材质,并设置材质数量为4。

② 依照前面的操作方法为"ID1"、"ID"和"ID3"指定VrayMtl材质,为"ID4"指定"VR灯光材质"。

③ 进入"ID1"的"VrayMtl"材质层级,设置"漫射"颜色为白色(R:255、G:255、B:255)、"反射"颜色为灰色(R:47、G:47、B:47)、"高光光泽度"为0.95、"光泽度"为0.65,其他参数默认。

④ 进入"ID2"的"VrayMtl"材质层级,设置"反射"颜色为灰色(R:22、G:22、B:22)、"高光光泽度"为0.65、"光泽度"为0.7,其他参数默认。

⑤ 进入"ID2"的"VrayMtl"材质层级,单击"漫射"贴图按钮,在【材质/贴图浏览器】对话框双击"衰减"贴图,在打开的【衰减参数】卷展栏设置"前"颜色为深灰色(R:45、G:81、B:94)、设置"侧"颜色为浅灰色(R:137、G:157、B:165),其他设置默认。

⑥ 进入"ID3"的"VrayMtl"材质层级,设置"漫射"颜色为红色(R:239、G:17、B:7)、

"反射"颜色为深红色(R:168、G:20、B:0)、"高光光泽度"为0.9、"光泽度"为1,设置"折射"颜色为灰红色(R:192、G:168、B:157)、"折射"的"光泽度"为1,勾选"影响阴影"和"影响 Alpha"两个选项,其他参数默认。

⑦ 进入"ID4"的"VR 灯光材质"层级,设置"颜色"为白色(R:255、G:255、B:255),倍增值为1.5,单击"不透明度"贴图按钮,选择文件名为"显示器.tif"贴图文件。

⑧ 将制作好的材质指定给场景中的"显示器"对象,然后进入"显示器"的"多边形"层级,将显示器屏幕材质 ID 号指定为4;将显示器三个按钮材质 ID 号指定为1;将指示灯材质 ID 号指定为3;将显示器其他部分材质 ID 号指定为2,然后退出多边形层级。

提示:指定材质 ID 号的方法可以参阅前面实例的详细讲解,在此不作详细介绍。

(6)制作"书本"材质

① 再次选择一个空的示例窗,将其命名为"翻开的书",单击 Standard 按钮,选择"多维/子对象"材质,并设置材质数量为4。

② 依照前面的操作方法为"ID1"、"ID2"、"ID3"和"ID4"指定 VrayMtl 材质,然后进入"ID1"的 VrayMtl 材质层级,为"漫射"指定"书贴图.jpg"贴图文件;进入"ID2"的 VrayMtl 材质层级,为"漫射"指定文件名为"书贴图01.jpg"贴图文件。

③ 进入"ID3"的 VrayMtl 材质层级,为"漫射"指定"平铺"贴图,然后在"平铺"贴图的【高级控制】卷展栏设置"平铺设置"的"纹理"颜色为白色(R:255、G:255、B:255)、"水平数"为100、"垂直数"为0。

④ 设置"砖缝设置"的"纹理"颜色为灰色(R:128、G:128、B:128)、"水平间距"为0.1、"垂直间距"为0.1 其他设置默认。

⑤ 进入"ID4"的 VrayMtl 材质层级,设置"漫射"颜色为白色(R:255、G:255、B:255),其他设置默认。

⑥ 将制作好的材质指定给场景中翻开的书对象,然后进入该对象的"多边形"层级,分别选择翻开的书的各多边形面,依次设置材质 ID 号为1、2、3和4,如图4-110所示。

图4-110 设置 ID 号

⑦ 为翻开的书对象添加"UVW 贴图"修改器,选择"长方体"贴图方式,其他设置默认。

⑧ 再次选择一个空的示例窗,将其命名为"书",单击 Standard 按钮,选择"多维/子对象"材质,并设置材质数量为3。

⑨ 依照前面的操作方法为"ID1"、"ID2"和"ID3"指定 VrayMtl 材质,然后进入"ID1"的 VrayMtl 材质层级,为"漫射"指定文件名为封面 01. jpg"为贴图文件;进入"ID"的 VrayMtl 材质层级,为"漫射"指定目录下的"书脊 01. jpg"贴图文件;进入"ID3"的 VrayMtl 材质层级,设置"漫射"颜色为白色(R:255、G:255、B:255),其他设置默认。

⑩ 将制作好的材质指定给场景中右下角的书对象,然后进入该对象的"多边形"层级,分别设置各多边形面的材质 ID 号依次为 1、2 和 3(如图 4-111 所示)。

图 4-111　设置材质 ID 号

⑪ 退出多边形层级,为该书对象添加"UVW 贴图"修改器,选择"长方体"贴图方式,其他设置默认。

至此,场景中的主要材质制作完毕,其他的材质以及香烟的材质未作详细介绍,这些材质的制作非常简单,由于篇幅所限,在此不再一一讲解。

【课堂操作实训】

(1) 用不透明贴图制作叶片材质。

(2) 用混合贴图制作颓废材质。

任务四　三维商城场景的渲染

在前两节我们对灯光与渲染设置做了重点讲解,同时通过实例操作对这些知识做了巩固练习,这一节将重点对 Vray 渲染器常用设置进行详细讲解

1.【帧缓冲区】卷展栏

【帧缓冲区】卷展栏用于指定使用 Vray 帧缓冲器,还可以使用 3ds Max 帧缓冲器(如图4-112所示)。

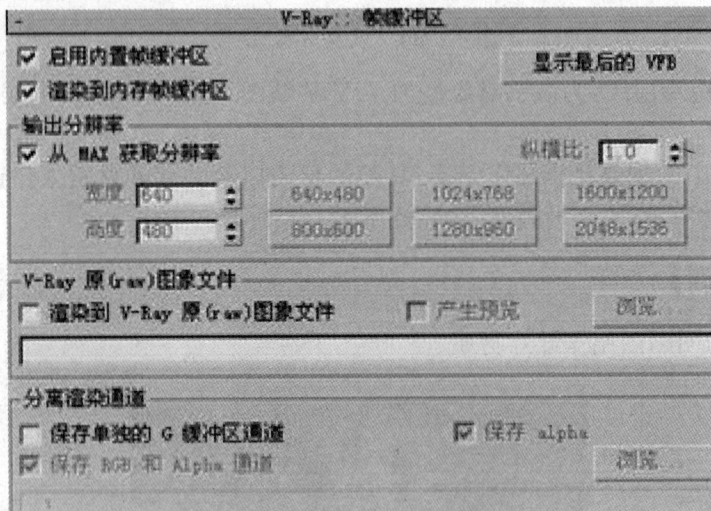

图 4-112　【帧缓冲区】卷展栏

"启用内置帧缓冲区":勾选该选项,使用 Vray 渲染器内建的帧缓冲器,但由于技术原因,3ds Max 的帧缓冲器依旧启用,此时可以在 3ds Max 的【公用参数】卷展栏取消"渲染帧窗口"的勾选,这样可以减少占用系统内存。

"渲染到内存帧缓冲区":勾选该选项,将创建 Vray 渲染器的帧缓冲器,用以存储色彩数据便于观察渲染效果,如果要渲染较大的场景,建议取消该选项,这样可以节约内存。

"输出分辨率":勾选"从 MAX 获取分辨率"选项,可以在 3ds Max 的常规渲染设置中设置输出图像的大小,取消该选项的勾选,下方的"宽度"、"高度"选项被激活,可以在 Vray 渲染器的虚拟帧缓冲获取图像的分辨率。

【全局开关】卷展栏,【全局开关】卷展栏用于对渲染器不同特性的全局参数进行控制(如图 4-113 所示)。

"灯光":勾选该选项,将使用场景设置的灯光渲染,不勾选将使用 3ds Max 默认灯光渲染。

"默认灯光":当场景中不存在灯光时,勾选该选项将使用 3ds Max 默认灯光渲染。

"隐藏灯光":勾选该选项,系统会渲染隐藏灯光的光照效果;取消该选项的勾选,则隐

藏的灯光不会被渲染。

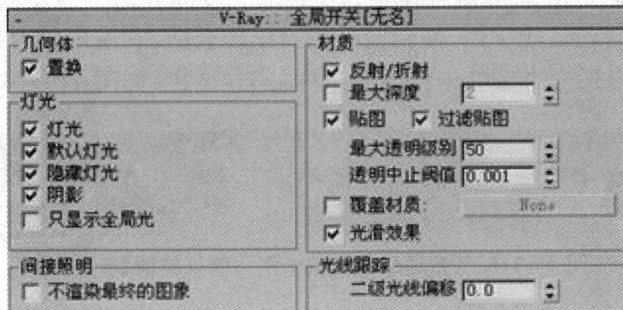

图 4 - 113　【全局开关】卷展栏

"阴影"：勾选该选项，渲染灯光产生的阴影，反之则不渲染灯光产生的阴影。

"反射/折射"：勾选该选项，计算 Vray 的贴图、材质的反射和折射效果。

"最大深度"：勾选该选项，可以设置贴图或材质的反射/折射的最大反弹次数，否则，反射/折射的最大反弹次数将使用材质、贴图的局部参数来控制。

2.【图像采样(反锯齿)】卷展栏

【图像采样(反锯齿)】卷展栏用于选择图像采样器和抗锯齿过滤器，这是采样和过滤图像的一种算法，通过这种算法将产生最终的像素数来完成图像的渲染(如图 4 - 114 所示)。

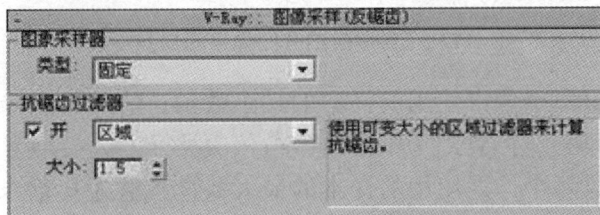

图 4 - 114　【图像采样(反锯齿)】卷展栏

Vray 渲染器提供了多种图像采样器以及抗锯齿过滤器，下面首先讲解"图像采样器"选项组的相关内容。

(1)"固定"采样器

这是最简单的采样器，对于每一个像素，它使用一个固定数量的样本。当选择该采样器时，会出现【固定图像采样器】卷展栏(如图 4 - 115 所示)。

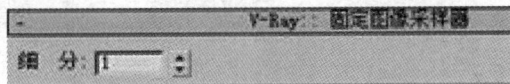

图 4 - 115　【固定图像采样器】卷展栏

"细分"：设置每个像素使用的样本数量，当值为 1 时，表示每一个像素使用一个样本数；大于 1 时，将按照低差异的蒙特卡洛序列来产生样本数。

（2）"自适应准蒙特卡洛"采样器

该采样器会根据每个像素和与其相邻像素的亮度差异来产生不同数量的样本,对于具有大量微小细节的场景或物体,使用该采用器比较合适,它占用的内存较小。使用该采样器,同样会出现【自适应准蒙特卡洛图像采样器】卷展栏(如图4-116所示)。

图4-116 【自适应准蒙特卡洛图像采样器】卷展栏

"最小细分":定义每个像素使用的样本的最小数量,一般情况下,设置为1,但当场景中有细小细节无法正确表现时,该值可以设置的较大一些。

"最大细分":定义每个像素使用的样本的最大数量。

（3）"自适应细分"采样器

这是一个高级采样器,也是一般渲染的首选采样器,该采样器使用较少的样本就可以达到很好的渲染品质,但是对于场景的一些细节或模糊特效渲染效果不是很好。使用该采样器,同样会出现【自适应细分图像采样器】卷展栏(如图4-117所示)。

图4-117 【自适应细分图像采样器】卷展栏

"最小比率":定义每个像素使用的样本的最小数量。值为0意味着一个像素使用一个样本;值为-1表示每2个像素使用一个样本;依次类推。

"最大比率":定义每个像素使用的样本的最大数量。值为0意味着一个像素使用一个样本;值为1表示每个像素使用四个样本,依次类推。

"颜色阈值":用于确定采样器在改变颜色亮度方面的灵敏性,值越低效果越好,但渲染时间会很长。

"对象轮廓":勾选该选项,采样器会强行在物体边缘进行超级采用。

下面继续来看"抗锯齿过滤器"选项组,开启该选项后,可以在其选项列表选择不同的过滤器,同时在右边会显示该过滤器的过滤说明(如图4-118所示)。

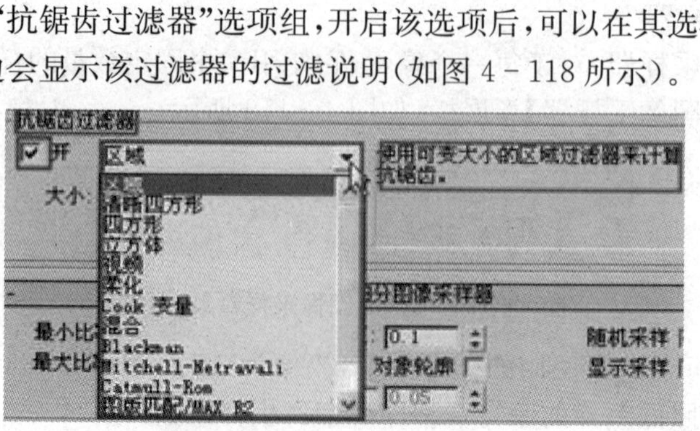

图4-118 抗锯齿过滤器

提示："抗锯齿过滤器"不再一一讲解，读者可以选择并查看右边有关该过滤器的说明。

3.【间接照明（GI）】卷展栏

【间接照明（GI）】卷展栏如图 4－119 所示。

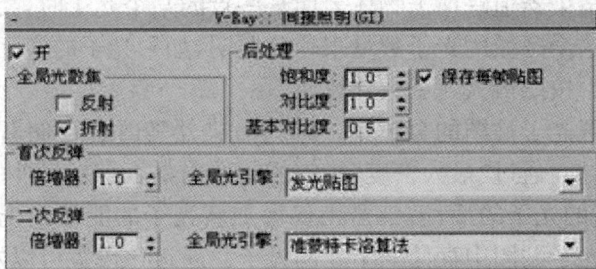

图 4－119　【间接照明（GI）】卷展栏

该卷展栏提供了几种计算间接照明的方法。勾选"开"选项，将计算场景中的间接照明。由于篇幅所限，下面我们只对常用设置进行大概介绍，具体使用方法将在后面章节通过实例进行讲解。

"首次反弹"选项组的"倍增器"：用于确定为最终渲染图像提供初级漫反射反弹，一般使用默认值 1.0 效果最好。

"首次反弹"选项组的"全局光引擎"：在该下拉列表选择初级漫反射反弹的 GI 渲染引擎。

"二次反弹"选项组的"倍增器"：用于确定在场景照明计算中次级漫反射反弹的效果，一般使用默认值 1.0 效果最好。

"二次反弹"选项组的"全局光引擎"：在该下拉列表选择次级漫反射反弹的计算方法。

4.【焦散】卷展栏

Vray 渲染器支持焦散效果的渲染，但是，要想产生焦散，场景中必须要有生成焦散的对象和接受焦散的对象。【焦散】卷展栏如图 4－120 所示。

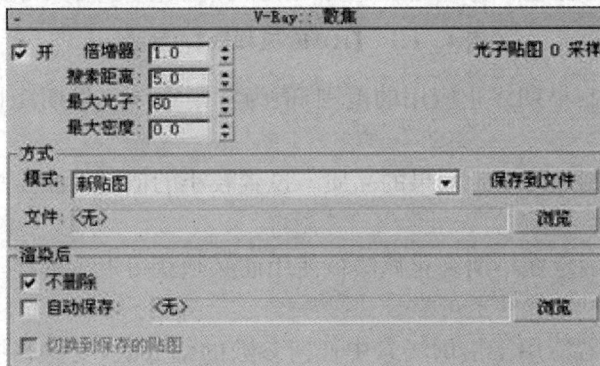

图 4－120　【焦散】卷展栏

"开"：勾选该选项，开启焦散效果。

"倍增器":设置焦散的强度,这是一个控制全局光的参数,对场景中所有产生焦散特效的光源都有效。

"搜索距离":当渲染器追踪撞击物体表面某些点的某个光子时,会自动搜寻周围区域同一平面内的其他光子,通过设置"搜索距离"来确定搜寻的范围。

"最大光子":当渲染器追踪撞击物体表面某些点的某个光子时,会将周围区域的光子计算在内,然后根据这个区域的光子数量来均分照明,如果光子的实际数量超过了最大光子的设置,渲染器也会按照最大光子数计算。

"最大密度":设置光子贴图的分辨率。因为渲染器随时会存储新的光子到焦散光子贴图中,系统首先搜寻在通过"最大密度"指定的距离内是否存在另外的光子,如果在贴图中已经存在一个合适的光子的话,渲染器则仅增加新光子的能量到光子贴图内已经存在的光子中,否则将在光子贴图中存储一个新的光子。通过该设置可以发射更多的光子,得到更加平滑的渲染效果。

"方式"与"渲染后":一般情况下,先渲染并保存焦散的光子图,因此选择"新贴图"模式,可以在"渲染后"选项组勾选"自动保存"和"切换到保存的贴图"选项,单击"自动保存"后的"浏览"按钮,将焦散的光子图命名并保存,这样,在最后渲染大图时,渲染器会自动载入保存的焦散的光子图进行最后的效果渲染,会大大节约渲染时间。

5.【rQMC 采样器】卷展栏

【rQMC 采样器】卷展栏是 Vray 渲染器的核心,它贯穿于 Vray 的每一种效果的计算中,例如:抗锯齿、景深、间接照明、面积光计算、模糊反射/折射、半透明以及运动模糊等。该采样器一般用于确定获取哪些样本以及最终所要跟踪的光线。【rQMC 采样器】卷展栏如图 4 - 121 所示。

图 4 - 121 【rQMC 采样器】卷展栏

"适应数量":控制早期终止应用的范围,值为 0 则意味着早期终止不会被使用,一般采用默认设置较好。

"噪波阈值":控制最终渲染效果的品质。设置较小的值可以减少场景噪波,获得更好的图像品质。

"最小采用值":确定在早期终止算法被使用前必须获得最少的样本数量,值越高则渲染速度越慢,但会使早期算法更可靠。

"全局细分倍增器":用于倍增场景中任何参数的细分值,它将直接影响灯光贴图、光子贴图、焦散、抗锯齿等细分值以外的所有细分值,其他包括景深、运动模糊、发光贴图、准蒙特卡洛 GI,面积光/阴影以及平滑反射/折射等都受此参数的影响。

"独立时间"/"路径采用器":用于渲染动画效果,此处不再介绍。

6.【颜色映射】卷展栏

【颜色映射】卷展栏用于设置图像最终的色彩转换,在"类型"下拉列表可以选择需要的类型,下面我们只讲解常用的一些选项进行讲解,由于篇幅所限,其他的不作介绍,其卷展栏如图4－122所示。

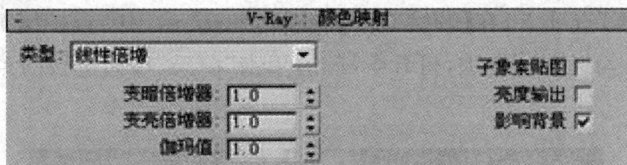

图4－122　【颜色映射】卷展栏

"线性倍增":默认的模式,这种模式将基于最终图像色彩的亮度来进行简单的倍增,限制太亮的颜色成分,但是常常会使靠近光源的区域亮度过高。

"指数":该模式将基于亮度使图像颜色更饱和而不限制颜色范围,这对预防曝光效果很有效。

"变暗倍增器":控制暗的颜色的倍增。

"变亮倍增器":控制亮的颜色的倍增。

7. 厨房、餐厅夜景灯光、渲染设置

以上主要介绍了Vray渲染器的其他常用设置,下面通过制作"厨房餐厅夜景"的实例,对以上知识点进行巩固。

"厨房餐厅夜景"场景中已经设置好了材质、贴图以及摄像机,下面设置灯光。根据场景最后的出图效果要求,需要有一盏目标平行光模拟夜晚月光作为主光源,然后再设置其他辅助光源,照亮餐桌以及其他区域,最后设置渲染参数进行渲染输出。

（1）设置主光源

① 启动3ds Max系统,打开"厨房餐厅夜景. max"文件。该场景模型已经指定了材质和摄像机,下面为场景设置灯光。

② 进入灯光创建面板,选择"标准"灯光类型,激活 目标平行光 按钮,在顶视图厨房窗户位置创建一盏目标平行光（如图4－123－1所示）,并在左视图调整灯光的位置（如图4－123－2所示）。

图4－123－1　　　　　　图4－123－2

创建目标平行光

③ 进入修改面板,在【常规参数】卷展栏"阴影"组勾选"启用"选项,并选择"Vray 阴影";在【强度/颜色/衰减】卷展栏设置"倍增"为 4.0,设置颜色为浅蓝色(R:134、G:134、B:255),其他设置默认。

④ 打开【渲染场景】对话框,指定当前渲染器为"Vray 渲染器",在【公用参数】卷展栏设置出图分辨率为 320×240,取消"渲染帧窗口"的勾选。

⑤ 进入"渲染器"选项卡,在【帧缓冲区】卷展栏勾选"启用内置帧缓冲区"选项;在【间接照明(GI)】卷展栏下勾选"开"选项,打开全局光,单击"渲染"按钮进行渲染,效果如图 4-124 所示。

图 4-124 场景主光源渲染效果

通过渲染可以看出,目标平行光模拟的月亮光效果不错,但是整个场景太暗,下面我们继续设置一些辅助光,使整个场景亮起来。

(2) 设置窗口辅助光源

① 再次进入灯光创建面板,选择"Vray"灯光类型,激活 `VRay灯光` 按钮,在前视图沿厨房窗户大小创建一个 Vray 灯光(如图 4-125-1 所示),然后在左视图将 Vray 灯光沿 X 轴向右移动,使其靠近窗户(如图 4-125-2 所示)。

 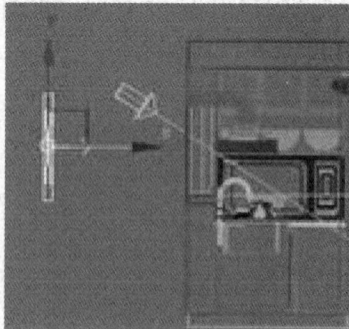

图 4-125-1   图 4-125-2

在窗口创建 Vray 灯光

② 进入修改面板,在【参数】卷展栏下设置 Vray 灯光的"倍增器"值为 12,设置灯光颜色为蓝色(R:161、G:148、B:255),勾选"选项"组下的"不可见"选项,其他参数设置默认。

③ 继续在前视图沿客厅后墙大小创建一盏 Vray 灯光(如图 4-126-1 所示),在顶视图将 Vray 灯光沿 Y 轴向下移动到后墙位置(如图 4-126-2 所示)。

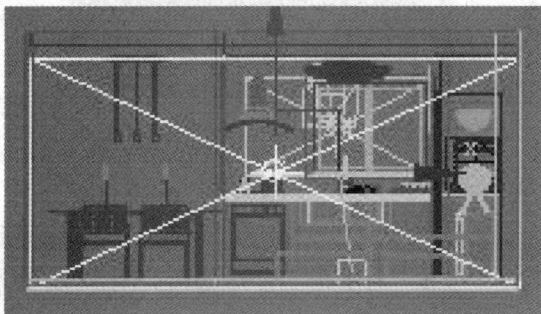 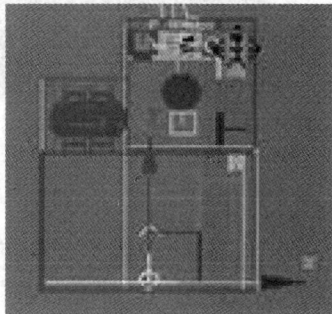

图 4-126-1　　　　　　　　　　　　　　图 4-126-2

在后墙创建 Vray 灯光

④ 再次快速渲染场景,观察灯光效果(如图 4-127 所示)。

图 4-127　设置辅助光后的场景渲染效果

通过渲染可以看出,此时的场景整体效果不错,很符合夜晚月光的亮度,下面开始设置餐厅灯光,使餐厅亮起来。餐厅光源将以 Vray 灯光为主。

(3) 设置餐厅光源

① 首先设置餐厅主灯。进入灯光创建面板,选择"Vray"灯光类型,激活 VR灯光 按钮,在顶视图沿餐桌大小创建一个 Vray 灯光(如图 4-128-1 所示),然后在左视图将 Vray 灯光沿 Y 轴向右移动到餐桌上方位置(如图 4-128-2 所示)。

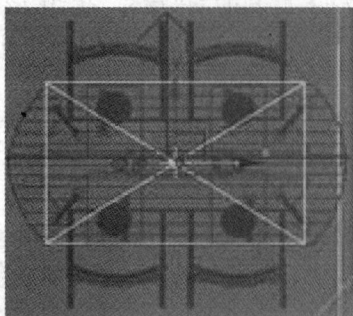

图 4-128-1

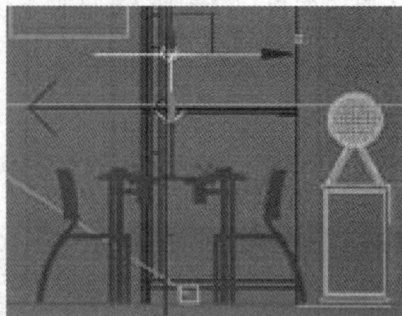

图 4-128-2

创建餐厅灯光

②进入修改面板,在【参数】卷展栏下设置Vray灯光的"倍增器"值为10,设置灯光颜色为淡蓝色(R:247、G:246、B:255),勾选"选项"组下的"不可见"选项,其他参数设置默认。

③再次快速渲染场景,观察灯光效果(如图4-129所示)。

图 4-129 餐厅灯光效果

通过渲染可以看出,餐桌被照亮了,但餐厅的墙面太暗,不符合光学原理,在前面知识点中我们曾经讲过环境光和反射光的问题,根据当前场景,餐厅墙面会受到来自餐桌的反射光以及周围其他物体的反射光的照射,因此,还需要在餐厅设置一些辅助光源照亮餐厅墙面。

④继续在前视图餐桌位置创建一盏Vray灯光(如图4-130-1所示),并在顶视图沿Y轴将其调整到靠近前墙的位置(如图4-130-2所示)。

⑤进入修改面板,在【参数】卷展栏下设置Vray灯光的"倍增器"值为0.7,设置灯光颜色为淡黄色(R:255、G:240、B:224),勾选"选项"组下的"不可见"选项,其他参数设置默认。

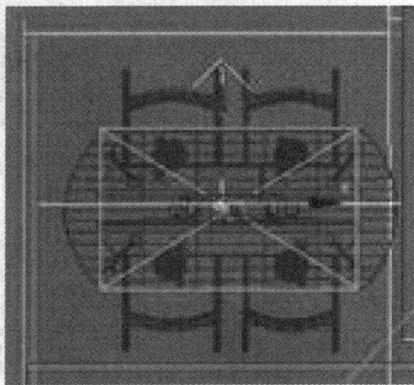

图 4－130－1　　　　　　　　　图 4－130－2

创建餐厅辅助光源

⑥ 单击"排除"按钮，在打开的【排除/包含】对话框左边选择"Line09"（Line09 为餐厅前墙），单击 》 按钮将其调入右边，勾选"包含"选项，使该灯只照射前墙，然后确认。

⑦ 继续在顶视图沿餐桌大小创建一盏 Vray 灯光（如图 4－131－1 所示），激活左视图，将其沿 Y 轴向上移动到餐桌上方位置，然后使用 "镜像"工具将该 Vray 灯光以"不克隆"的方式做垂直镜像（如图 4－131－2 所示）。

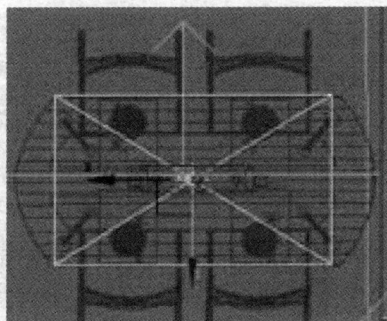

图 4－131－1　　　　　　　　　图 4－131－2

图 4－131　创建餐厅墙面辅助光源

⑧ 进入修改面板，在【参数】卷展栏下设置该灯光的"倍增器"值为 1.2，设置灯光颜色为淡蓝色（R：240、G：239、B：255），勾选"选项"组下的"不可见"选项，其他参数设置默认。

⑨ 单击"排除"按钮，在打开的【排除/包含】对话框左边选择"Line11"（Line11 为餐厅顶），单击 》 按钮将其调入右边，勾选"包含"选项，使该灯只照射餐厅顶，然后确认。

⑩ 再次渲染场景，观察灯光效果（如图 4－132 所示）。

图 4 - 132 设置餐厅辅助光源后的渲染效果

通过渲染可以看出，餐厅区域效果已经很不错了，下面我们再设置沙发位置的台灯以及厨房的抽油烟机灯，这两盏灯将使用目标聚光灯以及泛光灯。

（4）设置台灯以及抽油烟机灯

① 再次进入灯光创建面板，选择"标准"灯光类型，激活 目标聚光灯 按钮，在前视图抽油烟机位置创建一盏目标聚光灯（如图 4 - 133 - 1 所示），在顶视图调整其位置，使其与抽油烟机对齐（如图 4 - 133 - 2 所示）。

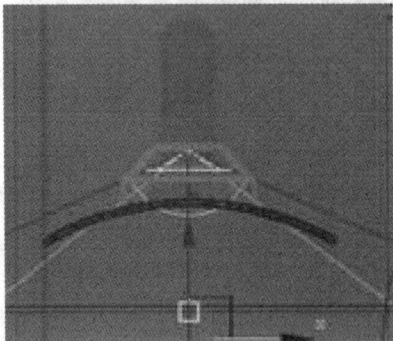
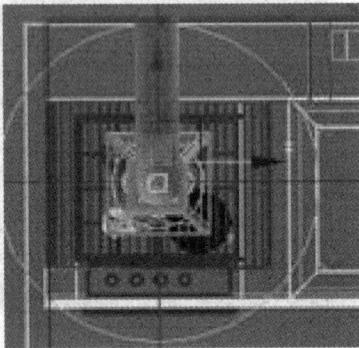

图 4 - 133 - 1　　　　　　　　　　　**图 4 - 133 - 2**

创建目标聚光灯

② 进入修改面板，在【强度/颜色/衰减】卷展栏下设置"倍增"值为 3.5，设置灯光颜色为乳白色（R：255、G：255、B：242），然后在"远距衰减"组勾选"使用"选项，并设置"开始"为175.5，"结束"为1021，对其应用衰减照明。

③ 继续激活 泛光灯 按钮，在前视图台灯位置创建一盏泛光灯（如图 4 - 134 - 1 所示），在顶视图调整其位置，使其与台灯对齐（如图 4 - 134 - 2 所示）。

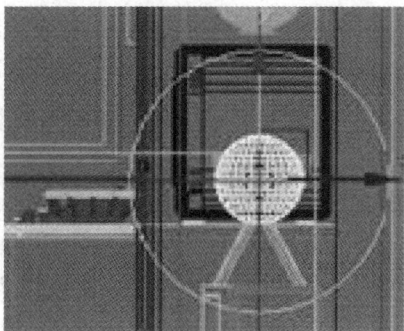　　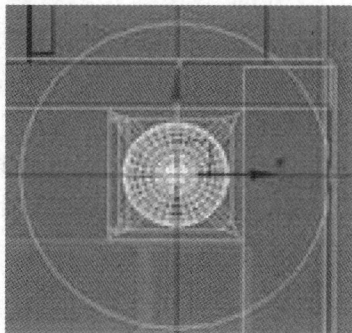

图 4 - 134 - 1　　　　　　　　　　图 4 - 134 - 2

创建台灯的泛光灯

④ 进入修改面板,在【强度/颜色/衰减】卷展栏下设置"倍增"值为 1.3,设置灯光颜色为橘红色(R:253、G:232、B:188),然后在"远距衰减"组勾选"使用"选项,并设置"开始"为485.5,"结束"为 1897,对其应用衰减照明。

⑤ 快速渲染场景,观察灯光效果(如图 4 - 135 所示)。

图 4 - 135　场景渲染效果

　　至此,灯光效果已经设置完毕,下面设置渲染参数进行渲染,首先渲染光子图,这样做的好处是:在最后渲染大图时,可以不用再渲染光子图,节省很多时间。

(5) 渲染并保存光子图

① 打开【渲染场景】对话框,在【公用参数】卷展栏设置出图比例为 320×240,然后在Vray 渲染器的【全局开关】卷展栏下勾选"不渲染最终图像"选项。

② 展开【图像采样(反锯齿)】卷展栏,设置图像采样器为"自适应细分",打开"抗锯齿过滤器",选择过滤方式为"Catmull-Rom",然后展开【自适应细分图像采样器】卷展栏(该卷展栏只有在选择"自适应细分"采样器时才会出现),设置"最小比率"为-1,"最大比率"

为3。

③ 继续在【发光贴图】卷展栏设置"当前预置"为"高",设置"模型细分"为50、"差补采用"为20,在"方式"选项组的"模式"下选择"单帧",在"渲染后"选项组勾选"自动保存"以及"切换到保存的贴图"选项,然后单击"自动保存"后的 浏览 按钮,在打开的【自动保存发光贴图】对话框中为光子图命名并将其保存。

提示:【发光贴图】卷展栏只有在【间接照明(GI)】卷展栏的"首次反弹"选项组设置"全局光引擎"为"发光贴图"时,才会出现。

④ 设置完毕后,单击"渲染"按钮渲染光子图,光子图渲染完毕后,就可以进行最终的图像渲染了。

(6) 最终渲染

① 光子图渲染完毕后,在【公用参数】卷展栏设置出图比例为2 000×1 500,然后在Vray渲染器的【全局开关】卷展栏下取消"不渲染最终图像"选项的勾选。

② 在【发光贴图】卷展栏修改"模型细分"为60、"差补采用"为30,在【准蒙特卡洛全局光】卷展栏修改"细分"值为15。

③ 展开【rQMC采样器】卷展栏,修改"噪波阈值"为0.005,修改"全局细分倍增器"为1.5。

④ 展开【颜色映射】卷展栏,选择"类型"为"指数",并修改"变暗倍增器"为2.5、"变亮倍增器"为2.0,其他设置默认。

⑤ 参数设置完毕后,单击"渲染"按钮进行最后的图像渲染。

至此,"厨房餐厅夜景"灯光与渲染效果制作完毕。

通过以上学习,我们已经学会如何应用渲染技术对三维商城场景进行渲染。

【课堂操作实训】

把课堂讲解的"厨房餐厅夜景"做一遍。

【本章小结】

本章针对三维商城建模工作完成后,无论是外形还是内部都没有做修饰。通过对采用灯光、材质、贴图和渲染技术处理后,构建一个完整的静态三维商城。

项目五　三维商城交互功能的实现

一、单元概述

本单元讲述三维商城人机交互功能的实现技术。在项目二至项目四分别完成三维商城框架结构、商品建模和经过灯光、材质、贴图和渲染基础上,静态三维商城技术已经基本介绍完毕。在本章将要介绍如何让静态的三维商城实现人机交互,让三维商城产生灵动。本章将分别介绍三维商城发布、简单人机交互和复杂人机交互等知识点。

二、知识要点及掌握程度

任务一:场景合并与发布(要求掌握)

任务二:三维商城人机交互技术(要求掌握)

任务三:简单人机交互制作(要求掌握)

任务四:复杂功能交互的实现(要求掌握)

三、能力要点及重要程度

(1)了解熟悉了解 3D 引擎及业界技术趋势,并运用中视典公司产品 vrp-builder 把三维商城发布上网(理解/重要)。

(2)掌握应用设置"动画"、"漫游"、"退出"按钮交互事件。

(3)学习在应用 VRP 平台中创建设置飞行、旋转、动画、行走、定点观察、角色控制、跟随、快速切换相机的功能(重要)。

四、教学的重点与难点

重点:

(1)VRP-Builder 操作的掌握。

(2)掌握应用设置"动画"、"漫游"、"退出"按钮交互事件。

(3)学习在应用 VRP 平台中创建设置飞行、旋转、动画、行走、定点观察、角色控制、跟随、快速切换相机的功能。

难点:

(1)VRP 平台中创建设置飞行、旋转、动画、行走、定点观察、角色控制、跟随、快速切换相机的功能。

五、教学设计与实施方法

本单元主要采用讲授教学法和案例教学法。讲授教学法通过教师课堂讲授实施,案例教学法通过学生对案例的实际操作来完成。

任务一　场景合并与发布

5.1.1　三维商城实施引擎介绍

通过学会场景合并预发布技术,掌握在三维商城中如何将不同场景的三维图形合并为三维商城设置好发布环境。

对于大型场景的合并与发布,仅仅应用 3ds Max 就稍显不足了,目前世界有许多专注于开发 3D 引擎的企业,这些企业开发不少非常适合于在三维图形建模完成后合成与发布的产品,现分别介绍如下:

网络媒体特别是电子商务对与图形、图像技术、视频技术提出了更新的要求,各个 3D 图形公司纷纷推出了自己的 Web 3D 制作工具,使得 Web 3D 虚拟现实技术操作更为简单,使用更加便捷。

这些 Web 3D 技术,可以按照产生虚拟环境或模型的方法将其可以分为两大类:基于图像的 Web 3D 虚拟现实技术(Imaged-based Technology)和基于模型的 Web 3D 虚拟现实技术(Model-based Technology)。目前 Web 3D 的开发技术除了传统的 VRML/X3D 以外,常见的还包括 Cult3D、Viewpoint、Java3D 、Virtools、ShockWave3D 等。

1. Cult3D

Cult3D 是瑞典的 Cycore 公司开发的应用软件,是一种跨平台的 3D 渲染引擎,它支持目前主流的各种浏览器,从 PC 到苹果机的各种机型和 Unix、Linux、Windows 等各种常用的操作系统。Cult3D 为 3D 产品添加交互性动作并把完成后的 3D 文件压缩,它可以把 3D 产品嵌入到 Office、Adobe 的 Acrobat、网页以及用于支持 ActiveX 的软件开发中。由于采用了先进的压缩算法,Cult3D 最后生成的以 .co 为扩展名的文件很小,非常适合在网络上传输,由于 Cult3D 是使用 Java 语言开发出来的,所以,它生成的文件可以无缝镶嵌到网页中。

Cult3D 在表观和交互上和 Viewpoint 相似,但 Cult3D 的内核是基于 Java,它甚至可以嵌入 Java 类,利用 Java 来增强交互和扩展,Cult3D 的开发环境比 Viewpoint 人性化和条理化,开发效率也要高得多。Cult3D 可以应用到多媒体制作上,但 Cult3D 应用更多的是电子商务以及企业网站的产品介绍上。

2. Java3D

Java3D 实际上是 Java 语言在三维图形领域的扩展,是面向对象的编程。它可以实现生成物体、颜色贴图和透明效果、模型变换及动画等功能。Java3D 技术不需要安装插件,最初在客户端用一个 Java 解释包来解释就行了。不过,后来 Microsoft 公司宣布不再支持 Java,其常用的操作系统 Windows XP 也没有内建 Java 虚拟机,所以如果在 Windows XP 使用 Java3D 也必须安装 Java 虚拟机。其它 Web 3D 软件是必须在客户端安装浏览器插件的。Java3D 去除了插件瓶颈,却仅适用于产品展示领域,因为场景规模过大,

Java3D 对运算的要求比较高,也是发展的瓶颈。

3. Shockwave3D

Shockwave3D 是 Macromedia 公司和 Intel 公司合作开发的网络多媒体技术,它通过 Macromeadia Director 进行制作,Director 为 Shockwave3D 加入几百条 Lingo 控制函数,通过这些函数使得 Shockwave3D 在交互能力和扩展能力上具有强大的优势,通过 Havok,Shockwave3D 可以模拟真实物理环境和刚体特性。目前,它多应用在不太复杂的网络游戏上。

4. Virtools

Virtools 是法国 Virtools 公司推出的国外专业游戏,是 3D/VR 设计及企划人员广泛使用的软件及开发平台,Virtools 之所以会受到专业人士的欢迎,是因为利用其完全可视化接口与高度逻辑化编辑方式,可以轻松将互动模块加入到一般的 3D 模块中,非常适合非程序设计出身的设计人员。Virtools 开放式的架构极其的灵活,允许开发者使用模块的脚本,方便有效的实现对象的交互设计和管理。普通的开发者可以用鼠标拖放脚本的方式,通过人机交互图形化用户界面,同样可以制作高品质图形效果和互动内容的作品。作为高端的开发者,利用 SDK(Software Development Kit,软件开发工具包)和 VSL (Virtools Scripting Language,Virtools 专用脚本语言),通过相应的 API 接口,可以创建自定义的交互行为脚本和应用程序。Virtools 是一套具备丰富的互动行为模块的实时 3D 环境虚拟实境编辑软件,可以制作出许多不同用途的 3D 产品,如计算机游戏、多媒体、建筑设计、教育训练、仿真与产品展示等。

5. Viewpoint

Viewpoint 是美国 Viewpoint 公司推出的,Viewpoint Experience Technology (简称 VET),它生成的文件格式非常小,三维多边形网格结构具有可伸缩(scaleable)和流质传输(Steaming)等特性,使得它非常适合在网络上应用。可以在它的 3D 数据下载的过程中看到一个由低精度的粗糙模型逐步转化为高精度模型的完整过程。VET 可以和用户发生交互操作,通过鼠标或浏览器事件引发一段动画或是一个状态的改变,从而动态演示一个交互过程。VET 除了展示三维对象外,还犹如一个能容纳各种技术的包容器,它可以把全景图像作为场景的背景,把 Flash 动画作为贴图使用。Viewpoint 的主要应用领域是物品展示的产品宣传和电子商务。

6. Unity3D (U3D)

Unity Technologies 开发的 Unity3D (U3D)是最近几年冒出来的新秀,是一个全面整合的专业虚拟 3D 和游戏引擎,它在制作虚拟现实及 3D 游戏方面上手非常容易,操作简单,互动性好,有强大的地形渲染器。大部分用户使用 U3D 可以很快制作一个 3D 游戏,因此,也强烈推荐大家学习使用。

7. Vega

Vega 是 MultiGen-Paradigm 公司开发的用于实时视觉模拟和虚拟现实应用的开发引擎,提供很多的 C/C++语言的应用程序接口 API,结合其应用程序的图形用户 GUI 界面软件 LynX,可以迅速创建各种实时交互的 3D 环境。对于开发 3D 游戏和 3D 场景漫游的项目非常方便。

8. OSG (Open Scene Graph)

OSG (Open Scene Graph)是一套开源的基于 C++平台的应用程序接口 API,能够让开发者快速、便捷创建高性能、跨平台的交互式图形程序。它将 3D 场景定义为空间中一系列连续的对象,能够对 3D 场景进行有效的管理,由于 OSG 是开源和完全免费的,很多 3D 应用的软件都选用 OSG 作为基础架构。

9. 其他

其他的一些用于 3D 应用程序开发的软件开发包(SDK)或 API 还有 GLUT(OpenGL Utility Toolkit)、OpenGL Performer、CG2 VTree、Quamtum3D Mantis 等。有兴趣的读者也可以去了解一下。

2007 年,国内出现了第一个完全自主知识产权的 Web 3D 开发软件技术 WEBMAX,随后又出现了 VRPIE 和 Converse 等一些国产引擎软件。

10. WebMax

WebMax 是由中国上海创图公司研发的 Web 3D 开发软件技术。其相应软件 WebMax 软件采用 DirectX 和 C++编写。该技术采用三维实时分布式渲染技术来实现无限大规模场景的实时渲染,与三维网络游戏的核心技术类似,但又有所不同。WebMax 技术在三维网络游戏技术的基础上,增加了压缩和网络流式传输的功能,三维数据不需要事先下载到本地,便可以直接在网页内边浏览边下载;与国外同类技术相比,互动性更强、压缩比更高、运算速度更快。目前,WebMax 已成功应用于多个领域,对表现大范围的建筑场景特别方便,压缩比很大,网络浏览速度较快,画质和交互性都很不错,并可结合数据库,进行模型与数据的调用。

WebMax 与上述国外同类技术的性能参数比较见表 5-1 所示。

表 5-1　WebMax 与国外同类技术的比较

技术产品	知识产权所属公司	运行速度	压缩比
WebMax	中国上海创图	>2 000 万面/秒	120:1
Shockwave3D	美国 Intel	>300 万面/秒	50:1
Cult3D	瑞典 Cycore	>500 万面/秒	80:1
ViewPoint	美国 Viewpoint	>600 万面/秒	100:1
Virtools	法国 Virtools	>2 000 万面/秒	10:1

11. VRPIE

VRPIE 中视典(中视典数字科技有限公司)2007 年推出的(虚拟现实)新品,延续了 VRP 软件操作简单的一贯优点,直接面向美工;VRPIE 使用脚本系统来进行交互;可以直接嵌入图片视频和 Flash,实现多媒体功能;没有 WebMax 的压缩内核好,画质上也是差不多,只是在软件成熟度上比较好,操作简单。

VRPIE 三维网络平台由两部分组成,分别为:制作端软件 VRP-BUILDER 和客户端插件 VRPIE-PLAYER。

VRP-BUILDER 制作端软件用来编辑和发布 VRPIE 场景文件,可接受绝大多数 3ds Max 的模型格式和动画,再加上互动操作、环境特效、界面设计后,将场景打包发布到互联网。

VRPIE-PLAYER 客户端插件非常小巧,不到 100K,使用的是微软 ActiveX 技术标准来嵌入 IE 网页的。它会在用户第一次打开 VRPIE 网页的时候,提示安装 VRPIE 客户端插件。在 VRPIE 浏览器自动下载完毕之后,即进入三维数据文件下载阶段,支持流式下载,即下载完一部分就可以开始浏览一部分,不需要等待全部下载完才能浏览,并且数据会在本机缓存,脱机时或下次打开同样网页的时候,浏览器会对数据进行判断,如果数据未改变,则直接从本地读取,否则才从服务器再次读取。

VRPIE 可广泛用于政府、企业和电子商务、教育、娱乐、数码产品、房产、汽车、虚拟社区等行业,将有形的实物和场景在网上进行虚拟展示。

12. Converse3D

2007 年国内还出现了 Converse3D 引擎,也是跟 VRPIE 一样,是国内的 Web 3D 新成员:北京中天灏景网络科技有限公司自主研发的 Converse3D 虚拟现实引擎系统。该软件采用 DirectX 和 C++编写。C3D 问世时间不是很长,大概几个月的时间,不过 C3D 引擎的研发已经有 3 年多的历史,该公司之前做过三维游戏,在模拟体育类游戏方面做得比较成功,后来发现虚拟现实行业有极大的潜力,所以把很大精力都倾注在 C3D 虚拟现实引擎的研发上,目前正致力于虚拟社区的完善和推广。C3D 三维虚拟社区可广泛应用于旅游景点、城市规划、虚拟校园、虚拟商城等行业,成为玩家交流、商家或政府部门发布信息、获取反馈的必要工具。

相比于十年前,由于有了上述开发平台和开发包,现在开发一个看起来还比较 cool 的 3D 应用程序或游戏并不是那么困难,随着技术的不断发展和 3D 应用不断渗入到各行各业,相信以后会更加方便。

本书将以中视典公司的 VRP 产品为基础,介绍场景合并与发布等技术。

5.1.2 场景合并

VRP 对于建模阶段没有过多的限制,只要是 3ds Max 标准的功能,用户就可以任意使用,如模型的建立与材质的设置。唯一要注意的就是,必须养成良好的建模习惯,特别是在虚拟现实的建模过程中,需要注意以下几点:

（1）场景的尺寸需与真实情况一致，单位合理，建一个边长 10 厘米的足球场或是半径 10 米的杯子的作法都是不正确的；

（2）尽量减少场景的模型数量与贴图量，将模型的面数、贴图量在质量与速度之间做好权衡。

（3）将需要对齐的物体面和顶点进行对齐，删除每一个模型中的多余点和烂面。

（4）对模型进行合理的命名和分组。

（5）尽量做简模。

（6）三角面尽量为等边三角形，不要出现长条形。

（7）在表现细长条的物体时，尽量不用模型而用贴图的方式表现。

（8）重新制作简模比改精模的效率更高。

（9）模型的数量不要太多。

（10）合理分布模型的密度。

（11）相同材质的模型，远距离的不要合并。

（12）保持模型面与面之间的距离。

（13）删除看不见的面。

（14）用面片表现复杂造型。

根据以上要求建立地面、墙面和其他物体，并按以上简模原则优化模型。（注意：本例中使用的单位为"厘米"。需要注意的是，当场景尺寸过大时，如大规模建筑群、城市等，建议不要使用毫米为单位，否则，VRP 中数值太大会出现数据显示不全，不便于查看数据等问题）

材质设置

在完成场景模型的建立之后，即可为该模型添加材质。本教程使用的是标准材质，对部分模型添加了纹理贴图。有关材质的命名和其他参数可以根据自己的需要和习惯，进行设置。

如果需要将物体烘焙为 LightingMap 时，一般只能设置材质为：Advanced Lighting、Architectural、Lightscape Mtl、Standard 类型；在作图必须要使用到其他材质时，一般需要将该物体烘焙为 CompleteMap。

物体的贴图只允许使用 jpg、bmp、tga、png、dds 这个几种格式，不支持其他格式的贴图，如 tif、psd 类型的贴图。

灯光设置

VRP 对 Max 场景中的灯光设置没有特别要求，按需要设置合理的灯光和阴影参数即可。本教程里使用的是 Vraylight 灯光。场景中的灯光参数都是按照通常作图的布光方式进行设置的。

相机设置

在 3ds Max 场景中设置的相机可以输出到 VRP 中作为实时浏览的相机，对于相机的参数也没有特别的要求，而且相机不是必需的，相机也可以选择在 VRP 编辑中进行制作（如图 5-1 所示）。

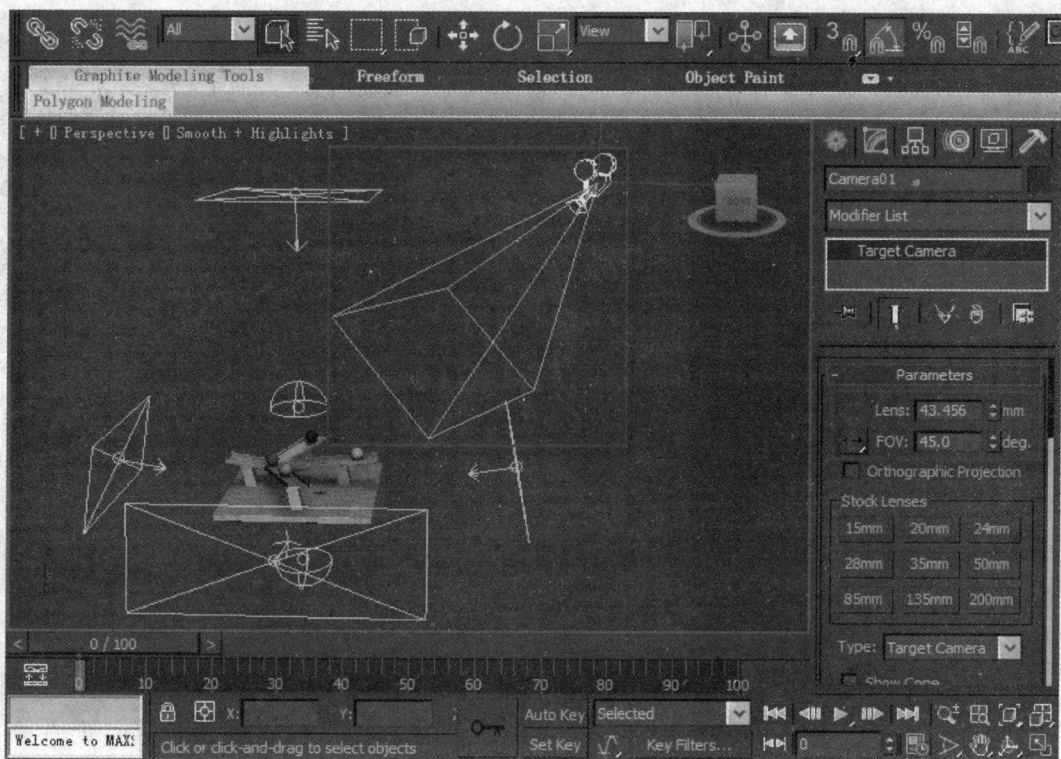

图 5-1　制作相机

在 3ds Max 中渲染,在 3ds Max 中为模型添加了材质和灯光之后,既可用 3ds Max 默认渲染器 Scanline 渲染,也可使用高级光照渲染。由于场景在 VRP 里实时效果的好与坏取决于在 3ds Max 的建模和渲染的表现,因此,渲染质量好坏和错误的多少都将影响场景在 VRP 中的实时效果。(注意:VRP 对应用什么类型的渲染器进行渲染没有严格要求,使用高级光照渲染可以产生全局照明和真实的漫反射效果,但应用标准灯光模拟全局光照并使用 Scanline 进行渲染的效果也很好)

为加强真实感,在本教程中我们使用 Max 的高级光照渲染。按 F10 快捷键打开渲染面板,在 Common 面板下指定渲染器为 Vray 渲染器,并设置渲染器参数(如图 5-2 所示)。

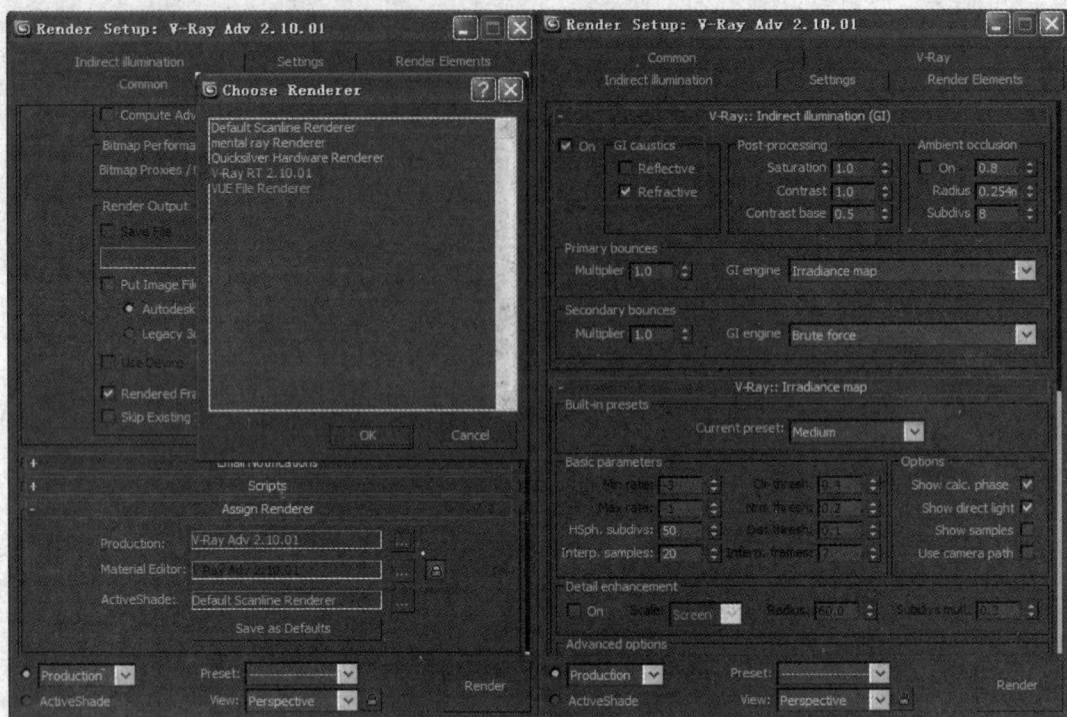

图 5-2　设置参数

如果效果满意,则第一阶段的工作也就顺利完成了。

在 3ds Max 2012 中进行烘焙;烘焙就是把 3ds Max 中的物体的光影以贴图的方式带到 VRP 中,以求真实感;相反,如果将物体不进行烘焙,直接导入到 VRP 中,其效果则是不真实的。

在 3ds Max 中进行烘焙的工具是"Rendering | Render To Texture"命令。由于目前制作公司使用的 3ds Max 版本基本上都是 3ds Max2012 以后的版本,而烘焙的参数设置从 3ds Max2012 开始,以后的版本都是一样的,所以,在此仅对 3ds Max2012 的烘焙进行讲解。

在对场景进行渲染,并感到对渲染效果满意的情况下,然后才能对场景进行烘焙。其操作步骤如下:

(1) 在 3ds Max 中,选择需要烘焙的模型。

(2) 单击【Rendering 】|【Render To Texture】(或在关闭输入法状态下,直接按下数字键 0),随后便会弹出 Render To Textures 对话框。

(3) 依次按照图 5-3 所示的参数进行设置,图中提示部分是必须设置的,其他为默认参数,若默认值被误修改,请根据下图恢复这些默认值,设置完毕后,点击 Render 开始烘焙(注:烘焙时间会因计算机的硬件性能不同而异,烘焙过程中可按 Esc 可中断,这个过程是整个 VR 制作中相对来说最耗时的部分)。

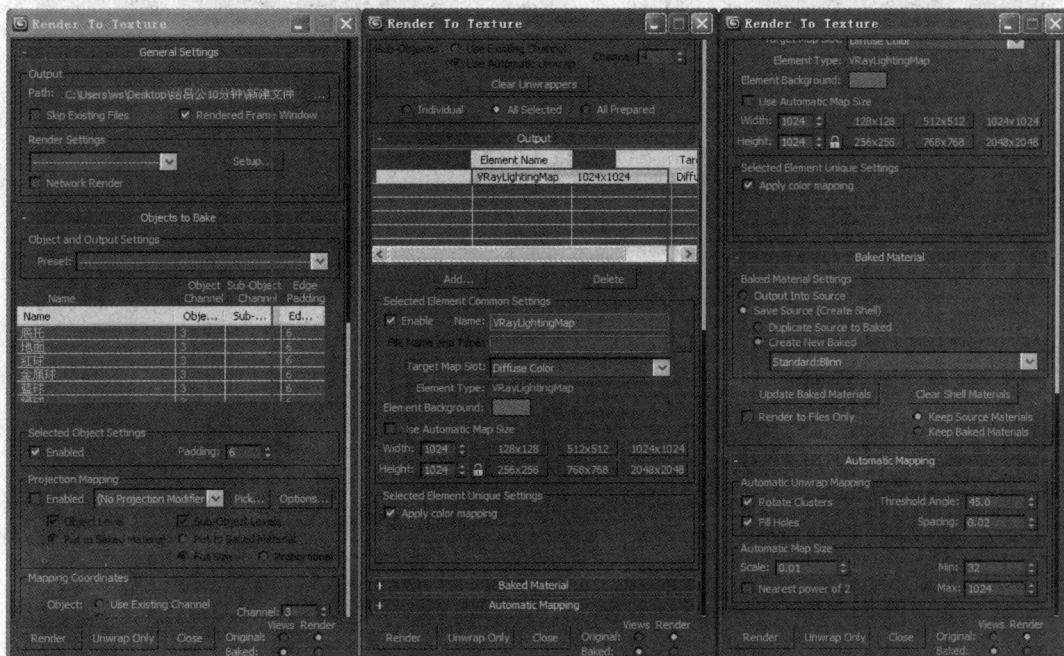

图 5 - 3　参数设置

导出模型至 VRP-Builder

以上操作都是在 3ds Max 中进行的,接下来我们将利用 VRP-for-Max 插件,把场景中的模型导出至 VRP-Builder 中(注:如果用户还没有安装 VRP-for-Max 插件,请参看 VRP 系统帮助中的相关文档进行安装。)。

VRP-for-Max 导出过程非常自动化,对用户没有任何特定的要求。导出场景方法也十分简单(如图 5 - 4 所示)。

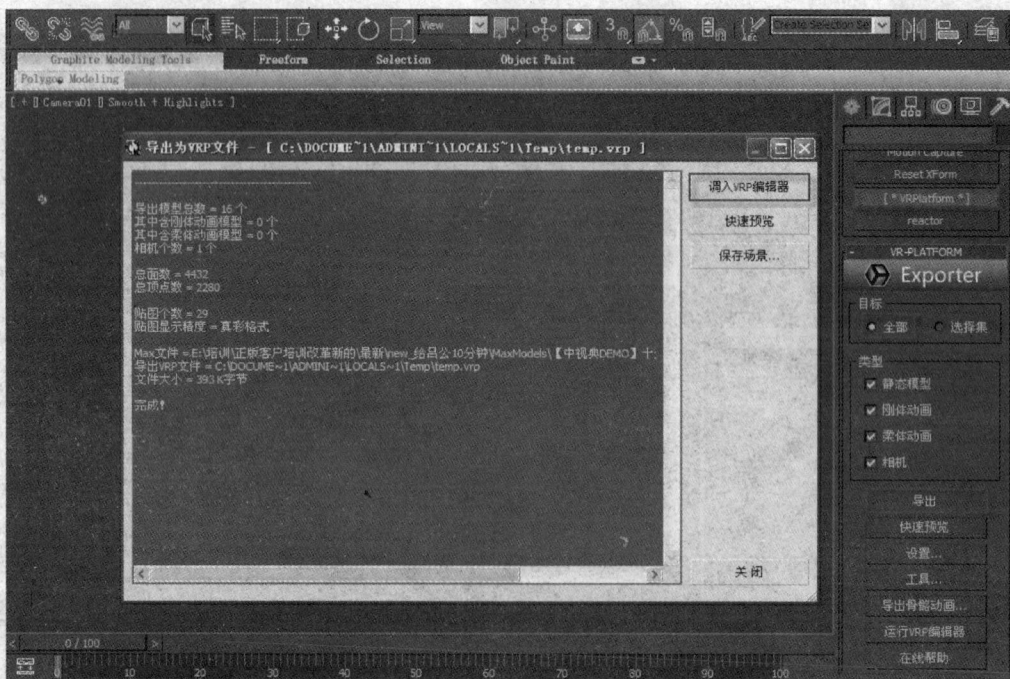

图 5-4　导出场景

场景模型导入至 VRP-Builder 后的显示如图 5-5 所示(注:如果用户看到的画面的贴图与上图不一致,可能是因为烘焙的操作有误,请回到本教程的"在 3ds Max 中烘焙"中重新对当前场景中的所有物体再次进行烘焙)。

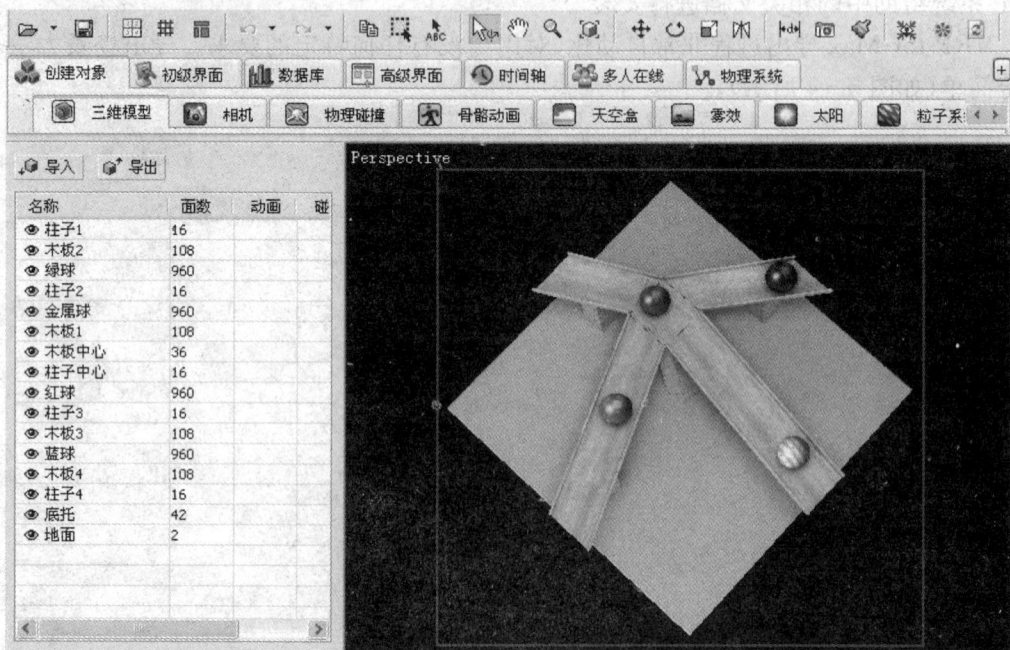

图 5-5　导入场景模型

VRP-Builder 的基本操作说明

在 VRP-Builder 中,所有的操作都是所见即所得,只要是熟悉 Windows 基本操作的用户,都能很快学会如何驾驭它,而且其中的一些操作规范是与 3ds Max 的操作是一致的,用户在 3ds Max 中的操作习惯也可以轻松带到 VRP-Builder 中来(注:在 VRP-Builder 中有一个自己特有的操作规范,即双击即可选择物体。无论是三维中的模型,还是界面编辑器中的二维面板,都需要通过双击来进行选择,这样便可以把单击操作解放出来做其他工作)。

常用快捷键:请参见快捷键对照表。

工具按钮功能:请参见工具栏。

编辑界面设置

导入 VRP 编辑器后,可以结合初级界面、高级界面和脚本编辑器,制作丰富绚丽的场景交互效果。具体的界面交互制作可以参见"VRP 高级界面使用技巧"。

5.1.3 发布

1. 创建运行界面

用户在将烘焙后的场景导入 VRP 编辑器之后,通常需要为该场景创建一个合适的二维界面。具体的制作步骤如下:

(1)设置【桌面】背景图片,选择【桌面】,进入其【属性】面板,在【贴图】栏下的【图片】按钮上单击鼠标左键,从弹出的下拉列表框中选择【选择】|【从 Windows 文件管理器…】命令,然后在弹出的【打开】对话框中选择一张图片作为界面背景(如图 5-6 所示)。

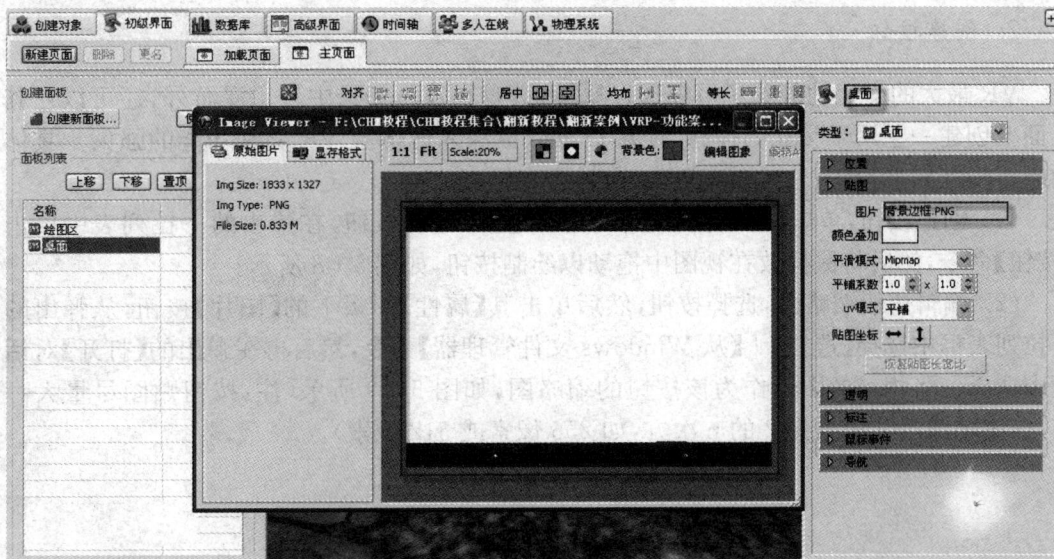

图 5-6 选择图片

（2）调整【绘图区】的大小，单击【编辑界面】按钮，然后选择【绘图区】，将鼠标移到绘图区任意一个控制点上，待鼠标变成双向箭头时，按住鼠标左键向绘图区内拖动以缩小绘图区的大小，最后再将鼠标移到绘图区边框上，待鼠标变成一个小手形时，按住鼠标可将该绘图区拖动到任意位置，如图 5－7 所示（注：背景图片可以是 JPG 格式的，也可以是 PNG 格式的，主要是根据用户需求）。

图 5－7　拖动绘图

2. 创建按钮

VR 最大的交互功能除了可以通过鼠标、键盘在 VR 场景中自主漫游外，还可以在其界面上创建一些用于交互的按钮，使用户可以更深入地体验 VR 交互功能的强大。具体的制作步骤如下：

（1）创建按钮，单击【主功能区】中的【创建新面板】按钮，在弹出的下拉列表中单击【按钮】命令，然后将鼠标放在视图中拖动以绘制按钮，如图 5-8 所示。

（2）编辑按钮缩略图，选择按钮，然后单击其【属性】面板下的【图片】按钮，从弹出的下拉列表框中选择【选择】|【从 Windows 文件管理器】命令，然后再在弹出的【打开】对话框中选择一张相应的图片作为该按钮的缩略图，如图 5－9 所示（注：按钮贴图尽量大一点；按钮贴图尺寸最好为 2 的 n 次方，如 256 像素或 512 像素）。

图 5-8 绘制按钮

图 5-9 制作缩略图

（3）按钮贴图透明属性，选择开关按钮，然后打开属性面板下面的【透明】面板，勾选
【使用贴图 alpha】（如图 5-10 所示）。

图 5-10 【透明】面板设置

(4) 创建场景中其他按钮,使用与前面同样的技巧,创建场景中其他的按钮(如图5-11所示)。

图 5-11 创建其他按钮

3. 创建导航图

在 VR 场景漫游的时候,用户可能需要精确地知道在当前场景中漫游到什么位置了;有时还需要随时变换地理位置对该场景进行实时浏览。这时,用户就需要借助一个实时导航图来帮助用户精确查看与快速切换。

具体操作步骤如下:

(1) 创建导航图,在 VRP 编辑器中,切换到【编辑界面】面板,单击【创建新面板】按钮,在弹出的下拉列表框中单击【创建导航图】命令,然后将鼠标移到窗口中,拖动鼠标绘制一个导航图,并添加导航图图片(如图 5-12 所示)。

图 5-12 绘制导航图

(2) 设置贴图的透明参数,选择开关按钮,然后打开属性面板下面的【透明】面板,勾选【使用贴图 alpha】,如图 5-13 所示(注:如果用户需要图片在 VRP 里既显示出镂空效果,也显示出透明效果,这就需要事先将图片在 Photoshop 处理成带通道的格式,并设置图层的"不透明度"值为 60%～90%,此处根据个人喜好,最后再存储成 TGA 或 PNG 格式的图片就可以了。如果缺少其中任意一个操作步骤,都将无法实现图片在 VRP 中既镂空又透明的效果)。

图 5 – 13　设置参数

（4）在 3ds Max 里拾取场景坐标，回到 3ds Max 中，切换到 Top 视图，然后打开三维捕捉，捕捉场景的 X 轴和 Y 轴的坐标值（如图 5 – 14、图 5 – 15、图 5 – 16、图 5 – 17 所示）。

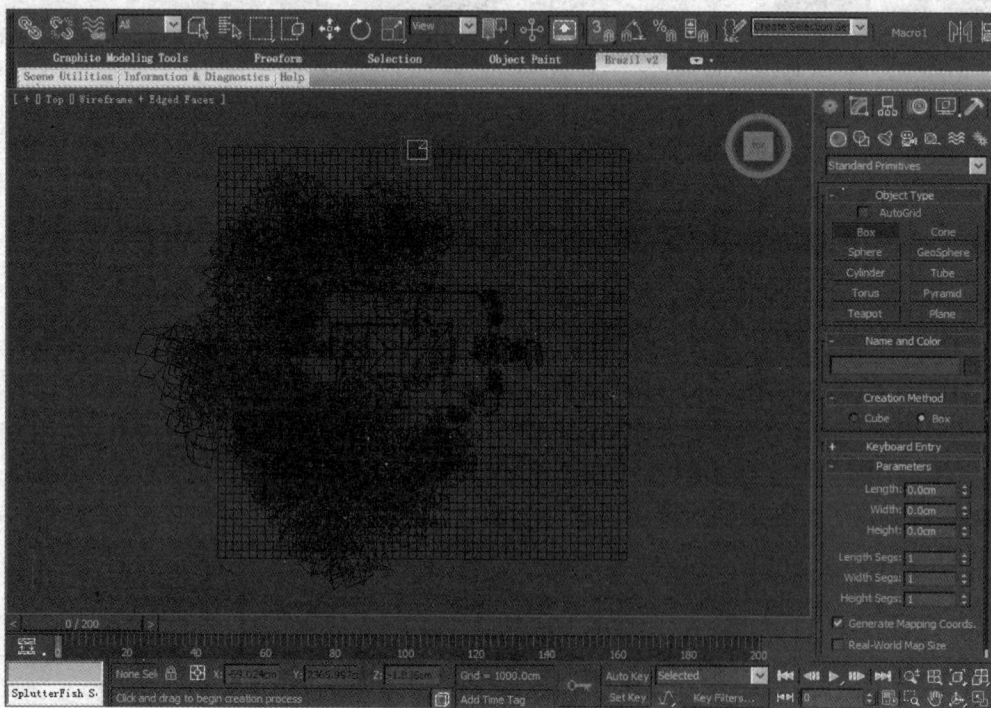

图 5 – 14　捕捉场景坐标值

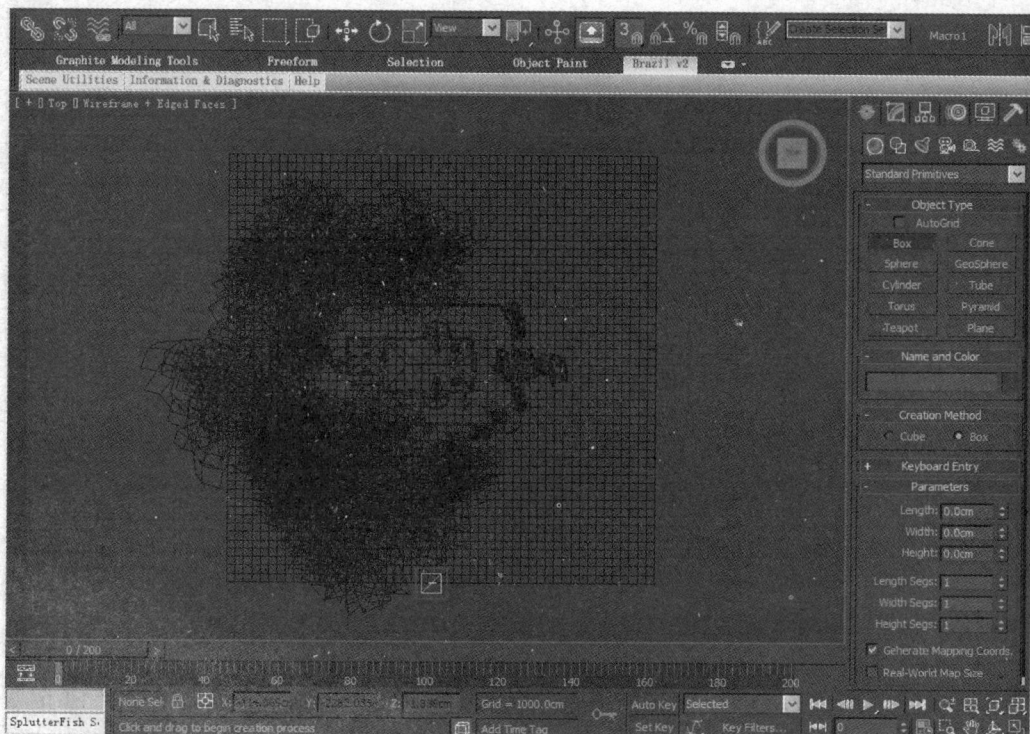

图 5-15 捕捉坐标值

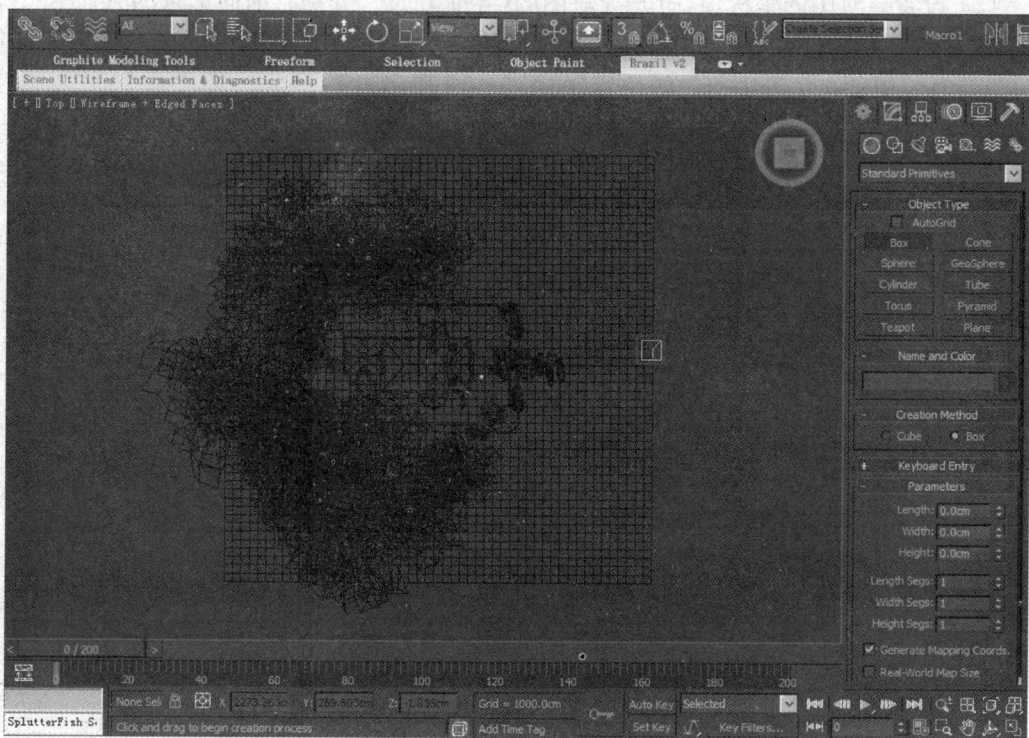

图 5-16 捕捉坐标值

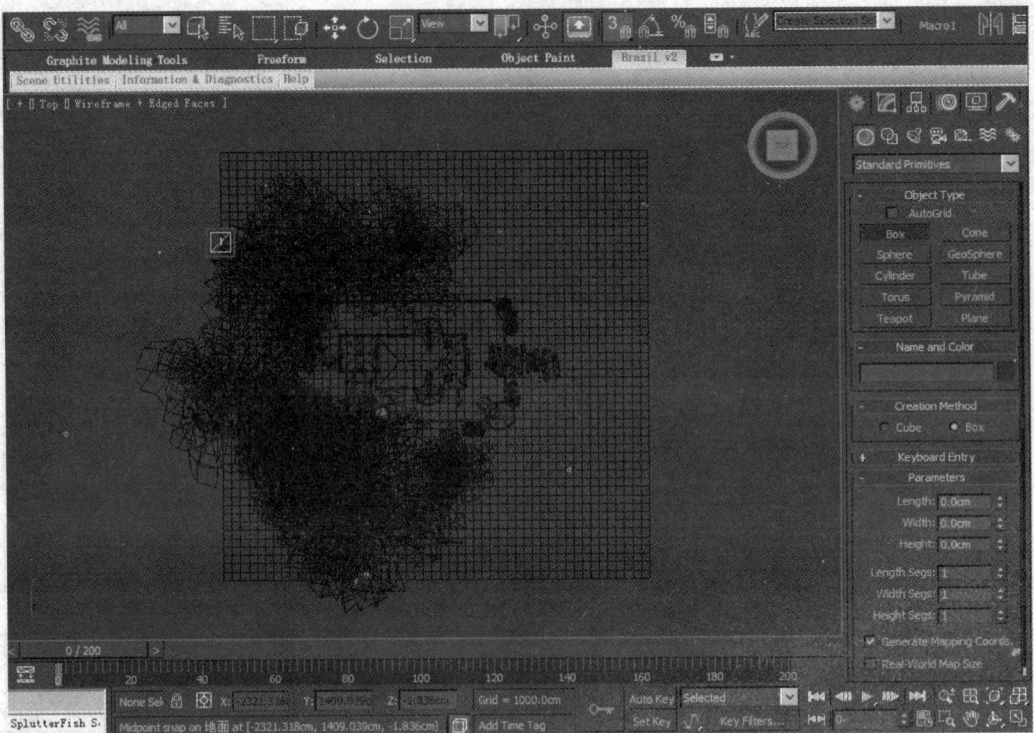

图 5-17　捕捉坐标值

（5）设置导航图的坐标值，打开导航图的【导航】面板，分别将前面记录的 X 轴和 Y 轴的值输入到上下左右的文本框中，输入完坐标值后就可以在导航图里出现一个绿色的箭头，即为当前相机在场景中所处的位置（如图 5-18 所示）。

图 5-18　输入坐标值

（6）设置导航图的箭头指示，打开【导航】面板，点击【箭头】旁边的按钮，添加导航图图标的图片，如图 5－19 所示（注：系统中默认自带一个导航图箭头图标，用户可以根据项目需要，设置不同样式的导航图箭头图标，同时可以修改箭头的长度和宽度）。

图 5－19　添加导航图图标

（7）启用鹰眼功能，在【导航】面板下，勾选【使用鹰眼】复选框，这样，在运行 VR 场景时，用户可以通过在导航图中任意单击进行视角快速切换，如图 5－20 所示（注：要使用导航图的鹰眼功能，需要在当前相机为飞行或行走相机的状态下；如果当前相机是动画相机，该功能无效）。

图 5－20　使用鹰眼

（8）运行预览制作效果，按下快捷键 F5 或者是选择【主工具栏】中的 ▷ 按钮，预览场景中的效果（如图 5－21 所示）。

图 5－21　预览效果

经过以上操作之后，一个实时显示当前相机位置的导航图就创建完成。

5. 创建开关

如果用户需要对一个按钮进行单击一下执行一个事件，再单击一下执行另一个事件，这时，用户可以在界面上创建一个开关按钮，关于开关按钮的具体制作方法如下：

（1）在界面中创建开关按钮。在【主功能区】单击【创建新面板】按钮，然后在弹出的下拉列表框中单击【开关】命令，最后将鼠标移到界面上拖动以创建一个开关按钮（如图 5－22 所示）。

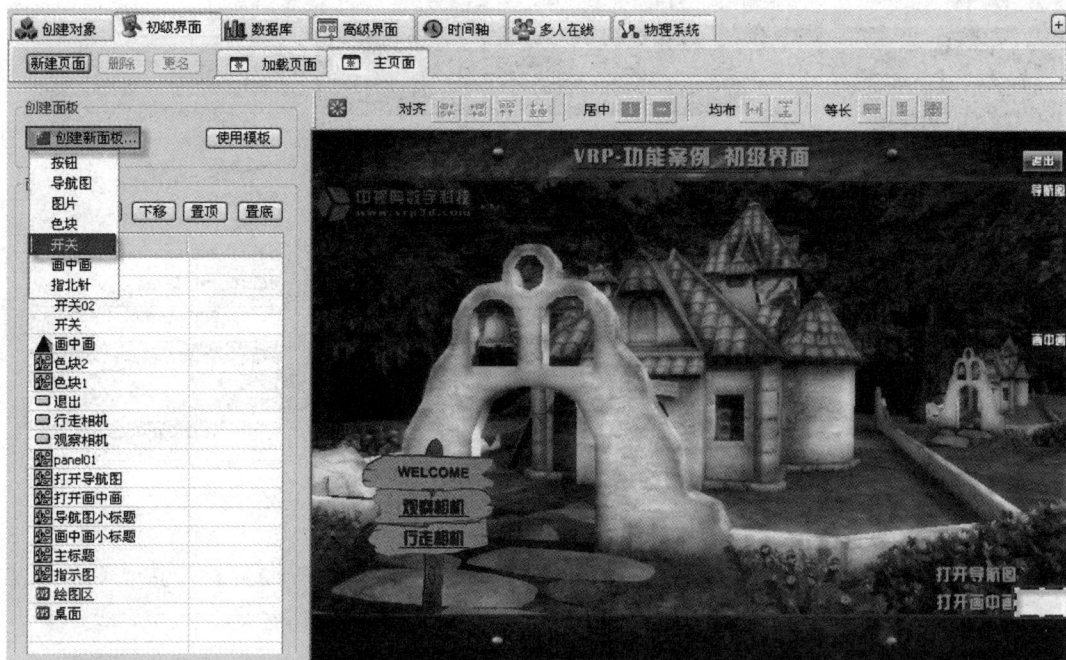

图 5 – 22 创建"开关"按钮

（2）添加开关贴图，打开开关右边属性面板中的【贴图】界面，添加开关的图片，如图 5 – 23 所示（注：由于开关按钮具有"开"与"关"两种状态，所以，在制作开关按钮贴图的时候，需要将其"开状态"与"关状态"做两张独立的贴图进行制作，然后再将其合并成一张完整的贴图。执行时，单击一下该按钮为"开"状态；再单击一下该按钮为"关"状态，这两种状态分别为两个不同状态的贴图，所以在为其添加贴图时，需要贴加一张长方形的左为"开状态"、右为"关状态"的贴图，在运行状态下即可浏览到该效果）。

图 5 - 23　添加开关贴图

（3）设置贴图的透明参数，选择开关按钮，然后打开属性面板下面的【透明】面板，勾选【使用贴图 alpha】，如图 5 - 24 所示。

图 5 - 24　设置贴图的透明参数

（4）完成场景中的开关创建，使用与前面同样的技巧创建剩下的开关（如图 5 - 25 所示）。

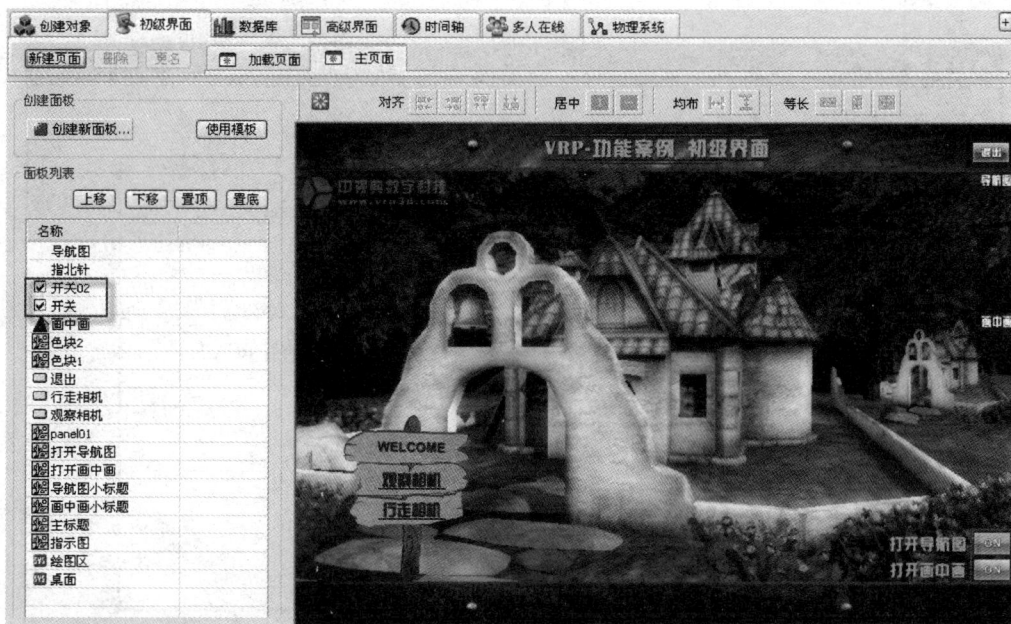

图 5 - 25　创建剩余的开关

单击工具栏的【设置运行参数】按钮 （或直接按 F4），在弹出的【项目设置】对话框中根据项目需要设置各个选项内容。例如,设置运行时窗口的标题和窗口的大小,以及选择初始化的相机等,如图 5 - 26 所示(注:由于 VRP-Builder 中的功能非常多,本教程只针对其中部分功能做了简单介绍,其他更多的功能将在后面章节中做详细介绍;本教程在此未做详细设置,用户可以根据项目的需求做具体的设置)。

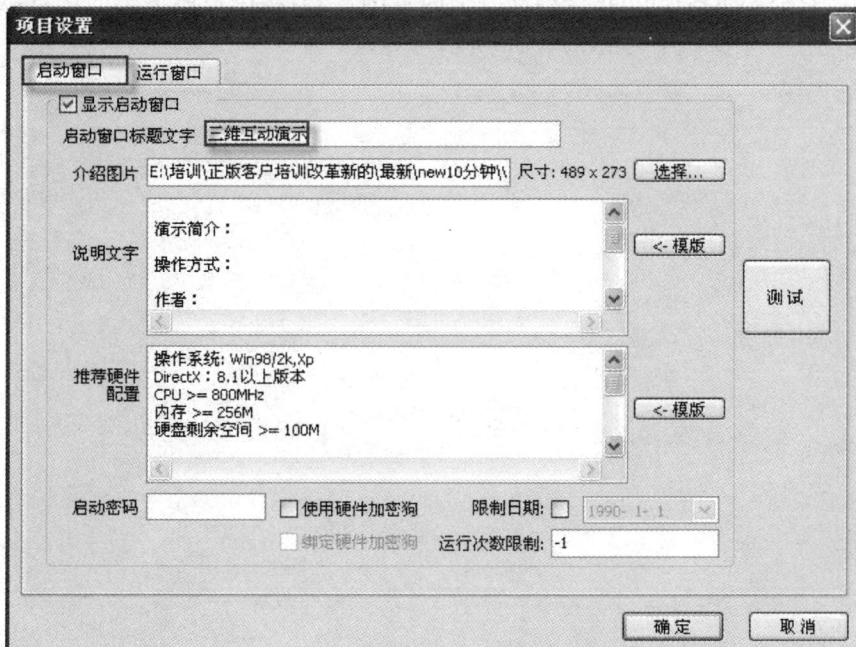

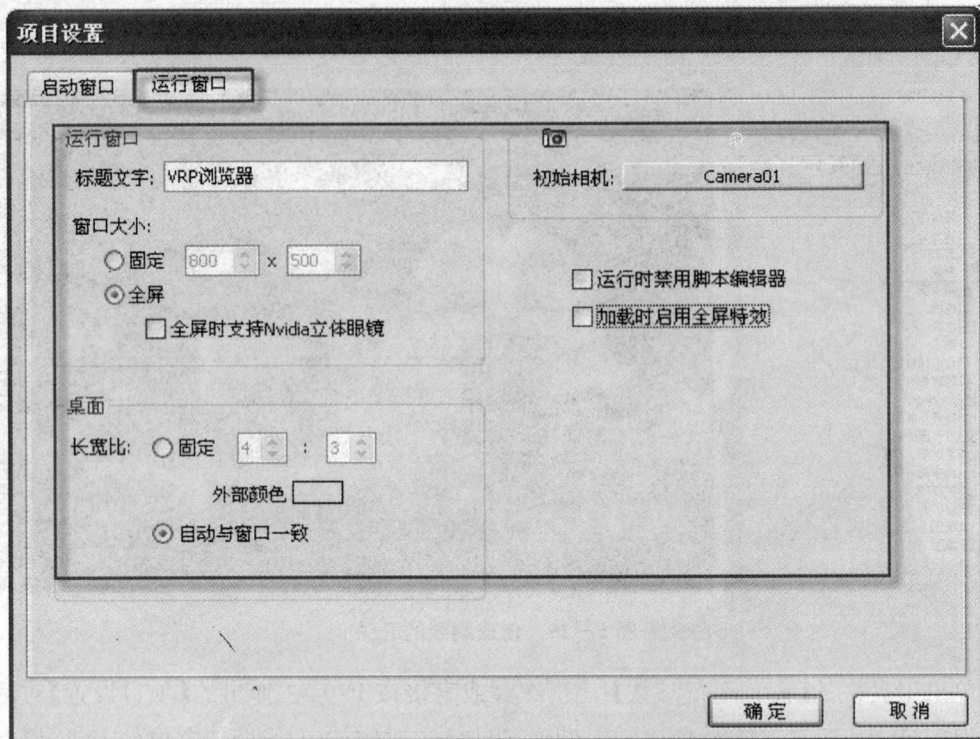

图 5 - 26 【项目设置】

　　在对运行窗口各个选项设置完成之后,即可单击【主工具栏】中的【运行】按钮 ▷ (或直接按 F5)。这时,VRP-Builder 会启动一个内置浏览器,将用户所编辑的场景以最终产品的形式展现在一个窗口中(如图 5 - 27 所示)。

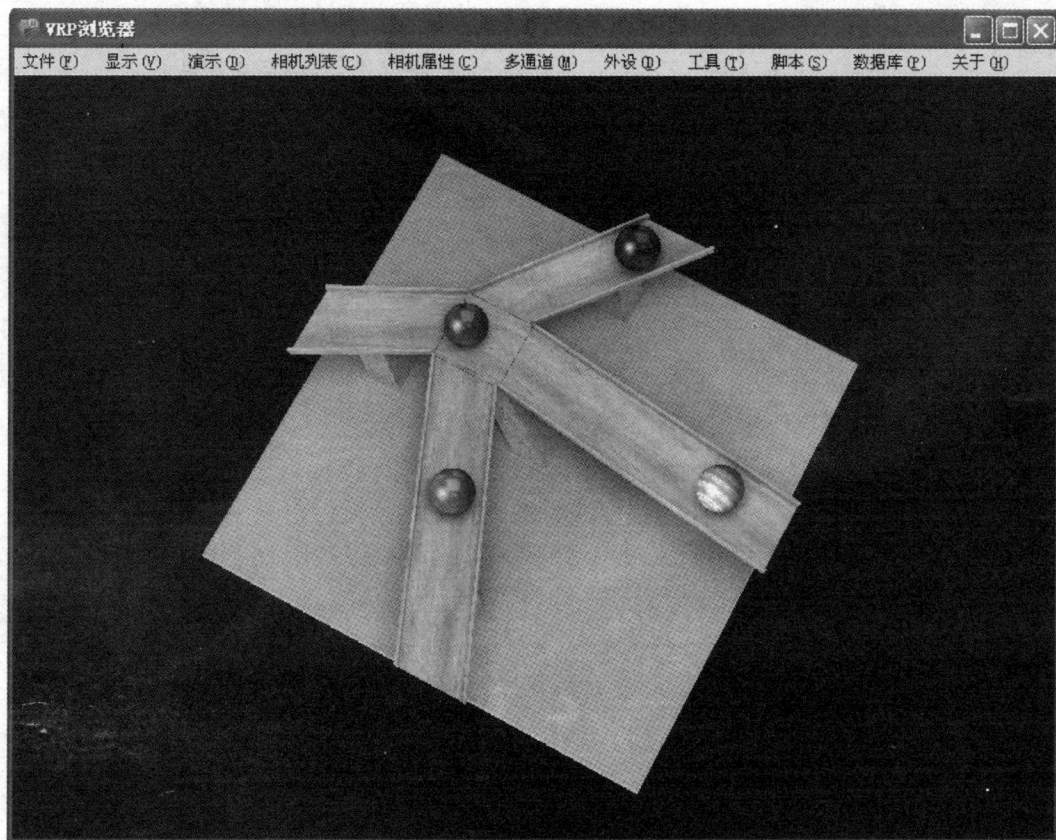

图 5 - 27 最终场景

存储与打开

由于一个 VRP 文件的贴图可能散落于磁盘的任何位置,查找和管理起来很不方便;如果只将 VRP 文件复制到其他机器上,在打开 VR 场景时,模型会丢失贴图。针对这种情况,VRP-Builder 提供了将这些贴图收集起来复制到同一个目录的方法,即通过保存场景并收集、复制所有外部资源文件到 VRP 文件的默认资源目录中。单击【文件】|【保存场景】命令,然后再按图 5 - 28 所示进行操作。

小技巧:可直接单击工具栏中的 按钮或直接按下键盘上的 Ctrl + S 组合键(注:VRP-Builder 存盘后文件的扩展名为. vrp,每个 VRP 文件有一个默认的贴图目录,除了贴图之外的所有信息,如网格、材质、坐标等,都保存在这一个文件里面,其规则是:如果 VRP 文件名为 test. vrp,那么其默认的贴图目录就为:test_textures。对于文件的管理具有干净利索、可向下兼容,即新版本的 VRP-Builder 可以读取老版本的 Vrp 文件等功能)。

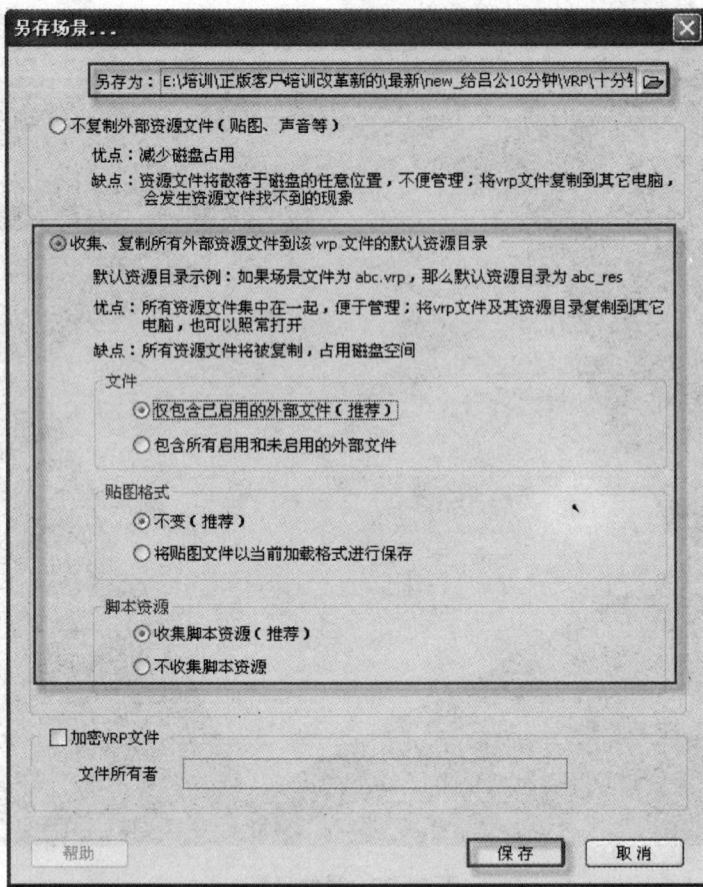

图 5 - 28 【另存为】设置参数

制作独立的运行程序

VR 场景在发布的时候,需要制成能够独自运行的 EXE 文件。在 VRP-Builder 中,可以通过简单的操作,将用户编辑的场景制成独立运行的 EXE 文件。该 EXE 文件具有以下特点:

(1) 双击该文件即可自解压后立即运行,无须安装任何程序,并且运行结束后不会产生垃圾文件。

(2) 内嵌的浏览器只有 1.2M。

(3) 由于该压缩包内场景数据精简高效,因此,该 EXE 具有文件量小、便于网络下载等特点(关于如何优化压缩包的尺寸,我们会在后面的教程中作详细介绍)。

单击菜单的【文件】|【编译独立执行 Exe 文件】命令,然后在弹出的【编译独立执行 Exe 文件】对话框中设置保存的路径和文件名称,然后单击【开始编译!】按钮即可(如图 5 - 29 所示)。

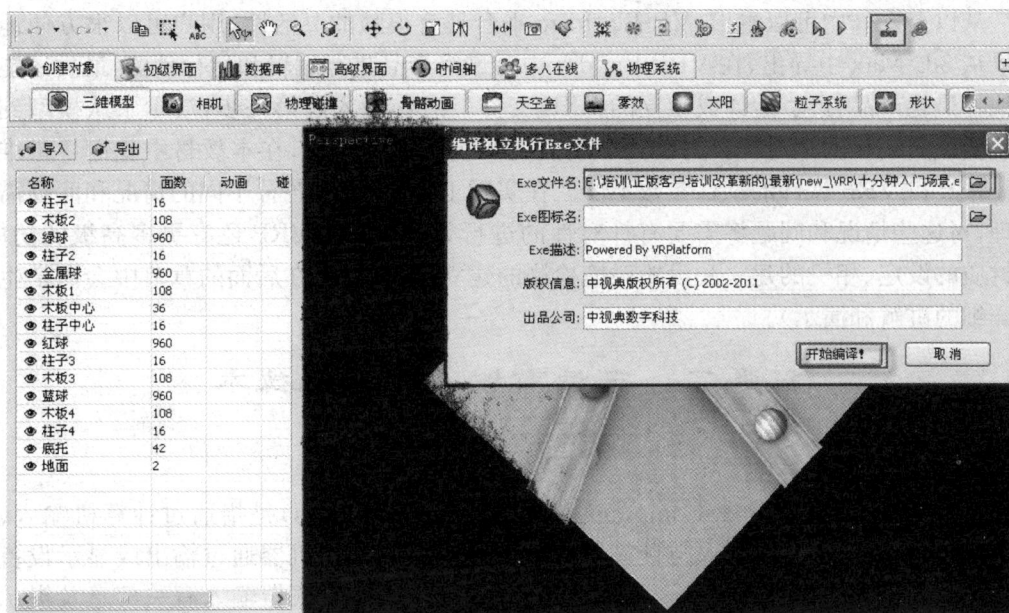

图 5 - 29 编译过程

编译完成后,一个新生成 EXE 文件会出现在指定的目录中 ,双击该文件即可运行,瞬间,一个可交互的 VR 场景便呈现在用户的面前(如图 5 - 30 所示)。

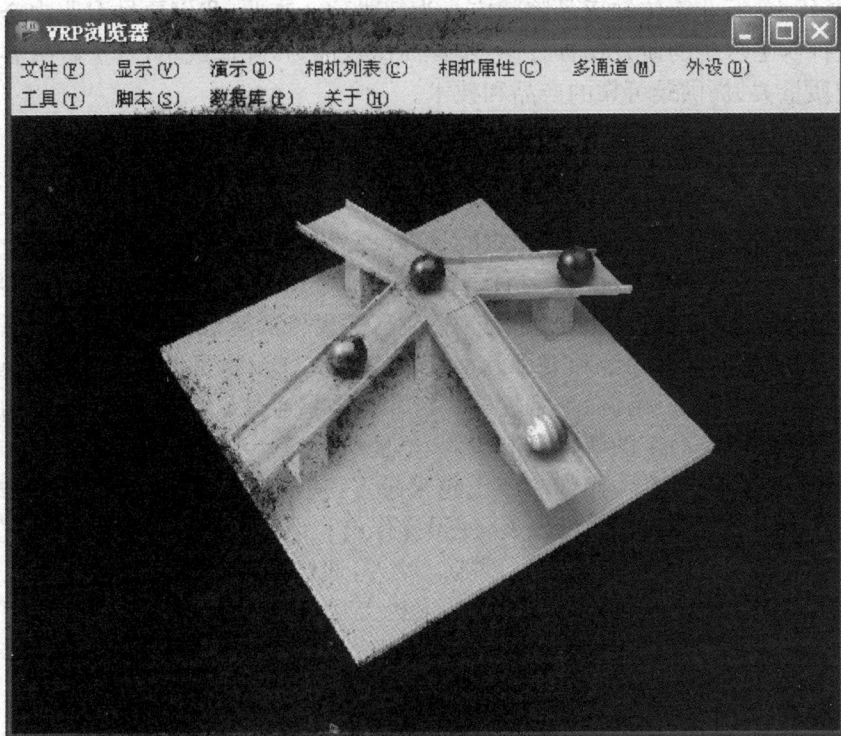

图 5 - 30 可交互的 VR 场景

从以上操作中可以看出,VR-Platform 平台具有很强的灵活性,用户可以很方便地将场景从 3ds Max 中导出,在 VRP-Builder 中对最终产品进行编辑和运行预览,最后还能很快地将最终产品打包,编译成独立的 EXE 文件(注:作为入门第一步,演示了从模型到虚拟现实成品制作的全过程。为了让学生能更快了解这一过程,在本教材中我们尽量维持 3ds Max 和 VRP 软件的默认参数不变。在实际工作中,会有各种不同的情况和问题需要处理,对这些情况和问题将需要有针对性的进行处理,另外,VRP 还有更多高级的功能,如材质的设定、相机的建立和设置碰撞检测的建立等,我们将在后面的章节中会向学生作更详细的讲解和演示)。

任务二 三维商城人机交互技术

1. 概念

人机交互技术(Human-Computer Interaction Techniques)是指通过计算机输入、输出设备,以有效的方式实现人与计算机对话的技术。它包括机器通过输出或显示设备给用户提供大量有关信息及提示请示等,用户通过输入设备给机器输入有关信息及提示请示等,用户通过输入设备给机器输入有关信息、回答问题等。人机交互技术是计算机用户界面设计中的重要内容之一,它与认知学、人机工程学、心理学等学科领域有密切的联系。

2. 行业特征

市场需求是很大的,但供应方面却略显不足,尤其是拥有核心自主知识产权、技术过硬的企业并不多,行业整体缺乏品牌效应。为解决这一难题,我们要号召业内企业共同努力,尤其发挥吹毛求疵的研发精神,进一步提高研发能力,降低成本,真正解决客户的实际困难,严把质量关,提供最可靠的产品和技术。

3. 应用领域

操作系统的人机交互功能是决定计算机系统"友善性"的一个重要因素。人机交互功能主要靠可输入输出的外部设备和相应的软件来完成。可供人机交互使用的设备主要有键盘、鼠标、各种模式识别设备等。与这些设备相应的软件,就是操作系统提供人机交互功能的部分。人机交互部分的主要作用是控制有关设备的运行和理解并执行通过人机交互设备传来的有关的各种命令和要求。早期的人机交互设施是键盘显示器,操作员通过键盘打入命令,操作系统接到命令后立即执行并将结果通过显示器显示,输入的命令可以有不同方式,但每一条命令的解释是清楚的,也是唯一的。

随着计算机技术的发展,操作命令也越来越多,功能也越来越强。随着模式识别,如语音识别、汉字识别等输入设备的发展,使得操作员和计算机在类似于自然语言或受限制的自然语言这一平台上进行交互成为可能。此外,通过图形进行人机交互也吸引着人们去进行研究,这些人机交互可称为智能化的人机交互,这方面的研究工作正在积极开展。

4. 技术发展

(1) WIMP 界面

Xeror Palo 研究中心于 70 年代中后期研制出原型机 Star,形成了以窗口

（Windows）、菜单（Menu）、图符（Icons）和指示装置（Pointing Devices）为基础的图形用户界面，也称 WIMP 界面。

Apple 最先采用了这种图形界面，斯坦福研究所 60 年代的发展计划也对 WIMP 界面的发展产生了重要的影响。该计划强调增强人的智能，把人而不是技术放在了人机交互的中心位置。该计划的结果导致了许多硬件的发明，众所周知的鼠标就是其中之一。

（2）VR 系统

WIMP 界面面临的问题和发展、多媒体计算机和 VR 系统的出现，改变了人与计算机通信的方式和要求，使人机交互发生了很大的变化。在多媒体系统中继续采用 WIMP 界面有其内在的缺陷：随着多媒体软硬件技术的发展，在人机交互界面中计算机可以使用多种媒体，而用户只能同时用一个交互通道进行交互，因而从计算机到用户的通信带宽要比从用户到计算机的大得多，这是一种不平衡的人机交互模式。

虚拟现实技术除了要求有高度自然的三维人机交互技术外，由于受交互装置和交互环境的影响，不可能也不必要对用户的输入作精确的测量，而是一种非精确的人机交互。三维人机交互技术在科学计算可视化和三维 CAD 系统中占有重要的地位。基于 WIMP 技术的图形用户界面，从本质上讲，是一种二维交互技术，不具有三维直接操作的能力。要从根本上改变这种不平衡的通信，人机交互技术的发展必须适应从精确交互向非精确交互、从单通道交互向多通道交互以及从二维交互向三维交互的转变，发展用户与计算机之间快速、低耗的多通道界面。在计算机系统不同的发展阶段中，人机交互模型的发展过程有如下特点：在传统的人机系统中，人被认为是操作员，只是对机器进行操作，而无真正的交互活动；在计算机系统中，人还是被称为用户，只有在 VR 系统中的人才是主动的参与者。

（3）交互特点

多媒体系统特点：

与传统用户界面相比，引入了视频和音频之后的多媒体用户界面，最重要的变化就是界面不再是一个静态界面，而是一个与时间有关的时变媒体界面。

人类使用语言和其他时变媒体（如姿势）的方式完全不同于其他媒体。从向用户呈现的信息来讲，时变媒体主要是顺序呈现的，而我们通常熟悉的视觉媒体（文本和图形）通常是同时呈现的。在传统的静止界面中，用户或是从一系列选项中进行选择（明确的界面通信成分），或是用可再认的方式进行交互（隐含的界面通信成分）。在时变媒体的用户界面中，所有选项和文件必须顺序呈现。由于媒体带宽和人的注意力的限制，在时变媒体中，用户不仅要控制呈现信息的内容，也必须控制何时呈现和如何呈现。目前，许多人把多媒体系统错误当作是一种表现装置，这除了对多媒体的错误理解外，没有有效的多媒体交互形式也是目前多媒体存在的一大问题，因而，多通道与多媒体用户界面是联系在一起的。

（4）VR 系统特点

人机交互可以说是 VR 系统的核心，因而，VR 系统中人机交互的特点是所有软硬件设计的基础。其特点如下：

观察点（Viewpoint）是用户做观察的起点。

导航（Navigation）是指用户改变观察点的能力。

操作（Manipulation）是指用户对其周围对象起作用的能力。

临境(Immersion)是指用户身临其境的感觉,这在 VR 系统中越来越重要。

VR 系统中人机交互若要具备这些特点,就需要发展新的交互装置,其中包括三维空间定位装置、语言理解、视觉跟踪、头部跟踪和姿势识别等。

多媒体与 VR 系统的人机交互有着某些共同特点。首先,它们都是使用多个感觉通道,如视觉和听觉;其次,它们都是时变媒体。

多通道人机交互技术。人类生活中的事件都是多通道的,用户与计算机多通道交互技术的发展虽然受到软件和硬件的限制,但至少要满足两个条件:其一,多通道整合,不同通道的结合对用户的体验是十分重要的;其二,在交互中允许用户产生含糊和不精确的输入。

非精确交互。目前,非精确交互的主要方式有:

语音(Voice)主要以语音识别为基础,但不强调很高的识别率,而是借助其他通道的约束进行交互。

姿势(Gesture)主要利用数据手套、数据服装等装置,对手和身体的运动进行跟踪,完成自然的人机交互。

头部跟踪(HeadTracking)主要利用电磁、超声波等方法,通过对头部的运动进行定位交互。

视觉跟踪(Eye-Tracking)对眼睛运动过程进行定位的交互方式。

(5) 多通道交互

多通道交互的体系结构,首先要能保证对多种非精确的交互通道进行综合,使多通道交互存在于一个统一的用户界面之中,同时,还要保证这种通道的综合在交互过程中的任何时候都能进行。良好的体系结构应能保证多个通道的综合不只是发生在应用程序这一级。

人机交互技术是目前用户界面研究中发展得最快的领域之一,对此,各国都十分重视。美国在国家关键技术中,将人机界面列为信息技术中与软件和计算机并列的六项关键技术之一,并称其为"对计算机工业有着突出的重要性,对其他工业也是很重要的"。在美国国防关键技术中,人机界面不仅是软件技术中的重要内容之一,而且是与计算机和软件技术并列的 11 项关键技术之一。欧共体的欧洲信息技术研究与发展战略计划(ESPRIT)还专门设立了用户界面技术项目,其中包括多通道人机交互界面(MultiModal Interface for Man-MachineInterface)。保持在这一领域中的领先,对整个智能计算机系统是至关重要的。我们可以以发展新的人机界面交互技术为基础,带动和引导相关的软硬件技术的发展,使更有效地使用计算机的计算处理能力成为可能。

5. 未来趋势

目前,人机交互技术正处于多通道、多媒体的智能人机交互阶段,已经取得了不少研究成果,不少产品已经问世。侧重多媒体技术的有:触摸式显示屏实现的"桌面"计算机,能够随意折叠的柔性显示屏制造的电子书,从电影院搬进客厅指日可待的 3D 显示器,使用红绿蓝光激光二极管的视网膜成像显示器;侧重多通道技术的有:"汉王笔"手写汉字识别系统,结合在微软的 Tablet PC 操作系统中的数字墨水技术,广泛应用于 Office/XP 的中文版等办公,应用软件中的 IBM/Via Voice 连续中文语音识别系统,输入设备为摄像机、图像采集卡的手势识别技术,以 Iphone 手机为代表的可支持更复杂的姿势识别的多触点式触摸屏技术,以及 Iphone 中基于传感器的捕捉用户意图的隐式输入技术。

人机交互技术领域热点技术的应用潜力已经开始展现,如智能手机配备的地理空间跟踪技术,应用于可穿戴式计算机、隐身技术、侵入式游戏等的动作识别技术,应用于虚拟现实、遥控机器人及远程医疗等的触觉交互技术,应用于呼叫路由、家庭自动化及语音拨号等场合的语音识别技术,对于有语言障碍的人士的无声语音识别,应用于广告、网站、产品目录、杂志效用测试的眼动跟踪技术,针对有语言和行动障碍人开发的"意念轮椅",采用的基于脑电波的人机界面技术等。热点技术的应用开发是机遇也是挑战,基于视觉的手势识别率低、实时性差、需要研究各种算法来改善识别的精度和速度,眼睛虹膜、掌纹、笔迹、步态、语音、唇读、人脸、DNA 等人类特征的研发应用也正受到关注,自然语言理解虽然目前仅在语言模型、语料库等方面有进展,但仍将是人机交互的重要目标,多通道的整合也是人机交互的热点,另外,与"无所不在的计算"、"云计算"等相关技术的融合与促进也需要继续探索。

下面简单探讨 Web 3D 模式在电子商务方面的应用。以三维虚拟空间和实时交互为特征的虚拟现实则能够多方面的展现商品,消费者可以更加详细地查看商品的各种特征,看、听甚至是触和嗅,同时给消费者极大的观察空间和自由。

Web 3D 技术可以应用在三维虚拟商城方面,可以实现购物者与商家实时语音、文字交流;服装商城的在线三维试衣;三维场景与商家商品数据库接口,商品信息可以动态提取并结合网页、Flash、视频等形式显示;目标商品的搜索与定位功能;三维场景和商家订单系统的接口,实现看完即可预定。

更进一步,如果完善人机交互的形式,则可以将电子商务推向新的高度。在 Web 3D 的基础上,系统反馈的各种信息可以使消费者的各种感官都得到利用,凭借头盔式显示器可以自由观察;头盔内置里的音响系统可以反馈场景的声音;凭借传感手套可以触摸商品,通过手套气压式和振动触感式的力反馈,对手指产生运动阻尼,使用户感受到作用力的方向和大小,从而使消费者可以感觉到商品大小和形状;有关的气味信息反馈到终端,气味发生器通过化学合成的手段产生出相应的气味,可以被消费者感知;甚至可以合成味觉信息,刺激舌尖的味蕾,给消费者以味觉的感受。消费者可以不再用传统的键盘和鼠标与系统进行交互。通过手套输入设备和语音识别,代替键盘;通过固定在脸和额头上的电极记录眼睛活动的电脉冲,测得使用者的注视方向,从而代替鼠标;通过数据衣和运动跟踪系统,虚拟环境可以感知消费者移动,从而接收定位信息。

当然,实现上述电子商务系统并非易事,除了需要解决 Web 虚拟建模的 VRML 建模语言外,还必须解决服务发布、XML 消息传输、信号感应与识别的效果、信息安全等诸多问题。

任务三　简单人机交互制作

第一个根本性问题是,为什么我们需要三维人机交互?

人类和数字世界的沟通有一个进化过程。一开始它是一维的,类似 DOS 语言的"命令行",优点是直接、准确,但缺点是能实现目的最少,并且不能改变,交互的是一条线。

到二维时代,Windows 成为代表,使操作界面从一系列"命令行"变成一个"平面",可以用鼠标控制。这是一个非常大革命,但缺点是我们虽然可以上下左右操纵它,但仍无法实现"纵深"。

"人类交流最自然的是三维交互,因为我们本来就生活在一个有 X、Y、Z 的世界。"凌感联合创始人 Lillian 告诉我们,就好像 Windows 和鼠标带来个人电脑的普及,触摸屏和 IOS/Android 带来移动设备的全面推广,三维交互意义在于:它能使二维时代的"平面"也得到解放和扩展,使人机交互适用人群更广。

换句话说,这是最自然的人体语言,不仅普通用户可以不再受限于某个界面,进行远距离操作;一些不懂电脑的老人或小孩,甚至不方便操作电脑的残疾人,也能完成人机交互,从而对机器做出指令实现目的。

三维商城有别于二维商城最大的特点就是逛商店的心态:在不同店铺里通过你的视角观看商品,是体验式购物,人们又回到了实体购物场景之中体验购物的乐趣。在体验三维商城购物中,一般情况下,人们还是用鼠标拖动的方式到各店铺中溜达,除此以外,还可以约上几个人同时购物、聊天等。为了实现这些功能,在实现三维商城我们要在一个 3D 引擎平台上实施。本教材将以中视典公司的 VRPIE 网络互动平台软件为主进行讲解。

5.3.1 平台工具介绍

中视典数字科技有限公司是虚拟现实和三维可视化技术整体解决方案供应商,致力于基于 PC 平台的虚拟现实制作软件 VR-Platform(VRP)的研发,可为用户提供成熟的虚拟现实仿真项目解决方案,多年来,公司在项目制作上积累了丰富的经验,有众多赢得客户赞誉的成功案例。公司一直以普及虚拟现实为己任,努力为广大用户提供先进的虚拟现实技术。多年的技术积累和技术创新,已经使中视典数字科技有限公司在虚拟现实市场上确立起自己的领先地位;自诞生之日起,中视典数字科技有限公司一直以雄厚的技术实力为支撑,以用户需要为导向,以技术创新为根本,不断研发出高水平的虚拟现实系统。

- 支持时间轴控制骨骼动画。
- 具有高级反射材质、金属烤漆材质。
- 支持 3D 音效效果 。
- 支持角色法线功能。
- 支持 3D 鼠标。
- 支持游戏外设的脚本编程。
- 具有 MMO 多人在线语音聊天功能。
- 具有窗口渲染到贴图功能。
- 支持骨骼换装功能。
- 支持流媒体视频贴图。
- 具有完善的高级界面控件。
- 支持流媒体视频贴图。
- 具有强大的菲涅尔水效果,并且支持雾效与水面融合。
- 具有窗口渲染到贴图功能。
- 支持在 IOS 系统上浏览场景并进行场景交互。
- 支持 kinect 功能。
- 支持动感座椅。

- 支持自定义功能的外设控制模式。
- 友好的图形编辑界面。
- 兼容多种 Windows 操作系统。
- 友好的图形编辑界面。
- 高效快捷的工作流程。
- 强大的 3D 图形处理能力。
- 任意角度、实时的 3D 显示。
- 可同时支持多个 3ds Max 所有的版本(包括 2012)的安装与使用。
- 支持精确的导航图、导航图坐标可精确到 9999999.00、支持实时视角切换功能、可自定义导航箭头、并可对导航图进行放大与缩小。
- 具有高效、高精度物理碰撞属性。
- 支持高精度抓图。
- 支持模型、动画相机的导入、导出。
- 支持多种选择方式,包括点选、框选、圆选、不规则多边形选择,以及反选等。
- 支持雾效,可增强场景景深感,工程文件中也可开启与关闭雾效。
- 提供多种样式的太阳光晕供编辑和选择,能模拟逼真的太阳光晕效果。
- 提供多中天空盒样式供编辑和选择,能模拟真实的天空效果。
- 支持物体尺寸的显示和修改。
- 可导出动画相机的序列帧,兼容 ATX 动画、刚体动画、骨骼动画系列帧的导出,方便后期编辑合成。
- 支持多方案比较,支持同屏比较。
- 支持动画相机,可方便录制各种动画。
- 支持编组,方便整体操作。
- 强大的界面编辑器,可灵活设计播放界面。
- 支持编辑工具的撤消恢复,避免误操作。
- 可任意编辑或替换启动界面。
- 可对物体进行复制、镜像、旋转、缩放和平移等操作,操作过程中的参考坐轴可任意选择。
- 支持多视图显示。
- 支持实体显示、线框显示、点显示等多种显示方式。
- 可随意更改建筑物高度,改变外立面材质、颜色、贴图等。
- 支持 ATX 动态贴图,可自定义 ATX 播放起始帧与播放次数。
- 强大的贴图管理器,具有贴图自动化管理和优化提示。
- 支持软件抗锯齿,可生成高精度画面。
- 支持点击物体触发动作。
- 支持距离触发动作。
- 支持行走相机、飞行相机、绕物旋转相机等相机。
- 支持自动漫游、手动漫游,可自定义漫游轨迹。
- 作品可设置密码保护以及日期限制。

- 支持硬件加密,有效防止了工程文件的破解。
- 高效、人性化的动作管理器,可自由设置各种动作。
- 可直接生成.exe 独立可执行文件,一键打包功能,既快捷又方便。
- 支持 3ds Max 关键帧动画、Reactor 刚体动画、角色动画、支持柔体(点变形)动画、约束跟径动画。
- 整合连结外部影像编辑软件,如 Photoshop。
- 支持适时数据库数据显示。
- 采用脚本的方式设置交互,解决了交互功能设置的局限性。
- 强大的二维界面编辑器、支持矢量编辑、微调、多页面创建。
- 支持粒子效果,模拟火、烟、雾、天气效果。
- 支持动画相机组的方式循环独立播放。
- 可设置多屏显示。
- 支持在工程文件中适时移动、旋转、缩放模型等操作。
- 支持运动物体的适时光影。
- 可显示精确的城市日照分析。
- 支持实时几何信息测量,如距离、面积、体量。
- 具备软件融合调整功能。
- 支持第三方软件编辑的模型导入。
- 可嵌入第三方多媒体软件展示 VR 场景的交互功能。
- 兼容常用的插件功能。
- 支持游戏外设。
- 支持工程文件在触摸屏上交互功能。
- 具有较强的软件与硬件环幕系统的兼容性。
- 可提供完善的 SDK 接口。
- VRP 网络版可在单机上的单独使用。
- 可分别在三维面板和二维面板中执行全选操作 。
- 可通过单击缩略图快速显示/隐藏三维模型、二维元素、相机、角色模型、粒子、形状、文字与拆线路径。
- 可在 VRP 编辑器中同对多个相机进行"上移"与"下移"操作,以便快速调整相机顺序。
- 可以在 VRP 编辑器里自定义相机动画路径。
- 工程文件中的"脚本编辑器"具有编辑与保存功能。
- 支持顶点吸附。
- 可通过时间轴快速预览 AXT 动画、刚体动画与骨骼动画效果。
- 精确的指北针让用户在大场景中行走具有很精确的方向感。
- 支持软件几何矫正和边缘融合效果。
- 可生成网络发布的 Web 3D 文件。
- 支持角色(普通模型)跟踪动画,该动画相机具有精确的碰撞。
- 支持视频、Flash 文件格式的加载与播放。

● 支持多声道音乐设置、可播放网络音乐。

● 实现软件抗锯齿,提升画质细腻程度。

该平台可以模拟你手拿相机,走进三维商城,以不同的角度和方式逛店。有关该软件的安装及其他方面的知识,本书暂不讲解,可以参考该公司的培训手册或视频。

5.3.2 简单交互功能实现

为了让大家熟悉 VRP,需要先学会操作简单的键盘进行漫游交互功能。在 VRP 里,除了可以通过键盘 W(前进)、S(后退)进行漫游交互之外,还可以通过单击二维界面里的按钮达到交互目的。具体操作如下:

(1) 设置"动画"按钮交互事件。选择"动画"按钮,然后在其【属性】|【鼠标事件】面板下单击【左键按下】后面的【脚本】按钮,最后在弹出的【VRP-脚本编辑器】对话框中设置动画按钮切换相机事件脚本(如图 5-31 所示)。

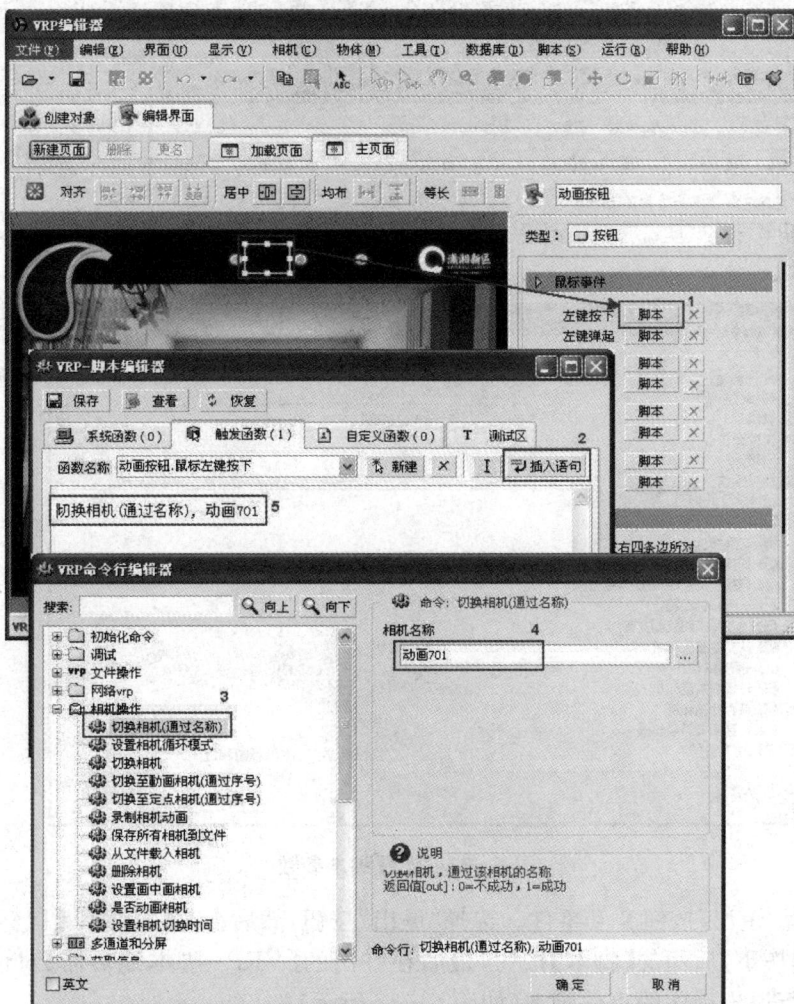

图 5-31 【VRP-脚本编辑器】

　　(2) 设置"漫游"按钮交互事件。选择"漫游"按钮,然后在其【属性】|【鼠标事件】面板下单击【左键按下】后面的【脚本】按钮,最后在弹出的【VRP-脚本编辑器】对话框中设置漫游按钮切换相机事件脚本(如图5-32所示)。

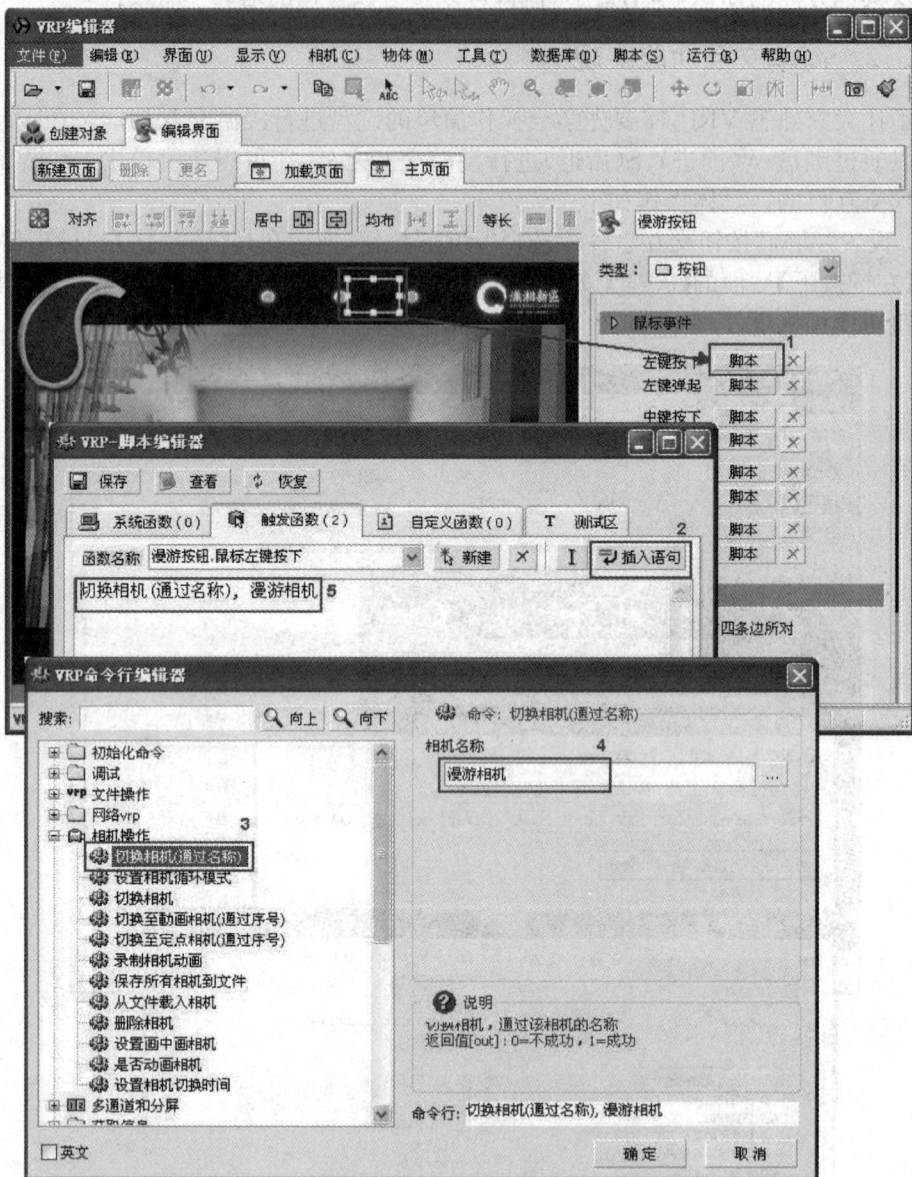

图5-32　设置脚本参数

　　(3) 设置"退出"按钮交互事件。选择"退出"按钮,然后在其【属性】|【鼠标事件】面板下单击【左键按下】后面的【脚本】按钮,最后在弹出的【VRP-脚本编辑器】对话框中设置退出按钮执行退出程序的事件脚本(如图5-33所示)。

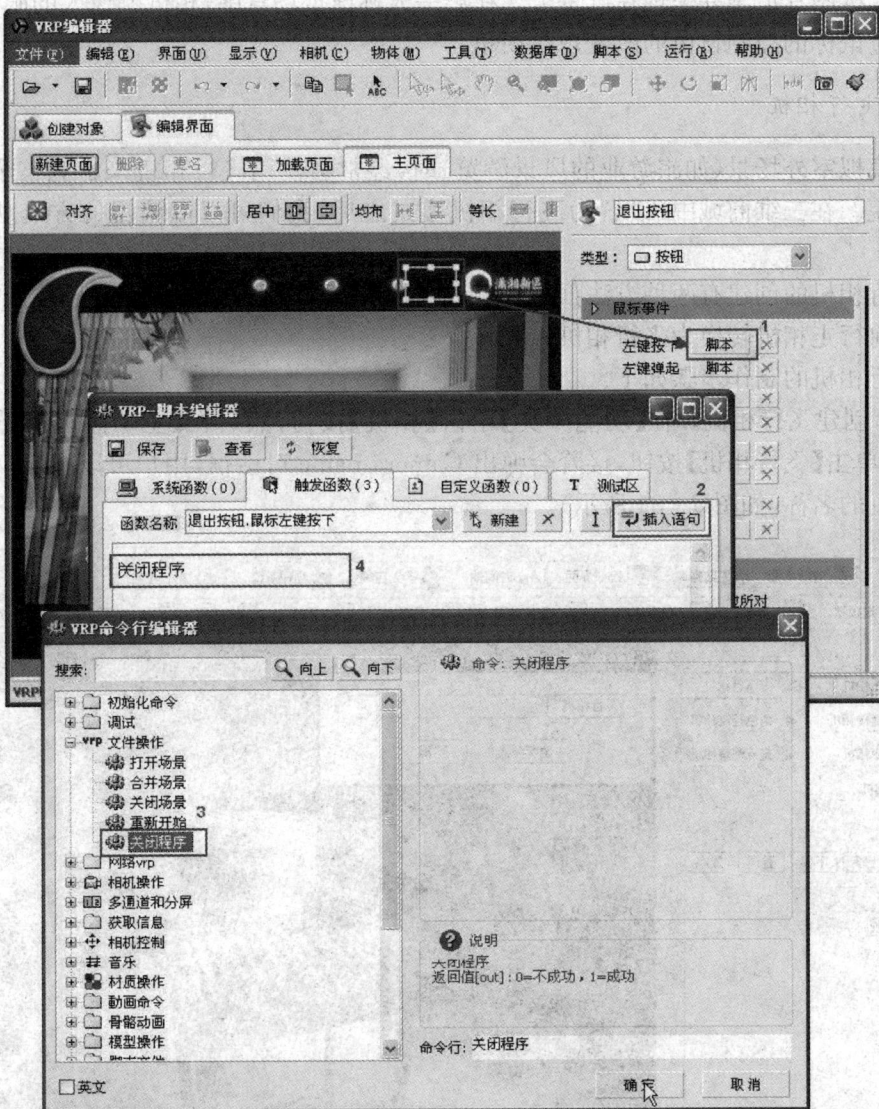

图 5-33 设置脚本参数

经过以上设置后,在运行当前场景时,单击这些按钮就可以快速地切换到动画相机或漫游行走相机状态下,实现了人机交互模式。但三维商城中,人们经历体验式购物时,除了简单地用鼠标控制三维画面移动外,还有其他人机交互模式。

任务四 复杂功能交互的实现

通过学习掌握在 VRP 平台中创建设置飞行、旋转、动画、行走、定点观察、角色控制、跟随、快速切换相机的功能,掌握三维商城中用户以各种视角到商场体验购物经历。

相机是虚拟实现中一个非常重要的概念,通过相机我们才能将虚拟场景中三维实体转换为二维图片汇至并呈现在屏幕上。在第一人称虚拟场景中，相机就像人的眼睛一样，能够通过鼠标的控制自由的改变观察视角。

1. 飞行相机

在模拟室外场景（如旅游业的风景游览）时，经常会使用飞行相机来游览整个 VR 场景的概貌。在三维商城中，设置为飞行相机模式之后，我们可以以俯视的方式观察三维商城。

飞行相机的创建有两种方法：可直接单击【相机】操作栏中的【飞行相机】按钮创建；也可将当前行走相机转换为飞行相机。

飞行相机的制作步骤如下：

（1）创建飞行相机。在【功能分类】单击【相机】按钮，然后在【主功能区】的【创建相机】栏中单击【飞行相机】按钮，接着会弹出 Camera name 对话框，用户可以在其文本框中输入相机的名称（如图 5-34 所示）。

图 5-34　设置飞行相机

（2）设置飞行相机属性。在相机的【属性】面板中设置相机的【水平视角】为"90 度"，其他参数为默认参数（如图 5-35 所示）。

图 5 - 35 设置参数

（3）转换相机类型。在【属性】面板下单击【相机类型】下拉列表框，选择"飞行相机"类型选项，然后在弹出的询问对话框中，单击【是】按钮以确认将创建的相机类型设置为飞行类型的相机（如图 5 - 36 所示）。

图 5 - 36 设置属性

（4）运行预览制作效果。按下快捷键 F5 或者是选择【主工具栏】中的 ▷ 按钮,预览场景中的效果,如图 5-37 所示(注:对飞行相机进行缩放操作不会改变相机的任何参数,只是为了其在视图中显示比例适度)。

图 5-37　预览效果

2. 旋转相机

在浏览 VR 场景时,有时会需要锁定一个建筑物,然后围绕这个建筑物对其进行环绕浏览。这时,用户就需要在场景中创建一个旋转相机,利用旋转相机来浏览这个场景中的建筑外观。

（1）创建旋转相机。在【功能分类】单击【相机】按钮,然后在【主功能区】的【创建相机】栏中单击【绕物旋转相机】按钮,接着会弹出 Camera name 对话框,用户可以在其文本框中输入相机的名称(如图 5-38 所示)。

图 5－38　创建相机

（2）设置旋转相机的中心参照物。在创建的旋转相机的【属性】面板下的【旋转中心参照物】栏中单击"None"按钮，然后在【最低高度】一栏输入最低高度值（如图 5－39 所示）。

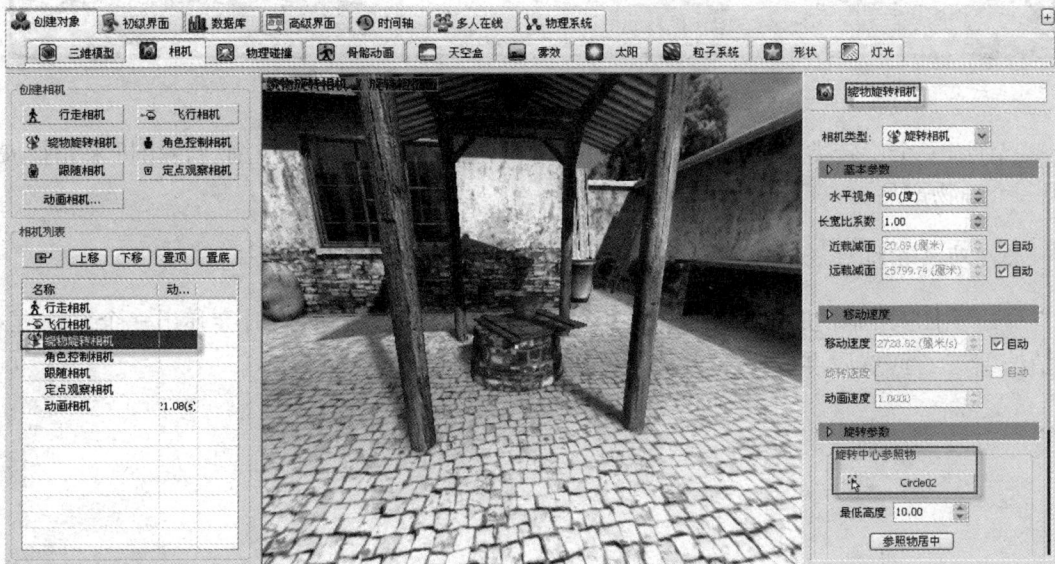

图 5－39　设置参数

（3）运行预览制作效果。按下快捷键 F5 或者是选择【主工具栏】中的 ▷ 按钮，预览场景中的效果，如图 5‑40 所示（注：【最低高度】是设置旋转相机在 Z 轴上的旋转限制值，正值为旋转范围为 0 点以上的高度范围；负值为 0 点以下的高度范围）。

图 5‑40　预览效果

至此，一个旋转类型的相机就制作完成了。通常，用户也可以应用旋转相机来完整展现一个静物产品。

3．动画相机

（1）创建动画相机。单击【主功能区】里的【动画相机】按钮，这时会弹出一个对话框："请按 F5 运行，然后再按 F11，开始录制相机动画！"如图 5‑41 所示。

图5-41 对话框

(2)录制相机动画。这时,用户先首先按F5运行该场景,然后在弹出的运行界面中按F11,应用键盘上的视点移动键(如W或↑、S或↓等)进行动画录制,界面上的左上角显示的是录制秒数,再次按下键盘上的F11可结束动画相机的录制操作。此时,界面中会弹出一个VRP-Builder询问对话框,单击【是】可将已录制的相机动画存储到【相机列表】中;若单击【否】则取消已录制的相机动画(如图5-42所示)。

图5-42 保存相机动画

（3）动画相机命名。结束动画相机录制后，会弹出一个【请输入动画相机的名称】对话框，这时，用户可以在其文本框中为录制的动画相机命名（如图 5 - 43 所示）。

图 5 - 43　为动画相机命名

（4）运行预览制作效果。按下快捷键 F5 或者是选择【主工具栏】中的 ▷ 按钮，预览场景中的效果。按下快捷键 C 键，可以弹出相机列表，可以选择动画相机进行预览如图 5 - 44 所示。

图 5-44　预览效果

至此,一个动画相机就录制完成了。

如果场景比较大时,用户可以分段录制动画(即录制一段动画之后,结束录制操作,然后再接着录制下一段动画)。运行该场景时,VRP 会自动按相机列表中的相机所示顺序进行依次播放。

4. 行走相机

在制作室内与室外的 VR 场景时,经常需要在 VR 场景中创建行走相机,这样便可以以第一人称的视角来游览整个 VR 场景。其制作步骤如下:

(1) 创建行走相机。在【功能分类】单击【相机】按钮,然后在【主功能区】的【创建相机】栏中单击【行走相机】按钮,接着会弹出 Camera name 对话框,用户可以在其文本框中输入相机的名称,如图 5-45 所示(注:通常在创建相机的时候,VRP 会自动将创建的相机命名为 Camera01、Camera02……若场景很大的话,创建的相机也会很多。如果不对所创建的相机进行明确命名,在对按钮或模型进行脚本事件设置时,对相机的选择也会出错,因此,建议用户养成对所创建的相机进行明确命名的好习惯)。

图 5 - 45　为相机命名

　　(2) 设置行走相机属性。在相机的【属性】面板中设置相机的【水平视角】为"90 度"，相机小人的【身高】为"1500cm"（建议根据实际生活中人的高度而定），其他参数为默认参数，然后再应用【平移物体】工具将小人拖到地面上方（如图 5 - 46 所示）。

　　(3) 调整相机的位置。用户可以应用【缩放工具】和【移动工具】对相机的位置进行适度调整，如图 5 - 47 所示（注：很多时候，在 VR 场景中创建行走相机后，小人会被卡在地面里，这时需要将小人手动拖到地面上，走动的时候，由于重力，小人会自动落到地面上；否则，在为场景设置了碰撞之后，小人将不能前进。如果在 3ds Max 中制作场景的时候就将地面设置在原点处，在 VRP 编辑器中创建相机的时候，相机会自动落在地面上）。

图 5 - 46 设置人的参数

图 5 - 47 调整位置

（4）运行预览制作效果。按下快捷键 F5 或者是选择【主工具栏】中的 ▷ 按钮，预览场景中的效果（如图 5 - 48 所示）。

图 5 - 48　预览效果

至此，一个行走相机就制作完成了。

以上只是简单介绍了有关行走相机制作方法，用户可以根据自己场景的需要创建一个或多个行走相机（注：单击【属性】面板中【自动】复选框时，会弹出一个警告对话框，在此对话框中建议用户如果不清楚这个参数的具体含义时，不要修改当前参数，单击【否】；反之则可以单击【是】，接着再对参数做必要修改）。如图 5 - 49 所示。

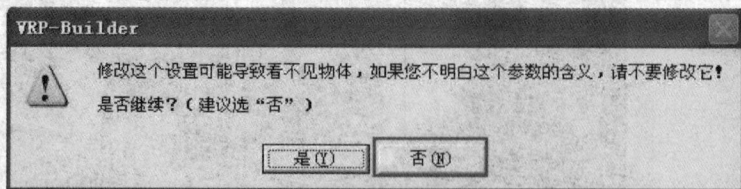

图 5 - 49

5. 定点观察相机

（1）创建跟随相机。打开【主功能区】里的【相机】栏，接着单击【跟随相机】按钮，在弹出的【Camera name】对话框中，输入相机名称（如图 5 - 50 所示）。

图 5 - 50　设置相机名称

（2）设置相机跟踪角色。选择"跟随相机"，打开右侧相面属性面板，选择【跟踪控制】下的"选择跟踪物体"右侧按钮，在弹出的【选择物体】对话框中，选择角色模型，单击确定（如图 5 - 51 所示）。

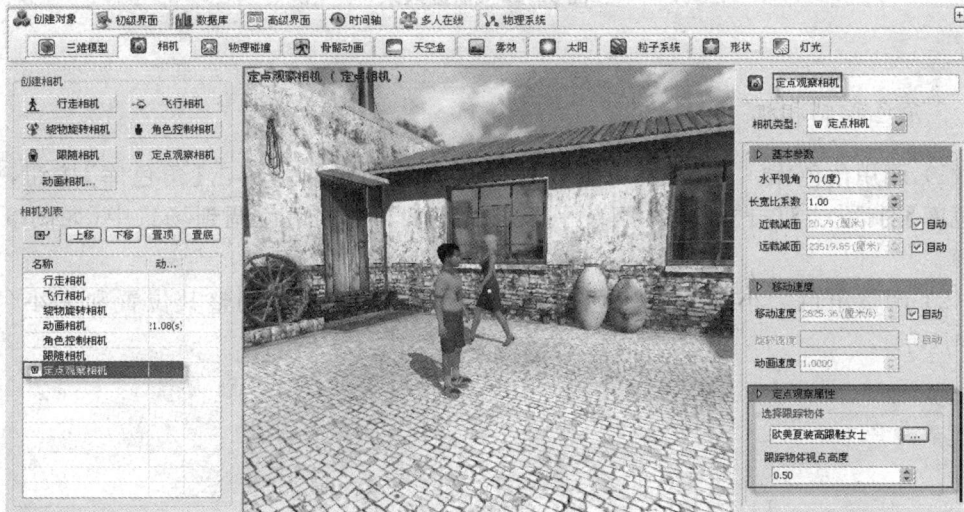

图 5 - 51　设置相机跟踪角色

（3）运行预览制作效果。按下快捷键 F5 或者是选择【主工具栏】中的 ▷ 按钮，预览场景中的效果（如图 5 - 52 所示）。

图 5-52　预览效果

7. 角色控制相机

（1）调用角色库。单击【主功能区】里的【骨骼动画】栏，单击【角色库】按钮，弹出【角色库】对话框，双击"亚洲休闲装平跟鞋女士 2"，将此角色调到场景中（如图 5-53 所示）。

（2）调整角色大小和位置。通过移动工具和缩放工具，调整其位置和大小（如图 5-54 所示）。

图 5-53　调用角色库

图 5-54　调整角色大小和位置

（3）加入角色动作。在右侧【动作】属性栏中，单击【动作库】按钮，在弹出的【动作库】对话框中，双击选择"跑动原地（平跟女士）"、"空闲站立（平跟女士）"、"行走原地（平跟女士）"三个动作，加入到角色模型中（如图5-55所示）。

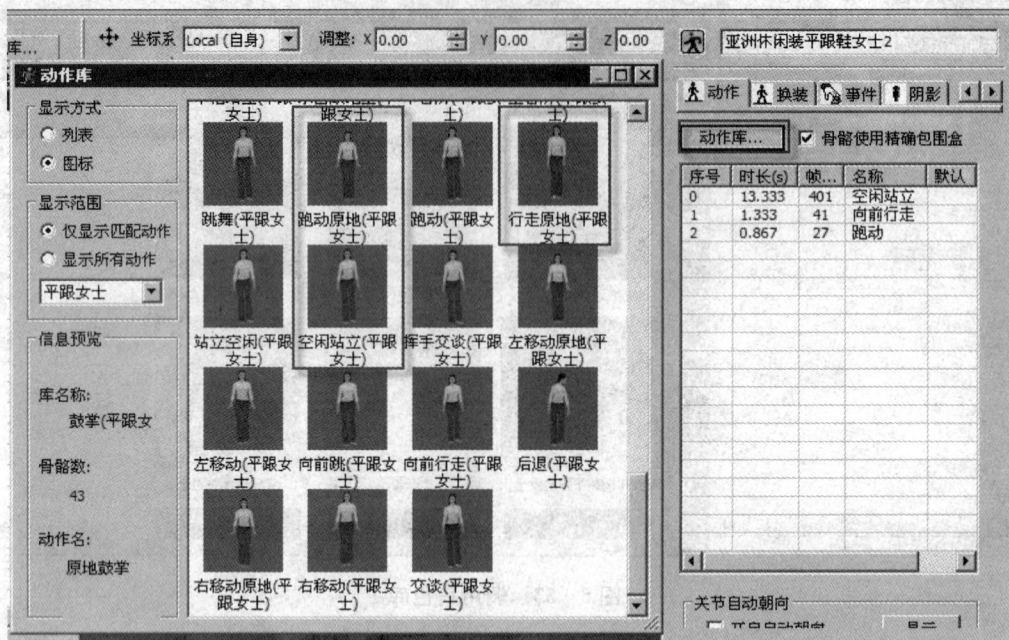

图5-55　加入动作角色

（4）设置角色动作。右键单击"空闲站立（平跟女士）"，在弹出的菜单中选择"默认动作"，用同样的方法将"行走原地（平跟女士）"设置为"行走动作"，"跑动原地（平跟女士）"设置为"跑步动作"（如图5-56所示）。

图5-56　设置动作角色

（5）创建角色控制相机。单击【主功能区】里的【相机】栏下的【角色控制相机】按钮，这时会弹出一个对话框，可对相机进行更名（如图5-57所示）。

图5-57　创建角色控制相机

（6）设置相机控制角色。选择"角色控制相机"，打开右侧相面属性面板，选择【跟踪控制】下的"选择跟踪物体"右侧按钮，在弹出的【选择物体】对话框中，选择"亚洲休闲装平跟角色模型"，单击确定（如图5-58所示）。

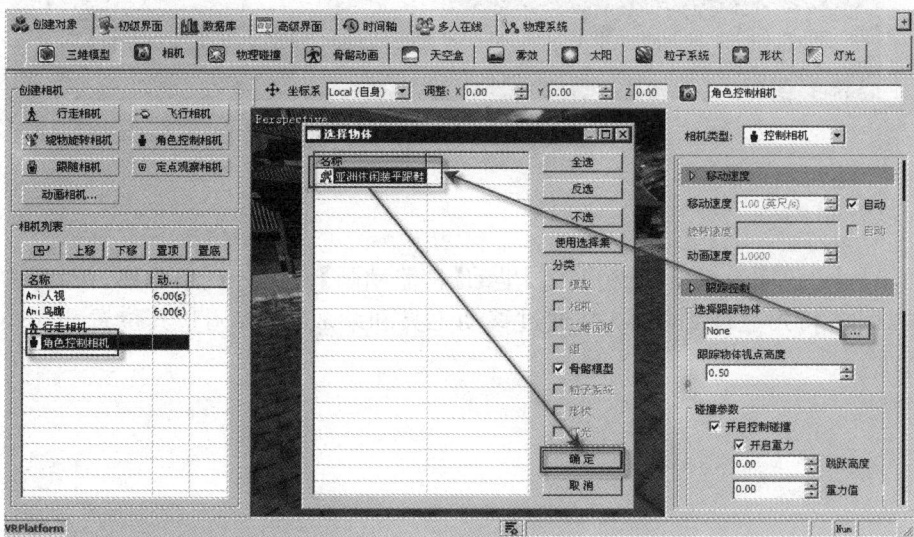

图5-58　设置相机控制角色

（7）切换角色控制相机。制作完成后，单击 F5 ▷ 运行，按键盘上的 C 键，在弹出的菜单中选择"角色控制相机"可以对角色进行控制，如图 5-59 所示（注：用键盘上的 W、S、A、D 分别控制前、后、左、右，也可以用鼠标直接点击要去的位置，来控制角色，按～键，可以切换到跑步状态）。

图 5-59　切换角色控制相机

8. 跟随相机

（1）调用角色库。单击【主功能区】里的【骨骼动画】栏，单击【角色库】按钮，弹出【角色库】对话框，将角色调到场景中，通过移动工具和缩放工具，调整其位置和大小（如图 5-60所示）。

图 5 - 60　调用角色库

（2）加入角色动作。在右侧【动作】属性栏中，单击【动作库】按钮，在弹出的【动作库】对话框中，双击选择"行走原地（平跟女士）"，给角色模型加入动作（如图 5 - 61 所示）。

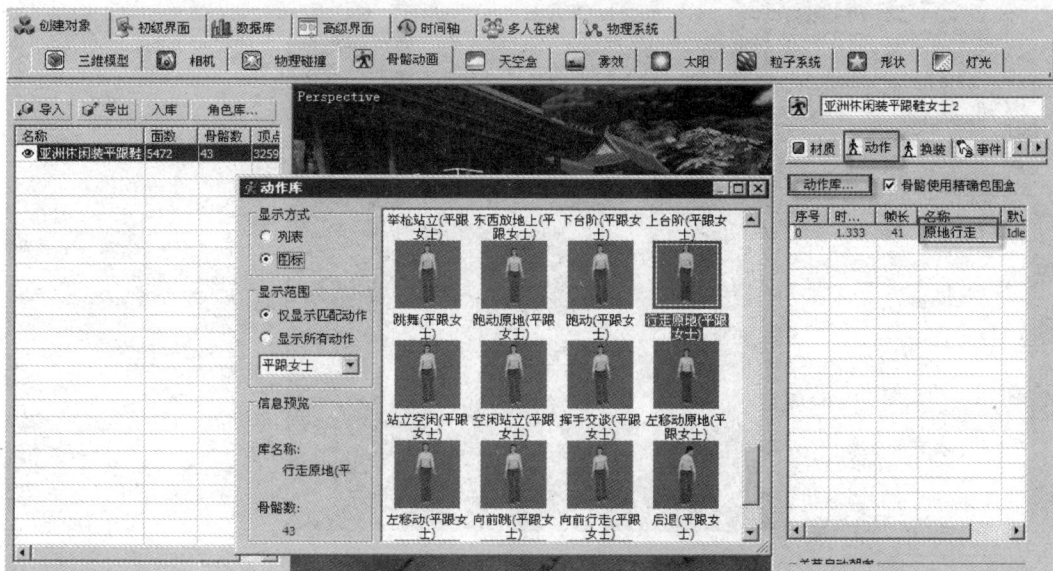

图 5 - 61　加入角色动作

（3）设置角色动作。右键单击"行走原地（平跟女士）"，在弹出的菜单中选择"默认动作"（如图 5 - 62 所示）。

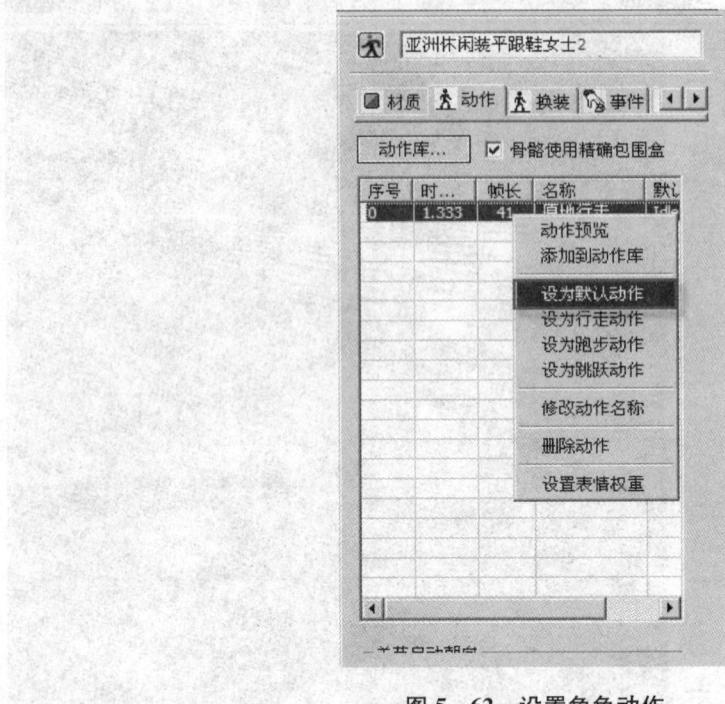

图 5 - 62 设置角色动作

（4）创建角色路径。单击【主功能区】里的【形状】栏，然后单击【折线路径】按钮，按住 Ctrl 键，在顶视图创建一条路径（如图 5 - 63 所示）。

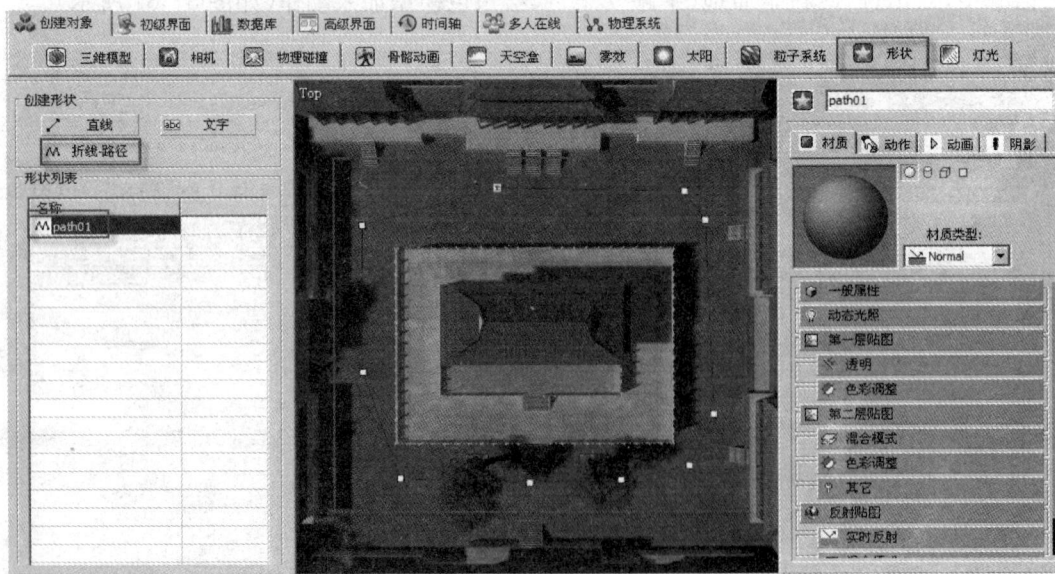

图 5 - 63 创建角色路径

　　（5）设置路径绑定角色。选择 path01 路径，打开【属性】栏，接着单击"绑定物体选择"右侧按钮，在弹出的【选择物体】对话框中，选择中角色，单击确定，然后设置"绑定物的位移速率"为 8（厘米/s），如图 5 - 64 所示。

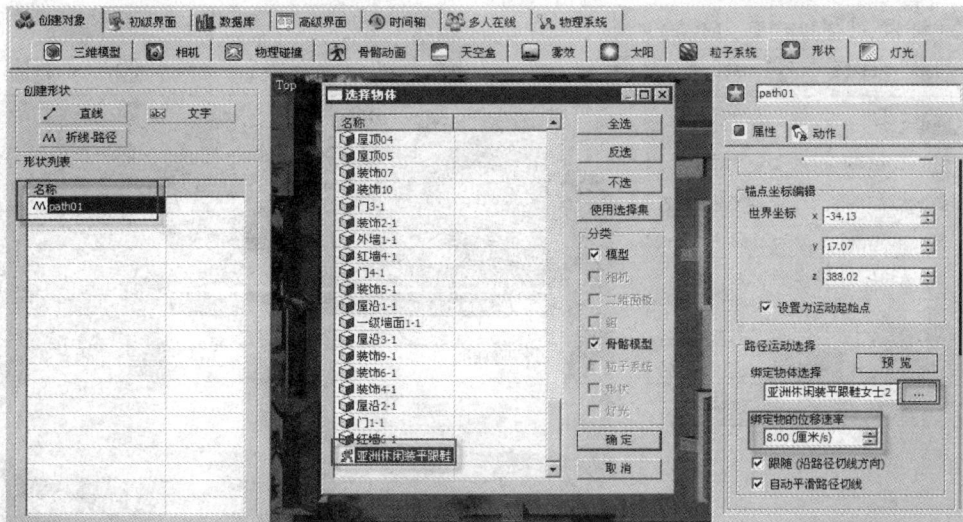

图 5 - 64　设置路径绑定角色

　　（6）创建跟随相机。打开【主功能区】里的【相机】栏，接着单击【跟随相机】按钮，在弹出的【Camera name】对话框中，输入相机名称（如图 5 - 65 所示）。

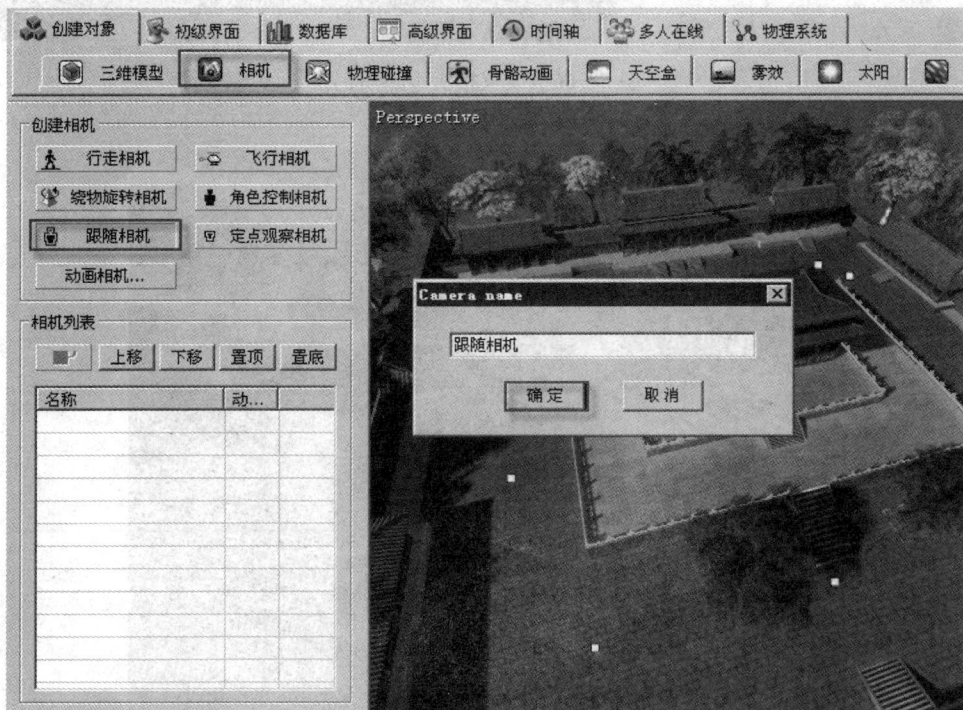

图 5 - 65　创建跟随相机

（6）设置相机跟踪角色。选择"跟随相机"，打开右侧相面属性面板，选择【跟踪控制】下的"选择跟踪物体"右侧按钮，在弹出的【选择物体】对话框中，选择角色模型，单击确定（如图 5 - 66 所示）。

图 5 - 66   设置相机跟踪角色

（7）设置完成后的效果（如图 5 - 67 所示）。

图 5 - 67   最终效果

　　调整动画相机的播放顺序,用户可以通过单击【上移一层】(如 上移)或【下移一层】
(如 下移)按钮,对选择的动画相机进行排列调整(如图 5－68 所示)。

　　VRP 不但支持多个 3ds Max 的相机动画,也可以在 VRP 中录制多个相机动画。在
运行该场景时,VRP 会自动按相机列表所示的顺序循环进行播放,其播放顺序是从当前
的动画相机依次向下进行循环播放。

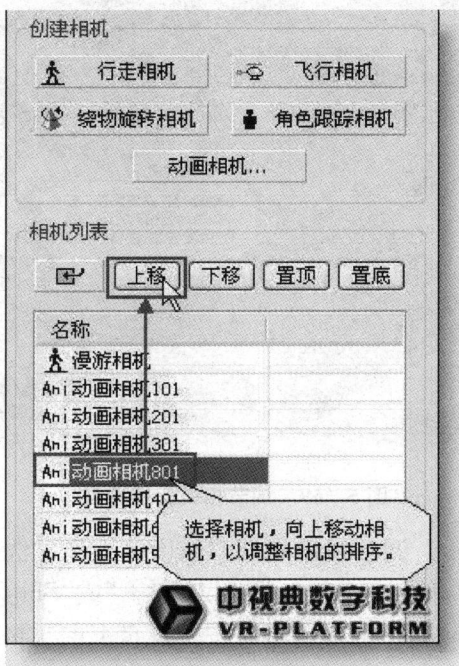

图 5－68　上移、下移按钮

播放过程中的控制方式:

　　(1) 暂停、继续播放。在相机动画播放过程中,用户可以随时按下键盘上的空格键进
行暂停相机动画播放;再次按下空格键将继续播放相机动画。

　　(2) 调整相机运行速度。在相机动画播放状态,用户可以随时按键盘上的"＋"或
"－"对动画相机的播放速度进行"加速"或"减速"控制,如图 5－69 所示(注:在相机动画
播放过程中,如果用户在任意一种输入法状态下按"＋"或"－"键进行速度调节时,将不起
作用,屏幕上也不会出现任何信息。这时,用户就需要关闭了输入法和相机列表之后,再
按"＋"或"－"键就可以进行速度调节了)。

图 5 - 69　调节相机运行速度

（3）调整动画相机视角。调整视角同调节速度的操作方法一样，在 VRP 中，用户可以在相机动画播放过程中直接按键盘上的"Shift＋＋"或"Shift＋—"进行"扩大视角"或"缩小视角"调节；除此之外，用户也可以随时按下键盘上的空格键进行暂停，然后再按键盘上的"Shift＋＋"或"Shift＋—"进行"扩大视角"或"缩小视角"调节，如图 5 - 70 所示（注：在动画播放过程中，如果用户在任意一种输入法状态下按"Shift＋＋"或"Shift＋—"进行"扩大视角"或"缩小视角"调节，将不起作用，屏幕上也不会出现任何信息。这时，用户就需要关闭了输入法和相机列表之后，再按"Shift＋＋"或"Shift＋—"进行"扩大视角"或"缩小视角"调节就可以了）。

图 5-70　调节相机视角

9. 快速切换相机

　　无论在编辑器中,还是在运行界面中,通常的相机切换方式是从相机列表中直接找到要切换的相机缩略图,应用单击进行切换。除此之外还有一种更为简单的方法,就是关闭掉输入法和相机列表之后,直接按键盘上的"<"或">"键就可以快速切换到"上一个相机"或"下一个相机"视图(如图 5-71 所示)。

图 5-71　切换相机

MMO 多人在线实践应用一

设置 MMO 场景里的角色：

MMO 多人在线场景能够实现的最基本的效果是多个人物角色同时登录到某一场景里，在之前的教程里，大家已经学会如何在 VRP 场景里添加角色，下面将给大家介绍如何设置 MMO 场景里的角色。

（1）建立场景。用户先在 3ds Max 里创建场景，渲染烘焙好后将场景导入 VRP 编辑器（如图 5-72 所示）。

图 5-72　建立场景

（2）创建骨骼角色。在【创建对象】|【骨骼动画】面板里添加任意角色到场景中（如图 5-73 所示）。

图 5 - 73　创建骨骼角色

（3）添加骨骼动作。为角色骨骼添加至少四个动作，分别是：空闲站立、行走原地、跑动原地、跳跃动作（如图 5 - 74 所示）。

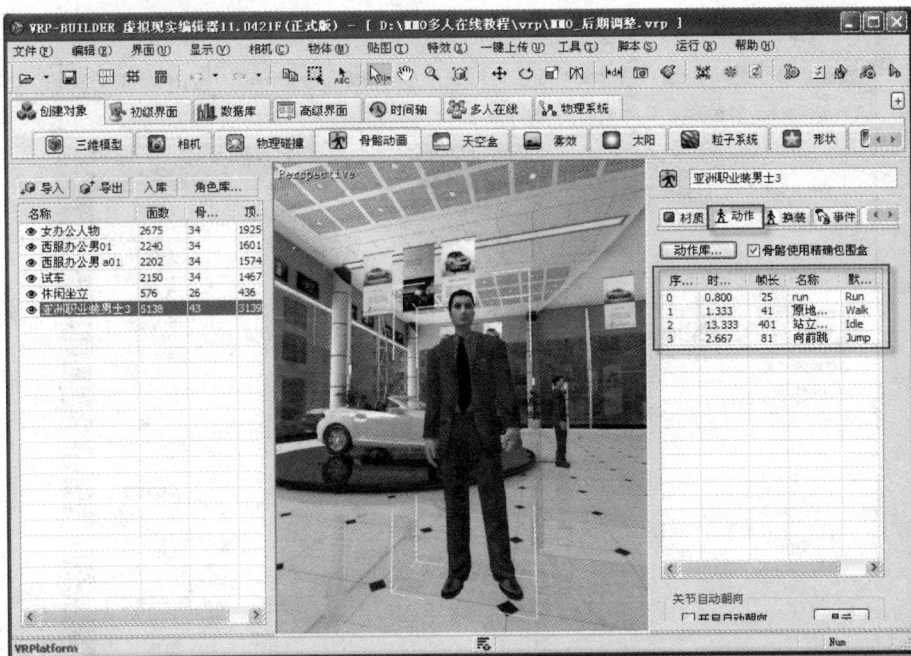

图 5 - 74　添加骨骼动作

（4）创建角色控制相机。在场景中添加一台角色控制相机，以备 MMO 设置参数时调用（如图 5-75 所示）。

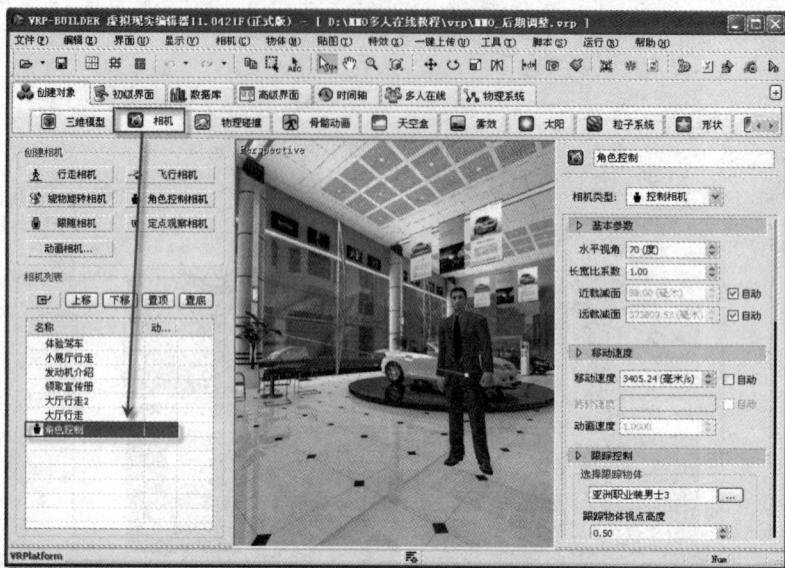

图 5-75　创建角色控制相机

（5）添加角色系统里的角色人物。在【多人在线】模块里选择【角色系统】，添加角色骨骼（如图 5-76 所示）。

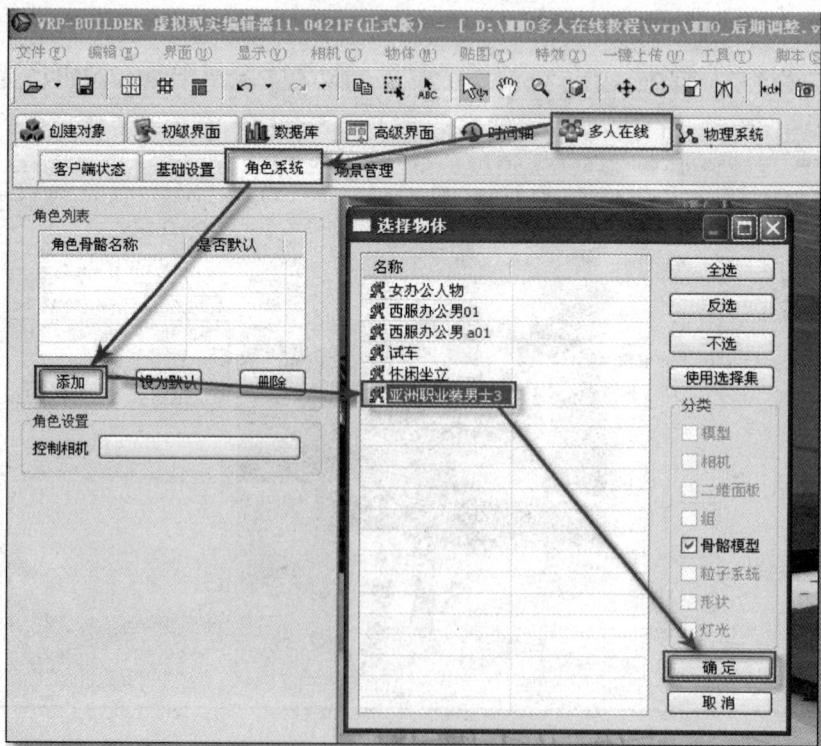

图 5-76　添加角色人物

（6）添加角色系统里的控制相机。在【多人在线】模块里选择【角色系统】，添加角色控制相机（如图 5 - 77 所示）。

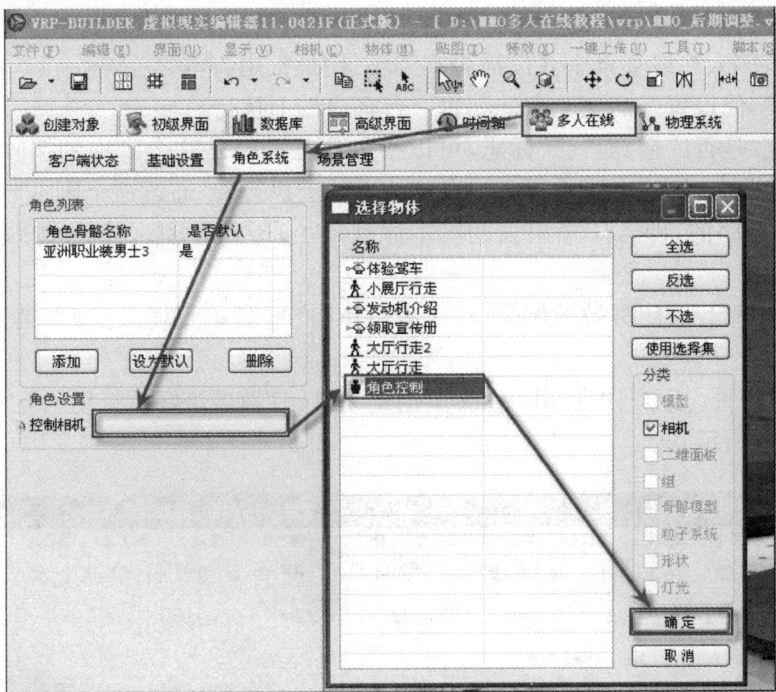

图 5 - 77　添加控制相机

（7）修改角色的登录名称。通常添加角色人物后，需要修改角色的登录名称，即在角色头顶显示的名称（如图 5 - 78 所示）。

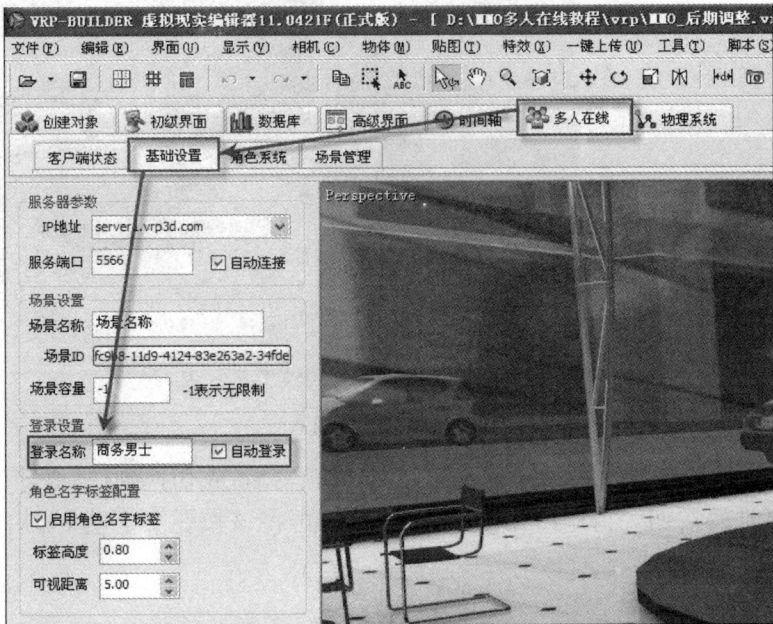

图 5 - 78　修改角色登录名称

经过以上操作,我们就完成了 MMO 多人在线场景里角色人物的创建。

MMO 多人在线实践应用二

脚本【广播脚本到场景】的应用:

在 MMO 多人在线场景中,【广播脚本到场景】是常用脚本之一,这一脚本主要含义是通过按钮触发,使设置好的交互事件在每一台客户端上执行。

通过指定"是否广播到自己"标志,可以指定自己是否是这个脚本的接收者(注意,如果自己不是接收者,则这个脚本不会在自己的电脑上执行)。通过这个脚本广播出去的脚本,是有执行顺序的,即若广播出去的脚本序列是 A/B/C/D,那么执行的顺序也一定是A/B/C/D。

下面通过开启/关闭雾效的例子,给大家讲解【广播脚本到场景】脚本具体添加步骤,如下所示:

(1)建立场景。用户先在 3ds Max 里创建场景,渲染烘焙好后将场景导入 VRP 编辑器(如图 5-79 所示)。

图 5-79　建立场景

(2)创建切换按钮。在将场景导入到 VRP 编辑器后,先切换到【高级界面】中创建一个用于触发事件的按钮,并赋予相应的贴图,最后再将该按钮更名为【开启雾效】(如图5-80所示)。

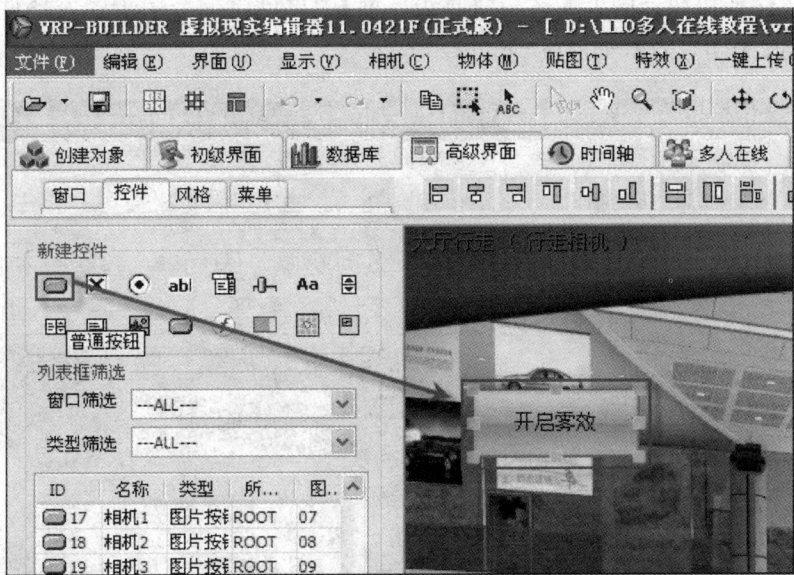

图 5-80 创建切换按钮

（3）设置【开启雾效按钮】脚本事件。选择【开启雾效】按钮，在其右侧的【控件属性】面板里单击【鼠标点击】按钮，在弹出的【VRP-脚本编辑器】中，设置该按钮的【触发函数】脚本，如图 5-81 所示（注：【脚本命令行】里添加的就是通常使用的命令行，所以，脚本一定要编写完整，这样才能触发出相应的事件。）。

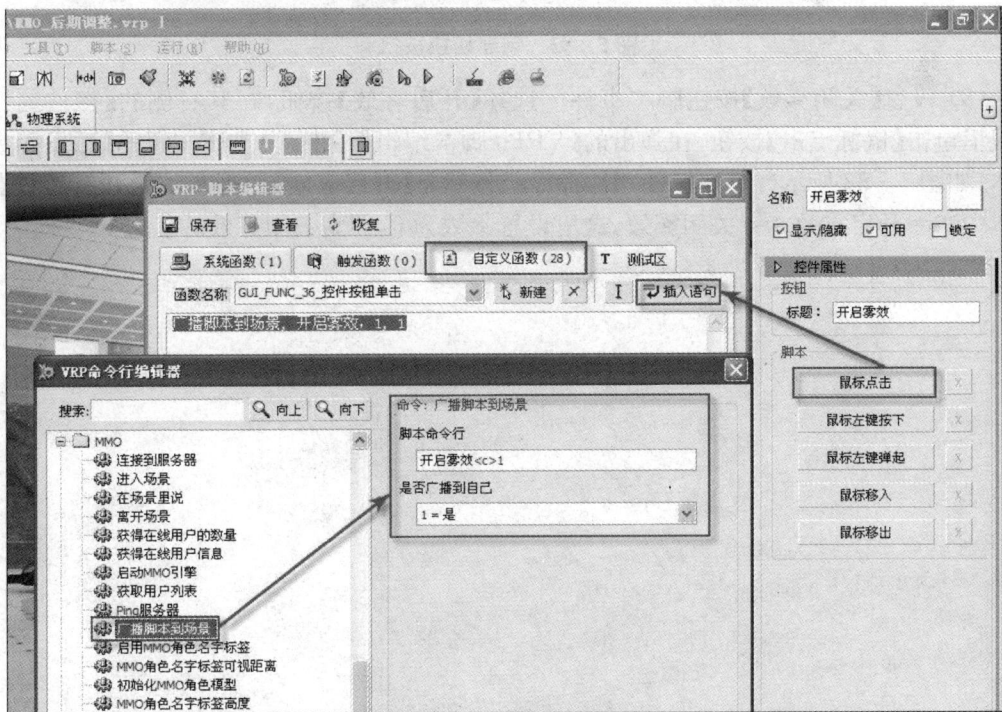

图 5-81 设置脚本事件

（4）创建切换按钮。同上所述，在【高级界面】中再创建一个用于触发事件的按钮，将该按钮更名为【关闭雾效】（如图 5 - 82 所示）。

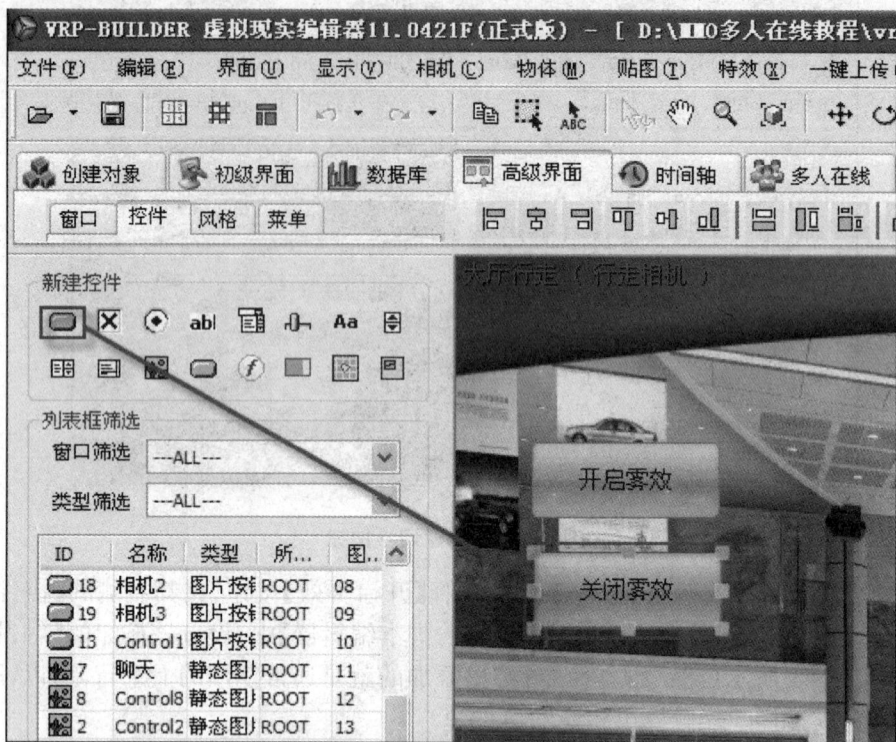

图 5 - 82　创建切换按钮

（5）设置【关闭雾效】按钮脚本事件。选择【开启雾效】按钮，在其右侧的【控件属性】面板里单击【鼠标点击】按钮，在弹出的【VRP -脚本编辑器】中，设置该按钮的【触发函数】脚本，如图 5 - 83 所示（注：这里使用的命令行依然是【开启雾效】的脚本，在【开启雾效】的脚本中，1＝开启雾效；0＝关闭雾效，这里设置参数为 0，即为关闭雾效的状态）。

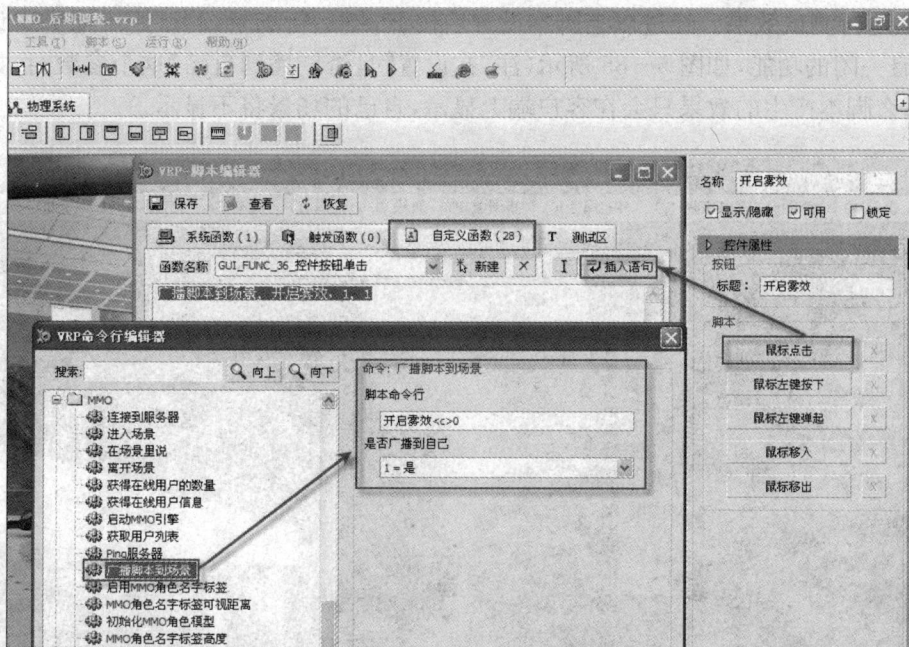

图 5 - 83　设置脚本事件

脚本参数设置如图 5 - 84 脚本所示。

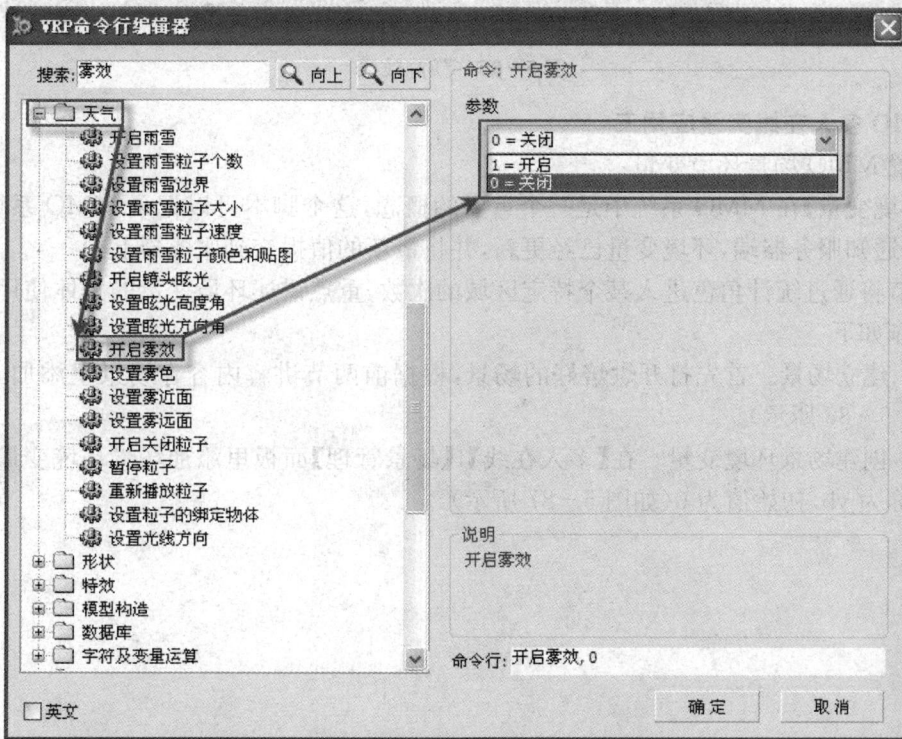

图 5 - 84　参数设置

(6) 运行测试效果。经过以上脚本设置后按 F5 键运行场景,测试用广播脚本设置的雾效开启关闭的功能,如图 5 - 85 所示(注:在设置【是否广播到自己】这个参数时,如果选择否,那么脚本产生的效果只会在客户端上显示,自己的场景将不显示。)。

图 5 - 85 预览效果

MMO 多人在线实践应用三

设置 MMO 场景环境变量:

【环境变量】在 MMO 系统中是一个重要的概念,这个脚本可以记录 MMO 系统的全局状态,通知服务器端,环境变量已经更新,并将最新的值提交到服务器上。

本节将通过统计角色进入某个特定区域的次数,重点讲述环境变量的具体使用方法。具体操作如下:

(1) 建立场景。首先打开烘焙好的场景,根据前两节讲解内容在场景里添加人物角色(如图 5 - 86 所示)。

(2) 创建场景环境变量。在【多人在线】|【场景管理】面板里添加场景环境变量,设置变量名称为 vb,初始值为 0(如图 5 - 87 所示)。

图 5-86 建立场景

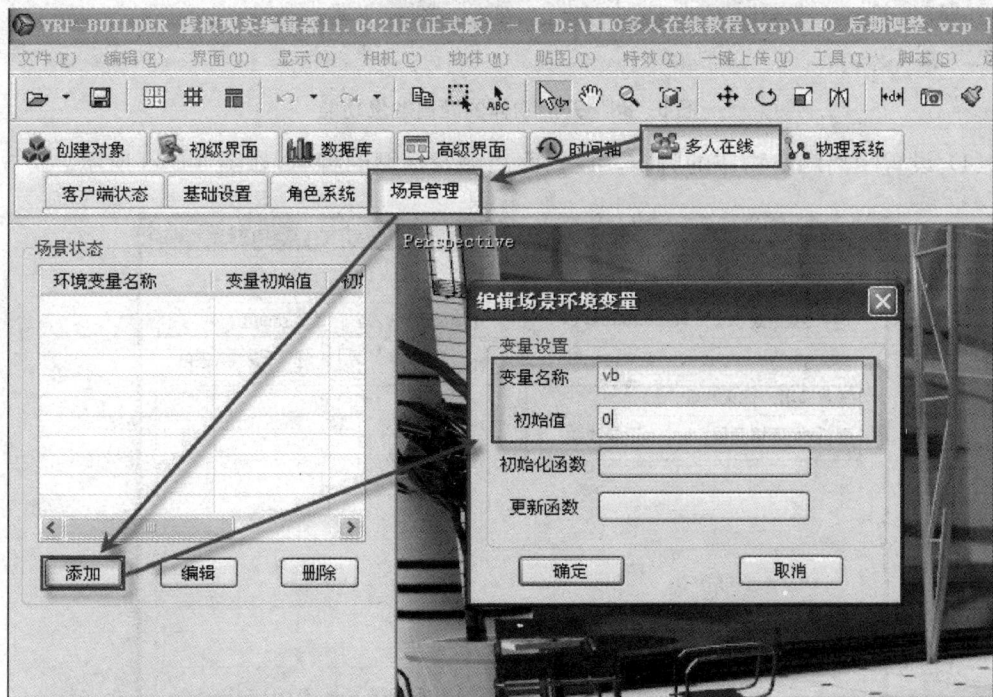

图 5-87 创建场景环境变量

（3）设置物体的距离触发状态。为实现统计角色进入某区域的次数的效果,需要开启物体的距离触发功能（如图 5 - 88 所示）。

图 5 - 88　开启物体的距离触发功能

（4）设置距离触发物体的脚本。设置距离触发模型的脚本,如图 5 - 89 所示。

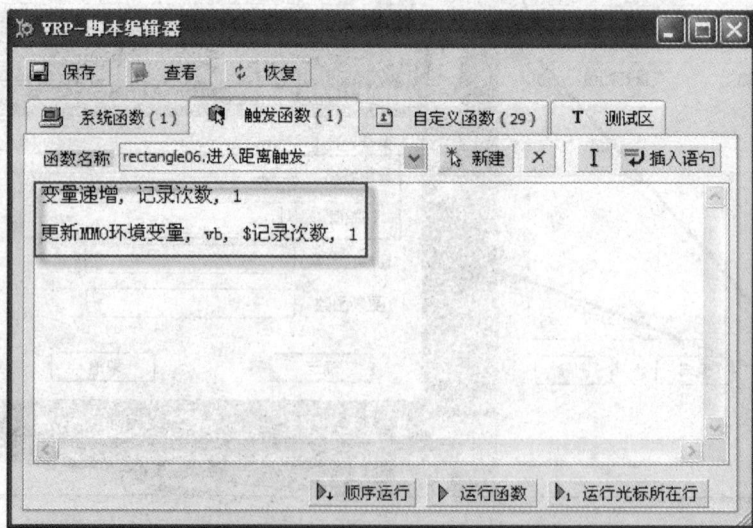

图 5 - 89　设置脚本

　　(5) 创建初始化变量脚本。在脚本编辑器里创建初始化函数,并设置一个名为【记录次数】的变量,以备后续调用变量值时使用(如图 5‑90、5‑91 所示)。

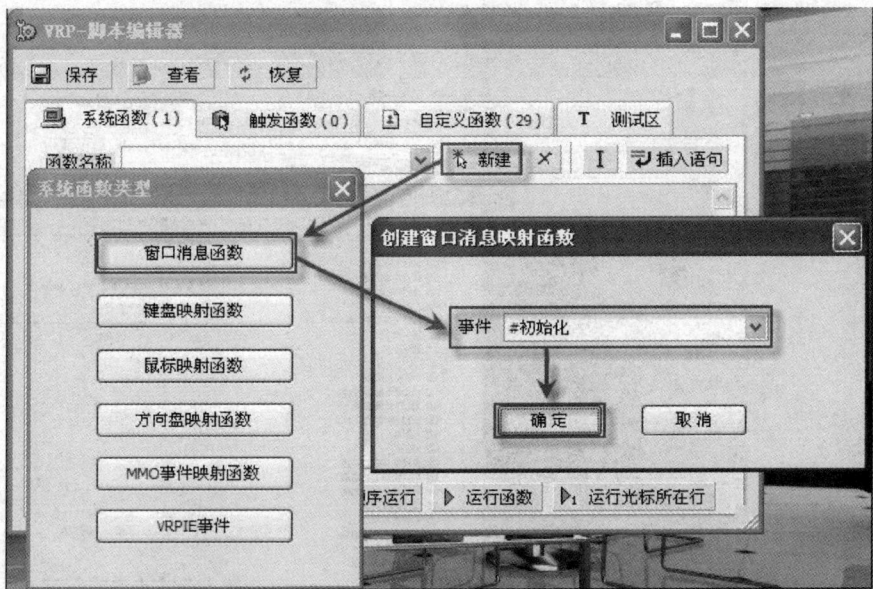

图 5‑90　创建变量脚本

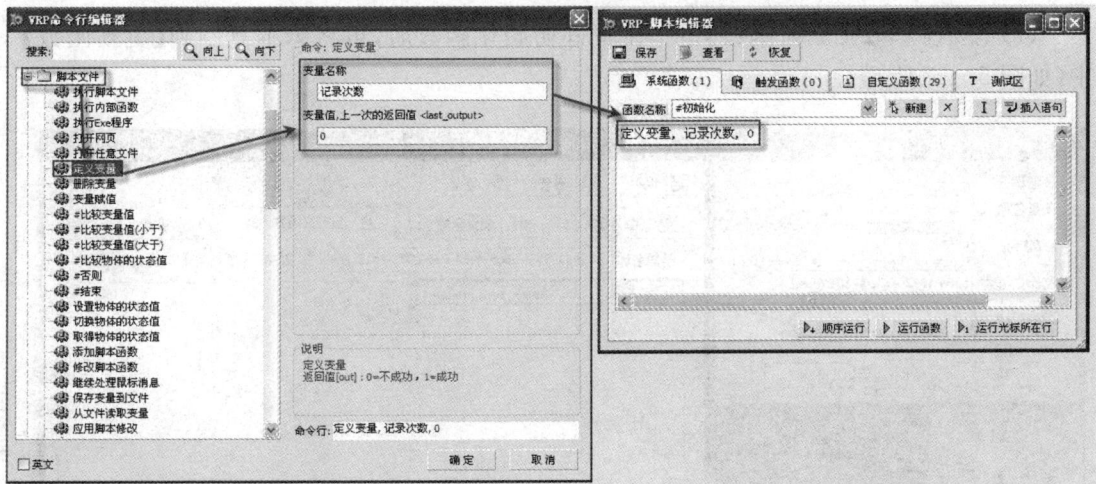

图 5‑91　设置变量

　　(6) 设置环境变量专有函数。当【记录次数】的变量值更新到 MMO 服务器上后,还需要在【多人在线模块】|【场景管理】面板里,设置专有的环境变量函数接收到这个数值(如图 5‑92 所示)。

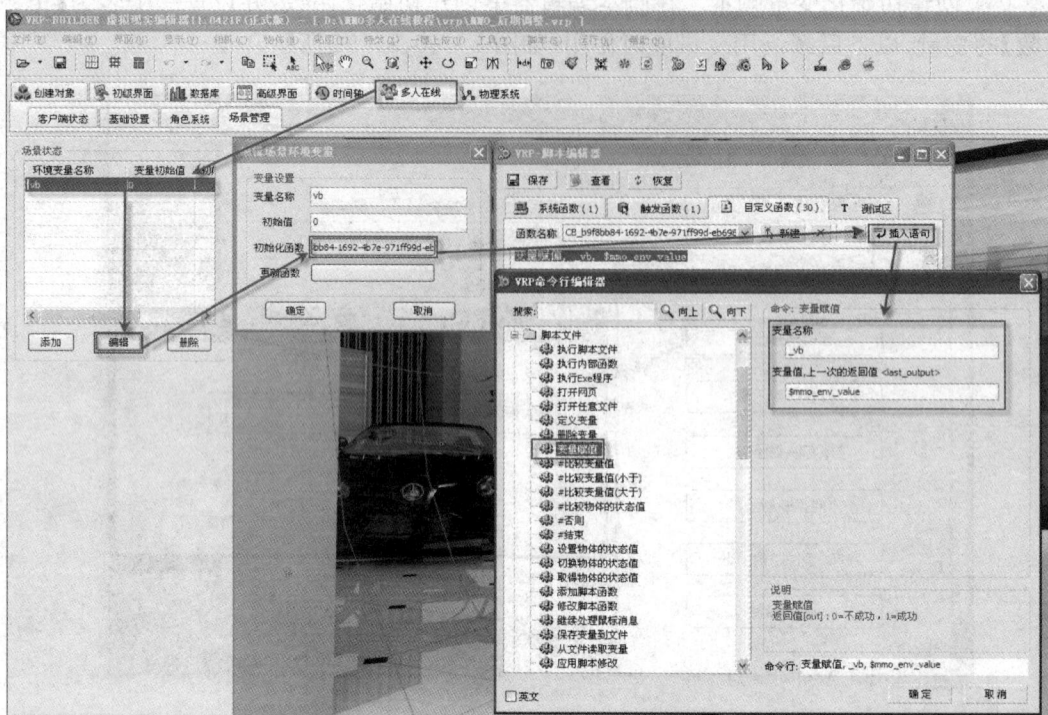

图 5‐92　设置环境变量专有函数

（7）复制脚本到【更新函数】里。设置好初始化函数后，再将脚本复制到【更新函数】中（如图 5‐93 所示）。

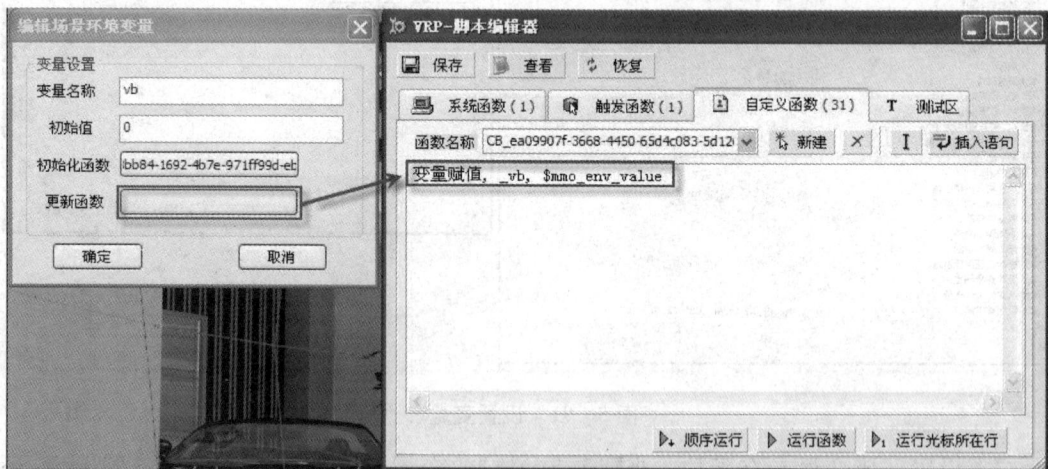

图 5‐93　复制脚本

（8）设置静态文本控件显示记录的次数。创建高级界面里【静态文本】控件，用于显示记录人物进入场景的次数（如图 5‐94 所示）。

图5-94 【静态文本】控件

(8) 设置控件的脚本。为了使静态文本控件显示人物进入场景的次数，我们还需要在【初始化函数】和【环境变量】|【更新函数】中设置相应的脚本（如图5-95、5-96所示）。

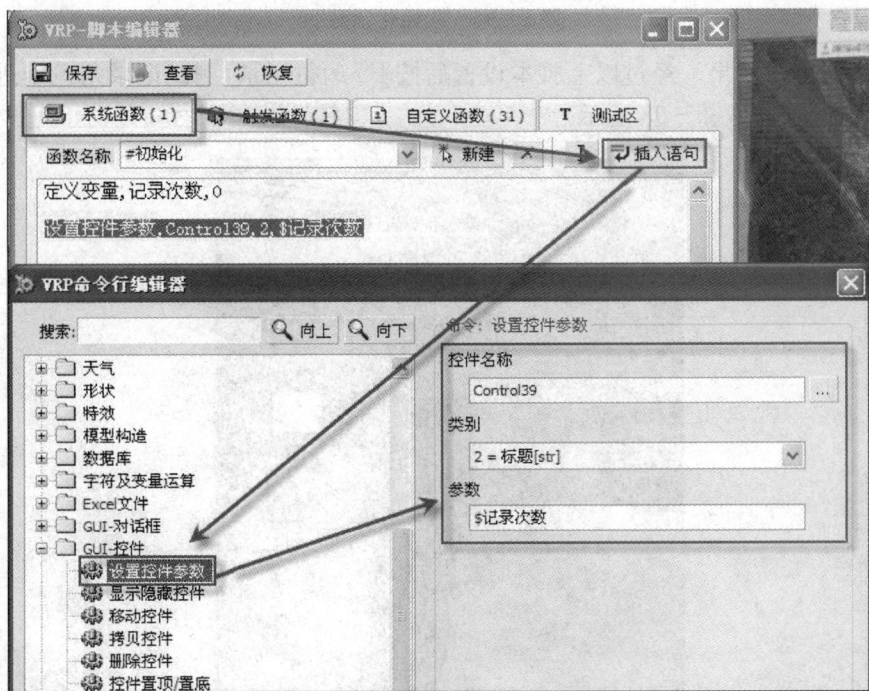

图5-95 设置控件脚本

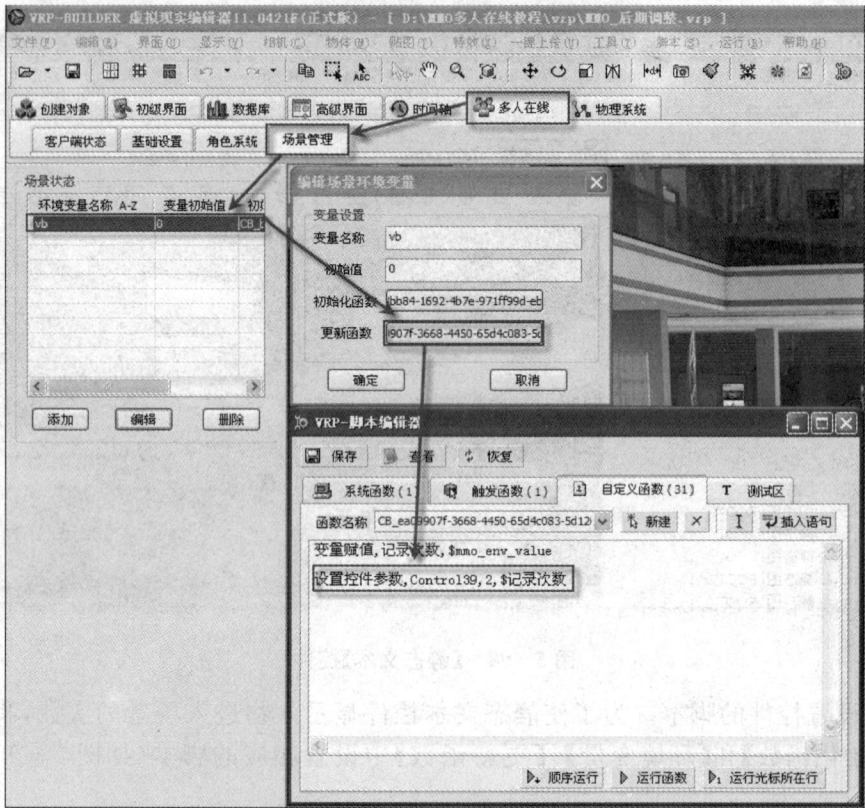

图 5－96　初始化函数

（9）运行测试效果。经过以上脚本设置后按 F5 运行场景，测试记录角色走进场景次数的效果（如图 5－97、5－98 所示）。

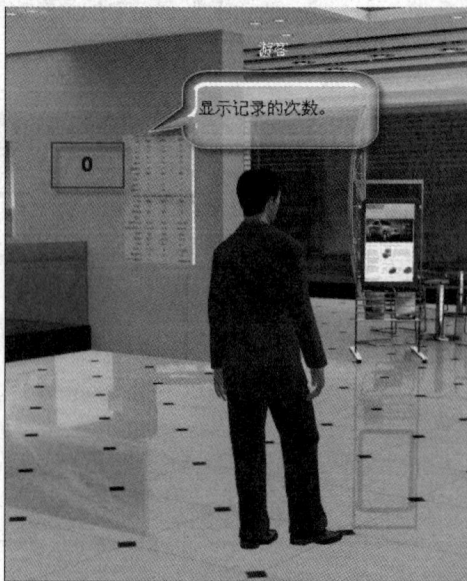

图 5－97　运行效果

图 5-98　运行效果

MMO 多人在线实践应用四

文本聊天：

在 MMO 多人在线场景里，用户也可以像游戏场景一样，通过文本进行多人聊天。

设置 GUI 控制文本人聊天函数

（1）建立场景。首先打开烘焙好的场景，根据前两节讲解内容在场景里添加人物角色（如图 5-99 所示）。

图 5-99　建立场景

（2）创建 GUI 控件。在【高级界面】|【控件】面板里添加输入框和信息显示框两种控件（如图 5 - 100 所示）。

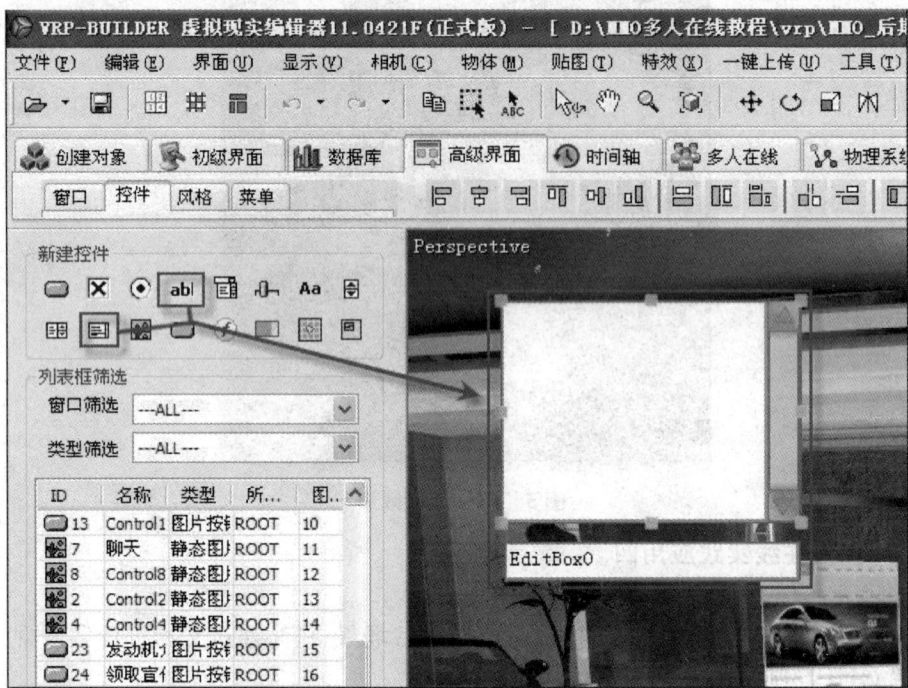

图 5 - 100　创建 GUI 控件

（3）设置初始化函数脚本。在初始化函数中设置一个变量（如图 5 - 101 所示）。

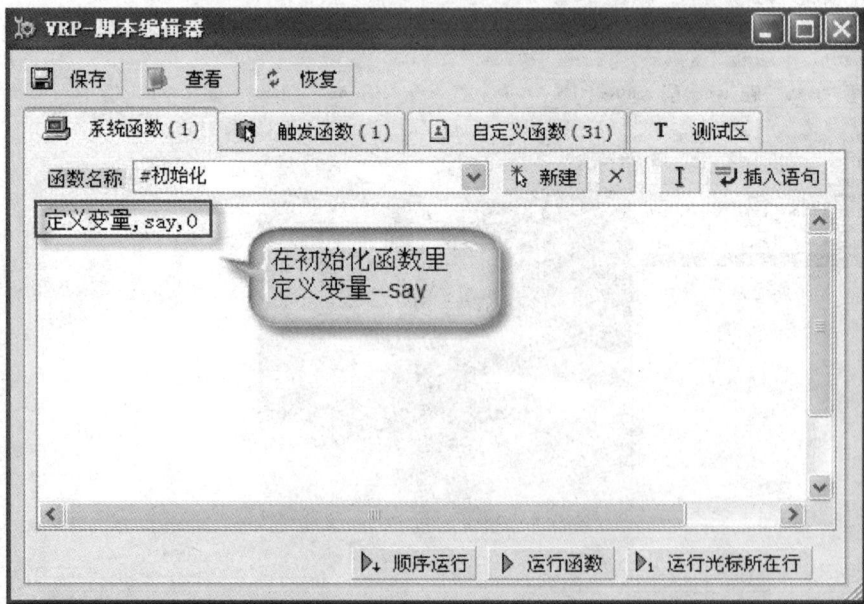

图 5 - 101　初始化函数脚本

（4）设置 GUI 控件脚本。点击输入框控件【回车按下】按钮，在自定义函数中创建函数脚本（如图 5－102、5－103 所示）。

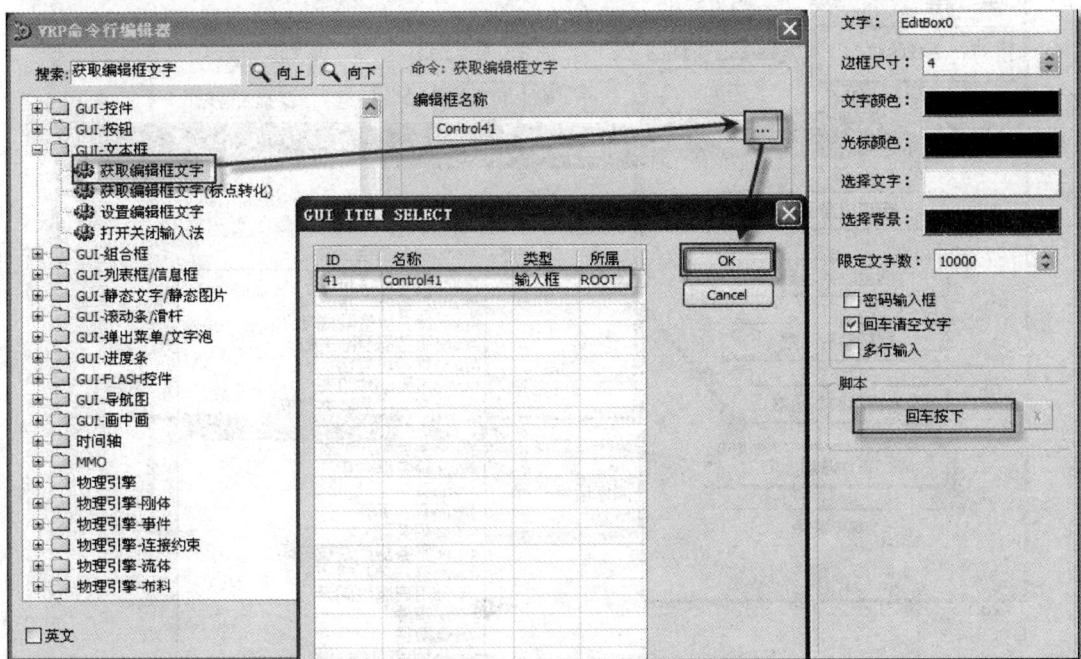

图 5－102　设置控件脚本

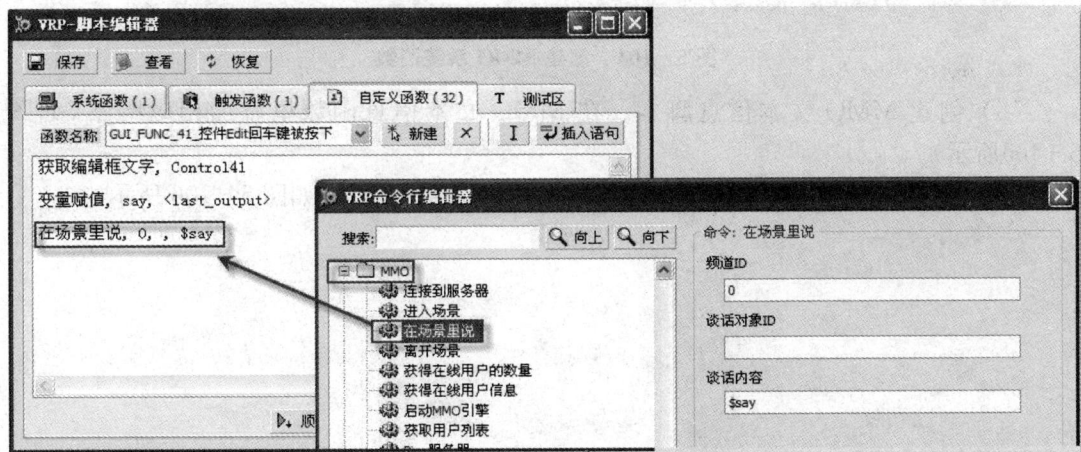

图 5－103　创建函数脚本

（5）创建 MMO 系统函数——MMO 文本信息。当用户输入文字后，显示到相应控件里，这是一个典型的异步调用的过程，需要通过 MMO 文本信息接收文字（如图 5－104 所示）。

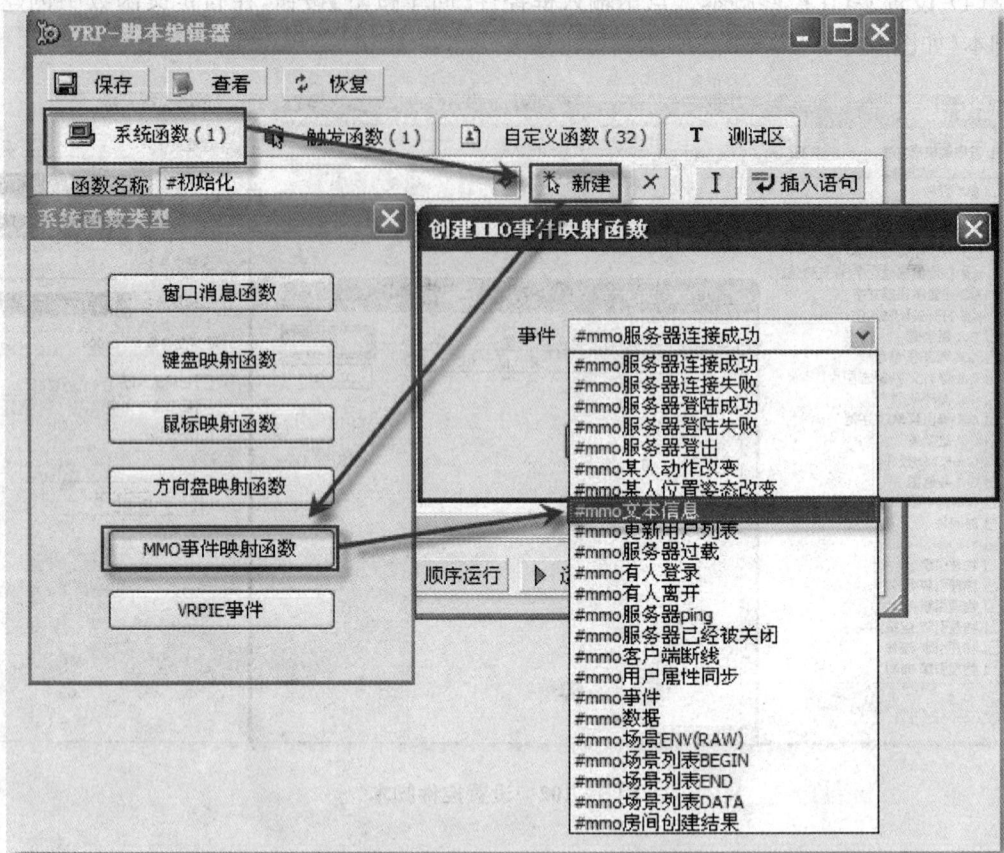

图 5 - 104   创建 MMO 系统函数

（6）创建 MMO 文本信息脚本。在 MMO 文本信息函数里添加相应脚本（如图 5 - 105所示）。

（7）运行测试效果。经过以上脚本设置后，按 F5 测试场景（如图 5 - 106 所示）。

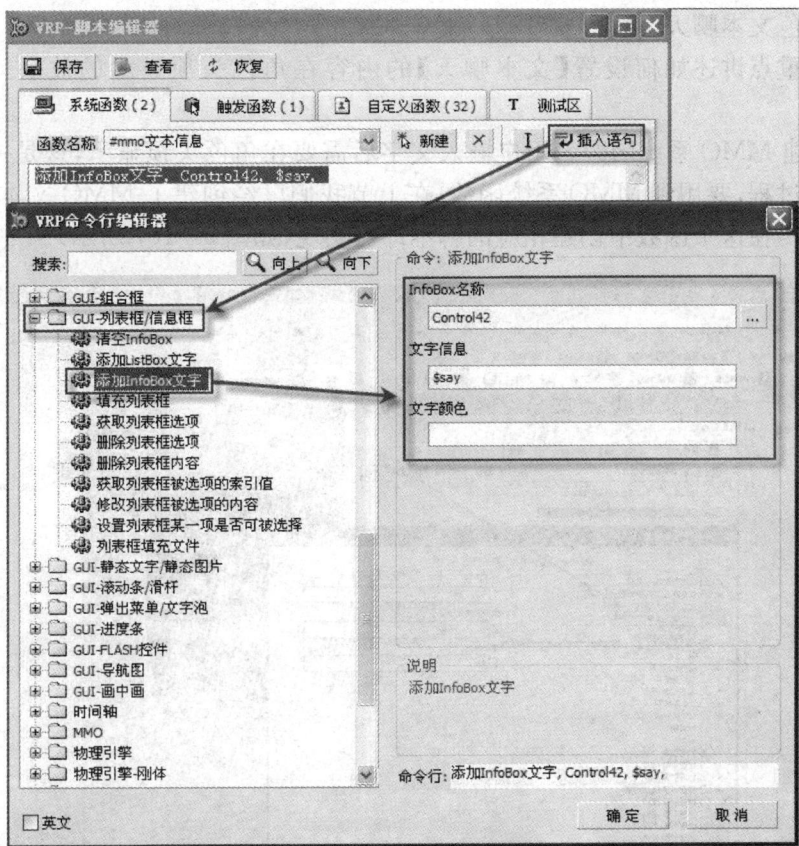

图 5 - 105　创建 MMO 文本信息脚本

图 5 - 106　预览效果

设置角色文本聊天函数：

本节将重点讲述如何设置【文本聊天】的内容在角色头顶显示的效果。具体操作如下：

（1）创建 MMO 系统函数。用户输入文字后需要在角色头顶显示，这是一个典型的异步调用的过程，要用到 MMO 系统函数；在上节我们已经创建了 MMO 文本信息函数，下面我们需要在这个函数中创建相应的脚本即可实现（如图 5 - 107 所示）。

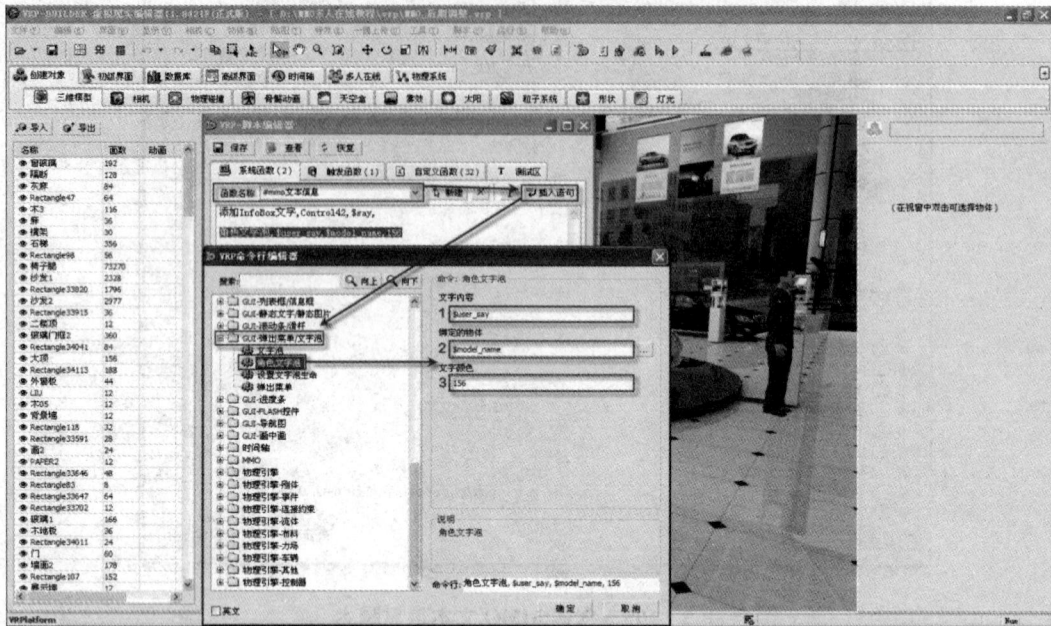

图 5 - 107　创建脚本

在函数中我们添加了【角色文字泡】脚本，需要注意右侧命令行的设置：

● 文字内容：【user_say】，这是一个系统函数，表示用户聊天文本信息内容。

● 绑定的物体：【model_name】，这是一个系统函数，表示说话者模型的名称。

注：以上两个函数均是系统函数，脚本里必须调用这两个函数，才能实现不同客户端说的话都显示在正确的角色头顶上的效果。这里的脚本不能随意修改，否则将不能实现。

● 文字颜色：默认的文字颜色为黑色，用户可以任意设置字体颜色，数值范围在 0～255 之间。

（2）运行测试效果。经过以上脚本设置后，按 F5 运行测试场景（如图 5 - 108 所示）。

图 5-108 预览效果

MMO 多人在线实践应用五

语音聊天：

在 MMO 多人在线场景里，用户也可以像游戏场景一样，通过语音进行聊天。

本节将重点讲述设置【语音聊天】效果的方法。具体操作如下：

(1) 建立场景。首先打开烘焙好的场景，导入 VRP 编辑器中（如图 5-109 所示）。

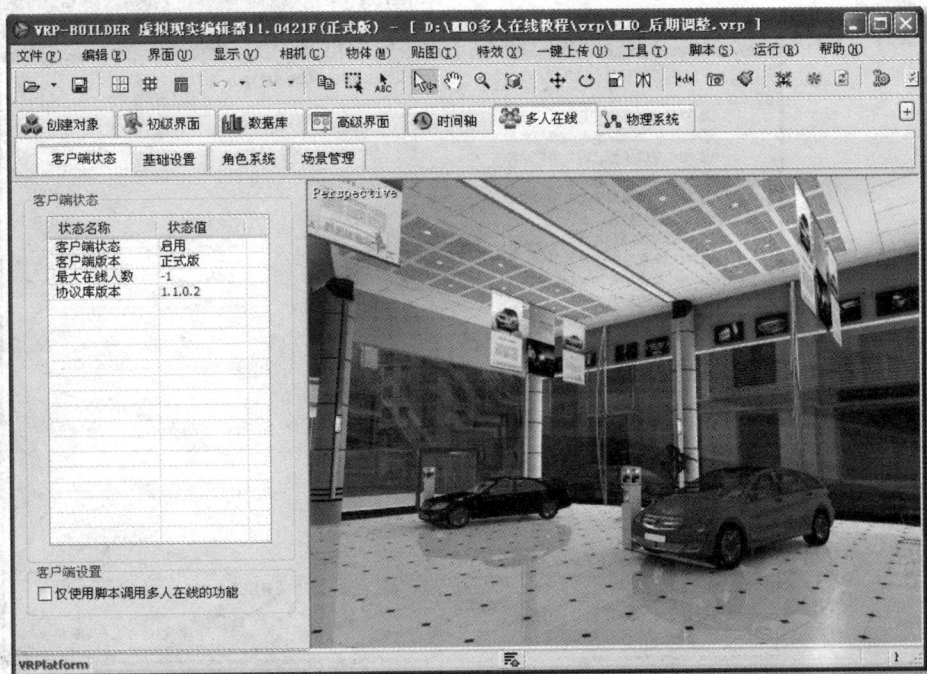

图 5-109 建立场景

（2）设置键盘映射函数。在【系统函数】中新建一个【键盘映射函数】，设置 K 键按下的函数，用来控制语音聊天的开启（如图 5 - 110、5 - 111 所示）。

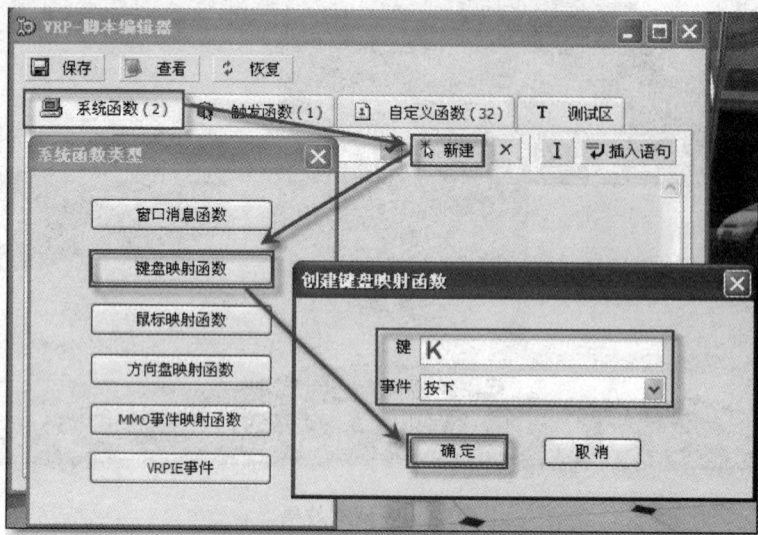

图 5 - 110　设置键盘映射函数

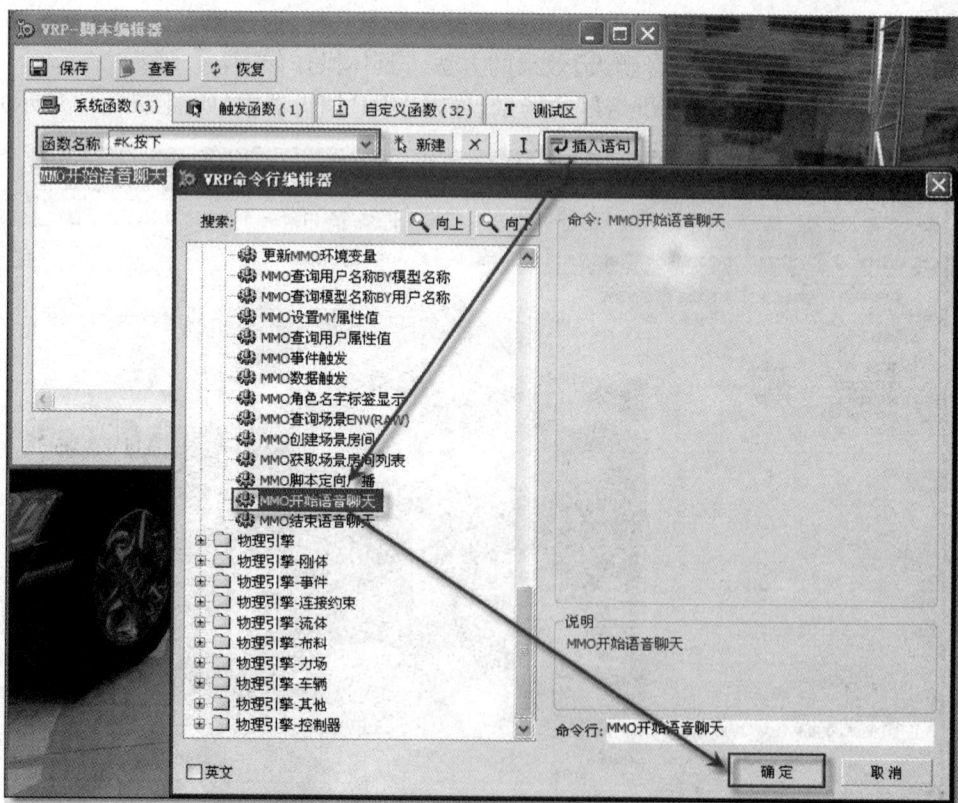

图 5 - 111　设置函数

（3）设置键盘映射函数。在【系统函数】中新建一个【键盘映射函数】，设置 K 键弹起的函数，用来控制语音聊天的关闭（如图 5‐112 所示）。

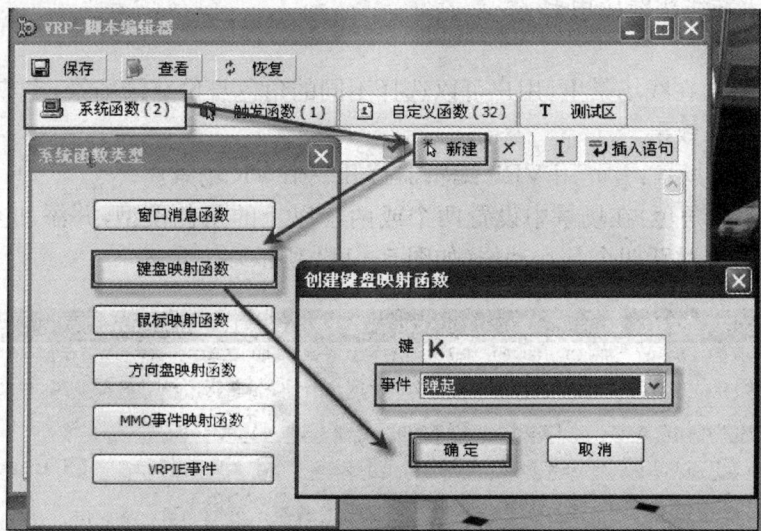

图 5‐112 设置键盘映射函数

（4）设置 GUI 控件脚本。点击输入框控件【回车按下】按钮，在自定义函数中创建函数脚本。详细脚本如图 5‐113 所示。

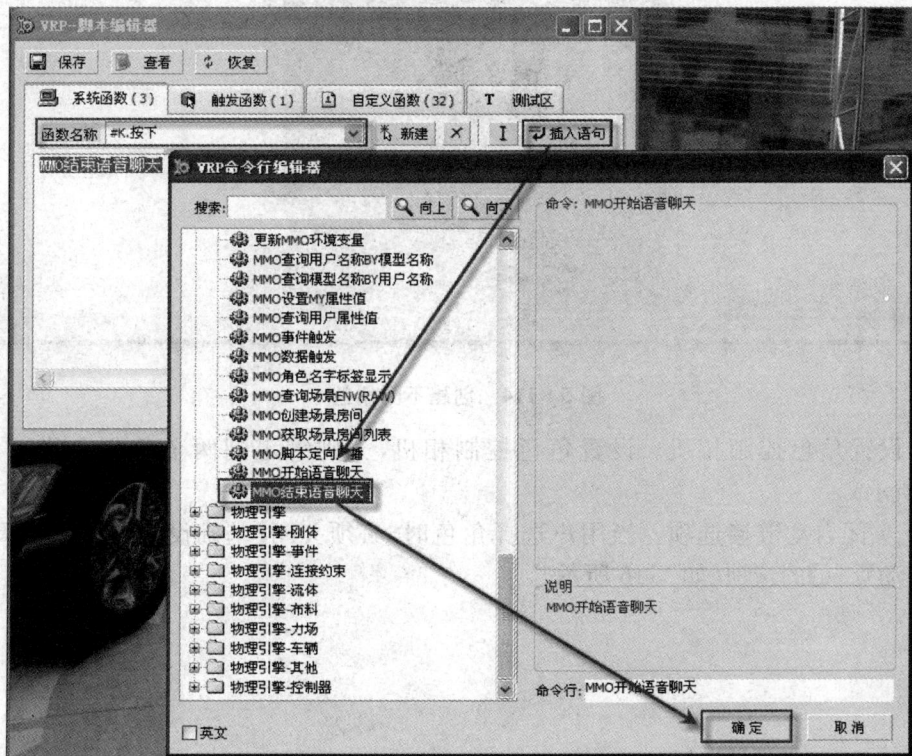

图 5‐113 设置 GUI 控件脚本

至此,MMO 语音聊天部分的脚本就设置完毕,用户在 MMO 场景中只要按下键盘上的【K】键,就能开启语音聊天;当【K】键弹起时,将结束语音聊天功能。

MMO 多人在线实践应用七

选择角色:

在 MMO 多人在线场景里,用户可以选择不同的角色身份登录场景,本节我们将详细讲解如何实现这一效果。

(1)打开 VR 场景:首先用 VRP 编辑器打开一个 VR 场景。

(2)创建不同角色:在场景中设置两个或两个以上的角色模型,并添加空闲站立、原地行走、原地跑步、跳跃四个基本动作(如图 5-114 所示)。

图 5-114 创建不同角色

(3)设置角色控制相机。设置角色控制相机,分别绑定到两个角色人物上(如图 5-115所示)。

(4)关闭自动链接选项。当用户选择角色时,必须关闭【基础设置】面板里【登录设置】|【自动登录】的选项(如-116 所示)。

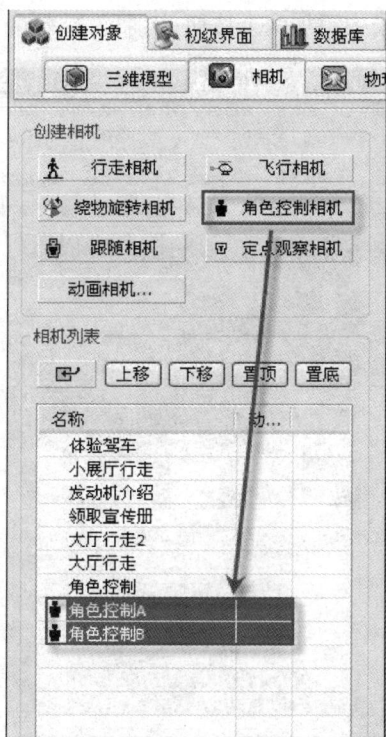

图 5-115 设置角色控制相机

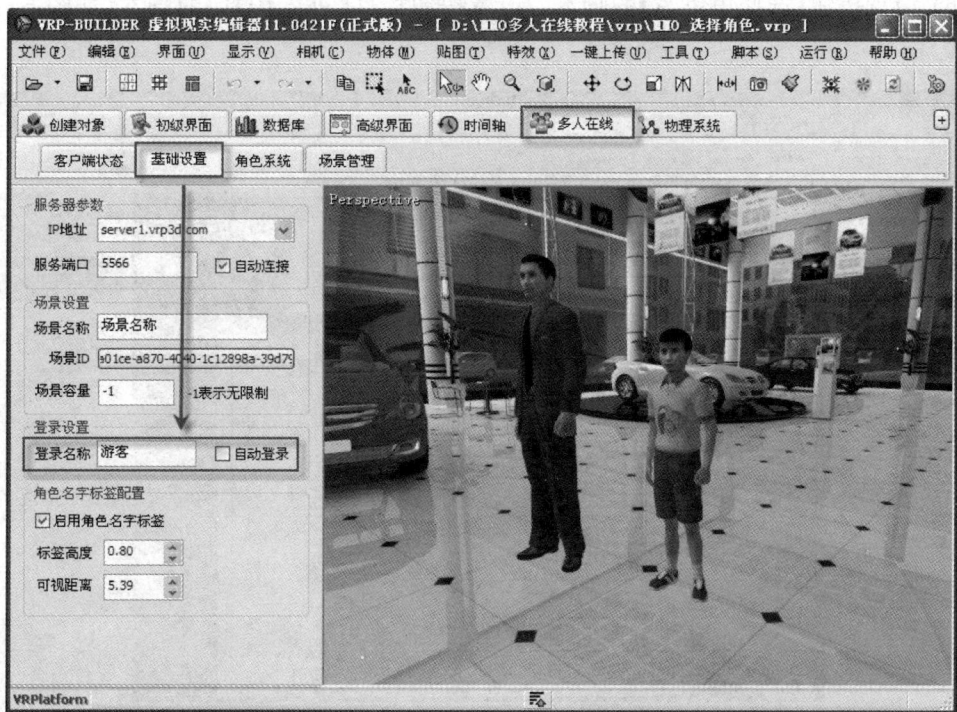

图 5-116 关闭自动链接选项

（5）设置按钮控件。在场景中添加两个按钮，用来选择不同的角色（如图 5 - 117 所示）。

图 5 - 117　设置按钮控件

（6）设置按钮【选择角色 A】的脚本。设置按钮控件【进入场景】的脚本（如图 5 - 118 所示）。

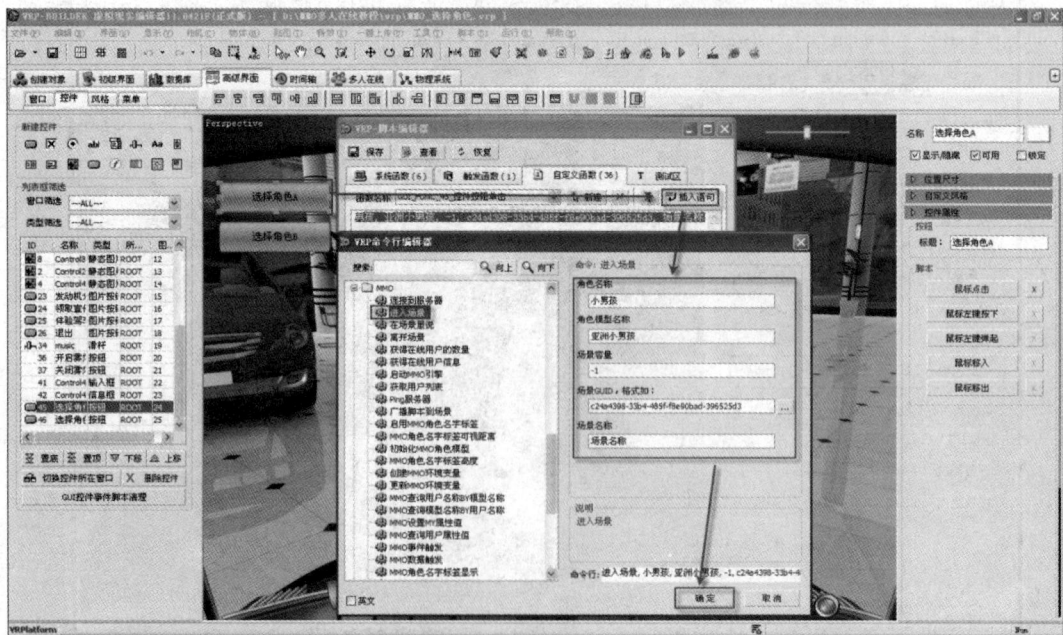

图 5 - 118　设置控件脚本

（7）设置按钮【选择角色 A】的脚本。设置按钮控件【切换相机】的脚本（如图 5 - 119 所示）。

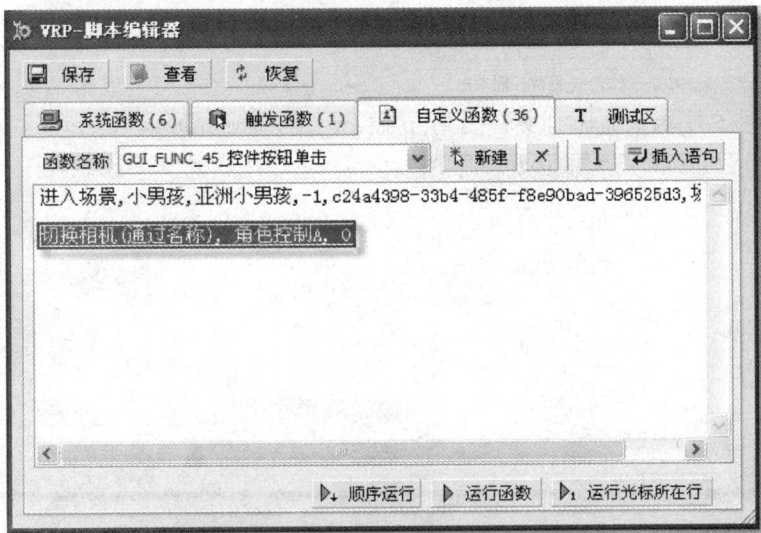

图 5 - 119　设置控件脚本

（8）设置按钮【选择角色 B】的脚本。设置按钮控件【进入场景】的脚本（如图5 - 120、5 - 121 所示）。

图 5 - 120　设置控件脚本

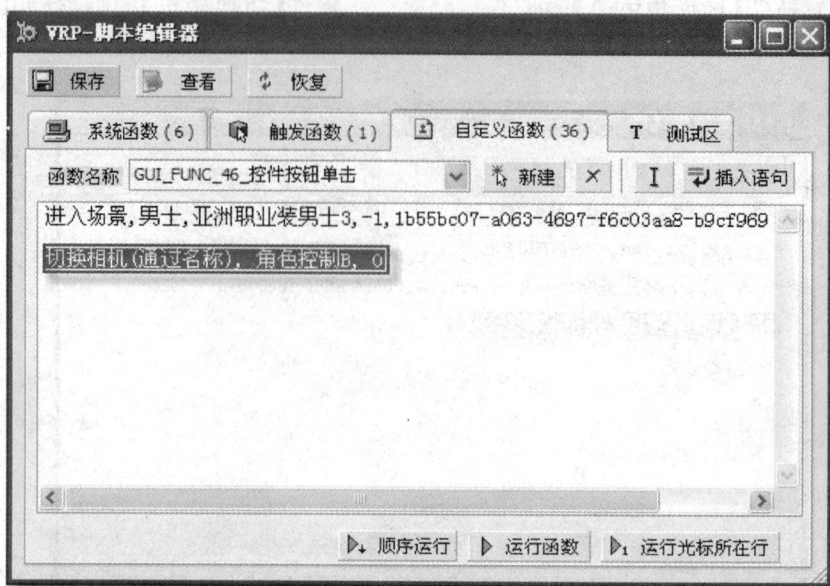

图 5 - 121　设置控件脚本内容

（9）按 F5 运行测试效果。经过以上设置后，按 F5 测试切换角色的效果（如图 5 - 122、5 - 123 所示）。

图 5 - 122　预览效果

图 5 - 123 预览效果

【课堂操作实训】

对多人操作设置后,互动体验。

【本章小结】

本章主要讲述了三维商城实施中的人机交互部分。实现人机交互目前主要利用鼠标操作界面方式,执行人以各种视角游览商城、到商城购物等活动,介绍了如何利用该软件平台实现多人互动购物的技术。

参考文献

[1] 赵江红. 设计心理学. 北京理工大学出版社,2006 年

[2] 黄艳群,黎旭. 设计——人机界面. 北京理工大学出版社,2007 年

[3] 刘光然. 虚拟现实技术. 清华大学出版社,2011 年

[4] 时代印象. 中文版 3ds Max2012 实用教程. 人民邮电出版社,2012 年

[5] 瞿颖健,曹茂鹏. 中文版 3ds Max 2012 完全自学教程. 人民邮电出版社,2012 年

[6] 唐四薪等. 电子商务网站开发与管理. 人民邮电出版社,2012 年

[7] (美)Robert Hoekman. Jr. 著,何潇 译. 一目了然——Web 软件显性设计之路. 机械工业出版社,2007 年

[8] 克劳雷(Crawley E.) 等,顾佩华译. 重新认识工程教育:国际 CDIO 培养模式与方法. 高等教育出版社,2009 年

[9] 3D 建模教学网站:http://www.51zxw.net

[10] 3D MAX 教程网:http://www.3dmax8.com

[11] 室内设计教程网:http://www.51edu.com

[12] 三维商城网:http://www.di3cheng.com

[13] 卖场设计原则:http://www.koduo.com/zhinan/zhuangxiu/409.html

[14] 商场设计规则:http://www.idcnnic.com/News/Detail_1855.html

[15] http://www.vrpie.com

[16] VRP11 虚拟现实编辑器标准教程. 中视典数字科技有限公司

[17] VRP11/3ds Max 虚拟现实操作标准教程. 中视典数字科技有限公司

[18] VRP11 高级交互教程. 中视典数字科技有限公司